श्राबनी बसु की पुस्तकों में *विक्टोरिया ऐंड अब्दुल, द ट्रू स्टोरी ऑफ़ द क़्वींस क्लोज़ेस्ट कॉन्फ़िडेंट और करी, द स्टोरी ऑफ़ ब्रिटेंस फ़ेवरिट डिश* शामिल हैं। वे नूर इनायत ख़ान मेमोरियल ट्रस्ट की अध्यक्ष हैं, जिसकी स्थापना उन्होंने लंदन में द्वितीय विश्व युद्ध की नायिका नूर इनायत ख़ान की स्मृति में की है।

जासूस शहज़ादी

नूर इनायत ख़ान की ज़िंदगी

श्राबनी बसु

अनुवाद : मदन सोनी

MANJUL

मंजुल पब्लिशिंग हाउस

MANJUL

मंजुल पब्लिशिंग हाउस

कॉरपोरेट एवं संपादकीय कार्यालय

• द्वितीय तल, उषा प्रीत कॉम्प्लेक्स, 42 मालवीय नगर, भोपाल-462 003

विक्रय एवं विपणन कार्यालय

• सी-16, सेक्टर 3, नोएडा, उत्तर प्रदेश, 201301

वेबसाइट : www.manjulindia.com

वितरण केन्द्र

अहमदाबाद, बेंगलुरू, भोपाल, कोलकाता, चेन्नई,
हैदराबाद, मुम्बई, नई दिल्ली, पुणे

श्राबनी बसु द्वारा लिखित मूल अंग्रेजी पुस्तक
स्पाय प्रिंसेस : द लाइफ़ ऑफ़ नूर इनायत ख़ान का हिन्दी अनुवाद

Spy Princess: The Life of Noor Inayat Khan by Shrabani Basu – Hindi edition

यह हिन्दी संस्करण 2022 में पहली बार प्रकाशित

ISBN 978-93-5543-115-8

अनुवाद : मदन सोनी

मुद्रण व जिल्दसाज़ी : मणिपाल टेक्नोलॉजीज़ लिमिटेड, मणिपाल

अपनी बहनों,
नूपुर और मौसमी के लिए

एक जलपरी एक बार जहाज़ पर सवार होकर
तूफ़ानी समुद्र में गई,
और जैसे-जैसे वह आगे बढ़ती गई
लहरें उल्लास से भरकर उठने और उछलने लगीं,
क्योंकि जहाज़ पर उसने एक कंदील लटका दिया था,
जिससे इतनी सुहावनी रोशनी हो रही थी
कि जो भी कोई उसकी चमक देखता था,
आनंद से उसका मिलन निश्चित था।

—नूर-उन-निसा इनायत ख़ान (उम्र चौदह बरस), द लैम्प ऑफ़ जॉय

अनुक्रम

प्रस्तावना

जॉर्ज क्रॉस से सम्मानित लोग यूँ भी असामान्य गढ़न के होते हैं, नूर इनायत ख़ान इनसे भी ऊपर थीं। वे अपने वालिद के पक्ष से एक हिंदुस्तानी शहज़ादी थीं, उनकी माँ अमेरिकी थीं। उनका पालन-पोषण पेरिस में हुआ था, जहाँ वे बच्चों के लिए कहानियाँ लिखती थीं और उनका रेडियो-प्रसारण करती थीं। वे सौम्य और संपन्न युवती थीं, लेकिन उनके जीवन में किसी तरह की विलासिता नहीं थी। 1940 में जब जर्मनों ने फ्रांस पर क़ब्ज़ा कर लिया, तो वे इंग्लैंड भाग गईं, और वहाँ पर उन्होंने बमवर्षक कमान के ग्राउंड स्टाफ़ में एक सामान्य वायरलैस ऑपरेटर के रूप में काम किया। उन्हें स्पेशल ऑपरेशन एक्ज़ीक्यूटिव (एसओई) में शामिल कर लिया गया। वे गुप्त ढंग से फ्रांस चली गईं, कुछ महीने पेरिस में रहीं, लेकिन उनके साथ धोखा किया गया, उन्हें पीटा गया और अंततः दख़ाऊ में उनकी हत्या कर दी गई।

इस तरह की एक मासूम लड़की अपने हैंडबैग में पिस्तौल रखकर क्या कर रही थी? उन रिपोर्टों के बावजूद कि वह फ्रांस भेजे जाने योग्य नहीं थी, उसे वहाँ भेजा ही क्यों गया? जब उसने तयशुदा सांकेतिक ज़ुबान में वह संदेश भेजा था, जिससे ज़ाहिर होता था कि वह जर्मनों के हाथों में पड़ गई हैं, तब उस संदेश पर विश्वास क्यों नहीं किया गया? ये वे कुछ सवाल हैं, जो यह पुस्तक उठाती है, इनमें से कुछ के जवाब पुस्तक दे सकती है।

उनके बारे में पहले से पुस्तकें मौजूद हैं, जिनमें से एक लंदन के उनके एक क़रीबी दोस्त की लिखी हुई है, जिसे एसओई से नफ़रत थी, एक पुस्तक फ्रांसीसी में लिखी गई है, जिसकी प्रामाणिकता का कोई दावा नहीं है। इस लेखक की तरह किसी भी अन्य जीवनीकार की पहुँच हाल ही जारी अभिलेखों तक नहीं हो सकी है, और अब तक कोई भी जीवनीकार उनका हमवतन नहीं रहा था। हिंदुस्तान के एक प्रमुख अख़बार की लंदन संवाददाता श्राबनी बसु को इस बात की गहरी समझ है

कि उनकी नायिका ने दूसरे विश्व युद्ध के दौरान हिंदुस्तान की आज़ादी की लड़ाई के बारे में कैसा महसूस किया होगा। इस कहानी को पढ़ने से चूका नहीं जा सकता।

—एमआरडी फ़ुट
नटहैम्प्स्टेड

आभार

यह पुस्तक उन बहुत-से लोगों के प्रोत्साहन के बिना मुमकिन नहीं थी, जिन्होंने आगे आकर मेरी मदद की।

मैं नूर के परिवार, उनके भाइयों विलायत इनायत ख़ान और हिदायत इनायत ख़ान का शुक्रिया अदा करना चाहती हूँ, जिन्होंने अपनी बुरी सेहत और सूफ़ी संप्रदाय के अपने ज़रूरी कामों के बावजूद मुझसे बातचीत के लिए वक़्त निकाला और मुझे नूर की ज़िंदगी के ब्योरे मुहैया कराए। मैं हिदायत की दरियादिली के लिए उनकी शुक्रगुज़ार हूँ, जिन्होंने मुझे नूर की कहानियों, कविताओं, दस्तावेज़ों और पारिवारिक तसवीरों का इस्तेमाल करने की इजाज़त दी। अफ़सोस है कि विलायत इस पुस्तक का प्रकाशन देखने के लिए हमारे बीच नहीं रहे। शुक्रिया नूर के चचेरे भाई महमूद यूश्किन का भी, जिन्होंने मुझे ढेर सारे पारिवारिक ब्योरे दिए, और नूर के भतीजे डेविड हार्पर का उनकी अंतर्दृष्टियों के लिए। मैं भटक गई होती, अगर हेग स्थित सूफ़ी केंद्र में कार्यरत आत्मीय और दक्ष हमीदा फ़र्लींदा ने मुझे नूर के काग़ज़ात उपलब्ध न कराए होते, और सुरेन में विलायत की सहयोगी रही मार्टिन ज़हीर कोएर्स ने हर मुलाक़ात को मुमकिन न बनाया होता।

मैं बहुत कृतज्ञ हूँ, प्रोफ़ेसर एमआरडी फुट की, जिन्होंने बहुत ध्यान से पुस्तक का हर अध्याय पढ़ा और हर मक़ाम पर मेरी मदद की। इस पुस्तक की प्रस्तावना लिखने के लिए भी मैं उन्हें धन्यवाद देती हूँ।

मैं जीन ओवरटन फुलर की भी ऋणी हूँ, जिन्होंने नूर की बेशक़ीमती यादों को मेरे साथ साझा किया और अपनी इस दोस्त की ज़िंदगी की गहरी समझ से मुझे समृद्ध किया। उन्होंने अपनी पुस्तक की सामग्री उद्धृत करने की इजाज़त दी, जिसके लिए भी मैं उनकी कृतज्ञ हूँ।

फ़्रांसिस स्युटिल ने अपने पिता के बारे में, और अलाँ आँतेल्मे ने अपने चाचा के बारे में मुझे जो सारी जानकारियाँ दीं तथा जॉन मैग़े ने अपनी माँ और नूर की अपनी यादों को मुझसे साझा किया, उसके लिए मैं इन तीनों की शुक्रगुज़ार हूँ। उनकी मदद बहुत मूल्यवान रही है।

दख़ाऊ के अपने अद्भुत गाइड मैक्सीन राइडर, और दख़ाऊ म्यूज़ियम के डिर्क राइडेल द्वारा उपलब्ध कराई गई सूचनाओं के लिए मैं इन्हें धन्यवाद देना चाहती हूँ। दिल्ली में, होप प्रोजेक्ट की कामिनी प्रकाश मुझे इनायत ख़ान का मक़बरा दिखाने ले गई थीं, उन्हें धन्यवाद। कलकत्ता में, टीपू सुल्तान के वंशज मोहम्मद हुसैन शाह ने मुझे परिवार का इतिहास सुनाया, और मॉस्को में जलालुद्दीन सर्गेई मोस्कालीव ने इनायत ख़ान तथा नूर के जन्म के बारे में सूचनाएँ उपलब्ध कराईं - इन दोनों को धन्यवाद।

स्पेशल फ़ोर्सेस क्लब के फ़िलिप नाइटले, माइकेल ड्वायर, हीदर विलियम्स, सारा हेम और क्रिस मूरहाउस को उनके सहयोग और परामर्श के लिए धन्यवाद।

और अंत में, बेटी संचिता और अपने परिवार को उस नैतिक संबल के लिए धन्यवाद, जो बेहद ज़रूरी था। इस पुस्तक के लिए मैं हर किसी की ऋणी हूँ।

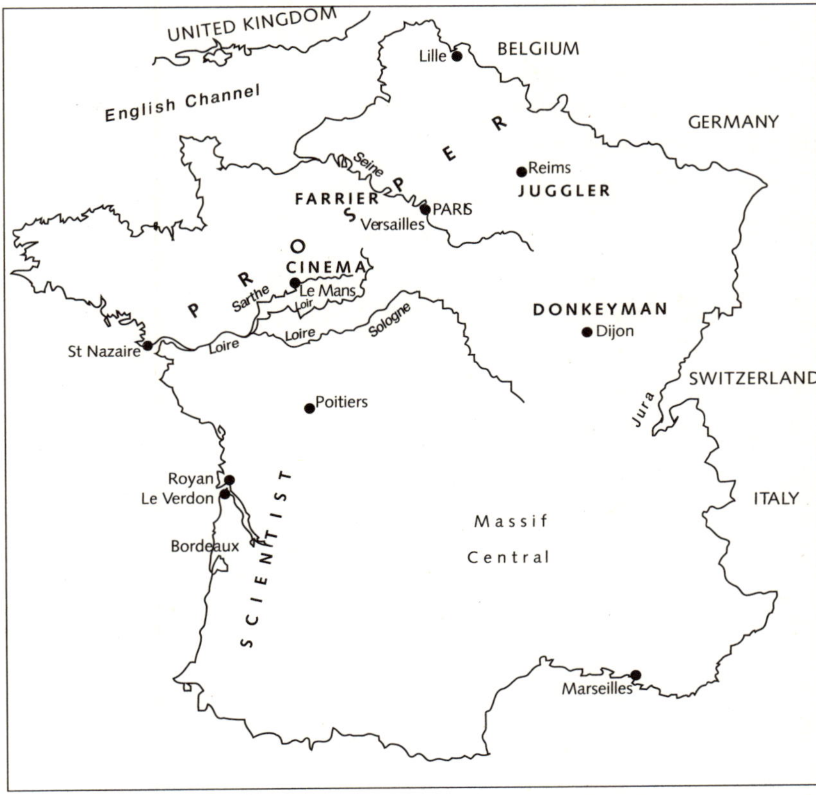

उन इलाक़ों को दर्शाता फ़्रांस का नक़्शा, जहाँ प्रॉस्पर तथा अन्य संबंधित सर्किट और सब-सर्किट सक्रिय रहे।

भूमिका

जून की एक दोपहर एक माली नूर इनायत ख़ान के बचपन के घर फ़ज़ल मंज़िल के इर्द-गिर्द की खरपतवार साफ़ कर रहा था। यह पेरिस में असामान्य रूप से गर्म दिन था। यह उस लू की पूर्व सूचना दे रहा था, जो 2003 की गर्मियों में समूचे यूरोप पर छा जाने वाली थी। फ़ज़ल मंज़िल की जिन सीढ़ियों पर कभी इनायत ख़ान के बच्चे बैठते और खेला करते थे, उन सीढ़ियों से मैंने पेरिस की दिशा में फैली पहाड़ियों को देखा। सुरेन में चारों ओर फैली अपार्टमेंट इमारतें उस नज़ारे में बाधा डाल रही थीं। यह वह दृश्य नहीं था, जो वर्षों पहले उन बच्चों को दिखाई देता होगा।

सतासी की उम्र में अपनी सफ़ेद पोशाक में पीर विलायत कमज़ोर ज़रूर लग रहे थे, लेकिन उनकी शख़्सियत प्रभावशाली थी। छड़ी के सहारे चलते हुए वे मुझे बैठक में ले गए, जिसमें बाहर की ओर खुलते काँच के पल्लों वाली बड़ी-बड़ी खिड़कियाँ थीं। इन खिड़कियों से बग़ीचे और दूर तक फैले शहर को देखा जा सकता था। यही वह कमरा था, जिसमें बैठकर उन्होंने और नूर ने ब्रिटेन जाने और युद्ध की गतिविधियों में शामिल होने का फ़ैसला किया था। दीवार पर उनके वालिद हज़रत इनायत ख़ान की बड़ी तसवीर लटक रही थी।

"मैं हर दिन उसके (नूर के) बारे में सोचता हूँ। जब मैं सैर कर रहा होता हूँ, उसके बारे में सोचता हूँ, जब मैं दर्द महसूस करता हूँ, उसके बारे में सोचता हूँ, मैं सोचता हूँ कि उसका दर्द कितना ज़्यादा था, मैं बेड़ियों में जकड़े उसके जिस्म के बारे में सोचता हूँ, उसे पीटे जाने के बारे में सोचता हूँ। जब मुझे सर्दी लगती है, उसके बारे में सोचता हूँ, मैं उसके बग़ैर कपड़ों के जेल की कोठरी में लेटे होने की कल्पना करता हूँ। वह हर दिन मेरे साथ होती है," विलायत ने कहा। यह एक भाई द्वारा दी जा रही मार्मिक श्रद्धांजलि थी।

नूर इनायत ख़ान के बारे में मैंने पहली बार तब सुना था, जब मैंने वह लेख पढ़ा था, जो ब्रिटेन के लिए एशियाइयों के योगदान पर केंद्रित था। मैं तुरंत इस विषय की ओर आकर्षित हुई और मैंने जीन ओवर्टन फुलर की पुस्तक *नूर-उन-निसा इनायत ख़ान* पढ़ी, जो बहुत शानदार कृति थी।

चूँकि मैं स्वयं एक हिंदुस्तानी औरत हूँ, नूर की ज़िंदगी मेरे लिए स्वाभाविक आकर्षण का विषय है। रूढ़िवादी मज़हबी ख़ानदान की एक मुसलमान औरत का गुप्तचर बनकर युद्ध के दौरान बेहद ख़तरनाक इलाक़ों में ख़ुफ़िया ढंग से काम करना, मेरे लिए एक ऐसी चीज़ थी, जिसका मैं विस्तार से अध्ययन करना चाहती थी। जब मैंने पाया कि जीन ओवर्टन फुलर की पुस्तक पचास साल से भी ज़्यादा वक़्त पहले 1952 में लिखी गई थी, तो मुझे लगा कि एक और कोशिश की जा सकती है। नूर एक अविश्वसनीय जासूस थीं। वे कोई माता हारी नहीं थीं। इसकी बजाय वे रूमानी, ख़ूबसूरत और सौम्य थीं, बच्चों के लिए कहानियाँ लिखने वाली। वे कोई निशानेबाज़ नहीं थीं, कोई बड़ी जिस्मानी क़ाबिलियत उनमें नहीं थी, और वे जासूसी उपन्यासों के आदर्श नायकों से बहुत अलग थीं। तब भी उन्होंने युद्ध-क्षेत्र में ऐसे साहस और सहनशीलता का परिचय दिया कि उन्हें सर्वोच्च सम्मानों से नवाज़ा गया - जॉर्ज क्रॉस (इंग्लैंड) और क्र्वा दू गेयर (फ़्रांस)। वे एसओई की उन तीन गुप्तचर महिलाओं में शामिल थीं, जिन्हें जॉर्ज क्रॉस प्राप्त हुआ था, बाक़ी दो थीं, जूलेत सबू और ऑदेत सेन्सम।

2003 में एसओई के गुप्तचरों की निजी फ़ाइलें खोलने पर मुझे वे सुराग़ मिले, जिनकी मुझे तलाश थी, हालाँकि मुख्य खिलाड़ी, यानी एसओई के प्रमुख और नूर के सहयोगी - मॉरिस बकमास्टर, सेल्विन जेप्सन, वेरा एटकिंस और लियो मार्क्स - सभी दिवंगत हो चुके थे, तब भी मुझे विश्वास था कि नूर की अपनी फ़ाइलें और उन गुप्तचरों की फ़ाइलें, जिन्होंने उनके साथ काम किया था, मुझे ताज़ा सामग्री उपलब्ध करा देंगी। ख़ुफ़िया सेवा जैसे क्षेत्र में हमेशा ही ऐसी ख़ाली जगह होती हैं, जिन्हें भरा नहीं जा सकता। बैठकें गुप्त ढंग से होती हैं और उनके दस्तावेज़ सुरक्षित नहीं रखे जाते। नूर के ज़्यादातर साथी फ़्रांस में मारे गए थे, विभिन्न बंदी शिविरों (कान्सन्ट्रेशन कैंम्स) में उनकी हत्याएँ कर दी गई थीं, और क़िस्सा बयान करने के लिए बहुत थोड़े-से लोग बचे थे, जिससे यह काम और भी मुश्किल हो गया था। मैंने नूर के परिवार - उनके भाइयों विलायत और हिदायत - जीन ओवर्टन फुलर के ब्योरों, एसओई के अभिलेखागार तथा दूसरे स्रोतों की मदद से नूर की ज़िंदगी और मौत की अंतिम दिशा में उनके प्रस्थान की पहेली को पूरा करने की कोशिश की है।

पुस्तक को लिखने के दौरान मैंने पाया कि पहले के बहुत-से क़िस्सों में नूर का वर्णन ग्लैमराइज़ ढंग से किया गया है और उनमें ऐसी बातें कही गई हैं, जो पूरी तरह से काल्पनिक हैं। कहा गया है कि उन्हें तब भर्ती किया गया था, जब वे हिंदुस्तान में शेर के शिकार पर निकली हुई थीं। उनके वालिद हिंदुस्तान के सूफ़ी रहस्यवादी थे, लेकिन उनके बारे में कहा गया है कि वे रास्पुतिन के क़रीबी थे और उसने उन्हें ज़ार निकोलस II को आध्यात्मिक परामर्श देने रूस में आमंत्रित किया था। कहा गया है कि उनका (नूर का) जन्म क्रेमलिन में हुआ था। इनमें से कोई

भी बात सच नहीं है, हालाँकि इनमें से ज़्यादातर बातों को एसओई पर केंद्रित कई महत्त्वपूर्ण पुस्तकों में दोहराया गया है।

नूर एक अंतरराष्ट्रीय शख़्सियत थीं : एक साथ हिंदुस्तानी, फ़्रांसीसी और अँग्रेज़, लेकिन वे ब्रिटेन या हिंदुस्तान के मुक़ाबले फ़्रांस में अधिक प्रसिद्ध हैं। फ़्रांस में उनकी हैसियत नायिका की है। वहाँ उन्हें मेदलिन ऑफ़ द रेज़िस्टॉस के रूप में जाना जाता है और हर वर्ष बेस्टील डे पर उनके बचपन के घर के बाहर सेना का बैंड बजाया जाता है। उनके नाम पर सुरेन के एक चौक का नामकरण कूर मेदलिन किया गया है। उनसे प्रेरणा पाकर लोवाँ जोफ़्खाँ ने *ला प्राँसेस उब्लीए* (विस्मृत राजकुमारी) नामक उपन्यास लिखा, जिसका अनुवाद जर्मन भाषा में हुआ था। जोफ़्खाँ ने उनके प्रेमियों को वह दिया है, जो नूर के पास नहीं था और वह उन्हें उन रास्तों पर ले गए, जिन पर वे नहीं चली थीं। वह काल्पनिक कहानी है।

युद्ध के कई दशक बाद भी नूर की दृष्टि और साहस प्रेरक बने हुए हैं। मुझे उम्मीद है कि मेरी पुस्तक नूर इनायत ख़ान के क़िस्से के प्रति उस नई पीढ़ी को जागरूक करेगी, जिसके लिए आज़ादी के वास्ते किए गए बलिदान इतिहास के फुटनोट बनते जा रहे हैं।

—श्राबनी बसु

आमुख

11 सितंबर, 1944. फ़ोर्ट्सहाइम जेल, जर्मनी

नूर इनायत ख़ान उन जर्मनों की ओर बग़ावत के भाव से देख रही थीं, जिन्होंने उन्हें बंदी बना रखा था। उनके हाथ और पैर एक साथ ज़ंजीरों से जकड़े थे, और उन्हें 'बेहद ख़तरनाक़ क़ैदी' की श्रेणी में रखा गया था। जब उन लोगों ने उनके प्रतिरोध को तोड़ने की कोशिश की, तो उनकी काली आँखें झटके-से उनकी ओर उठीं। उन लोगों ने उन्हें महज़ आलू का सूप पिलाते हुए लगभग भूखा रखा था, उनके नाज़ुक जिस्म पर घूँसे बरसाए थे, भयावह गिस्तापो पुलिस ने उनसे हिंसक पूछताछ की थी, जिस दौरान वे उनसे बार-बार उनके साथियों के नाम, उनकी असल पहचान पूछते थे। उन्होंने कुछ भी नहीं बताया था।

लेकिन रात के वक़्त, अपनी कोठरी के एकांत में वे अपने ग़ुस्से और दर्द को निकालती थीं। पड़ोस की कोठरियों के क़ैदियों को उनकी हल्की-हल्की सिसकियाँ सुनाई देती थीं।

काल कोठरी में बंद, अपना उदर-पोषण और अपनी साफ़-सफ़ाई आदि कर पाने में असमर्थ नूर का दिमाग़ बचपन के दिनों में भटकता रहता था। वह अँधेरी जर्मन कोठरी फ़्रांस के उनके बचपन के उस घर से बहुत दूर प्रतीत होती थी, जहाँ उनके वालिद शामों को सूफ़ी गीत गाया करते थे और नूर अपने छोटे भाइयों और बहन के साथ खेला करती थीं। वह छोटी-सी 'बाबुली' (उनके वालिद उन्हें इसी नाम से पुकारते थे) बहुत आगे निकल चुकी थी।

अब वे नोरा बेकर थीं, एक अँग्रेज़ जासूस, जिन्हें जर्मन काल कोठरी में यातना दी जा रही थी, हिंसक पूछताछ की जा रही थी। दस महीने बीत चुके थे, जब उन्हें फ़्रांस में पकड़ा गया था। एक ज़ंजीर से उनके दोनों हाथ बँधे थे, और एक ज़ंजीर से दोनों पैर। एक तीसरी ज़ंजीर थी, जिससे उनके हाथ पैरों से जुड़े थे, जिसकी वजह से वे सीधी खड़ी नहीं हो सकती थीं।

उन्हें बार-बार अपने वालिद के शब्द याद आते थे, उनका शांतिपूर्ण सूफ़ी फ़लसफ़ा, लेकिन उनके द्वारा दिलाई गई यह याद भी कि वे एक हिंदुस्तानी शहज़ादी

थीं, जिनकी शिराओं में टीपू सुल्तान का ख़ून बह रहा था। वे मन-ही-मन अब्बा को याद करती हुई उनसे शक्ति प्रदान करने की गुहार लगाती थीं। और टाइगर ऑफ़ मैसूर, टीपू सुल्तान की यह प्र-प्र-प्रपौत्री उन विकट परिस्थितियों में ख़ुद को ज़िंदा रखे थीं, हालाँकि वह जानती थी कि अंत निकट था।

उस शाम 6.15 बजे गिस्तापो के आदमी एक बार फिर उनकी कोठरी में दाख़िल हुए। नूर से कहा गया कि जाने का समय आ चुका है। उन्होंने काँपते हाथों से अपने भोजन के कटोरे पर लिखा, "मैं विदा ले रही हूँ," और उस कटोरे को चोरी से अपनी एक साथी फ्रांसीसी क़ैदी तक पहुँचा दिया। यह उनकी लिखावट थी। ज़ंजीरों में जकड़ी नूर को उनकी कोठरी से जेल के कार्यालय में ले जाया गया।

उस कार्यालय में नूर को कार्ल्सरुहे गिस्तापो के तीन अधिकारी मिले। उन्हें हथकड़ियों समेत वाहन में बैठाकर वहाँ से बीस मील दूर कार्ल्सरुहे जेल में ले जाया गया।

12 सितंबर, 1944. कार्ल्सरुहे जेल, जर्मनी

रात के लगभग 2 बजे कमांडेंट कार्यालय में नूर अपनी तीन साथी जासूसों से मिलीं : एलियान प्लूमन, मेदलिन देमरमेंत और योलांद बीकमान। नूर को योलांद के साथ इंग्लैंड में प्रशिक्षण दिया गया था। कार्ल्सरुहे गिस्तापो के मुखिया यूज़ेस ग्माइना ने उन्हें बताया कि उन्हें ले जाया जा रहा है। हथकड़ियों से बँधी उन चारों युवतियों को ग्माइना की कार में बैठाकर वहाँ से 200 मील दूर दख़ाऊ स्थित बुख़्साल जंक्शन पर ट्रेन पकड़ने ले जाया गया। उनके साथ जा रहे अधिकारियों, मैक्स वास्मर और क्रिस्तियान ऑथ ने उन्हें यात्रा के दौरान खाने के लिए ब्रेड और सॉसेज दिए।

जेल में बंद रहने के बाद बाहर अच्छा महसूस हो रहा था। स्तुतगार्त में कुछ देर के पड़ाव के बाद वे म्यूनिख़ जाने वाली दूसरी ट्रेन में सवार हुए। इन युवतियों को एक ही डिब्बे में खिड़की वाली सीटें दी गईं और उन्हें आपस में बातचीत करने की इजाज़त दी गई। स्वाभाविक ही, वे काफ़ी उत्साहित होकर बातचीत करती रहीं। यह सुखद था कि उन्हें एक बार फिर अपनी सहेलियों से मिलने और अँग्रेज़ी में बतियाने का अवसर मिला था। उनमें से एक के पास कुछ अँग्रेज़ी सिगरेटें थीं, जो उसने अपनी सहेलियों को दीं। जब उन्होंने वे सिगरेटें पी लीं, तो जर्मन अधिकारी ने उन्हें जर्मन सिगरेटें दीं और उन्होंने उनका भी आनंद लिया। यह लगभग पिकनिक जैसा था।

यात्रा के दौरान एक हवाई हमला हुआ। ट्रेन गाइस्लिंगेन स्टेशन पर रुक गई और दो घंटे इंतज़ार करती रही। जिस दौरान मित्र राष्ट्रों के विमान सिर के ऊपर उड़ रहे थे, ये युवतियाँ शांत बैठी रहीं, हालाँकि उन्हें बमों की आवाज़ सुनाई दे

रही थी। मित्र राष्ट्रों की सेनाओं को नॉर्मेंडी में उतरे हुए तीन महीने हो चुके थे। इन युवतियों को इस हमले की जो भी जानकारी थी, उसे उन्होंने आपस में बाँटा।

म्यूनिख़ में उन्होंने फिर से ट्रेन बदली। साथ के अधिकारियों ने उन्हें दख़ाऊ जाने वाली स्थानीय ट्रेन में सवार कर दिया। जब ट्रेन वहाँ पहुँची, तब आधी रात बीत चुकी थी। क़ैदियों को दख़ाऊ के बंदी शिविर तक दो किलोमीटर पैदल जाने का आदेश दिया गया। उनके हाथों में अभी भी हथकड़ियाँ पड़ी थीं।

13 सितंबर, 1944. दख़ाऊ बंदी शिविर, जर्मनी

हवा में तेज़ ठंडक थी और ये क़ैदी युवतियाँ किसी तरह अपने बैग सँभालती हुई शिविर की ओर चली जा रही थीं। दहशत से भर देने वाला पहला दृश्य शिविर की सर्चलाइटों का था, जो दूर से दिखाई दे रही थीं। रोशनी की किरणों के चारों ओर फैलने के साथ इन नवागंतुकों को शिविर की ऊँची दीवारें और काँटेदार तार दिखाई दिए। हिटलर द्वारा स्थापित यह पहला बंदी शिविर था, जो 1933 में बनाया गया था। यह म्यूनिख़ की हिटलर की सैन्य छावनी के क़रीब था, जहाँ हज़ारों यहूदी, जिप्सी और युद्ध-बंदी मौत के शिकार हुए थे। आश्वित्ज़ समेत दूसरे शिविर दख़ाऊ के मॉडल पर बाद में निर्मित हुए थे।

नूर और उनकी सहेलियों को शिविर के मुख्य दरवाज़े से अंदर ले जाया गया। दरवाज़े पर लिखा था : *आर्बेतमाख़्त फ़्राई* (काम तुम्हें आज़ाद कर देगा)। ये विडंबनापूर्ण शब्द थे, क्योंकि बहुत थोड़े-से लोग थे, जो दख़ाऊ से आज़ाद होकर निकल पाते थे। 1933 और 1945 के बीच यहाँ 30,000 से ज़्यादा लोगों को ख़त्म कर दिया गया था।

शिविर में प्रवेश करने पर उन्हें अपनी बाँईं तरफ़ बैरकों की क़तार दिखाई दीं। अंदर चारपाइयों पर बिछे गंदे बिस्तरों पर, अधभूखे और बहुत कम कपड़े पहने, पशुओं की मानिंद भरे क़ैदी लेटे थे, जो जीवितों और मृतकों के बीच की किसी दुनिया के बाशिंदे नज़र आ रहे थे। बैरकों की बग़ल में कँटीले तारों के बीच छिपे बिजली के तार फैले थे और गहरा खंदक था, जिसे पार न करने की क़ैदियों को हिदायत दी गई थी। उसके आगे शवदाह-गृह था। उसके बाहर लोहे के आँकड़े से युक्त एक स्तम्भ था। यहाँ गिस्तापो के लोग अपने क़ैदियों को लटकाते थे, जिसके तहत उन्हें अक्सर मीट के हुकों पर पियानो के तारों के सहारे लटकाकर धीरे-धीरे मरने के लिए छोड़ दिया जाता था।

इन चारों युवतियों को पहले मुख्य पंजीयन कार्यालय और फिर उनकी अलग-अलग कोठरियों में ले जाया गया, जहाँ उन्हें बंद कर ताला डाल दिया गया। तड़के सुबह एसएस के संतरियों ने मेदलिन देमरमेंत, एलियान प्लूमन और

योलांद बीकमान को उनकी कोठरियों से घसीटकर निकाला और उन्हें बैरकों से दूर शवदाह-गृह के क़रीब ले जाकर उनकी गर्दनों के पीछे गोलियाँ मार दीं।

नूर के लिए वह रात बहुत लंबी साबित हुई। 'बेहद ख़तरनाक' क़ैदी होने के नाते उन्हें और ज़्यादा यातना देने के लिए बचाकर रखा गया था। जर्मन उनकी कोठरी में दाख़िल हुए, उन्होंने उन पर क्रूरतापूर्ण ढंग से थप्पड़ बरसाए और उन्हें उनके विभिन्न नामों से पुकारा, फिर उन्होंने उनके कपड़े उतार दिए। एक बार फिर वे चुपचाप सहती रहीं। वे सारी रात उन्हें अपने चमड़े के भारी जूतों से ठोकरें मारते हुए, उनके नाज़ुक जिस्म पर बर्बरतापूर्ण आघात करते रहे। जब मौत के उस शिविर पर सुबह हुई, तो नूर घायल और ख़ून से लथपथ, किन्तु तब भी अपने अवज्ञापूर्ण रुख़ के साथ फ़र्श पर पड़ी थीं। एसएस के एक सैनिक ने उन्हें घुटनों के बल बैठने का हुक्म दिया और उनके सिर को पिस्तौल से धकियाया।

उसने जैसे ही एकदम क़रीब से उनके सिर में गोली मारी, नूर चिल्लाईं : *'लिबरते!'* (मुक्ति!)। वे मात्र तीस साल की थीं।

लगभग तुरंत ही, नूर के शव को घसीटकर शवदाह-गृह ले जाया गया और भट्टी में फेंक दिया गया। कुछ ही मिनटों में चश्मदीदों ने शवदाह-गृह की चिमनियों से धुआँ उठते देखा। उसी रात वहाँ इंग्लैंड में उनकी माँ और भाई ने एक ही सपना देखा। नूर उनके सामने वर्दी पहने हुए प्रकट हुईं। उनके चेहरे के चारों ओर नीली रोशनी चमक रही थी। नूर उन लोगों से कह रही थीं कि वे आज़ाद हो चुकी हैं।

1

बाबुली

नूर इनायत ख़ान के क़िस्से की शुरुआत 1914 में मॉस्को में नए वर्ष के दिन के साथ होती है। जिस समय बर्फ़ से ढकी मोस्क्या नदी क्रेमलिन के हरे और बैंगनी गुंबजों की रोशनी से चमक रही थी, वुसोका पेत्रोव्स्की मठ में हज़रत इनायत ख़ान और लहराते सुनहरे बालों वाली छोटे क़द की अमेरिकी स्त्री ऑरा रे बेकर के यहाँ एक बच्ची का जन्म हुआ। उन्होंने उस बच्ची का नाम नूर-उन-निसा (स्त्रीत्व की दीप्ति) रखा। उसे पीरज़ादी (पीर की बेटी) की उपाधि प्रदान की गई। घर में इस छोटी-सी बेशक़ीमती पोटली को सिर्फ़ 'बाबुली' कहकर पुकारा जाता था।

इनायत ख़ान और ऑरा रे बेकर 1913 में मॉस्को आए थे। इनायत ख़ान के लिए पश्चिमी हिंदुस्तान के धूप से जगमगाते बड़ौदा शहर से रूस की राजधानी की बर्फ़ानी भव्यता तक की यह एक लंबी यात्रा रही थी। उन्होंने अपने उस्ताद सैयद अबू हाशिम मदनी और मैसूर के अठारहवीं शताब्दी के शासक टीपू सुल्तान की पौत्री कासिम बी के निर्देश पर बड़ौदा विश्वविद्यालय के संगीत संकाय के सूफ़ीवाद को फैलाने के लिए भारत छोड़ दिया था। इस परिवार को टाइगर ऑफ़ मैसूर के नाम से विख्यात टीपू सुल्तान का वंशज होने का गौरव प्राप्त था, जिन्होंने अँग्रेज़ों के ख़िलाफ़ बहादुरी के साथ लड़ाई लड़ी थी।

लेकिन यह परिवार राजनीतिक वजहों से इस शाही विरासत का प्रचार नहीं करता था। जब 1799 में श्रीरंगपट्नम के युद्ध में अँग्रेज़ों से लड़ते हुए टीपू सुल्तान शहीद हो गए थे, तो उस इलाक़े में और अधिक विद्रोहों को टालने के उद्देश्य से, उनके परिवार को बलपूर्वक मैसूर से हटा दिया गया था। टीपू सुल्तान का बेटा भी बाद में, 1857 के हिंदुस्तानी विद्रोह के दौरान दिल्ली में अँग्रेज़ों से लड़ते हुए पराजित होकर मारा गया था। पारिवारिक किंवदंती के मुताबिक़ उसकी बेटी, चौदह वर्षीय शहज़ादी कासिम बी को उनके दो वफ़ादार सेवकों - सुल्तान ख़ान शरीफ़ और पीर

ख़ान शरीफ़ ने सुरक्षित स्थान पर छिपा दिया था। ये दोनों टीपू सुल्तान के एक पूर्व अधिकारी के बेटे थे। शहज़ादी को गुप्त ढंग से मैसूर ले जाया गया था और उसकी पहचान गुप्त रखी गई थी। कासिम बी शाही परिवार की होने की वजह से सिर्फ़ किसी ऐसे कुलीन व्यक्ति से ही विवाह कर सकती थीं, जिसे शाही सम्मान और उपाधियाँ प्राप्त हों।[1]

सौभाग्य से, इनायत ख़ान के दादा, मौला बख़्श 1860 में मैसूर गए और वहाँ उन्होंने ग्यारह दिन तक जारी रही एक संगीत-प्रतियोगिता में महाराजा के समक्ष गायन प्रस्तुत किया। मौला बख़्श उत्तर भारत के हिंदुस्तानी शास्त्रीय संगीत तथा दक्षिण भारत के कर्नाटक संगीत, दोनों ही शैलियों में निपुण गायक थे, और उन्होंने यह संगीत-प्रतियोगिता जीत ली। मैसूर के महाराजा इससे बहुत प्रसन्न हुए और उन्होंने मौला बख़्श को *कलगी, सरपेश* (पगड़ी), *छत्र और चँवर* भेंट किया तथा उन्हें उनके आगमन की सूचना देने वाले अनुचर रखने का अधिकार प्रदान किया। जब मौला बख़्श को ये शाही सम्मान प्राप्त हो गए, तो उन अनुचरों ने उनके साथ गुप्त ढंग से शहज़ादी कासिम बी का विवाह कर दिया।

अब मौला बख़्श को शहज़ादी के वंश के गुप्त रहस्य की जानकारी दी गई। कासिम बी के वंश के बारे में दबी ज़ुबान में ही बातें होती थीं (अन्यथा अँग्रेज़ों को पता चल जाता कि उन अनुचरों ने टीपू के वंशजों को छिपा दिया था)। इसके बाद मौला बख़्श और कासिम बी बड़ौदा (वडोदरा) के राजा के निमंत्रण पर बड़ौदा चले गए। यहाँ झील के सामने मौला बख़्श ने ज्ञानशाला (संगीत अकादमी) की शुरुआत की, जो आज भी मौजूद है।

इनायत के वालिद रहमत ख़ान, जो पंजाब के संगीतकार थे, बड़ौदा आ गए और ज्ञानशाला में संगीत पढ़ाने लगे। उन्होंने मौला बख़्श की एक बेटी ख़ातिजा बी से निकाह कर लिया और शहर के किनारे स्थित अस्तबलों, विशाल आँगन तथा हरम से युक्त मौला बख़्श की विशाल ख़ानदानी हवेली में रहने लगे। इसी बड़ौदा शहर में रहमत ख़ान और ख़ातिजा बी के यहाँ 5 जुलाई, 1882 को इनायत ख़ान का जन्म हुआ। जल्दी ही उनके दो और बेटों, महबूब ख़ान तथा मुशर्रफ़ ख़ान का जन्म हुआ।

मौला बख़्श की हवेली सारे मज़हबों के लिए खुली हुई थी और उसके कोने-कोने से संगीत की स्वर-लहरियाँ गूँजती रहती थीं। रसोई में हर रोज़ चालीस-पचास लोगों के लिए खाना पकता था। अपने नाना के घर के इस उदार और सहिष्णु वातावरण का इनायत ख़ान और उनकी बेटी नूर पर गहरा प्रभाव पड़ा।

इनायत ख़ान ने जल्दी ही ज्ञानशाला में पढ़ाना आरंभ कर दिया, और बड़े पैमाने पर यात्राएँ करते हुए उन्होंने नेपाल, हैदराबाद तथा कलकत्ता में संगीत प्रस्तुत किया। हैदराबाद में उन्होंने निज़ाम के समक्ष गायन प्रस्तुत किया और यहीं सैयद अबू

मदनी ने उन्हें सूफ़ी पंथ में दीक्षित किया। उनके इस उस्ताद ने पूरब और पश्चिम के बीच बेहतर तालमेल विकसित करने के उद्देश्य से उन्हें संगीत तथा उनके सूफ़ी फलसफ़े का मेल कराने की सलाह दी।

वालिद रहमत ख़ान के इंतकाल के बाद इनायत ख़ान ने अपने उस्ताद की सलाह का अनुसरण करने का निश्चय किया। उन्हें न्यू यॉर्क में संगीत प्रस्तुत करने का निमंत्रण मिला और उन्होंने अपने भाई महबूब ख़ान तथा चचेरे भाई मोहम्मद ख़ान को ख़त लिखकर अपने साथ चलने का आग्रह किया। वे दोनों तुरंत तैयार हो गए।

इनायत ख़ान ने अपने भाई और चचेरे भाई से कहा, *'दोस्त चलो '* (जैसा कि वे अपनी जवानी के दिनों में कहा करते थे)।[2] तीनों ने अपने साज़ बाँधे और सितंबर, 1910 में बंबई से एक छोटे-से इताल्वी जहाज़ में सवार होकर निकल पड़े।

न्यू यॉर्क बड़ौदा के इन संगीतकारों के लिए एक बड़ा झटका था। वे ज्ञानशाला की इत्मीनान भरी ज़िंदगी के अभ्यस्त थे और मैनहट्टन की भागमभाग का अभ्यस्त होने में उन्हें वक़्त लगा। उसी तरह वहाँ के मौसम और भोजन का अभ्यस्त होने में भी, लेकिन धीरे-धीरे उन्होंने अपने इस नए परिवेश से तालमेल बैठा लिया। ये लोग खुद को हिंदुस्तान के शाही संगीतकार के नाम से पुकारते हुए कोलंबिया विश्वविद्यालय में संगीत-सभाएँ करने लगे। जल्दी ही रूथ सेंट डेनिस नामक नृत्यांगना ने उन्हें अपने सर्किट में शामिल कर लिया, जो उन्हें शिकागो से शुरू होने वाले देश के टूर पर ले गईं।

सैन फ़्रांसिस्को के रामकृष्ण मिशन आश्रम में एक व्याख्यान के दौरान इनायत ख़ान की मुलाक़ात ऑरा रे बेकर नामक एक युवती से हुई। उसका जन्म 1892 में न्यू मैक्सिको के ऐल्बकर्की में हुआ था। उसके पिता आधे अँग्रेज़ और आधे आयरिश थे और माँ स्कॉटलैंड की रहने वाली थीं। जब बेकर बहुत छोटी थीं, तभी इन दोनों की मृत्यु हो गई थी। ऑरा रे का पालन-पोषण उनके सौतेले भाई ने किया था, जो डॉक्टर था। वे सीनेटर ओ'ब्रायन की भतीजी और एक सॉलिसिटर इरामस वार्नर बेकर की पौत्री थीं। माना जाता है कि ऑरा बेकर दूर के रिश्ते में क्रिश्चियन साइंस मूवमेंट की संस्थापक मेरी बेकर एडी की चचेरी बहन थीं।

ऑरा रे बेकर इनायत ख़ान के व्याख्यान से बहुत मुग्ध हुईं। व्याख्यान पर हुई चर्चा के बाद उन्होंने इनायत ख़ान के पास जाकर उनका निजी तौर पर इंटरव्यू लेने का आग्रह किया। उन्होंने ऑरा रे के अनुरोध को स्वीकार कर लिया और जल्दी ही दोनों के बीच प्रेम हो गया।

लेकिन इनायत ख़ान जानते थे कि उनका भविष्य अनिश्चित था। उन्होंने ऑरा रे से कहा, "मैं एक दरवेश हूँ और मेरे अगले भोजन का भी कोई ठिकाना नहीं है।"

ऑरा रे बेकर के परिवार ने इस जोड़ी को मान्यता नहीं दी, न ही इनायत ख़ान के भाइयों ने इसे स्वीकार किया। इनायत ने ऑरा रे को सुझाव दिया कि वे एक-दूसरे को ख़त लिखते रहें और जब उन्हें उनके परिवार की रज़ामंदी हासिल हो जाए या जब वे परिपक्व हो जाएँ, तो वे उनके पास आ सकती हैं। 1912 के वसंत में ऑरा रे को अपना पता देकर, इनायत ख़ान अपने भाइयों के साथ जहाज़ में सवार होकर इंग्लैंड के लिए रवाना हो गए, जहाँ से उन्हें एक संगीत-सम्मेलन में प्रस्तुति देने का निमंत्रण प्राप्त हुआ था। न्यू यॉर्क छोड़ने से पहले उनके छोटे भाई मुशर्रफ़ ख़ान भी उनके पास पहुँच गए थे। इंग्लैंड से मिली मिश्रित प्रतिक्रियाओं के बाद चारों भाई सितंबर, 1912 में फ़्रांस चले गए। उन्हें विश्वास था कि फ़्रांसीसी उनके संगीत को ज़्यादा पसंद करेंगे।

पेरिस के लोग पूरब की हर चीज़ के प्रति बहुत आकर्षित होते थे। नतीजतन, हिंदुस्तान के ये शाही संगीतकार वहाँ संगीत-सभाओं, संगीत-शिक्षा और व्याख्यानों में व्यस्त हो गए। पेरिस के रात्रिकालीन क्लबों की प्रबल आकर्षण, प्रख्यात नर्तकी माता हारी ने उन्हें अपनी नृत्य मंडली में शामिल कर लिया। वे इन्हें *मोन ऑक्रेस्त्र* (मेरा ऑर्केस्ट्रा) कहा करती थीं और उन्होंने नेली के अपने घर के बग़ीचे में इन लोगों के साथ तसवीर खिंचवाई थी। इस तसवीर में वे नृत्य-मुद्रा में खड़ी हुई हैं और हिंदुस्तान के ये शाही संगीतकार राजसी सज-धज के साथ, विस्मित और किंचित अनाड़ी ढंग से उनके पीछे खड़े हैं। इसे विडंबना ही कहा जाएगा कि वर्षों बाद, इनायत ख़ान की बेटी नूर इनायत ख़ान भी एक गुप्तचर बनने जा रही थीं, हालाँकि उस तरह की नहीं जैसी माता हारी थीं। जिस तरह माता हारी को गोली चलाने वाले एक दस्ते ने बॉय द विंसेन में मार गिराया था, उसी तरह नूर भी मारी जाने वाली थीं।

पेरिस में, इनायत ख़ान की मुलाक़ात फ़्रांसीसी अभिनेता और निर्देशक लूसियाँ गित्री से कराई गई, जिन्होंने इस सर्किट से *क़िस्मत* नामक प्रस्तुति में भाग लेने का आग्रह किया। यह प्रस्तुति पूरब की विषय-वस्तु पर आधारित थी। हिंदुस्तान के ये शाही संगीतकार जल्दी ही फ़्रांसीसी समाज के उच्च वर्ग के समक्ष संगीत प्रस्तुत करने लगे। इन प्रस्तुतियों के दौरान उनकी मुलाक़ात कई कलाकारों से हुई, जिनमें एडमंड बेली, अभिनेत्री सारा बर्नहार्ट, मूर्तिकार ऑगस्ते रोदाँ, नृत्यांगना इसाडोरा डंकन और अनेक दूसरे महत्त्वपूर्ण व्यक्ति शामिल थे। इस दौरान इनायत ख़ान संगीतकार (कम्पोज़र) क्लॉद देबिसी से भी मिले, जिन्होंने हिंदुस्तानी संगीत की अपनी समझ और उसके प्रति सराहना के भाव के चलते इस ग्रुप को प्रोत्साहित किया।

इस बीच, ऑरा रे बेकर ने इनायत ख़ान के साथ रिश्ते को लेकर अपने भाई को मनाने की कोशिश छोड़ दी, और इनायत ख़ान को ख़त लिखकर सूचित किया कि वे उनके साथ रहने फ़्रांस आ रही हैं। ऑरा रे का जहाज़ एंटवर्प पहुँचा,

जहाँ वे दोनों मिले और तुरंत ही इंग्लैंड रवाना हो गए। नाव पर उनकी मुलाक़ात एक और हिंदुस्तानी से हुई, जिसने उन्हें मज़हबी ढंग से उनका विवाह कराने का आश्वासन दिया।

20 मार्च, 1913 को इनायत ख़ान ने सेंट ज़ाइल्स, लंदन के सिविल रजिस्टर ऑफ़िस में ऑरा रे बेकर से विवाह कर लिया। उन्होंने ब्लूम्सबरी के 4 टॉरिंग्टन स्क्वेयर में एक मकान किराये पर लिया और इंग्लैंड में अपनी नई ज़िंदगी की शुरुआत की। ऑरा रे बेकर को नया नाम दिया गया : अमीना शारदा बेग़म। इनायत ने शारदा नाम का चयन माँ शारदा के नाम के आधार पर किया था, जो हिंदुस्तानी संत रामकृष्ण परमहंस की पत्नी थीं, जिनके सैन फ्रांसिस्को स्थित आश्रम में इनायत ख़ान पहली बार अपनी पत्नी से मिले थे। ऑरा रे के भाई ने उन्हें कभी माफ़ नहीं किया और ऑरा ने अपने परिवार से सारे संबंध तोड़ दिए। वे अपने पति के सुनहरे लबादे से मेल खाती सुनहरी साड़ी पहनने लगीं, और पर्दा तक रखने लगीं। स्वयं इनायत ने उनसे हिंदुस्तानी वेशभूषा पहनने का आग्रह कभी नहीं किया था, लेकिन बेग़म का कहना था कि वे अपनी मर्ज़ी से वैसा कर रही थीं। उनका कहना था कि उन्हें हमेशा से पूरब की महिलाओं के अलग-थलग रहने के ढंग से ईर्ष्या होती रही थी।[3]

इस जोड़े को कई सामाजिक आमंत्रण प्राप्त हुए और अमीना बेग़म अपने पति के सारे पत्र-व्यवहार तथा उनके कार्यक्रमों और यात्राओं की व्यवस्थाएँ देखने लगीं। लंदन में उनकी भेंट भारतीय कवयित्री सरोजिनी नायडू से हुई। सरोजिनी हिंदुस्तान की स्वाधीनता की दृढ़ समर्थक थीं, जो बाद के दिनों में, 1930 के प्रसिद्ध नमक आंदोलन में गाँधी के साथ थीं। इनायत शाम को हिंदुस्तानी वाद्य वीणा का अभ्यास करते थे और सुबह गाने का रियाज़ करते थे। रात में वे अक्सर कई-कई घंटे ध्यान करते थे।

1913 में इनायत ख़ान और उनके ग्रुप को रूस में संगीत प्रस्तुत करने का निमंत्रण प्राप्त हुआ। यह निमंत्रण मॉस्को के रात्रिकालीन क्लब मैक्सिम से आया था। यह क्लब एक पूरबी संगीत-सभा का आयोजन करना चाहता था। मैक्सिम में इन संगीतकारों ने जो देखा, वह उन्हें क़तई अच्छा नहीं लगा। वहाँ छाई नशेबाज़ी और लम्पटता इन लोगों के लिए बिलकुल ही अजनबी चीज़ थी और वे वहाँ से चले जाना चाहते थे, लेकिन इनायत ख़ान ने उन लोगों को रुकने और अपना वादा निभाने के लिए किसी तरह मनाया।

मॉस्को जल्दी ही इनायत ख़ान को भा गया। उन्हें शहर का बौद्धिक वातावरण बहुत पसंद आया, और वहाँ की बर्फ़ीली जलवायु के बावजूद, उन्होंने वहाँ अपने सांगीतिक जीवन के कुछ अत्यंत सुखद दिन बिताए। उन्होंने पाया कि जो लोग मैक्सिम

में जाया करते थे, वे संगीत-सभाओं और बौद्धिक बैठकों में भी शामिल होते थे और मॉस्को वाक़ई अत्यंत सुसंस्कृत नगर था। उन्हें मॉस्को के लोगों में वैसी आत्मीयता का अनुभव हुआ, जैसी वे हिंदुस्तान में अनुभव करते थे। नतीजतन, इनायत ख़ान ने तत्काल अपना प्रभाव छोड़ा और जल्दी ही उनके दोस्तों में, लियो तॉल्स्तॉय के बेटे सर्गेई तॉल्स्तॉय भी शामिल हो गए, जो मॉस्को के सूफ़ी संप्रदाय के संगीत विभाग के नुमाइंदे बन गए।

मॉस्को में ही इनायत ने पूरबी और पश्चिमी संगीत के मिश्रण का पहला उद्यम किया था। उन्होंने सत्रह रागों का चुनाव किया और उन्हें कालिदास के *शाकुंतलम* के एक प्रसंग पर आधारित नाटक में ढाला। सर्गेई तॉल्स्तॉय और उनके एक दोस्त, व्लादिमीर पोहल ने हिंदुस्तानी रागों के साथ सुर-संगति बैठाई और एक छोटे-से ऑर्केस्ट्रा के लिए उनकी स्वरलिपि तक तैयार कर डाली। इसका विषय था; आत्मा की मुक्ति।[4]

मॉस्को के नीले-हरे गुंबज, और निर्धनता के साथ उसकी विलासिता और परिष्कार का मिश्रण इनायत ख़ान को हिंदुस्तान की याद दिलाते थे। वे एक खुली स्लेज में सवार होकर सफ़र पर निकले और कई पादरियों तथा भिक्षुओं से मिले। नगर में उस समय विद्रोह उबल रहा था, क्योंकि ज़ार को कमज़ोर और अपनी बीवी तथा दरबारियों के प्रभाव के अधीन महसूस किया जा रहा था। कम्युनिस्ट तथा अराजकतावादी जनता के असंतोष को भड़का रहे थे। ख़ुफ़िया पुलिस हर कहीं लोगों की जासूसी किया करती थी। एक दिन तो इनायत ख़ान और उनके भाइयों तक की एक संगीत-सभा में जासूसी की गई थी। बाद में, उनका पीछा करने वाला व्यक्ति शर्मिंदा हुआ और उसने हेनरी बालाकिन के रूप में अपना परिचय दिया। उसने क़बूल किया कि उसे उन लोगों की निगरानी के लिए भेजा गया था। जब इनायत ख़ान ने उसे आश्वासन दिया और कहा कि वे जानते थे कि उसने वैसा क्यों किया, तो बालाकिन उनका *मुरीद* हो गया।

उस समय उनका परिवार पेत्रोव्का स्ट्रीट और क्रापिवेन्स्की के नुक्कड़ पर स्थित हाउस ऑफ़ ओबिदीन नामक चार-पाँच कमरों के एक मकान में रहता था। वह वुसोको पेत्रोव्स्की मठ के एकदम सामने और क्रेमलिन से लगभग 1.5 किलोमीटर की दूरी पर था। वह सादे ढंग से सज्जित मकान था, जिसमें इनायत, उनकी युवा पत्नी और उनके तीन भाइयों के लिए पर्याप्त जगह थी।

इस दंपती की पहली बेटी नूर का जन्म मॉस्को में 1 जनवरी, 1914 को रात 10.15 बजे हुआ था। पहली बेटी होने के नाते नूर इनायत की बहुत लाड़ली थीं। अपने पिता और दादा की ही तरह इनायत भी अपने इस नए शिशु तक संगीत के माध्यम से पहुँचते थे। वे उसे गोद में उठाए चहल-कदमी करते हुए गीत गाकर सुलाते थे।

लेकिन शिशु नूर की नर्स की आदतें कुछ असामान्य क़िस्म की थीं। वह एक हट्टी-कट्टी तातार (13वीं शताब्दी में रूस पर आक्रमण करने वाले मध्य एशिया के मंगोलियाई लोग) औरत थी, जो अमीना बेग़म की बेटी को काली कॉफ़ी पिलाकर और कड़क बालों से बने ब्रॅश से रगड़कर उसकी मालिश करती थी, जिससे अमीना बेग़म डर जाती थीं। जैसा कि चीनी तातारों के यहाँ रिवाज़ था, उसने नूर के पैरों को छोटा बनाए रखने के लिए उन्हें बाँधना भी शुरू कर दिया। नूर को बाबुली (वालिद की बेटी के लिए तुर्को-तातार ज़ुबान का शब्द) नाम भी इसी नर्स ने दिया था।[5]

अपने इन ऊलजलूल तौर-तरीक़ों के अलावा, जो अमीना बेग़म के लिए अजीब लगते थे, यह विधवा नर्स परिवार के लिए बड़ा सहारा थी। उसकी 16 साल की बेटी थी, जिससे मुशर्रफ़ को इश्क़ हो गया था और वे उससे शादी करना चाहते थे। उनका प्रस्ताव था कि माँ-बेटी दोनों परिवार का हिस्सा बन जातीं और उनके साथ यात्राएँ करतीं। अमीना बेग़म ने इस रिश्ते का सख़्त विरोध किया, जिससे इनायत के परिवार में कुछ तकरार भी हुई। [6]

जब नूर चालीस दिन की हुईं, तो इस मौक़े पर एक जश्न मनाया गया, जिसमें इनायत ख़ान ने अपने कुछ दोस्तों और प्रशंसकों को आमंत्रित किया। इन मेहमानों में कुछ रूसी छात्र भी थे, जो इनायत को मैक्सिम में मिले थे। इनमें से एक छात्रा, येव्जेनिया युरीएव्ना स्पास्काया ने बाद में भाव-विभोर अंदाज़ में इस आयोजन का वर्णन किया था :

> अंत में मख़मल का पर्दा उठा और उसके पीछे के कमरे से...मैं नहीं जानती कि दूसरे लोगों ने क्या देखा, लेकिन अपनी कल्पना में मैंने नेस्त्रेव की ब्लू मेडोना को प्रवेश करते देखा : गहरे लाल रंग के मख़मली पर्दे की पृष्ठभूमि में वह खड़ी थी - दुबली, गोरी, जिसकी छरहरी काया नीले दुपट्टे में लिपटी हुई थी, एक युवा माँ, जिसकी गोद में एक छोटा-सा शिशु था।[7]

इनायत ख़ान की ऊँची भव्य आकृति के बग़ल में नीली साड़ी, ढके सिर और लहराते केशों के साथ खड़ी अमीना बेग़म की नाज़ुक काया के इस दृश्य ने स्पास्काया को पूरी तरह मंत्रमुग्ध कर दिया था। आयोजन के दौरान अमीना बेग़म नूर को गोद में लिए आराम कुर्सी पर बैठी रहीं और दूसरे भाई तथा संगीतकार एक-एक करके उनके पास आकर, उन्हें सलाम करते रहे, बधाई का गीत गाते रहे और उन्हें उपहार देते रहे। इसके बाद तबला-वादक रामास्वामी ने इस अवसर पर माँ और शिशु के लिए विशेष रूप से तैयार किया गया एक सरस गीत गाया, जिसे सुनकर सभी आनंदित हुए। वे इनायत ख़ान से न्यू यॉर्क में मिले थे और फिर इस ग्रुप में शामिल हो गए थे। इसके बाद और भी संगीत प्रस्तुत किया गया, जिसमें सारे भाइयों ने गायन

किया और फिर हिंदुस्तानी खानसामा द्वारा तैयार की गई हिंदुस्तानी मिठाइयों और पकवानों की दावत हुई।

संगीत के पूरे कार्यक्रम के दौरान शिशु नूर अपनी माँ की गोद में शांत बैठी रहीं, जिसे देख गर्व से भरे वालिद इनायत ख़ान ने छात्रों से कहा कि उनकी बेटी पहले से ही थियोसॉफ़िस्ट (19वीं सदी के अंत में संयुक्त राज्य अमेरिका में स्थापित धर्म थियोसॉफ़ी को मानने वाला।) बन चुकी है।

मुमकिन है कि इनायत ख़ान अपने दोस्त सर्गेई तॉल्स्तॉय की मार्फ़त ज़ार निकोलस II से मिले हों, लेकिन इसकी कोई पक्की जानकारी नहीं है कि वे रूसी रहस्यवादी रास्पुतिन से भी कभी मिले थे। संभव है कि सेंट पीटर्सबर्ग में वे उनसे मिले हों, क्योंकि समझा जाता है कि इनायत ख़ान 13 मई से महीने के अंत तक इस शहर में रहे थे।[8]

इस बीच, मॉस्को के राजनीतिक माहौल में उत्तेजना बढ़ती जा रही थी और ज़ार के एक अधिकारी ने इनायत ख़ान को शहर छोड़कर चले जाने की सलाह दी। सर्गेई तॉल्स्तॉय ने उन्हें एक स्लेज उपलब्ध कराई और उन्होंने जाने की तैयारियाँ शुरू कर दीं, लेकिन जो दिन उन्होंने जाने के लिए मुकर्रर किया था, उसी दिन दंगे भड़क उठे और लोगों ने बैरिकेड खड़े करके उनका रास्ता रोक दिया। जब उनकी स्लेज के इर्द-गिर्द उत्तेजित भीड़ जमा हो गई, तो इनायत ख़ान ने नूर को अपनी बीवी के हाथों से लेकर ऊपर उठा दिया। सुनहरा पीला लबादा धारण किए इनायत ख़ान द्वारा शिशु को उठाने का वह दृश्य इतना प्रभावशाली था कि भीड़ तत्काल शांत हो गई और उसने बैरिकेड हटा दिए।

परिवार ने सेंट पीटर्सबर्ग का रास्ता पकड़ा और वहाँ से वे फ़्रांस चले गए। हिंदुस्तान के इन शाही संगीतकारों को जून में पेरिस में आयोजित होने जा रहे अंतरराष्ट्रीय संगीत सम्मेलन (इंटरनेशनल म्यूज़िक कॉंग्रेस) में शामिल होने का निमंत्रण मिला हुआ था। रामास्वामी ने हिंदुस्तान लौटने का निश्चय किया, लेकिन अन्य कलाकारों ने इस संगीत सम्मेलन में शिरकत की और बाद में दूसरी संगीत-सभाओं में प्रस्तुतियाँ और व्याख्यान देते हुए कुछ समय तक पेरिस में रुके रहे, लेकिन जल्दी ही यूरोप में युद्ध भड़क उठा। अगस्त, 1914 में, जब जर्मन तोपें पेरिस की ओर तनी हुई थीं, इनायत ख़ान ने अपने परिवार को लंदन ले जाने का फ़ैसला किया। यहाँ वे अगले छह वर्षों तक रहे, क्योंकि यूरोप प्रथम विश्व युद्ध से क्षत-विक्षत हो रहा था।

युद्ध के दिनों में लंदन का वातावरण परिवार के लिए मुश्किलों से भरा था। जहाँ मॉस्को और पेरिस में इनायत ख़ान की संगीत-सभाओं में हॉल ठसाठस भरे रहते थे, वहीं यहाँ शुरू के कुछ महीनों में आधे हॉल ख़ाली पड़े रहते थे। हर किसी

के दिमाग़ पर युद्ध की छाया मँडरा रही थी। नूर को शुरुआत के कुछ साल ख़ासी ग़रीबी और तंगी में बिताने पड़े। तब भी उनके वालिद के उत्साह, उनकी शांत प्रकृति और चिंतनशील दृष्टिकोण उन्हें शक्ति प्रदान करते रहे।

लंदन में इनायत ख़ान ने मोहनदास करमचंद गाँधी के समक्ष गायन प्रस्तुत किया और उनकी आँखें भिगो दीं। उन्होंने अस्पतालों में घायल पड़े हिंदुस्तानी सैनिकों के लिए गाया और युद्ध में विधवा हुई महिलाओं के लिए निधि एकत्र करने कल्याणकारी संगीत-सभाओं में गाया। जून, 1915 में हिंदुस्तान के इन शाही संगीतकारों ने *लक्मे* नामक ऑपेरा में प्रस्तुति दी, जिसकी अख़बारों में बेहद सराहनापूर्ण समीक्षाएँ प्रकाशित हुईं।[9]

हिंदुस्तानी लोग युद्ध में इंग्लैंड का साथ दे रहे थे, लेकिन इसके बावजूद अँग्रेज़ी हुकूमत इनायत ख़ान के प्रति संदेह से भरी थी और उन पर क़रीबी निगाह रखे हुए थी। एक बार हिंदुस्तानी विधवाओं और यतीमों के कल्याण के लिए आयोजित एक संगीत-सभा में इनायत ख़ान इस क़दर भावुक हो उठे कि वे अपने मुल्कवासियों को उनकी गौरवशाली धरोहर की याद दिलाते हुए देशभक्तिपूर्ण हिंदुस्तानी गीत गाने लगे। उनका ज़ोरदार तालियों से स्वागत किया गया, जिससे अँग्रेज़ और भी चौकन्ने हो गए। सहायतार्थ संगीत-सभाओं के निमंत्रण मिलने बंद हो गए और परिवार के पास आय का लगभग कोई साधन नहीं रह गया।

मुशर्रफ़ ख़ान ने अवसाद की हालत में सड़क मज़दूरी जैसे छोटे कामों की तलाश शुरू कर दी और महबूब ख़ान ट्यूशन पढ़ाने लगे। मोहम्मद ख़ान संगीत सभागारों में यूरोपीय गीत और बैलड गाने लगे। अमीना बेग़म के लिए इतनी बड़ी गृहस्थी चलाना मुश्किल हो गया। चूँकि वे एक अमीर परिवार से थीं, इसलिए उनके लिए यह और भी मुश्किल था। अंतरजातीय विवाह को लेकर अँग्रेज़ी समाज में व्याप्त पूर्वाग्रहों के अहसास से उनकी बेचैनी और भी बढ़ गई और उन्होंने पर्दा करना बंद कर दिया, क्योंकि उन्हें लगा कि इससे लोगों का उनकी ओर अनावश्यक ध्यान जाता था। परिवार मात्र दाल-चावल खाकर गुज़ारा करने लगा। ऐसे भी दिन होते थे, जब खाने की मेज़ पर सिर्फ़ ब्रेड हुआ करती थी।

इनायत ख़ान इन परीक्षा की घड़ियों में अविचलित बने रहे। उन्होंने प्रतिदिन वीणा का अभ्यास और नूर के लिए गाना सुनाना जारी रखा। परिवार इस समय लंदन के 86 लेडब्रोक रोड पर रहने लगा था और यही वह जगह थी, जहाँ इनायत ख़ान ने 1915 के पतझड़ के मौसम में लंदन में सूफ़ी संप्रदाय की स्थापना की थी। इस संप्रदाय का प्रतीक-चिह्न था : पंख-युक्त हृदय, जिस पर दूज के चंद्रमा के ऊपर एक सितारा अंकित था। जल्दी ही जश्न मनाने की और वजह पैदा हो गई। 19 जून, 1916 को इनायत ख़ान और अमीना बेग़म के यहाँ बेटे का जन्म हुआ।

उन्होंने उसका नाम विलायत (मुखिया) रखा। उसे पीरज़ादे (पीर का बेटा) की उपाधि दी गई। नूर उसे *भाईजान* कहती थीं।

छोटी-सी नूर अपने इस शिशु भाई से बेइंतिहा प्यार करती थीं। वह जल्द ही उनका सबसे क़रीबी दोस्त बन गया और आजीवन बना रहा। ग़रीबी के बावजूद इन बच्चों का लालन-पालन आत्मीयता और स्नेह के वातावरण में हुआ। वे अपने बचपन को याद करते हुए बताते थे कि किस तरह उनके वालिद उन्हें गोद में उठाकर घुमाते हुए लोरी गाकर सुलाते थे। कभी-कभी जब उनको रात में नींद नहीं आती थी, तो वे उनके बिस्तर पर बैठकर उन्हें गाना सुनाते थे। अक्सर तो ये बच्चे उनका गाना सुनने के लिए ही जागते रहते थे। इनायत ख़ान का मानना था कि उस उम्र में बच्चे इतने संवेदनशील थे कि जब वे उन्हें गाना सुनाते थे, तो वे उनके संगीत की गरमाहट को महसूस कर सकते थे। उन्हें खुद मौला बख़्श ने शरीर पर संगीत के प्रभाव और नाद तथा लय के मार्फ़त सेहत को दुरुस्त रखने में संगीत की भूमिका की शिक्षा दी थी।[10] वे कभी भी बच्चों को अचानक से जगाने की इजाज़त नहीं देते थे और अक्सर उन्हें गाकर धीरे-धीरे जगाते थे।

इस बीच, युद्ध का इनायत ख़ान पर ज़बरदस्त असर हुआ था और वे लगातार हो रही मौतों और तबाही से बहुत विचलित थे। वे लोगों से मृत्यु के बारे में बात करते थे और उनका ध्यान प्रार्थना तथा भाईचारे की भावना की ओर आकर्षित करते थे, ताकि उनकी पीड़ा कुछ और सहने योग्य हो सके। लंदन के उन मुश्किल भरे वर्षों में इनायत ख़ान खुद ही *मुर्शिद* (गुरु) बन गए थे, जिसके तहत वे यात्राएँ कर व्याख्यान दिया करते थे। 1916 में ब्राइटन तथा 1917 में हैरोगेट में सूफ़ी संप्रदाय की शाखाएँ स्थापित की गई थीं। जब युद्ध के उन वर्षों के दौरान लोगों ने रूहानी जवाब तलाशने की कोशिश की, तो संगीत के सभागार धीरे-धीरे भरने लगे।

1917 में यह परिवार 1, गॉर्डन स्क़्वेयर के एक बड़े मकान में रहने लगा, जिसकी आर्थिक व्यवस्था सूफ़ियों ने सँभाली थी। बाद के वर्षों में इनायत ख़ान और अमीना बेग़म के यहाँ दो और संतानें पैदा हुईं - एक लड़का हिदायत और एक लड़की ख़ैर-उन-निसा। इनायत अपनी इस दूसरी बेटी को मामुली (माँ की बेटी) कहकर पुकारते थे। नूर के लिए विलायत *भाईजान* थे, हिदायत *भैयाजान* थे, और ख़ैर मामुली या माम्स थीं। वैसे नूर ख़ुद भी बच्ची ही थी, लेकिन उन सभी की देखभाल माँ की तरह किया करती थी।

गॉर्डन स्क़्वेयर में परिवार ने सुखमय ढंग से दिन बिताए, हालाँकि पैसे की तंगी अब भी बनी हुई थी, लेकिन घर हलचल से भरा था और चारों बच्चे अमीना बेग़म को व्यस्त रखते थे। नूर नाजुक बच्ची थीं, बेहद सुंदर और संवेदनशील। जब उन्होंने सुना कि रूस के बच्चों को खाने नहीं मिल रहा, तो वे बहुत परेशान हो

उठी थीं, हालाँकि वे मात्र चार बरस की थीं। वे बड़ों से चॉकलेट माँगतीं, और जैसे ही मिल जातीं, वे कमरे से निकल जातीं। बाद में उनके माँ-बाप को पता चला कि उनके कमरे में चॉकलेट से भरा एक बड़ा डिब्बा था, जिसमें वे रूसी बच्चों के लिए चॉकलेट जमा कर रही थीं।

नूर विलायत के साथ चौक में खेलती थीं और उन्हें विश्वास था कि वहाँ उन्होंने परियाँ देखी थीं। उन्होंने अपने परिवार के लोगों तक को बताया था कि उन्होंने इन छोटे-छोटे प्राणियों से बात की थी, जो फूलों और झाड़ियों में रहती थीं। उन्होंने तो इस पर कोई सवाल नहीं पूछे, लेकिन पड़ोस के बच्चे पूछते थे। वे नूर की परियों की इस कहानी पर हँसते थे, जिससे वे इस क़दर दुखी हुईं कि उन्होंने उसके बाद परियों से मिलना बंद कर दिया। यहाँ तक कि जब नूर बड़ी हो गईं, तब भी उन्हें परियों से प्रेम हुआ करता था और वे अक्सर कार्डों पर उनके चित्र बनाती थीं और कहानियों में उनके बारे में लिखती थीं।

ये बच्चे कुछ-कुछ अवास्तविक-सी दुनिया में रहते थे। घर में सूफ़ी मेहमान भरे रहते थे और बच्चों को अक्सर उनकी मर्ज़ी पर छोड़ दिया जाता था। एक दिन एक बच्चे ने आकर नूर और विलायत से कहा कि सांता क्लॉज़ का कोई वजूद नहीं है। इससे दोनों बच्चे परेशान हो उठे और भागते हुए अपने वालिद के पास पहुँचकर उनसे सच्चाई बताने को कहने लगे। इनायत ने उनसे कहा, "जब कोई चीज़ किसी की कल्पना में होती है, तो कोई ऐसी जगह होती है, जहाँ उसका वास्तविक वजूद होता है।"[11] इस सबका दोनों बच्चों को कोई मतलब तो समझ में नहीं आया, लेकिन उन्हें लगा कि उन्हें कोई गहरी बात बताई गई है और दोनों बहुत खुश होकर वहाँ से चले गए।

जब यूरोप में बंदूक़ों की गर्जना शांत हो गई, तो परिवार लंदन की नई ज़िंदगी का अभ्यस्त होने लगा, लेकिन गृह मंत्रालय अब भी इनायत ख़ान को लेकर संदेह से भरा था। चूँकि वे महात्मा गाँधी और सरोजिनी नायडू जैसे राष्ट्रवादी नेताओं से मिले थे, इसलिए उन पर लगातार निगाह रखी जा रही थी। इस समय समुद्र-पार के हिंदुस्तानी समुदाय में राष्ट्रीयता की भावना बढ़ रही थी, क्योंकि अमृतसर में हुए जलियाँवाला बाग़ नरसंहार[12] का सारे हिंदुस्तानियों पर ज़बरदस्त असर हुआ था। इनायत ख़ान के दोस्त रबींद्रनाथ ठाकुर ने विरोध जताते हुए नाइट की उपाधि लौटा दी थी।

इनायत ख़ान के कुछ मुसलमान दोस्तों ने उन्हें अंजुमन इस्लाम की अध्यक्षता करने के लिए आमंत्रित किया। यह समिति मुसलमानों तथा ग़ैर-मुसलमानों के बीच एकजुटता स्थापित करने के लिए बनाई गई थी, लेकिन समिति के एक सदस्य ने समिति के पंजीयन के पहले ही मुसलमान यतीमों की सहायता के लिए पैसे एकत्र

करने का पत्र भेज दिया और अंजुमन इस्लाम पुलिस की जाँच-पड़ताल का विषय बन गई। बाद में किसी तरह ग़ैरक़ानूनी सौदेबाज़ी से उस मामले को निपटा तो लिया गया, लेकिन संस्था के प्रति द्वेष-भाव बना रहा। इनायत ख़ान के मकान और गतिविधियों पर नज़र रखी जाने लगी।

साउथेम्प्टन की एक वफ़ादार *मुरीद* मिस डोलैंड ने उन्हें इंग्लैंड छोड़ने की सलाह दी। उसने उन्हें वित्तीय संकट से उबारने के लिए पैसे भेजे। दक्षिण अफ़्रीका के एक *मुरीद* ने भी उन्हें नई जगह बसने के लिए पैसे भेजे और एक अन्य मुरीद ने उन्हें फ़्रांस के एक गाँव थोम्बले में अपना ख़ाली पड़ा ग्रीष्मकालीन मकान देने की पेशकश की।

1920 के वसंत में इनायत ख़ान का परिवार एक बार फिर चल पड़ने की तैयारी करने लगा। विलायत तब मात्र चार साल के थे। उन्हें सिर्फ़ एक छोटे-से जहाज़ और समुद्री यात्रा के दौरान हर किसी के जी मितलाने की याद थी।[13] नूर सिर्फ़ छह साल की थीं, और जब परिवार एक बार फिर से चैनल पार कर रहा था, तो वे अपनी माँ और भाइयों से चिपकी रहती थीं। इनायत अपनी वीणा थामे समुद्र के विस्तार को देख रहे थे। यूरोप में युद्ध समाप्त हो चुका था। वे अपने युवा परिवार के भविष्य के बारे में सोच रहे थे।

2

फ़ज़ल मंज़िल

नूर और उनका परिवार जल्दी ही पेरिस के उत्तर में स्थित छोटे-से गाँव थोम्बले के अपने नए मकान में रहने लगे। विलायत ने उस मकान को एक सीलनदार जगह के रूप में याद किया, जिसमें न तो घर को गरमाने का कोई इंतज़ाम था, न भोजन का। थोम्बले ऐसी जगह थी, जहाँ संगीत की महफ़िलों के लिए कोई ख़ास गुंजाइश नहीं थी। नतीजतन, परिवार एक बार फिर गंभीर आर्थिक तंगी से जूझने लगा।

इनायत ख़ान अपने बीवी-बच्चों को छोड़ जेनेवा गए, जहाँ उनके कुछ सूफ़ी शागिर्दों ने समुचित दान-दक्षिणा देकर उनकी मदद की। इनायत ख़ान अब सुस्थापित *मुर्शिद* की हैसियत बना चुके थे और वे जहाँ कहीं भी जाते थे, उनके *मुरीद* सूफ़ी केंद्रों की स्थापना में उनकी मदद करते थे। परिवार ठंड के पूरे मौसम अकेला जूझता रहा, लेकिन फिर 1921 के शुरुआती दिनों में इनायत ख़ान थोम्बले लौट आए और उन सबको पेरिस के दक्षिण में स्थित एक और छोटे-से नगर विस्सू में ले गए। विस्सू में परिवार का जीवन बेहतर ढंग से बीता। एक नौसैनिक अधिकारी का यह मकान गाँव की सरहद पर था, जहाँ से हरे-भरे खेत दिखाई देते थे। यहाँ इनायत सुबह के समय बग़ीचे में बैठकर ध्यान करते और बच्चे उनके आस-पास खेलते रहते। बाद में वे वीणा बजाते और गाते। विस्सू में हज़रत इनायत ख़ान ने अपने ख़ास शागिर्दों के लिए ग्रीष्मकालीन शिविर आयोजित किया। शाम को सारे *मुरीद* बड़े बैठकख़ाने में एकत्र होते थे। सारे भाई अपने-अपने साज़ बजाते थे और वातावरण में शांति व्याप्त हो जाती थी।

1922 के वसंत में हज़रत इनायत ख़ान की एक वफ़ादार *मुरीद* हॉलैंड की रहने वाली एक विधवा मेदम इगलिंग ने इस परिवार के लिए एक मकान ख़रीदने की पेशकश की। एक दिन जब इनायत ख़ान और उनके शागिर्द पेरिस के बुआ दे

बुलान्ये में चहलक़दमी कर रहे थे, तब उन्होंने नदी पार करके सुरेन की पहाड़ी पर चढ़ने का निश्चय किया। अचानक, वृक्षों से घिरे एक विशाल मकान ने इनायत का ध्यान आकर्षित किया। "वह यहाँ होना चाहिए!" उन्होंने कहा।[1] क़िस्मत से, वह मकान बिकाऊ था। पेरिस के केंद्र से कुछ मील दूर, लाँगशाँ रेसकोर्स के क़रीब स्थित यह मकान इस परिवार के लिए एकदम उपयुक्त था। ऊपर की खिड़कियों से शहर की रोशनियाँ और दूर स्थित एफ़िल टॉवर दिखाई देता था, और अगर दिन के समय आसमान साफ़ होता तो साख़े को तथा नोत्र-देम कैथेड्रल की दिशा में मुड़ती सैन नदी का नज़ारा दिखाई देता था।

इनायत ख़ान ने इस मकान को फ़ज़ल मंज़िल नाम दिया, और जहाँ तक नूर का सवाल था, इस मकान ने अपना यह नाम सार्थक किया, क्योंकि यहीं उन्होंने अपनी ज़िंदगी के कई सुखद वर्ष बिताए थे। यह मकान दीवारों वाले बग़ीचे तथा दरख़्तों से घिरा हुआ था, और विशेष रूप से नूर को मकान के बाहर की सीढ़ियों पर अपने भाइयों और बहन के साथ बैठकर नीचे फैले शहर को निहारना अच्छा लगता था। इनायत के बचपन की तरह विलायत और हिदायत चंचल स्वभाव के थे और उन्हें मकान के आस-पास के दरख़्तों पर चढ़ने में मज़ा आता था। अगर *मुरीद* बच्चों के शरारती होने पर आश्चर्य व्यक्त करते, तो इनायत बड़ौदा के मकान की अपनी बेलगाम हरक़तों को याद करते हुए कहते, "मैं तो इनसे भी बदतर था।"[2]

चारों बच्चे, उनके माँ-बाप और तीनों चाचा इस बड़े मकान में आराम-से रहने लगे। गर्मियों में यह मकान आगंतुकों से भर जाता था, क्योंकि वहाँ तीन महीनों के लिए सूफ़ियों के ग्रीष्मकालीन स्कूल का आयोजन होता था। इनायत ख़ान बुज़ुर्ग मेदम इगलिंग को अपने साथ रहने के लिए बुला लेते और वे बच्चों को पढ़ाने तथा घर की देखभाल करने में मदद करतीं। वे आख़िरी दिनों तक वफ़ादार *मुरीद* बनी रहीं।

हिदायत ने उस अवसर को याद किया, जब वे अपने वालिद के साथ बैठकख़ाने के लिए पीले पर्दे ख़रीदने पेरिस गए थे। इनायत ख़ान अक्सर कोई प्राचीन (एंटीक़) वस्तु ख़रीदा करते थे, जो उन्हें पूरब की याद दिलाती थी : कभी कोई लैम्प, तो कभी कोई मोरक्कियाई क़ालीन। हिंदुस्तान को भुला पाना उनके लिए बहुत मुश्किल था और वे अपने घर को अपनी जन्मभूमि की याद दिलाने वाली चीज़ों से भरते रहते थे। उनकी माँ अमेरिकी थीं, इसके बावजूद बच्चों का पालन-पोषण अत्यंत हिंदुस्तानी वातावरण में हुआ था। नूर अपने भाई-बहनों को हिंदुस्तानी पोशाक पहनातीं और चारों बच्चे छोटे-छोटे नाटक खेलते। उन्हें ख़ास तौर से खुद साड़ी पहनना और भाइयों को चमकीली पगड़ियाँ पहनाने में बहुत मज़ा आता था। बच्चों को फ़ज़ल मंज़िल के आँगन और मकान के सामने की हरियाली में खेलना अच्छा

लगता था। बच्चे घर पर अँग्रेज़ी में बात किया करते थे, लेकिन चूँकि इनायत ख़ान और उनके भाई आपस में हिंदी में बात करते थे, तो बच्चों ने कुछ हिंदी और उर्दू भी सीख ली थी।

इसी फ़ज़ल मंज़िल में इनायत ख़ान ने सार्वभौमिक इबादत (यूनिवर्सल वर्शिप) परंपरा की शुरुआत की थी। एक ऐसा अनुष्ठान, जिसमें सारे मज़हबों का सम्मान होता था। इनायत ख़ान का हमेशा से सारे मज़हबों की एकता में विश्वास रहा था; बचपन में वे हिंदू धर्म और इस्लाम के प्रति समान रूप से आकर्षित हुआ करते थे और उन्होंने दोनों का अध्ययन किया था। अब उन्होंने अपने इस विश्वास को मूर्त रूप दिया था। इबादत का यह अनुष्ठान फ़ज़ल मंज़िल की विशाल बैठक में होता था, जहाँ मोमबत्तियाँ और अगरबत्तियाँ जलाईं जाती थीं। कभी-कभी बच्चे भी इन प्रार्थनाओं से आकर्षित होकर उन्हें सुनते थे। सारे मज़हबों के प्रति सहिष्णुता की यह धारणा नूर के जीवन में हमेशा बनी रही और उनकी गतिविधियों को प्रेरित करती रही।

शनिवार को इनायत ख़ान फ़ज़ल मंज़िल की छत पर बैठ जाते और पूरे दिन ध्यान करते रहते। वे भाव-समाधि की अवस्था में पहुँच जाते थे और दो आदमी उन्हें सहारा देकर नीचे लाते थे। नूर अपने बचपन में उन्हें मंत्रमुग्ध होकर देखती रहती थीं। एक दिन उन्होंने विलायत से पूछा, "तुमने अब्बा की आँखें देखीं?"[3] उनके भाई ने देखा कि जब वे अपने वालिद को उस भाव-समाधि की अवस्था में देखती थीं, तो उनकी आँखें छलछला आती थीं।

इनायत ख़ा सच्चे संगीतकार बने रहे। उन्होंने बच्चों को भारतीय संगीत सिखाया और वे अक्सर उनसे रागों के बारे में पूछते थे। नूर हमेशा ध्यान देकर सुनती थीं और उनके सवालों का जवाब देती थीं। वे गानों के बोल भी अँग्रेज़ी और उर्दू में लिख लेती थीं (वे उर्दू के शब्दों को रोमन लिपि में लिखती थीं, क्योंकि उन्हें उर्दू लिपि नहीं आती थी)।

अगर बच्चे शरारतें करते थे, तो इनायत ख़ान उन्हें डाँट नहीं पाते थे, और इसलिए उन्होंने उन्हें अनुशासित करने का अपना ही एक तरीक़ा निकाल रखा था। वे बच्चों को सीढ़ियों पर तलब करते और उन्हें कभी भी एक-दूसरे पर इलज़ाम लगाने की छूट नहीं देते थे।[4] वे उनसे पूछते, "आपने शरारत क्यों की और क्या आप क़बूल करते हैं कि आपने ग़लती की है?" फिर वे उनसे पूछते, "क्या आप सोचते हैं कि आपको सज़ा मिलनी चाहिए?" सज़ा में दौड़ते हुए बग़ीचे के दस चक्कर लगाना या एक कोने में बैठे रहना, या कुछ घंटे तक एकदम चुप रहना शामिल था। एक बार हॉलैंड के एक शागिर्द ने बच्चों से संबंधित एक दिलचस्प घटना बताई थी। उनमें कुछ ने शरारत की थी। इनायत ने नूर को बुलाकर उनसे पूछा, "क्या आपने भी

शरारत की है?" उन्होंने जवाब दिया, "मैं करना चाहती थी, लेकिन मेरी शराफ़त ने मुझे रोक लिया।"[5]

परिवार के लोग साथ बैठकर भोजन करते थे, लेकिन बच्चों से शांत रहकर बैठने की उम्मीद की जाती थी। बच्चों को लगता था कि अनुशासन उनके प्रति वालिद के प्यार का हिस्सा था और इसीलिए उन्हें शांत बैठना बुरा नहीं लगता था। अपना काम निपटाने के बाद इनायत बच्चों को अपने पास बुलाते थे, और बच्चे अपने वालिद के साथ होने के इन बेशक़ीमती पलों का इंतज़ार करते थे।

बच्चे जानते थे कि वालिद सिर्फ़ उन्हीं के नहीं हैं, उनमें दुनिया का हिस्सा भी है। जब इनायत ख़ान के व्याख्यान कार्यक्रम और अन्य कामों की व्यस्तताएँ बहुत बढ़ जातीं, तो वे फ़ज़ल मंज़िल में समय नहीं बिता पाते थे, सिवाय गर्मी के उन महीनों के, जब वे अपने *मुरीदों* से घिरे रहते थे। उनकी शख़्सियत आलीशान थी, जिसमें उनके सुनहरे लबादे और लहराती हुई दाढ़ी इज़ाफ़ा करते थे, और वे शायद अपनी लगभग चालीस साल की उम्र से कहीं ज़्यादा बुज़ुर्ग लगते थे। बच्चे घास पर लेटे हुए उन्हें व्याख्यान कक्ष की ओर जाते देखते रहते थे। विलायत का कहना था कि उन्हें उनकी मौजूदगी से ही उनका स्पर्श महसूस होता था।[6]

नूर को अपने वालिद की तक़रीरों में जाना अच्छा लगता था। उन्हें पेरिस के म्यूज़े जिमे (संग्रहालय) की एक तक़रीर की स्मृति थी, जिसने उन्हें बहुत प्रभावित किया था, बावजूद इसके कि उस समय वे बहुत छोटी थीं। तक़रीर के बाद वे उसके बारे में श्रोताओं की राय जानने उनकी भीड़ में घुस गईं और फिर उन्होंने हाँफते हुए अपने चकित वालिद को वह सब बताया, जो उन्होंने सुना था।[7] जो पल वे उनके साथ, उनकी बातें सुनते हुए या उनसे गाना सीखते हुए बिताती थीं, वे उनके जीवन के सबसे ज़्यादा सुखद पल होते थे। उनके वालिद उन्हें हिंदुस्तानी रागों की बारीकियों में ले जाते, और वे उनके सामने पालथी मारकर बैठ जातीं, उनके गाये सुरों को गाकर दोहरातीं।

जब वे घर पर नहीं होते थे, तो बच्चों को उनकी बहुत याद सताती थी, लेकिन उन्होंने इस स्थिति को बर्दाश्त करना सीख लिया था। विलायत के मन में अक्सर यह ख़याल आता था कि काश! उनके वालिद भी स्कूल के अन्य बच्चों के पिताओं जैसे होते, लेकिन फिर वे इस ख़याल को दिमाग़ से झटक देते थे। वहीं नूर, अपनी दुनिया में बंद हो जातीं और अपनी कल्पना के खेलों में मग्न हो जातीं और कविताएँ लिखतीं।

जब वे आठ साल की हो गईं, तो उन्होंने सुरेन के स्थानीय कॉलेज मॉदर्ने दे फ़ीय में स्कूली शिक्षा के लिए जाना आरंभ कर दिया। स्कूल नूर के लिए आसान नहीं था। बच्चे उस समय फ़्रांसीसी नहीं समझते थे (घर पर वे अँग्रेज़ी में बात करते

थे)। अब उन्हें फ़्रांसीसी में पढ़ाई करनी थी और उसी ज़ुबान में दूसरे छात्रों के साथ बात करनी थी। हिदायत ने याद करते हुए बताया कि फ़्रांसीसी स्कूल के मुताबिक़ ख़ुद को ढालने में उन्हें बहुत हिम्मत जुटानी पड़ी थी।[8] कुछ फ़्रांसीसी छात्र विदेशियों के अभ्यस्त नहीं थे, और बच्चों को इस स्तर पर भी मुश्किलों का सामना करना पड़ा। धीरे-धीरे उन्होंने यह भाषा सीख ली और उसे धाराप्रवाह बोलने लगे, लेकिन तब भी इनायत ख़ान का परिवार पेरिस के उस उपनगर सुरेन में हमेशा ही लोगों के ध्यान का केंद्र बना रहा।

अपनी साँवली त्वचा और काले बालों की वजह से नूर दूसरी छात्राओं के बीच अलग दिखाई देती थीं। वे हमेशा से शांत स्वभाव की और स्वप्निल बच्ची रही थीं और उन्हें जल्दी ही दूसरी लड़कियों का प्यार मिलने लगा। उन्होंने उन्हें गुड कॉमरेडशिप का ख़िताब तक दे डाला।[9] वे जिस वातावरण से आई थीं, उसके चलते रूप-रंग और तौर-तरीक़ों में उनका दूसरी लड़कियों से भिन्न होना अपरिहार्य था, हालाँकि वे उनके साथ खेलतीं और गपशप करती थीं, लेकिन कई रूपों में वे उन सबसे ज़्यादा वयस्क और संजीदा थीं।

बाद में नूर की छोटी बहन ख़ैर ने भी उसी स्कूल में दाख़िला लिया और उन्होंने भी उन्हीं समस्याओं का सामना किया। उन्होंने अपना नाम बदलकर ख़ैर-उन-निसा की जगह क्लेयर कर लिया और जीवन भर इसी नाम से पुकारा जाना पसंद किया। वे चारों बच्चों में सबसे ज़्यादा शांत प्रकृति की थीं, और सबसे छोटी होने के नाते सबसे ज़्यादा महफ़ूज़ भी थीं, इसलिए जब उन्हें स्कूल में अपनी ज़िम्मेदारी ख़ुद सँभालनी पड़ी, तो बहुत परेशानियाँ झेलनी पड़ीं।[10] दूसरी तरफ़, नूर ने अपनी निजी दुनिया में रहकर और इस तरह अपना एक सुरक्षा-कवच तैयार करके समस्याओं से निपटने का रास्ता निकाल लिया।

स्कूल के साथ तालमेल बैठाने की अपनी मुश्किलों के बावजूद नूर ने धीरे-धीरे वहाँ अपनी कुछ अच्छी सहेलियाँ बना लीं। उनकी सबसे अच्छी दोस्त थीं; रेमॉन्द प्रेनात, जिसके साथ नूर की आजीवन घनिष्ठता बनी रही। रेमॉन्द के पिता फ़्रांसीसी और माँ स्पेनिश थीं। वे अपनी तीन बहनों में दूसरे नंबर की थीं। उनका परिवार इनायत ख़ान का पड़ोसी था, और रेमॉन्द तथा नूर एक-दूसरे के घरों में बहुत-सा समय बिताती थीं। नूर के कम उम्र होने के बावजूद उनके अपरिमित साहस और दृढ़ता की वजह से प्रेनात उनके प्रति बेहद सराहना का भाव रखती थीं। दोनों लड़कियाँ एक-दूसरे के जन्मदिन पर एक-दूसरे को केक देती थीं और मोमबत्तियों की सजावट करती थीं। उनके जन्मदिन में छह हफ़्ते का फ़र्क़ था, जिसकी वजह से उनकी घनिष्ठता और भी ज़्यादा थी। नूर हमेशा रेमॉन्द के लिए बर्थ-डे कार्ड तैयार करती थीं, और अक्सर ख़ास उसके लिए कोई कविता लिखती थीं।

बचपन में नूर कविताएँ और कहानियाँ लिखती थीं और छोटी-छोटी संगीत रचनाएँ तैयार करती थीं, जिन्हें पियानो पर बजाकर परिवार का मनोरंजन करती थीं। उनका स्वरमान बहुत ऊँचा था, जो उनके उत्साहित होने के क्षणों में और भी ऊँचा हो जाता था। नूर ने अपने वालिद से संगीत लिखना सीखा था और वे पश्चिमी शैली की स्वरलिपि में हिंदुस्तानी सूफ़ी गीत लिखने लगी थीं।

वे हमेशा-से सृजनशील रही थीं। सहेलियों और परिवार के लोगों को जन्मदिन पर नूर के हाथ से चित्रित कार्ड मिला करते थे, जिनके अंदर छोटी-सी कविता होती थी। वे फ़्रांसीसी और अँग्रेज़ी दोनों भाषाओं में लिखती थीं (फ़्रांसीसी में रेमॉन्द जैसे दोस्तों के लिए और अँग्रेज़ी में अपने माता-पिता और भाइयों और बहन के लिए)। ग्यारह वर्ष की उम्र में उन्होंने 'ला यूलेत' शीर्षक से एक कविता लिखी थी, जो बताती है कि इतनी कम उम्र में भी वे अपनी शैली विकसित कर रही थीं। कविता की शुरुआत इस तरह होती है :

स्नेहिल और ईमानदार
सुंदर छोटा-सा वाइलिट
जो मेरी छोटी-सी बगिया में
अपनी मधुर सुगंध छोड़ता है

नूर सुखी बच्ची थीं, हमेशा मुस्कराती रहने वाली और दूसरों की मदद के लिए तत्पर। बहुत कम उम्र में भी वे अपने से कम सुविधा-संपन्न लोगों की चिंता किया करती थीं। क्रिसमस के मौक़े पर सांता क्लॉज़ के नाम लिखी गई एक कविता में वे कहती हैं :

आओ उज्ज्वल दीप्त सूरज की किरणें लेकर
हमारे सुखी घर को आनंद से भरने
हर बच्चे को मधुर सपने दो
फिर प्यारी परियों के बीच घूमो
फिर निर्धन झोपड़ियों में जाओ
निढाल हृदयों में ख़ुशियाँ भरने
जहाँ हर कोई भूखा है
उनकी मेज़ पर मिठाई परोसो।

बारह बरस की उम्र में नूर को पहली बार प्रेम हुआ था। उनका प्रेम-पात्र था; फ़्लोरिस फन बेरोन फ़न पालांद, जो सुरेन निवासी डच सूफ़ी शागिर्दों का बेटा था। इस लड़के का परिवार इनायत ख़ान के परिवार के बहुत क़रीब था, और नूर के वालिद ने जल्दी ही ग़ौर किया कि जब कभी वह बुलाता था, तो नूर दरवाज़ा खोलने

सीढ़ियों पर भागती थीं।[11] इसके बाद लड़का और लड़की हॉल में खड़े होकर बतियाने लगते थे। फ़्लोरिस भी नूर के प्रति उतना ही आकर्षित था, लेकिन यह रिश्ता टिकने वाला नहीं था। इनायत ख़ान का परिवार बहुत रूढ़िवादी था और वह इस बात के पक्ष में नहीं था कि नूर नीचे जाकर मेहमानों के लिए दरवाज़ा खोलतीं। उनके मुताबिक़, यह काम घर के कर्मचारियों को शोभा देता था, और इनायत ने नूर को इन औपचारिकताओं की याद दिलाई। जब वे नूर को डाँट रहे थे, तो फ़्लोरिस ने सुन लिया और उसने इसका मतलब निकाला कि इनायत ख़ान इस रिश्ते के पक्ष में नहीं थे। इस ग़लतफ़हमी के चलते फ़्लोरिस ने अपने हाथ खींच लिए और वह रोमांस जल्दी ही समाप्त हो गया।

फ़्लोरिस से रिश्ता टूटने के बाद इनायत ख़ान नूर के लिए वर तलाशने की योजना बनाने लगे। हिंदुस्तानी परिवारों में माँ-बाप द्वारा तय किए जाने वाले विवाहों का चलन था। इनायत ख़ान चाहते थे कि नूर अली ख़ान के बेटे और मौला बख़्श के पोते अल्लादुत ख़ान से विवाह करें, जो बड़ौदा में रहते थे।[12] अल्लादुत रिश्ते में इनायत ख़ान के चचेरे होने के बावजूद उम्र में उनसे बहुत छोटे थे। इनायत ख़ान ने नूर को प्रोत्साहित किया कि वे उनके परिवार को ख़त लिखा करें। चूँकि सीधे-सीधे अल्लादुत को लिखना तहज़ीब के ख़िलाफ़ होता, इसलिए वे उनके माँ-बाप को ख़त लिखने लगीं। धीरे-धीरे नूर ने शादी की उम्र होने पर अल्लादुत से शादी करने के ख़याल को स्वीकार करना शुरू कर दिया। इनायत ख़ान के लिए यह जोड़ी कई अर्थों में महत्त्वपूर्ण थी। मौला बख़्श के अकेले मर्द वारिस होने के कारण अल्लादुत बहुत अमीर थे। उनका पैसा सूफ़ी आंदोलन की मदद करता था और पश्चिमी *मुरीदों* पर इनायत ख़ान की निर्भरता को कम कर देता था। इसी के साथ, उन्हें अपने सारे भाइयों और चचेरों को पश्चिम में ले आने का संतोष भी होता, क्योंकि अल्लादुत एकमात्र व्यक्ति थे, जो हिंदुस्तान में रह रहे थे।

इस दौरान इनायत ख़ान सूफ़ी आंदोलन को विकसित करने में बहुत ज़्यादा व्यस्त थे। बच्चे पेरिस के अनुरूप ज़िंदगी में ढल गए थे, और इनायत बड़े पैमाने पर यात्राएँ करते हुए इंग्लैंड, जर्मनी, स्विट्ज़रलैंड, बेल्जियम, हॉलैंड, स्कैंडिनेविया और संयुक्त राज्य अमेरिका में अपने शागिर्दों की मंडलियाँ तैयार कर रहे थे। 1925 में इनायत ख़ान इंग्लैंड के सफ़र के दौरान गंभीर रूप से बीमार पड़ गए, हालाँकि वे मात्र तैंतालीस वर्ष के ही थे, लेकिन थका देने वाली यात्राएँ उन पर बुरा असर डाल रही थीं। 1926 में अमेरिका की यात्रा के बाद उन्होंने महसूस किया कि सूफ़ी केंद्र ब्रिटेन से लेकर अमेरिका तक और कई पश्चिमी यूरोपीय देशों में सफलतापूर्वक स्थापित किए जा चुके हैं, हालाँकि इनायत ख़ान ज़्यादातर चीज़ों से विरक्त हो चुके थे, उनका एकमात्र सांसारिक लगाव उनकी मातृभूमि के प्रति था। उन्हें हिंदुस्तान की याद हमेशा सताया करती थी और अब उन्होंने अपने उस मुल्क में लौटने का

फ़ैसला कर लिया, जिसे उन्होंने दस वर्ष से ज़्यादा पहले छोड़ा था। इसके लिए वे अपनी बीवी और बच्चों तक को छोड़ने को तैयार थे, जिनसे वे बेहद प्यार करते थे।

जब इनायत ख़ान हिंदुस्तान जाने की तैयारियाँ कर रहे थे, तब नूर मात्र बारह बरस की थीं। इन तैयारियों में अंतिम फ़ैसले का भाव मौजूद था और हर किसी को लगने लगा था कि वे वापस नहीं लौटेंगे। विलायत ने बाद में याद करते हुए बताया था कि उन्होंने ख़्वाब देखा था कि उन्हें अपने वालिद को ट्रेन तक पहुँचाने जाना पड़ा था, लेकिन उन्होंने उन्हें खो दिया था। वे चीख़ते हुए नींद से जाग पड़े थे और इनायत ख़ान उन्हें तसल्ली देने भागे थे। "सब ठीक है," इनायत ने अपने बेटे से कहा था।[13] विलायत ने उनसे न जाने की फ़रियाद की। इनायत ख़ान से एक ज्योतिषी ने कहा था कि जनवरी, 1927 के आख़िर का वक़्त उनके लिए बहुत ख़तरनाक होगा। विलायत ने एक बार फिर से उनसे उस यात्रा को स्थगित करने का आग्रह किया। इनायत ख़ान अपने बेटे को बग़ीचे में चहलक़दमी के लिए ले गए और उससे बोले, "मैं चाहता हूँ कि तुम मेरे नक़्शे-क़दम पर चलो।"

उस गर्मी में फ़ज़ल मंज़िल पर उदासी और अपशकुन का साया मँडराता लग रहा था। नूर अपने वालिद को बाग़ में अकेले तेज़ चहलक़दमी करते देखतीं। नूर ने भी उस समय एक ख़्वाब देखा था। उन्होंने देखा था कि उनका बेकर (डबल रोटी बनाने वाला) किसी हवाई जहाज़ में उड़ा जा रहा है। उन्होंने उसे वापस बुलाने की कोशिश की, लेकिन वह नहीं लौटा। अगले दिन उन्होंने अपना ख़्वाब वालिद को सुनाया और उन्होंने नूर की ओर देखकर कहा, "हाँ बाबुली, ब्रेड लाने वाला नहीं लौटेगा।"[14]

13 सितंबर, 1926 को फ़ज़ल मंज़िल के बग़ीचे में एक छोटा-सा अनुष्ठान किया गया। एक मंदिर, जिसका नाम बाद में ल्युनिवेर्सेल (द यूनिवर्सल) रखा गया था, की नींव का पत्थर रखा गया और जिन किन्हीं भी देशों में सूफ़ी केंद्र थे, वहाँ की हस्तलिपियाँ और सिक्के उस पत्थर के तले दफ़ना दिए गए। उसके बाद इनायत ने अपने दस वर्षीय बेटे विलायत की गर्दन पर लाल रंग का फीता लपेटा (उन्हें नाविक की वेशभूषा पहनाई) और उनसे शागिर्दों के जुलूस का नेतृत्व करने को कहा। इस अनुष्ठान का मतलब किसी से छिपा नहीं था। विलायत को सूफ़ी संघ (कॅन्फ्रेटरनिटी ऑफ़ मैसेज) का मुखिया बना दिया गया था। इनायत ने नींव का पत्थर रखा और, मानो आशीर्वाद और विदाई की मुद्रा में अपना हाथ उठाए हुए, हल्के क़दमों से घर की ओर जाने वाले रास्ते पर चल पड़े।

अगली सुबह इनायत ने परिवार को अलविदा कहा और फ़ज़ल मंज़िल से निकल पड़े। अमीना बेग़म और बच्चों के दिल टूटे थे, लेकिन उन्हें लगा कि उन्हें जाने देना चाहिए। इनायत हिंदुस्तान गए, और वहाँ वाराणसी, आगरा और जयपुर

की यात्राओं पर गए। इसके बाद वे दिल्ली में सूफ़ी संत हज़रत निज़ामुद्दीन औलिया की दरगाह पर गए। दरगाह के पीर ख़्वाजा हसन निज़ामी ने उन्हें दरगाह के परिसर का भ्रमण कराया। वे उन्हें अपने घर की छत पर बनी मीनार (वॉचटावर) दिखाने भी ले गए। वहाँ खड़े होकर इनायत ख़ान ने दिल्ली के बीच बसे निज़ामुद्दीन गाँव को देखा और वे छोटी-छोटी गलियाँ और भीड़ भरी सड़कें देखीं, जहाँ पिछले 600 वर्षों से हिंदू और मुसलमान शांतिपूर्वक रहते आ रहे थे। आस-पास ही दिल्ली के आकर्षक मुग़ल स्मारकों के बाग़ और गुंबज दिखाई दे रहे थे। यह सब देखकर उन्हें बहुत सुकून मिला और उन्होंने हसन निज़ामी से कहा, "यहाँ रहना मुझे अच्छा लगेगा।"[15]

इनायत की आख़िरी तीर्थयात्रा बाक़ी थी। वे बड़ौदा में अपने दादा मौला बख़्श के घर लौटे, लेकिन उनके चाचा पठान बाहर गए हुए थे और इनायत को अपने बचपन के उस घर की वीरान हालत देखकर दुख हुआ। दिल्ली लौटने पर वे बीमार पड़ गए और 4 फ़रवरी, 1927 को उन्होंने अपनी चेतना खो दी। 5 फ़रवरी की सुबह हज़रत इनायत ख़ान की मृत्यु हो गई। उन्हें उसी दिन उस मीनार के सामने की ज़मीन में दफ़ना दिया गया, जहाँ से उन्होंने निज़ामुद्दीन गाँव को देखा था।

उधर, सुरेन में उसी दिन हिदायत ने अपने वालिद की पुकारती हुई आवाज़ सुनी। वे कह रहे थे, "बाबुली, छोटे बच्चों का ख़याल रखना।"[16] अगले दिन उन्हें अपने वालिद की मौत की ख़बर मिली।

अमीना बेग़म शोक से बेदम हो गईं। अब परिवार की देखभाल का सारा भार नूर के नाज़ुक कंधों पर था। वे मात्र तेरह बरस की थीं।

तीन महीने बाद, परिवार इनायत ख़ान की क़ब्र देखने हिंदुस्तान गया। यह अपने वालिद के पूर्वजों की भूमि की नूर की पहली यात्रा थी और इस यात्रा ने उन पर गंभीर प्रभाव डाला। उन्होंने पहली बार हिंदुस्तान की रंगत देखी, गंगा पर छाई सुबह की धुँध देखी और लोगों की आत्मीयता तथा प्रेम को अनुभव किया। वे अजमेर में सूफ़ियों के सबसे पवित्र स्थलों में शुमार मोइनुद्दीन चिश्ती की दरगाह और बड़ौदा में मौला बख़्श के घर भी गए।

पूर्वजों के इस घर की उपेक्षित दशा को देखकर वे उसी तरह दुखी हुए, जैसे इनायत हुए थे। जिन अनुचरों ने टीपू सुल्तान की पोती क़ासिम बी को छिपाकर रखा था, उनके बच्चों का स्नेह पाकर नूर बहुत द्रवित हो उठीं। उन अनुचरों में से एक का बेटा शब्ज़ ख़ान मौला बख़्श के विशाल पुस्तकालय की देखभाल करता था। उसने नूर को पुस्तकालय घुमाया। एक बूढ़ी महिला ने नूर से कहा कि उनका चेहरा इनायत ख़ान की याद दिलाता है। नूर के लिए हिंदुस्तान की यह यात्रा उनकी जड़ों और एक राजघराने की वंशावली से उनके रिश्ते की पुष्टि करने वाली थी। बड़ौदा में

वे अल्लादुत ख़ान से भी मिलीं, जिनसे नूर के विवाह की इनायत ख़ान ने उम्मीद की थी। दोनों युवा तुरंत एक-दूसरे को भा गए और उन्होंने संगीत और पुराने रिकॉर्ड सुनते हुए बहुत-सा समय साथ बिताया।[17]

इनायत के चाचा पठान नेपाल के राजा के दरबार में थे। उन्होंने बच्चों को अपने साथ रखने और काठमांडू में अच्छी तालीम दिलाने की पेशकश की, लेकिन अमीना बेग़म ने इसे नामंज़ूर कर दिया, और थोड़े-से झगड़े के बाद परिवार ने फ़्रांस लौटने का फ़ैसला कर लिया। वे जून, 1927 में हिंदुस्तान से रवाना हो गए। नूर मात्र तेरह साल की थीं और जब अल्लादुत से उनकी तयशुदा शादी रद्द कर दी गई, तो एक बार फिर उनका दिल टूट गया।

यह नूर के लिए मुश्किलों से भरा वक़्त था। कुछ ही महीनों के भीतर उनका जीवन पूरी तरह बदल गया लगता था। उनकी माँ अभी भी कमज़ोर थीं और वे गृहस्थी को सँभालने में असमर्थ थीं। अमीना बेग़म फ़ज़ल मंज़िल के ऊपरी माले पर जाकर रहने लगीं, उन्होंने अपने कमरे में अँधेरा कर लिया और शोक में डूबी रहीं - वे अपने परिवार के लोगों के अलावा लगभग किसी से नहीं मिलती थीं। कभी-कभी नूर अपनी सहेली रेमॉन्द को ऊपर अपनी माँ से मिलाने ले जाती थीं। घर की रोज़मर्रा की ज़िम्मेदारियाँ पूरी तरह नूर पर आ पड़ीं। अगर उनके भाई या बहन बीमार पड़ जाते, तो वे ही उनकी तीमारदारी करती थीं, उन्हें दवाइयाँ देती थीं। वे उस बड़ी गृहस्थी के लिए राशन मँगातीं और घर के कामों की निगरानी करतीं। परिवार के प्रति उनकी निष्ठा से मेहमान बहुत प्रभावित होते थे।[18]

उस साल अक्टूबर में नूर ने साँ क्लाउद के लीसे दे ज़ेन फ़ीय (कन्या उच्च विद्यालय) में दाख़िला लिया। साहित्य, फ़्रांसीसी और अँग्रेज़ी उस समय उनके प्रिय विषय हुआ करते थे। उन्होंने जर्मन और स्पेनिश भाषाओं का अध्ययन किया और खेलों का भी आनंद लिया।[19]

नूर के लिए अब गृहस्थी की रोज़मर्रा की ज़िम्मेदारियों, परिवार की देखभाल और स्कूली पढ़ाई के बीच संतुलन बैठाना आवश्यक था। मेदम इगलिंग फ़ज़ल मंज़िल के अनुष्ठानों की गतिविधियाँ चलाने लगीं, और चाचा समर स्कूल की ज़िम्मेदारी सँभालने लगे, लेकिन बच्चों की निगाहों से यह बात छिपी नहीं रह सकी कि खूबानी के जिस दरख़्त के नीचे इनायत ख़ान बैठा करते थे, वह मर चुका था। उन्हें यह एक अपशकुन की तरह लगता था, लेकिन वे पीड़ा को अपने अंदर दबाए रहे, क्योंकि वे अपनी माँ को परेशान होते नहीं देखना चाहते थे। फ़ज़ल मंज़िल अभी भी व्यस्त और उदार घर था। नूर किशोरवय हो चुकी थीं। उन्हें अपने कमरे में शांति मिलती थी। यहाँ उन्होंने खुद को पुस्तकों में डुबा दिया और कई कविताएँ और कहानियाँ लिखीं। वालिद की मृत्यु का नूर पर गहरा असर हुआ था और वे अब ज़िंदगी के

एक नए दौर में प्रवेश कर चुकी थीं। एक ओर वालिद की मृत्यु से उत्पन्न अवसाद था, दूसरी ओर वे अपनी माँ को प्रफुल्लित रखना चाहती थीं और उन्हें एक बार फिर वापस दुनिया में ले आना चाहती थीं। इसके एक उपाय के तौर पर उन्होंने अपनी कविताओं का सहारा लिया, जिनमें ऐसी निःस्वार्थ भावना हुआ करती थी, जो किसी किशोर उम्र की बच्ची में दुर्लभ होती है। इनायत ख़ान की मृत्यु के दो वर्ष बाद, 1929 में पंद्रह वर्षीय नूर ने अपनी माँ के लिए यह कविता लिखी थी :

प्रिय! ओ! प्रिय अम्मा,
एक ख़ज़ाना है हमारे दिल की गहराई में,
जिसमें हमारी कृतज्ञता के फूल खिले हैं,
ऐसा ख़ज़ाना, जो कभी ख़त्म नहीं होगा।

प्रिय अम्मा! क्योंकि उनकी पंखुड़ियाँ तराशी गई हैं
अल्लाह की दिव्य कला से
हम सौंपते हैं तुम्हें और अब्बा को
उनकी ख़ूबसूरती, इस लंबे इंतज़ार के बाद आए दिन।

कामना करते हैं, जीवन के रत्न की तरह संचित कर सकें
उस बीज को अपने हृदय में, जो तुमने बोया है
ज़िंदगी की ज़िद्दोजहद की मार्फ़त
और ज़िंदगी की मुसीबतों की मार्फ़त,
आह! पवित्र नर्तन का वह उद्धरण,
और हमेशा यह स्मरण :
कंटकों से भरा हृदय का मार्ग,
अंत में परम आनंद तक जाता है।

इस मक़ाम पर नूर अपनी माँ को लिखी गई कविताओं में अपने अब्बा को कभी नहीं भूलती थीं। 1930 में उन्होंने लिखा था :

देखो! बहुत गहरे उनके ख़याल
कौंधते हैं
तुम्हारे हृदय को साँत्वना देने,
ज़िंदगी के दर्दनाक इम्तिहान के दौर में।

माँ को ख़ुश करने और उन्हें यह जताने कि वालिद हमेशा उनके साथ हैं, नूर चारों बच्चों की ओर से कविताएँ लिखती थीं। अमीना बेग़म को अक्सर लगता था कि

इनायत ख़ान ने उन्हें त्याग दिया था। उन्होंने उनके साथ रहने की ख़ातिर अपनी समृद्धिपूर्ण जीवन-शैली त्याग दी थी और अपने सारे पारिवारिक रिश्तों से खुद को दूर कर लिया था, लेकिन इनायत ख़ान उन्हें और उनके बच्चों को छोड़ हिंदुस्तान वापस चले गए थे।

अमीना बेग़म ने जिस तरह खुद को अलग-थलग कर लिया था, उससे बच्चों का जीवन मुश्किल हो गया था, हालाँकि अमीना बच्चों की तालीम में दिलचस्पी लेती थीं, लेकिन उन्हें घर से बाहर निकलने को मनाना मुमकिन नहीं था। नूर और उनके भाई इस बात से ख़ासतौर पर परेशान थे कि उनकी माँ स्कूल के पुरस्कार समारोह में शामिल नहीं हो रही थीं। अंत में महबूब ख़ान की सास मेदम ख़ोंस को बच्चों पर दया आई और वे उनके साथ इस महत्त्वपूर्ण कार्यक्रम में गईं। वे सुरेन में ही रहती थीं।[20]

लेकिन नूर के मन में माँ को लेकर कोई कड़वाहट नहीं थी। उन्होंने इसे सहज ही स्वीकार कर लिया था कि उन्हें ही बच्चों की देखभाल करनी होगी और घर की व्यवस्थाएँ सँभालनी होंगी। सोलह वर्ष की उम्र में 1931 में उन्होंने लिखा था :

> यह कविता अब्बा ने लिखी है,
> तुम्हें ढाँढस बँधाने,
> अपने बच्चों की मार्फ़त
> तुम तक पहुँचाए हैं,
> उन्होंने अपने विचार।

वे हर कार्ड को बहुत ख़ूबसूरत ढंग से चित्रित करती थीं और परिवार के लोगों ने वे कार्ड सावधानीपूर्वक सुरक्षित रखे हैं। नूर हमेशा से स्वप्निल रही थीं, और उन्होंने परियों और फूलों और छोटे-छोटे जंगली जीवों के बारे में कविताएँ और कहानियाँ लिखी थीं। वे बहुत उत्सुक पाठक थीं और इनायत ख़ान के विशाल पुस्तकालय का भरपूर उपयोग करते हुए वे धर्म और दर्शन से लेकर साहस तथा पराक्रम जैसे विषयों तक की विविध पुस्तकें पढ़ा करती थीं। ज़ोआन ऑफ़ आर्क उनकी सबसे प्रिय नायिका थीं और उन्हें बहादुरी और बलिदान के क़िस्से पढ़ने में आनंद आता था।[21]

सत्रह की उम्र में नूर ने लीसे दे ज़ेन फ़ीय से बैकेलोग़िया का सर्टिफ़िकेट प्राप्त कर लिया। इस समूची माध्यमिक शिक्षा के दौरान नूर लगभग अकेली बनी रही थीं और उन्होंने बहुत कम दोस्त बनाए थे।

इनायत ख़ान के घर में संगीत की हमेशा ख़ास हैसियत रही थी। नूर ने अपने वालिद से बुनियादी हिंदुस्तानी राग सीखे थे। स्कूली जीवन के दौरान उन्होंने पियानो सीख लिया था और अपनी खुद की संगीत-रचनाएँ तैयार की थीं। अब उन्होंने हार्प

सीखने का निश्चय किया। लगता था कि इस वाद्य-यंत्र के प्रति वे इसलिए आकर्षित हुई थीं, क्योंकि उन्होंने वे मध्ययुगीन चित्र देख रखे थे, जिनमें फ़रिश्तों को हार्प बजाते हुए चित्रित किया गया था और यह उनके स्त्रीत्व को आकर्षित करता था।[22]

संगीत की यह विरासत नूर को अप्रैल, 1931 में इकोल नाग्मेल दे म्यूजीक़ दे पेरिस (पेरिस का संगीत विद्यालय) ले गई, जहाँ उनके अध्यापकों में संगीत की प्रसिद्ध अध्यापिका और कंडक्टर नादिया बुलाँज़े शामिल थीं। यहाँ नूर ने छह वर्षों तक हार्प, पियानो, सोल्फज़ियो, हार्मोनिक विश्लेषण और स्वर-संगति (हार्मनी) का अध्ययन किया। इसी के साथ-साथ उन्होंने दो वर्षों तक निजी स्तर पर ऑहियत वनी से भी हार्प की शिक्षा ली और प्रशिक्षण के दूसरे वर्ष के दौरान सैल एरार में अपराह्न-कालीन संगीत-सभाओं में हार्प की प्रस्तुतियाँ दीं, जिन्हें बहुत सराहना मिली।

इनायत के चारों बच्चे कम-से-कम एक-दो वाद्य-यंत्र बजाते थे। नूर हार्प और पियानो बजाती थीं, विलायत चेलो और पियानो बजाते थे, हिदायत वायलिन और पियानो बजाते थे, और क्लेयर पियानो बजाती थीं। विलायत ने स्त्राविंस्की और मॉरिस आइज़नबर्ग से, और क्लेयर तथा नूर ने बुलोंज़े से शिक्षा ली थी। हिदायत को संगीतकार बनना था। उनके काम का आधार हिंदुस्तानी रागों पर पश्चिमी ऑर्केस्ट्राओं के लिए लिखी गई संगीत रचनाएँ था। नूर की मृत्यु पर तैयार की गई उनकी संगीत-रचना 'ला मोनोतोनिया' पेरिस, म्यूनिख़, एम्स्टर्डम और यूरोप के कई अन्य नगरों में प्रस्तुत की गई, जिसे सुनकर श्रोताओं की आँखें भीग जाती थीं। उन्होंने नूर की एक कविता 'साँग फ़ॉर द मदज़ब' के लिए ऑर्केस्ट्रा भी तैयार किया था।

महज़ संगीत से संतुष्ट न होकर नूर ने बाल मनोविज्ञान का अध्ययन करने के लिए 1932 में पेरिस के साबोन विश्वविद्यालय में दाख़िला लिया। बच्चों में उनकी हमेशा से दिलचस्पी रही थी और उनका ख़याल था कि यह अध्ययन उन्हें बच्चों को बेहतर ढंग से समझने में मदद करेगा।

उनका परिवार और पारिवारिक जीवन कई मायनों में अनुदार और परंपरावादी था। इनायत ख़ान (जो हमेशा ही बहुत उदार रहे थे) की मृत्यु के बाद घर की ज़िम्मेदारी नूर के चाचाओं के हाथ में आ गई थी। वे परिवार के पुरुष सदस्यों, विलायत और हिदायत पर ज़्यादा ध्यान देते थे। परिवार के लोगों का ख़याल था कि नूर और क्लेयर किन्हीं अमीर हिंदुस्तानी मर्दों से शादी करके उच्चवर्गीय हिंदुस्तानियों का जीवन बिताएँगी। दोनों लड़कियों को उनकी बौद्धिक या अकादमिक योग्यताओं की बजाय सांगीतिक योग्यताओं को विकसित करने के लिए प्रोत्साहित किया गया। सारा ज़ोर भविष्य में समाज में उनकी जगह तैयार करने पर था, वे घर से बाहर निकलकर दुनिया में अपनी जगह बनाएँगी, यह तो विचार का भी विषय नहीं था।

प्रशंसा और प्रोत्साहन लड़कों के हिस्से में जाते थे, लड़कियों को गंभीरता से नहीं लिया जाता था।[23]

संभवतः घर के इस पुरुष-प्रधान वातावरण ने ही नूर को अपनी तयशुदा भूमिका निभाने से ज़्यादा अपने ध्येय के पक्ष में कुछ काम करने के ज़बरदस्त निश्चय की ओर प्रेरित किया था। उम्र के बीसवें वर्ष में प्रवेश करते-करते वे अपने दोस्तों की मंडली में प्रभावशाली पहचान बनाने लगी थीं, विश्वविद्यालय जाने लगी थीं, संगीत का अध्ययन करने लगी थीं और पेरिस की गतिविधियों में सक्रिय हिस्सेदारी करने लगी थीं।

इकोल नाग्मेल दे म्यूजीक़ में पढ़ाई के दौरान ही उन्हें एक बार फिर इश्क़ हो गया। यह रिश्ता छह वर्ष चलता रहा। लड़के का नाम था; गोल्डबर्ग[25] और वह उनकी संगीत की कक्षा का सहपाठी था, हालाँकि परिवार से इस रिश्ते को अनुमति नहीं मिली थी, लेकिन उन्होंने सगाई कर ली थी। गोल्डबर्ग तुर्क यहूदी था और पेरिस में अपनी माँ के साथ रहता था। उसके परिवार की पृष्ठभूमि कामकाजी वर्ग की थी और उसकी माँ एक लॉन्ड्री में काम करती थी। गोल्डबर्ग को इस ऊँचे दर्जे के विश्वविद्यालय इकोल नाग्मेल दे म्यूजीक़ की फ़ीस भरने के लिए संघर्ष करना पड़ता था।[26] परिवार को लगता था कि इस लड़के के प्रति नूर के लगाव के पीछे मूलतः उसके प्रति उनकी सहानुभूति थी, जो उसकी कमज़ोर माली हालत के चलते पैदा हुई थी, लेकिन परिवार और सूफ़ी बिरादरी द्वारा नामंज़ूर किए जाने के बावजूद यह रिश्ता वर्षों जारी रहा। इनायत-परिवार और गोल्डबर्ग के बीच वर्ग की खाई थी। इनायत का खानदान शाही वंश का था, भले ही वह आलीशान जीवन नहीं जीता था। वे पश्चिमी सूफ़ी शागिर्दों से घिरे रहते थे, जो स्वाभाविक ही अमीर और आरामदेह जीवन जीने वाले वर्ग के थियोसॉफ़िस्ट थे। गोल्डबर्ग इस मंडली में बाहर के व्यक्ति थे। नूर की माँ अमीना बेग़म और नूर के भाइयों और चाचाओं ने इस रिश्ते का विरोध किया था।

गोल्डबर्ग नियमित रूप से फ़ज़ल मंज़िल आया करते थे और उन्हें सूफ़ी बिरादरी में दीक्षा तक दे दी गई थी तथा उन्हें हुज़ूर नवाज़ के नाम से पुकारा जाने लगा था। इसके बाद ही सूफ़ी संप्रदाय के लोगों को नूर के साथ उनके रिश्ते के बारे में पता चला था और उन्होंने उसे अमान्य करार दिया था। उनका मानना था कि पीरज़ादी नूर अपने से निचले तबके के व्यक्ति से शादी नहीं कर सकतीं।

भाइयों को दूसरे कारणों से इस रिश्ते से आपत्ति थी। विलायत के मुताबिक़, नूर का यह प्रेमी बहुत रौब गाँठता था और इससे नूर को तकलीफ़ होती थी।[27] गोल्डबर्ग धमकी देते थे कि अगर नूर ने उन्हें छोड़ दिया, तो वे ख़ुदकुशी कर लेंगे और नूर ने इस धमकी की सच्चाई को परखने की कभी हिम्मत नहीं की। उनका मानना था कि वे वाक़ई अपना जीवन ख़त्म करने की कोशिश कर सकते हैं और

अगर उन्होंने वैसा किया, तो वे ख़ुद को कभी माफ़ नहीं कर पाएँगीं। नूर के परिवार को लगता था कि गोल्डबर्ग के साथ उनका रिश्ता उन पर बहुत ज़्यादा दबाव डाल रहा था, जबकि नूर को लगता था कि परिवार के लोगों को उनकी स्थिति की ज़रा भी समझ नहीं थी।

यह बात सही थी कि नूर, परिवार और प्रेमी के प्रति अपने लगावों के बीच संतुलन बैठाने की कोशिश करते हुए बहुत तनाव की हालत में थीं। वे छह वर्षों तक अपने जज़्बात से जूझती रहीं, और कभी-कभी इस तनाव की वजह से वे बीमार भी पड़ जाती थीं।

नूर को लगता था कि परिवार के लोग उनके प्रेमी की क़ाबिलियत को कम करके आँकते थे और इस सच्चाई को स्वीकार नहीं करते थे कि वे बहुत अच्छे पियानो वादक थे। उन्होंने अपनी सहेली रेमॉन्द की माँ, मेदम प्रेनात से कहा था, "वह हज़ारों में एक है।"[28] यह कुछ विचित्र-सी बात थी कि नूर ने अपनी सबसे घनिष्ठ दोस्त रेमॉन्द से अपने प्रेमी के बारे में कभी बात नहीं की। नूर को लगता था कि रेमॉन्द इतनी कम उम्र की है और मासूम है कि वह उनके रिश्ते की पेचीदगी को समझ नहीं सकती।

नूर की जज़्बाती हलचलें उनकी इस दौर की कविताओं में झलकती हैं। अपनी माँ को लिखी गई एक कविता में नूर अपनी ग़लतियों और उन ग़लतियों की वजह से माँ को संभवतः पहुँची पीड़ा के लिए माफ़ी माँगती हैं :

> कितनी बार अक्सर ऐसा हुआ है कि
> ज़िंदगी की भूलभुलैया में हमारे पैर भटक गए हैं,
> आह! प्यारी अम्मा
> आज तुम हमारी बेइंतिहा ग़लतियों को माफ़ कर दो।

'द साँग ऑफ़ द ओशन' और 'द साँग ऑफ़ द नाइट' शीर्षक से लिखी गई इसी समय की दो अन्य कविताओं के स्वर भी गहरी उदासी से भरे हैं। 'द साँग ऑफ़ द नाइट' में नूर ने लिखा था : "किसने सुना है मेरा दर्द-भरा रुदन, किसने सुनी है मेरी आह...।" इसमें उनकी उस वक़्त की सारी उथल-पुथल का संकेत मिलता है।

संगीत की दृष्टि से नूर अच्छी प्रगति कर रही थीं। वे ख़ास तौर से नादिया बुलाँज़े से मिल रहे मार्गदर्शन से बहुत प्रभावित थीं। 1930 और 1934 के बीच इनायत ख़ान के चारों बच्चे समर स्कूल के दौरान फ़ज़ल मंज़िल की संगीत सभाओं में वादन करते थे। श्रोताओं में दुनियाभर से आए सूफ़ी शामिल होते थे, जिनमें बहुत-से प्रशिक्षित संगीतकार भी हुआ करते थे। इनायत ख़ान परिवार के इन चारों बच्चों का समूह वायलिन, चेलो, पियानो और हार्प बजाया करता था।

ये चारों बच्चे अक्सर म्यूज़िक स्कूल की संगीत सभाओं तथा पेरिस के बड़े सभागारों में आयोजित संगीत-सभाओं में जाया करते थे। छात्रों को इन संगीत-सभाओं के निःशुल्क टिकट मिला करते थे और उन्हें इन सभाओं में जाने के लिए प्रोत्साहित किया जाता था। प्रस्तुति के बाद वे संगीतकारों से मिलते थे और नूर, विलायत, हिदायत और क्लेयर को महान वायलिन वादक जोसेफ़ ज़िगेती और लेनेर क्वॉर्टेट के सदस्यों से मिलने का सौभाग्य प्राप्त हुआ था। इनके अलावा वे और भी संगीतकारों से मिले थे, जिनका उन पर गहरा प्रभाव पड़ा था। इनायत ख़ान के ये चारों युवा बच्चे इन सैरों का बहुत आनंद लेते थे और प्रस्तुतियों की ख़ूबियों पर जोशीली चर्चाएँ करते हुए देर रात को घर लौटते थे। चारों बच्चे संगीत के अध्ययन और अपनी सूफ़ी रवायत में पूरी तरह डूबे थे और पारिवारिक मंडली के बाहर उनके बहुत कम दोस्त थे। आश्चर्य की बात नहीं कि वे कुछ-कुछ एकांतप्रिय थे और लौकिकता से कटे थे।

इकोल नाग्मेल के दिनों की नूर की एक आरंभिक संगीत-रचना का नाम था, 'साँग ऑफ़ द बटरफ़्लाई'। इस रचना के लिए इनायत ख़ान के एक सूफ़ी शागिर्द ने पियानो-संगीत पेश किया था। नूर ने 'प्रिल्यूड फ़ॉर हार्प' और 'एलेजी फ़ॉर हार्प ऐंड पियानो' नामक संगीत-रचनाएँ भी तैयार की थीं, जो फ़ज़ल मंज़िल में समर स्कूल के दौरान आयोजित एक संगीत-सभा में प्रस्तुत की गई थीं और उन्हें बहुत सराहना मिली थी।

बीस वर्ष की उम्र के बाद नूर ने वेशभूषा की यूरोपीय शैली अपना ली थी और हल्का-फुल्का मेक-अप भी करने लगी थीं। उनकी सुरुचिपूर्ण वेशभूषा, शिष्टता और शालीनता की वजह से उनकी छवि एक ख़ूबसूरत युवा महिला के रूप में उभरती थी। फ़ज़ल मंज़िल में विलायत काला लबादा पहनते थे, लेकिन पेरिस पहुँचने पर वे आम पश्चिमी वेशभूषा अपना लेते थे। शांत स्वभाव की बहन क्लेयर हमेशा पश्चिमी पोशाक ही पहनना पसंद करती थीं। फ़ज़ल मंज़िल में अब चाचाओं का प्रभाव लुप्त होने लगा था। उनमें से सिर्फ़ मोहम्मद ख़ान ही अभी भी वहाँ रहते थे। मोहम्मद ख़ान ने एक प्रतिष्ठित डच परिवार की बेटी फ़ाम ख़ोंस से विवाह कर लिया था। मुशर्रफ़ ख़ान ने भी एक डच महिला से विवाह कर लिया था। हॉलैंड में सूफ़ियों की शाखा मज़बूत हो गई थी। नूर का अकेले कक्षाओं में जाना और संगीत-सभाओं से देर रात घर लौटना चाचाओं को नामंज़ूर था, लेकिन बड़ों का आदर करने के बावजूद नूर ने अपना रवैया जारी रखा और वही करती रहीं, जो उन्हें अच्छा लगता था।

संगीत के साथ-साथ रचनात्मक लेखन में भी नूर की दिलचस्पी जारी रही। उन्हें बच्चों से हमेशा से प्यार रहा था और वे पड़ोस के बच्चों को फ़ज़ल मंज़िल

में बुलाकर उन्हें रामायण, महाभारत जैसे भारतीय महाकाव्यों और जातक कथा के अद्भुत क़िस्से सुनाया करती थीं। बच्चों के लिए वे अनूठी प्राणी लगती थीं - भली और स्नेहिल - जो उन्हें दूर देशों के साहसिक कारनामों से भरे जादुई क़िस्से सुनाया करती थीं।

उन्होंने कविताएँ लिखना जारी रखा और वे परिवार के लोगों के जन्म दिन पर उन्हें कविता की सौगात देना कभी नहीं भूलती थीं। जब विलायत इक्कीस साल के हुए तो उन्होंने उन्हें लिखा :

तुम्हारी हर ख़्वाहिश पूरी हो
और हर दिन स्वच्छ और नीला हो
ओ! मेरे प्यारे भाई, जो आज परिपक्व है,
तेरा जीवन हमेशा आनंद से भरा रहे।

अमीना बेग़म के जन्म दिन पर नूर हमेशा अपनी माँ के चेहरे पर मुस्कान लाने की कोशिश करती थीं। उनकी कविता, 'द बर्थडे मैन' नूर के बालसुलभ उल्लास का नमूना थी :

मैंने छोटे-से बर्थडे मैन को
उछलते देखा रास्ते पर
मैं पल भर रुककर सुनने लगी,
जो वह कह रहा था।

उसने अपनी छोटी-सी अँगुली
अपने छोटे-से सिर पर रखी।
उसने सिंहपर्णी के पौधों को हिलाया, और
उनके चारों ओर नाचते हुए कहा :
आख़िर मेरा यह सबसे अच्छा जन्मदिन है,
क्योंकि इसी दिन तो
सारसों की जोड़ी उस छोकरी को धरती पर लाई थी,
जिसका नाम ऑरा रे है।

'मुझे पहननी होगी अपनी सबसे सुंदर पोशाक
और अपना सुनहरा मुकुट।
मैं अपना सुंदर बैग लूँगी,
और अपना भव्य नया गाउन पहनूँगी।

‘उसने उदासी से भरा वक़्त बिताया है
और उदासी से भरे कई वर्ष,
और कई कठोर विपत्तियाँ?
और बहुत-से आँसू।

ज़िंदगी बहुत शरारती रही है,
लेकिन मैं अन्याय से लड़ूँगी
और उसकी पूरी ज़िंदगी को सुखी बना दूँगी,
महज़ मेरे छोटे-से गीत से।

माँ और बेटी के बीच का संबंध समय बीतने के साथ प्रगाढ़ होता गया। स्वयं अमीना बेग़म ने नूर के लिए कुछ कविताएँ लिखीं थीं, जिनमें से एक में उन्होंने कहा था : “जीवन के सारे तनावों और झंझावातों के बीच से, वह गरिमा के साथ शांत चलती रहती है... बहुत कम लोगों को हासिल होती है, वह सौगात, जो उसे मिली है... प्रेम के गौरव की सौगात।”

जब नूर बीस वर्ष से थोड़ी बड़ी थीं, तब उनके वालिद के दो शागिर्दों बैरन फ़ाम टेल और उनकी पत्नी ने उन्हें हेग में कुछ समय बिताने के लिए आमंत्रित किया। नूर अपनी माँ को अकेला छोड़कर नहीं जाना चाहती थीं, लेकिन अंततः वे जाने पर राज़ी हो गईं। छुट्टियों के ये दिन (जो उन्हें पहली बार नसीब हुए थे) उन्हें ताज़गी से भर देने वाले थे। उन्होंने शहर के कला-संग्रहालयों का भ्रमण किया, वहाँ के विशाल पुस्तकालय की पुस्तकें पढ़ीं, यहाँ तक कि घुड़सवारी भी सीखी। फ़ाम टेल का अपना अस्तबल था और उन्होंने पाया कि नूर को किसी तरह का ख़ौफ़ नहीं था। उन्हें घोड़े से गिरने का डर नहीं था और अगर गिर भी जाती थीं, तो चुपचाप सवारी जारी रखती थीं।

हेग प्रवास के दौरान उन्होंने अपने छोटे चचेरे भाई, चाचा महबूब ख़ान के बेटे, महमूद को कुछ समय पियानो भी सिखाया। महमूद (जो उस समय नौ वर्ष के थे) ने नूर को एक ‘बेहद ख़ूबसूरत, नाज़ुक जवान महिला’ के रूप में याद किया था।[29] नूर ने उन्हें मोत्ज़ार्ट की एक मुश्किल रचना के साथ पियानो सिखाना शुरू किया था। चूँकि महमूद उस रचना का बेहद दबाव महसूस कर रहे थे, तो नूर ने उन्हें खरगोशों और परियों के क़िस्से सुनाते हुए और तरह-तरह के चित्र बनाते हुए उनकी मदद की। उन्हें नूर का आना अच्छा लगने लगा, क्योंकि उनका आना महमूद के लिए एक कल्पना-लोक में प्रवेश करने जैसा होता था। उन्होंने बहुत कौतुकपूर्ण ढंग से याद किया कि उसकी अगली गर्मियों में क्लेयर (या मामुली) वहाँ आई थीं और उन्हें उम्मीद थी कि वे उन्हें सिखाएँगीं, लेकिन क्लेयर ख़ामोश और अपने में खोई

रहीं और अचानक उन्होंने पाया कि वहाँ वैसा कोई आनंद नहीं था। बालक महमूद के लिए नूर किसी परीकथा के किरदार जैसी थीं, नाज़ुक और मोहक, जिनमें दृढ़ निश्चय और सामर्थ्य था, जिसे वे उस उम्र में भी महसूस कर पाते थे।

हेग से लौटने पर नूर को एक बार फिर से फ़ज़ल मंज़िल की ज़िम्मेदारी सँभालनी पड़ी। यह असान काम नहीं होता था। मेदम इगलिंग नूर को हर महीने 3,000 फ़्रेंक दिया करती थीं, जिनसे उन्हें गृहस्थी चलानी होती थी। यह बड़ी रक़म नहीं थी। मेदम इगलिंग, रईस होने के बावजूद, विलासिता में लिप्त होने वाली महिला नहीं थीं। हर काम - बिस्तर तैयार करने से लेकर प्लम्बर को बुलाने तक - नूर के ज़िम्मे हुआ करता था। क्लेयर समर्पित भाव से उनकी मदद करती थीं। वे कपड़े धोने-सुखाने में उनकी मदद करने लगीं। नूर सिलाई का काम बहुत भद्दे ढंग से करती थीं, और क्लेयर ने ख़ुशी-ख़ुशी इन ज़िम्मेदारियों को सँभाल लिया।

अपने प्रेमी के साथ नूर का मुश्किल भरा रिश्ता फ़ज़ल मंज़िल के घरेलू जीवन के दबावों में और भी योगदान करता था। इस दौर में नूर काफ़ी रुआँसी बनी रहती थीं।[30] एक समय आया था, जब विलायत को लगता था कि नूर की मानसिक हालत बिगड़ रही थी, लेकिन उन्होंने खुद को सँभाल लिया। पति के शोक में कई वर्ष बिताने के बाद उनकी माँ अंततः दुनियावी मामलों में कुछ दिलचस्पी लेने लगी थीं। उनकी सेहत में सुधार हुआ था और अब वे यूरोपीय पोशाक पहनकर छोटी सैर के लिए भी निकलने लगी थीं। बच्चों के लिए यह बहुत राहत की बात थी।

विलायत को लगा कि यात्रा उनकी दिमाग़ी सेहत के लिए अच्छी होगी, इसलिए उन्होंने परिवार को 1933 की गर्मियों में दक्षिण फ़्रांस की यात्रा पर जाने के लिए प्रोत्साहित किया, जहाँ का मौसम अपेक्षाकृत गर्म हुआ करता था। नूर ने लिखा था कि "हमने मॉन्ते कार्लो से लेकर मग्सेल - वयूँ - ख़ोशफ़ा, दूवील, थुवील, लो आव्ऱ, और डिएप तक मेसीफ़ सथल, आल्प्स और कोते द'ज़ूख़ को छान डाला था।"[31] उन्होंने ये सब यात्राएँ स्पोर्ट्स कार में कीं।

विलायत के साथ वे और आगे स्पेन तक गई थीं। 1934 में वे बार्सिलोना गए और सैन सल्वाडोर में पाब्लो कासाल्स से मिले। नूर हमेशा से विलायत की सबसे ज़्यादा आत्मीय रहीं और दोनों को मिलकर काम करना अच्छा लगता था। अगले साल वे इटली गए और वहाँ पादुआ, वेनिस और मिलान का भ्रमण किया तथा वहाँ आयोजित ऑपेरा और संगीत-सभाएँ देखने-सुनने गए। नूर ने वहाँ से अपने घर आनंद से भरे ख़त भेजे।

अपने एक ख़त में उन्होंने उन ऑपेराओं के बारे में लिखा, जो उन्होंने देखे थे - *आईदा, रिगोलेत्तो, त्रोवातोरे* और पुचीनी का *ला बोएम*। उन्होंने लिखा था कि *रिगोलेत्तो* की प्रस्तुति के दौरान किसी दर्शक ने डूचे (मुसोलिनी) को पहचान लिया

था और वह चिल्ला उठा था, "ईल डूचे!" नतीजे में सभागार में मंच पर कोलाहल मच गया था, अभिनेता बेहद जज़्बाती हो उठे थे और संगीतकारों के हाथों से उनके वाद्य-यंत्र लगभग छूट गए थे, फिर पूरी तरह ख़ामोशी छा गई, जिसके बाद श्रोताओं ने आनंद की गहरी साँस ली और ऑपेरा फिर-से शुरू हुआ। नूर और उनके भाई फ़ासीवाद के शुरुआती वर्ष देख रहे थे, लेकिन इस समय नूर राजनीतिक तौर पर स्पष्ट रूप से सजग नहीं थीं। डूचे उनके लिए महज़ एक लोकप्रिय नेता थे।

1937 की गर्मियों में, जब नूर का उनके प्रेमी के साथ का रिश्ता असामान्य रूप से मुश्किल दौर से गुज़र रहा था, तब विलायत उन्हें इस उम्मीद से स्विट्ज़रलैंड ले गए कि छुट्टियों को बिताने से उनका ध्यान समस्याओं से हट सकेगा। यूरोप के तमाम दूसरे हिस्सों की ही तरह स्विट्ज़रलैंड में भी ऐसे सूफ़ी परिवार थे, जहाँ वे रह सकते थे। वे जेनेवा और ज्यूरिख़ गए, उन्होंने स्विस झीलों और पर्वतों की सैर की, पर्वतारोहण और स्कीइंग की और इस तरह सफ़र का भरपूर आनंद उठाया। नूर को छुट्टियों के दौरान इस तरह आनंदित होते देख विलायत बहुत ख़ुश थे, और बाद में उन्होंने याद करते हुए बताया था कि वह शायद सबसे सुखद वक़्त था, जो उन दोनों ने साथ बिताया था।[32] देहात की सैर करने के लिए भाई-बहन ने साइकिल किराये पर ली थीं। वे रास्ते में ठहर जाते, पहाड़ों पर लेट जाते, बादलों को गुज़रते देखते रहते और भविष्य के बारे में बतियाते रहते। विलायत ने नूर से कहा कि उन्हें उम्मीद है कि वे अंततः अपनी सगाई तोड़ देंगी और अपने अतीत को पीछे छोड़ देंगी। विलायत को लगता था कि वह रिश्ता उन्हें निचोड़ रहा था। नूर टूटने की कगार पर पहुँच चुकी थीं - उनकी आँखों में अक्सर आँसू होते थे और वे किसी तरह के तनाव या आलोचना का सामना करने में असमर्थ होती थीं। विलायत ने अपनी बहन को समझाने की कोशिश की कि वे जीवन में थोड़ी सहजता के साथ स्थिति का सामना करें। सारी दुनिया का बोझ अपने कंधों पर ढोती न फिरें। विलायत को लगता था कि यह रिश्ता उनकी जीवनी-शक्ति और रचनात्मकता को ख़त्म कर रहा था।

स्विट्ज़रलैंड में नूर ने जेनेवा की झील में नाव चलाई। इससे उन्हें वालिद की यादें ताज़ा हो उठीं। उन्हें समझ में आया कि झील की शांति और ख़ामोशी ने ही उन्हें वहाँ सूफ़ी केंद्र आरंभ करने की प्रेरणा दी होगी। नूर वहाँ अपने वालिद के बहुत-से शागिर्दों से मिलीं और उन्होंने उनके विचारों और काम के बारे में गहराई से सोचा। उन्होंने दूसरे *मुरीदों* के बच्चों को वालिद के कुछ गीत भी गाकर सुनाए और यह देखकर उन्हें बहुत ख़ुशी हुई कि किस तरह उन गीतों को सुनकर बच्चों को शांति मिली थी और वे सो गए थे। स्विट्ज़रलैंड की शांत झीलों और पर्वतों के बीच वे ख़ुद को अपने वालिद के क़रीब महसूस कर रही थीं। उन्होंने याद किया था कि किस तरह वे उन्हें अपने घुटनों पर सवार करके कहते थे, "जब अब्बा का प्यार

है, तो डर किस बात का?"[33] उन्हें ये शब्द उनकी ओर से दी गई तसल्ली की तरह लगते थे। वर्षों बाद, जब वे एक जर्मन काल-कोठरी में क़ैद थीं, तब वालिद के ये शब्द उन्हें एक बार फिर तसल्ली देने वाले थे।

स्विट्ज़रलैंड के इस सफ़र ने नूर की ख़ुशी लौटाने में मदद की थी। पेरिस लौटने पर वे एक बार फिर ऊर्जा महसूस कर रही थीं, और अब उन्होंने एक और उद्यम करने का निश्चय किया। उन्हें लग रहा था कि वे हिंदी भूलती जा रही थीं और इसलिए उन्होंने उसे फिर सीखने का फ़ैसला किया। विलायत और नूर ने बर्लिट्ज़ स्कूल में पढ़ना शुरू कर दिया और साथ ही पेरिस विश्वविद्यालय के इकोल दे लाँज ओरियोंताल (स्कूल ऑफ़ ओरएंटल लैंग्युएज़) में भी दाख़िला ले लिया, जहाँ उन्होंने दो वर्षों तक हिंदी का अध्ययन किया। 1938 की गर्मियों में उन्होंने विश्वविद्यालय की परीक्षा दी और बाल मनोविज्ञान में *लिसाँस* (डिग्री) हासिल की।

विश्वविद्यालय छोड़ने के बाद नूर को अगला क़दम लेने का फ़ैसला करना था। यह फ़ैसला उनके लिए उस तरह आसान नहीं था, जितना यह किसी सामान्य छात्र के लिए हो सकता था। इनायत ख़ान का परिवार पारंपरिक रोज़गारों के अनुरूप नहीं ढला था। इसलिए अपनी योग्ताओं के बावजूद नूर ने अध्यापक के पद के लिए आवेदन नहीं किया या व्यावसायिक संगीतकार बनने की कोशिश नहीं की। वे अभी भी गोल्डबर्ग के साथ सगाई के बंधन में बँधी थीं, बावजूद इसके कि विलायत ने उन्हें रिश्ता तोड़ देने के लिए मनाने-समझाने की कोशिशें की थीं। नूर में ज़िद की प्रवृत्ति थी, वे वही करती थीं, जो करना चाहती थीं, और उन्हें अभी भी उम्मीद थी कि उनका परिवार उनके प्रेमी को स्वीकार करने का मन बना लेगा।

समर स्कूल के लिए बड़ी तादाद में आने वाले मेहमानों पर नूर कुछ इस तरह का प्रभाव छोड़ती थीं, जैसे वे एक शर्मीली और एकांतप्रिय लड़की हैं। वे उन बैठकों में कभी नहीं बोलती थीं, जिनकी अध्यक्षता अक्सर विलायत किया करते थे, और कभी-कभी अकेली ही शाम को सैर के लिए निकल जाती थीं। अक्सर वे अकेली ही हार्प बजाती पाई जाती थीं।

उन्हें पहली बार छुट्टियाँ बिताने के लिए आमंत्रित करने वाले पारिवारिक दोस्त बैरन फ़ाम टेल की पत्नी ने उनके सामने एक प्रस्ताव रखा। श्रीमती फ़ाम टेल बच्चों की पुस्तकों के लिए चित्र बनाती थीं और इस व्यवसाय के लिए उन्होंने अपना नाम ऑहियत विलेबेक ले मेख़ रखा हुआ था। उन्होंने नूर को जातक कथाओं का अँग्रेज़ी में अनुवाद करने की सलाह दी। यह ग्रंथ बुद्ध के पिछले जन्मों के बारे में लगभग 500 कहानियों और नीति-कथाओं का संग्रह है, जो बचपन के दिनों में नूर को बहुत आकर्षित करती रही थीं। नूर तुरंत इस काम में लग गईं और उन्होंने अनुवाद के लिए पुस्तक से बीस कहानियाँ चुन लीं।

वे सुबह छह बजे जाग जातीं और नौ बजे तक लगातार लिखती रहतीं। पुस्तक तैयार करना उनके जीवन का एक नया ध्येय बन गया और वे साहस, निष्ठा और बलिदान के इन क़िस्सों में पूरी तरह तल्लीन हो गईं, जिनका वे अनुवाद कर रही थीं। पूरी सुबह काम करने के बाद वे कमरे से नीचे आतीं और नई ऊर्जा के साथ गृहस्थी के सांसारिक कामकाज सँभालतीं। अनुवाद की पांडुलिपि सौंपने के बाद वे एक बार फिर छुट्टियों के लिए फ़ाम टेल के यहाँ चली गईं और वहाँ उन्होंने सर्दियाँ बिताईं। उन्होंने कुरान और बाइबिल का अध्ययन किया। उन्होंने हिंदी की पढ़ाई भी जारी रखी और वे देवनागरी लिपि भी सीखना चाहती थीं, ताकि उन्हें संस्कृत पढ़ने में मदद मिल सके। श्रीमती टेल ने उन्हें वीणा बजाना सिखाया। यह वही वाद्य था, जो इनायत ख़ान बजाते थे। नूर ने इसका अभ्यास करते हुए कुछ अच्छे महीने बिताए।[34]

नूर लेखक के रूप में स्थापित होती जा रही थीं। 1938 में उन्होंने *संदे फ़िगाहो* अख़बार में बच्चों के कॉलम के लिए लिखा और जल्दी उसकी नियमित लेखिका बन गईं। अख़बार ने उनकी कहानियों को बेहद पसंद किया, जो आम तौर से रहस्यमय प्राणियों और प्रकृति के बारे में हुआ करती थीं। नूर की शैली बहुत लुभावनी थी, जिसने तत्काल किशोर पाठकों का ध्यान अपनी ओर खींचा।

अपनी एक कहानी 'इको' में नूर ने लिखा : "ऊँची पहाड़ी के ढलान पर रहने वाली परियों के बीच एक छोटी-सी परी थी, जो बहुत बातूनी थी और लगातार बकवास और बकबक करती रहती थी - घास में रहने वाले झींगुरों और पेड़ों पर रहने वाली गौरइयों से भी ज़्यादा। उसका नाम था इको।' 'पेख़्सेनेज़' (स्नोड्रॉप) नामक उनकी एक अन्य कहानी की मुख्य किरादार 'विराट सूर्य की बेटी' थी। उस छोटी-सी बच्ची के 'सूरज की किरणों जैसे बाल थे और आसमानी नीले रंग की आँखें थीं। वह पृथ्वी की विशाल दुनिया के बारे में जानने नीचे उतरती है। इन दोनों ही कहानियों के ख़ुशनुमा, दोस्ताना किरदार हर कहीं आनंद बिखेरते हैं, लेकिन बाद में उनसे बलिदान करने को कहा जाता है। बलिदान की यह थीम नूर की कई कृतियों में दिखाई देती है।

नूर ने पन्ने-दर-पन्ने कहानियों से रंगते हुए व्यापक रूप से लेखन किया था। वे अँग्रेज़ी और फ़्रांसीसी, दोनों में लिखती थीं और लिखते हुए रेखांकन भी करती थीं। वे देर रात को अपने कमरे में अकेली होने पर लिखती थीं, और लगता था कि उनकी कहानियों का कल्पना-लोक उन्हें फ़ज़ल मंज़िल और उनकी दुखद सगाई की परेशानियों से दूर ले जाता था।

नूर की कहानियों और कविताओं का स्वर धीरे-धीरे सुखद होता गया था, जिसमें शायद लेखक के रूप में उनकी सफलता का आनंद प्रतिबिंबित होता था। घरेलू मोर्चे पर हालात सुधरने लगे थे, क्योंकि अमीना बेग़म अवसाद के दौर से बाहर आ गई थीं और परिवार की दिनचर्या में नियमितता आने लगी थी।

1938 में नूर ने अपनी माँ के लिए जो कविता लिखी थी, उसमें उस समय की उनकी अपनी प्रसन्नता व्यक्त हुई थी। उस दौर की कविताओं में स्वयं उनकी बालसुलभ मासूमियत की झलक मिलती है, बावजूद इसके कि उस समय तक वे चौबीस साल की हो चुकी थीं।

छोटी-सी परी ने मुझे बताया था कि फूल मई में ही क्यों जागते हैं
उसने कहा था : 'इसलिए कि तब ऑरा रे का जन्म-दिन होता है
कहते हैं कि सूरज उसके सुंदर सुनहरे बालों से ईर्ष्या करता है
फूल अपनी इस प्रियतम की तरह गौरवर्ण होने की कोशिश और कामना में उसे निहारते हैं।'

1939 के मध्य तक आते-आते नूर को समझ में आने लगा था कि गोल्डबर्ग के साथ उनके रिश्ते का कोई भविष्य नहीं है। हॉलैंड का एक अमीर और कुलीन सूफ़ी, पीटर योहामस एख़्रहाउट योमहियर कुछ समय से नूर में दिलचस्पी दिखा रहा था, लेकिन गोल्डबर्ग के साथ अपने रिश्ते की वजह से नूर मेल-जोल बढ़ाने की उसकी कोशिशों की अवहेलना करती रही थीं। इसके बाद पीटर योहामस राजनयिक सेवा के तहत नौकरी के सिलसिले में हिंदुस्तान आकर कलकत्ता में रहने लगे। विलायत के समझाने-बुझाने पर नूर ने पीटर योहामस के साथ रिश्ता बनाने का फ़ैसला किया, लेकिन उनके पास हिंदुस्तान की यात्रा के टिकट के लिए पैसे नहीं थे।

नूर और विलायत महमूद की नानी से मिले, जो पीटर योहामस की रिश्तेदार थीं। उन्होंने उनके सामने कलकत्ता जाने की इच्छा ज़ाहिर की। मेदम फ़ान ख़्रोंस उनके हिंदुस्तान जाने और उनके भतीजे से मिलने की संभावना से बहुत ख़ुश हुईं, लेकिन उन्हें यह अहसास नहीं था कि वे भाई-बहन दरअसल, उनसे उस यात्रा के लिए आर्थिक मदद भी चाहते थे। विलायत और नूर सीधे-सीधे पैसा माँगने से संकोच कर रहे थे, इसलिए वह मसला वहीं समाप्त हो गया, और इसी के साथ नूर द्वारा पीटर योहामस के प्रस्ताव को स्वीकार करने की वह संभावना भी समाप्त हो गई, जिसने नूर की ज़िंदगी की दिशा बदल दी होती।[35]

अब तक नूर बच्चों की लेखिका के रूप में काफ़ी लोकप्रिय हो चुकी थीं। उनकी कहानी 'से कों इंतों क़्वेलक्यूफ़ा दाँ ले बुआ' (जब किसी को कभी-कभी जंगल में सुनाई देता है) को 13 अगस्त, 1939 को *ले फ़िगाहो* के बच्चों के पृष्ठों पर सम्मानपूर्वक प्रकाशित किया गया। रेडियो पेरिस के चिल्ड्रन्स आवर के दौरान भी नूर की कहानियों का प्रसारण हुआ, और उसकी प्रशंसापूर्ण समीक्षाएँ हुईं।

उन्होंने भारतीय और ग्रीक किंवदंतियों पर आधारित लेख लिखे और हिंदुस्तानी कवि मीरा बाई और एमा नेवादा तथा उनकी बेटी मिग्नोन नेवादा जैसी गायिकाओं

के बारे में लेख लिखे। मीरा बाई और एमा नेवादा के बारे में लिखे गए ये लेख नूर के प्रिय विषयों भक्ति, प्रेम और उत्सर्ग की कहानियाँ कहते थे। उन्होंने फ़्रांसीसी और नॉर्डिक लोककथाओं की पुनर्रचनाएँ कीं और अकबर बादशाह तथा शाल्मोन के बारे में कहानियाँ लिखीं, और इस तरह अपने कृतित्व में इतिहास, मिथक और किंवदंती का समावेश किया।

ठीक जिस समय नूर लेखिका के रूप में अपनी पहचान विकसित कर रही थीं, यूरोप के सिर पर युद्ध का ख़तरा मँडरा रहा था। 15 मार्च, 1939 को जर्मनी ने चेकोस्लोवाकिया पर हमला कर दिया। मई के आते-आते जर्मनी और इटली ने अपने औपचारिक गठबंधन का ऐलान कर दिया और पश्चिमी यूरोप को लेकर जर्मनी की बेचैन कर देने वाली योजनाएँ स्पष्ट होने लगीं। 1939 में नूर की पुस्तक *ट्वेंटी जातक टेल्स* (बीस जातक कथाएँ) ऑहियत विलेबेक ले मेख़ के रेखांकनों के साथ लंदन से जॉर्ज जी. हेरेप से प्रकाशित हुई। अपनी पहली पुस्तक के प्रकाशन पर नूर की प्रतिक्रिया अनपेक्षित रूप से सादगीपूर्ण थी।[36] वे उस समय शायद अपने वालिद के बारे में सोच रही थीं। उनकी मृत्यु के समय से ही परिवार में कोई पार्टियाँ या समारोह आयोजित नहीं हुए थे।

लेकिन इसी के साथ-साथ, नूर अपनी पहली प्रकाशन संबंधी कामयाबी को लेकर काफ़ी उत्साहित भी थीं। उनके मन में बच्चों के लिए अख़बार प्रकाशित करने का विचार आया, और उन्होंने *पेरिस सुआख़* के प्रसिद्ध पत्रकार अलेक्सी दनो के साथ मिलकर इस योजना पर काम किया। वे इस अख़बार का नाम *बेल आज़* (द ब्यूटीफुल एज़) रखना चाहती थीं, और इसके लिए उन्होंने कुछ सामग्री भी एकत्र कर ली थी, जिसमें उनकी पड़ोसिन मेदम पाशों के कुछ चित्र शामिल थे। अलेक्सी दनो पेड़ों और परियों के चकित कर देने वाले चित्रों और उनके साथ के मज़मूनों से बहुत आकर्षित थे, और उन्होंने इन्हें 'आख्यान की विलक्षण प्रतिभा' की संज्ञा दी थी। नूर की कहानी, परियों और वनैले जंतुओं से युक्त, बच्चों की एक पूरबी दंतकथा थी।[37]

लेकिन यूरोप की घटनाएँ जल्दी ही इस उदीयमान लेखिका को पीछे छोड़ने जा रही थीं। 1 सितंबर, 1939 को जर्मनी ने पोलैंड पर धावा बोल दिया और 3 सितंबर को ग्रेट ब्रिटेन, फ़्रांस, न्यू ज़ीलैंड और ऑस्ट्रेलिया ने जर्मनी के ख़िलाफ़ जंग का ऐलान कर दिया (फ़्रांस को इस युद्ध में ब्रिटेन द्वारा कमोबेश घसीट लिए जाने की वजह से उसे युद्ध में अनिच्छापूर्वक शामिल होना पड़ा था)। इस ऐलान के नतीजे में फ़ज़ल मंज़िल में पूरी तरह दहशत छा गई थी। नूर अपने लेखन में इस क़दर व्यस्त थीं और उनके भाई और बहन अपनी पढ़ाई तथा संगीत के स्कूल में इस क़दर तल्लीन थे कि उन्हें यूरोप में घट रही घटनाओं की वास्तव में कोई ख़बर ही नहीं थी। वे कभी रेडियो की ख़बरें नहीं सुनते थे और इसलिए राजनीतिक घटनाक्रम

उन्हें छुए बिना ही गुज़रते रहे थे। यूरोप में एक और युद्ध के ख़याल से वे अवसाद और उद्विग्ता से भर उठे।

युद्ध के शुरू के कुछ महीनों में पेरिस बहुत कम प्रभावित हुआ था, और इसीलिए उसे *ब्लिट्ज़क्रीग* (लाइटनिंग वॉर) के विपरीत नक़ली युद्ध या *सिट्ज़क्रीग* (सिटिंग वॉर) नाम दिया जा रहा था। अलेक्सी दनो ने नूर से कहा कि इस वक़्त बच्चों का अख़बार निकालना मुमकिन नहीं होगा। इसकी कोई संभावना नहीं थी कि युद्ध के बीच इस तरह की किसी चीज़ में कोई दिलचस्पी लेता। उन्हें इस बात की भी चिंता थी कि उनकी योजना इतनी सुंदर थी कि उसे अमल में लाना बहुत ख़र्चीला होता और छोटे बच्चे उतने ख़र्च का बोझ नहीं उठा पाते। *बेल आज़* की सारी योजनाएँ ठप हो गईं। नूर के रेडियो और अख़बार के काम पर भी बुरा प्रभाव पड़ा, क्योंकि युद्ध की वजह से बच्चों की कहानियों की वहाँ बहुत कम गुंजाइश बची थी।

नूर की निगाह में नाज़ियों की विचारधारा और यहूदियों के ख़िलाफ़ अत्याचार बुनियादी तौर पर घिनौने और धार्मिक समभाव के उन सारे सिद्धांतों के ख़िलाफ़ थे, जिनका संस्कार उन्हें अपने वालिद से मिला था। वे जन्म से मुसलमान ज़रूर थीं, लेकिन उन्होंने एक यहूदी से प्यार किया था, और इसीलिए नूर के मन में इस युद्ध में कुछ मदद करने की इच्छा पैदा हुई। उनके मन में पहला विचार नर्स की भूमिका निभाने का आया, और उन्होंने तथा क्लेयर ने यूनियन दे फ़ेम दे फ़्रांस (फ़्रांसीसी रेड क्रॉस) से नर्सिंग और फ़र्स्ट एड के प्रशिक्षण के लिए फ़ॉर्म भर दिया। जब युद्ध शुरू हुआ, तो नूर और क्लेयर अस्पताल के ख़ाली कराए जाने और यूनिट से संपर्क टूटने के समय तक अपना काम करती रहीं।

इस मक़ाम पर नूर ने अपनी निजी ज़िंदगी के बारे में भी एक महत्त्वपूर्ण फ़ैसला किया। वर्षों के भावनात्मक द्वंद्व के बाद उन्होंने अंततः गोल्डबर्ग के साथ अपनी सगाई तोड़ दी। उन्होंने अपनी अंतरंग सहेली मेदम प्रेनात से कहा था कि उन्होंने वह सगाई इसलिए तोड़ी थी, क्योंकि वे युद्ध में सक्रिय भूमिका निभाने या ज़रूरत पड़ने पर मोर्चे पर जाकर नर्स के रूप में काम करने के लिए आज़ादी चाहती थीं।[38]

4 जून, 1940 को दोपहर में, जब जर्मन तोपों ने फ़्रांस की ओर रुख किया था, तब नूर और विलायत फ़ज़ल मंज़िल की बड़ी-सी खिड़की के क़रीब सोफ़े पर बैठे थे। खिड़की से बाहर उन्हें नीचे दूर-दूर तक फैला पेरिस दिखाई दे रहा था। उन्हें महत्त्वपूर्ण फ़ैसला करना था।

उनका पालन-पोषण सूफ़ियों के रूप में हुआ था और अहिंसा का आदर्श उनके संस्कारों में था। इनायत ख़ान ने उन्हें गाँधी के बारे में और आज़ादी की लड़ाई में गाँधी द्वारा अपनाई गई शांतिपूर्ण विरोध की पद्धतियों के बारे में शिक्षा दी थी। बहुत-से *मुरीदों* का विचार था कि उनकी पहली ज़िम्मेदारी आंदोलन के प्रति थी,

लेकिन ये भाई-बहन भ्रमित थे। एक ओर वे जानते थे कि युद्ध का मतलब था; मृत्यु और विनाश, दूसरी ओर उन्होंने जर्मनों की कार्रवाइयों को प्रत्यक्ष तौर पर देखा था।

विलायत ने नूर से सवाल किया, "अगर हथियारों से लैस कोई नाज़ी तुम्हारे घर में घुस आता है और बीस लोगों को बंधक बना लेता है तथा उन्हें मार डालना चाहता है, तब अगर तुम उसकी हत्या कर सकने की स्थिति में होने (और इस तरह उन मौतों को रोक सकने) के बावजूद, अहिंसा में अपने विश्वास की वजह से वैसा नहीं करतीं, तो क्या तुम उन बीस लोगों की हत्या में भागीदार नहीं होगी? रक्षात्मक कार्रवाई में हिस्सा लिए बिना हम आध्यात्मिक नैतिकता की शिक्षा कैसे दे सकते हैं? क्या हम नाज़ियों के कृत्यों को तमाशबीनों की तरह खड़े-खड़े देखते रह सकते हैं?"[39]

वे जानते थे कि वे तमाशबीन बनकर खड़े नहीं रह सकते, और इसलिए उन्होंने 'आततायी की आक्रामकता को नाकाम करने' के लिए हरक़त में आने का निश्चय किया। नूर और विलायत ने इंग्लैंड जाकर युद्ध की कार्रवाई में हिस्सा लेने का फ़ैसला किया। विलायत ने फ़ौज में भर्ती होने और नूर ने नर्स या फ़ौजी, जिस किसी भी रूप में युद्ध के उपक्रमों में मदद करने का निश्चय किया। अंततः एक निर्णय पर पहुँचने से उन्हें बेहद राहत महसूस हो रही थी, और उन्होंने बाक़ी परिवार को अपनी योजना के बारे में बताया।

अकेले हिदायत ही थे, जिन्होंने शादी की थी, और उन्होंने कहा कि वे अपने बीवी-बच्चों को लेकर दक्षिण फ्रांस जाएँगे और वहाँ प्रतिरोध में मदद करेंगे। चाचाओं ने घर में ही रुकने का निश्चय किया। नूर और विलायत ने क्लेयर तथा अपनी माँ को इंग्लैंड ले जाने का फ़ैसला किया। हिदायत उन्हें कार से तोख़ तक पहुँचाने को तैयार हो गए। दूसरे लोगों द्वारा शहर छोड़कर जाने की वजह से सड़क पर भीड़भाड़ बढ़ने की संभावना के मद्देनज़र उन्होंने तुरंत ही निकल पड़ने का निश्चय किया।

नूर ने अपने दोस्तों और पड़ोसियों के पास भागकर उनसे विदा ली। उन्होंने उनसे मकान की देखभाल करने और क़ीमती चीज़ों को वहाँ से निकालकर अपने पास रखने का अनुरोध किया। 5 जून, 1940 को उन्होंने ज़रूरत का सामान बाँधा, उस मकान को आख़िरी बार देखा, जो बीस वर्षों से उनका घर रहा था, और वे अपने लंबे सफ़र पर निकल पड़े। इनायत ख़ान का परिवार एक बार फिर चल पड़ा। नूर ने माँ को गले लगाया और उनका हाथ थामे रहीं। वे किसी तरह अपने आँसू रोके थीं।

3

देशान्तर और लड़ाई

जब 5 जून को नूर और उनके परिवार ने पेरिस छोड़ा, तो उन्होंने देखा कि बड़ी तादाद में दूसरे लोग भी उत्तरोत्तर आगे बढ़ते आ रहे जर्मनों से बचकर भाग रहे थे। सड़कें शहर से पलायन करते लोगों से खचाखच भरी थीं - वे जो भी सामान अपने साथ ले जा सकते थे, उसे लेकर सफ़र के लिए जिस-किसी भी उपलब्ध साधन का उपयोग करते हुए चल पड़े थे। सड़क पर कारें, वैन, ट्रक, साइकिलें धीरे-धीरे रेंग रहे थे। उनमें पेरिस से निकल भागने के लिए पूरे-के-पूरे परिवार लदे हुए थे। रोते हुए बच्चे, बेचैन माँ-बाप, बुज़ुर्गों के चेहरों पर दहशत के भाव ख़ुद ही अपनी कहानी कह रहे थे। नूर अपनी माँ को थामे थीं। विलायत तनावपूर्ण ख़ामोशी के साथ ड्राइव कर रहे थे।

जर्मनों के आने से पहले शहर से भागने के लिए पेरिस की दो-तिहाई से ज़्यादा आबादी सड़कों पर आ गई थी। दुश्मन के पेरिस पहुँचते-पहुँचते शहर की तीस लाख की आबादी सिमटकर 800,000 रह गई थी : रईसों के इलाक़ों में मात्र एक-चौथाई आबादी ही बची रह गई थी।[1] ग़रीब इलाक़ों में लगभग आधे लोग ही बचे रह गए थे। बताया जाता है कि जून, 1940 तक साठ लाख से एक करोड़ के बीच लोग अपने घर छोड़कर जा चुके थे।

पेरिस से बाहर देहात सुंदर थे, जहाँ क्यारियाँ फूलों से लदी थीं और वातावरण में गरमाहट थी, लेकिन शहर से बाहर की ओर रेंगता कारवाँ आस-पास की कुदरती ख़ूबसूरती के एकदम विपरीत था। सड़क के किनारे लावारिस छोड़ दी गई वे कारें पड़ी हुई थीं, जिनका या तो तेल ख़त्म हो गया था या जो टूट-फूट गई थीं। उनकी वजह से जगह-जगह यातायात ठप हो गया था और कई-कई वाहन आपस में टकराकर दुर्घटना-ग्रस्त हो रहे थे। लगता था कि अमीर, ग़रीब, बूढ़े, जवान - हर प्रकार के और हर वर्ग के लोग सड़क पर थे। फ़्रांस के नागरिकों को सहसा युद्ध

का संपूर्ण आघात झेलना पड़ रहा था, लेकिन इससे भी बदतर स्थिति अभी आना बाक़ी थी।

जर्मनी के जेट विमानों की गड़गड़ाहट सुनकर शरणार्थी सिर छिपाने के लिए तेज़ी-से भाग रहे थे। निचली ऊँचाई पर उड़ते विमानों ने कारवाँ पर अंधाधुंध बमों की वर्षा कर दी। कुछ ही मिनटों के भीतर कारें सुलग उठीं और हरी-भरी देहाती सड़कें किनारे की सुगंधित झाड़ियों की बजाय मांस और टायरों के जलने की गंध से भर उठीं। जेट विमानों की घरघराहट मद्धिम पड़ती और फिर लगभग तुरंत ही वापस लौट आती, क्योंकि जर्मन बम-वर्षक अपनी अधूरी छूट गई कार्रवाई को पूरा करने लौट आते थे। विलायत ने रैफ़ (आरएएफ़ : रॉयल एयर फ़ोर्स) में शामिल होने की क़सम खा ली। मासूमों पर की जा रही इस बम-वर्षा से नूर बेहद विचलित थीं। उन्हें आश्चर्य था कि यह किस तरह का शासन था, जो शरणार्थियों, औरतों और बच्चों पर बम बरसा रहा था। यह सब देखकर उनके मन में ऐसी ताक़त के ख़िलाफ़ लड़ने का संकल्प मज़बूत हुआ।

सड़क पर बिताए गए उस दहला देने वाले दिन के बाद, यह परिवार रात होते-होते तोख़ पहुँच गया। यहाँ स्टेशन के क़रीब एक छोटे-से मकान में उन्हें दूसरे कई परिवारों के साथ सिर छिपाने की जगह मिली। अगली सुबह वे हिदायत और उनके परिवार को, और अपने चाचाओं को अलविदा कहकर स्टेशन के लिए रवाना हो गए। उन्होंने बोग्दू जाने वाली ट्रेन पकड़ने की योजना बनाई, जहाँ से वे इंग्लैंड जाने के लिए जहाज़ पकड़ सकते थे।

जब ट्रेन आई, तो वह पहले से ही ठसाठस भरी थी। इन चारों लोगों को उसमें सवार होने के लिए काफ़ी संघर्ष करना पड़ा, लेकिन जब वह बोग्दू पहुँची, तो स्टेशन के कर्मचारियों ने यह कहते हुए यात्रियों को उतरने से रोक दिया कि शहर पहले से ही ठसाठस भरा है तथा उसमें और अधिक शरणार्थियों के लिए जगह नहीं है। उत्तेजित यात्री ट्रेन से उतरने की कोशिश में दरवाज़ों पर गिर पड़े, जिससे दहशत फैल गई, लेकिन दरवाज़े धड़ाधड़ बंद कर दिए गए और ट्रेन चल पड़ी। अंततः बोग्दू से पचास मील दूर ले वेग्दों में ट्रेन रुकी और यात्रियों को उतरने की इजाज़त दी गई। वह छोटा-सा क़स्बा पहले ही लोगों से ठसाठस भरा था। इस परिवार ने टाउन हॉल का रुख किया। ब्रिटिश सरकार अपने नागरिकों को ले जा रही थी। विलायत (जो लंदन में पैदा हुए थे) ने पूछा कि क्या लंदन जा रही नाव में उनके परिवार को जगह मिल सकती है। उन्हें इजाज़त तो मिल गई, लेकिन उनसे कहा गया कि चूँकि प्रतीक्षा कर रहे लोगों की क़तार लंबी है, इसलिए उन्हें कुछ दिन इंतज़ार करना पड़ेगा। परिवार एक कमरा किराये पर लेकर नाव का इंतज़ार करने लगा।

नूर की निजी फ़ाइल में वह ब्योरा बचा रह गया है, जिसमें उन्होंने अपने परिवार के फ़्रांस से निकलने का क़िस्सा बयान किया है। जब परिवार ने देखा कि उसे ले वे्ग्दों में इंतज़ार करना होगा, तो नूर और क्लेयर ने उस ख़ाली कराई जा चुकी हॉस्पिटल यूनिट की तलाश शुरू कर दी, जिसे जर्मनों के पेरिस पहुँचने पर बंद कर दिया गया था। ब्रिटेन के राजदूत ने उन्हें बताया कि वहाँ के कर्मचारी साँ नाज़या के लिए रवाना हो चुके हैं। ये लड़कियाँ रेड क्रॉस के लिए अपना काम जारी रखना चाहती थीं, लेकिन उनके प्रमाण-पत्र उन कर्मचारियों के पास थे, जो वहाँ से जा चुके थे। इन बहनों ने सहसा साँ नाज़या जाने और रेड क्रॉस की नाव को पकड़ने की कोशिश का निश्चय कर लिया। अमीना बेग़म और विलायत की तमाम समझाइशों के बावजूद वे उस 200 मील लंबे सफ़र की ज़िद पर अड़ी रहीं। यह नूर की ज़िद का प्रमाण था कि महज़ सर्टिफ़िकेट हासिल करने की ख़ातिर वे इतना बड़ा जोखिम उठाने को तैयार थीं।

लड़कियाँ भारी यातायात के बीच रातों-रात यात्रा करती हुईं, अंततः साँ नाज़या के बंदरगाह तक पहुँच गईं, और वहाँ रेड क्रॉस के कर्मचारियों और दस्तावेज़ों को ले जा रही नाव की तलाश करने लगीं। जिस वक़्त वे बंदरगाह की छानबीन कर रही थीं, एक शंकालु पुलिस वाले ने उन्हें जासूसी के आरोप में गिरफ़्तार कर लिया। नूर के पासपोर्ट से ज़ाहिर हो रहा था कि उनका जन्म मॉस्को में हुआ था और पुलिसवाला युद्ध के समय कोई जोखिम उठाने को तैयार नहीं था। हवालात की कोठरी में एक रात बिताने के बाद लड़कियों ने अंततः पुलिस अधिकारी को अपनी बेगुनाही का विश्वास दिला दिया और अधिकारी ने जहाज़ के बारे में पूछताछ करने में उनकी मदद की। दुर्भाग्य से, वह जहाज़ एक रात पहले ही रवाना हो चुका था। जहाज़ से रेडियो की मार्फ़त संपर्क किया गया, तो चालक-दल के कर्मचारी दोनों लड़कियों को रेड क्रॉस के कर्मचारियों के तौर पर जहाज़ में सवार करने पर सहमत हो गए, जिसके लिए उन्हें एक नाव हासिल करना ज़रूरी था, जो उन्हें जहाज़ तक पहुँचा सकती, लेकिन विलायत और उनकी माँ चूँकि ले वे्ग्दों में थे और इसलिए क्लेयर और नूर को वापस लौटना पड़ा।

जिस दौरान क्लेयर और नूर रेड क्रॉस के प्रमाण-पत्रों की भागमभाग में लगी हुई थीं, तभी उन्हें पेरिस की पराजय की ख़बर सुनने मिली थी। जर्मन वहाँ 14 जून को पहुँच गए थे, जहाँ उन्हें वह वीरान नगर मिला, जिसकी सड़कें ख़ाली थीं, दुकानें बंद थीं और मकानों पर ताले पड़े थे। टैंक, हथियारबंद वाहन और चमड़े के भारी-भरकम कोट पहने जर्मन मोटरसाइकिल सवार शहर की विशाल सड़कों पर घूम रहे थे। तिरंगे की जगह तेज़ी-से स्वास्तिक ने ले ली थी। 16 जून को फ़्रांसीसी प्रधानमंत्री पॉल रेनो ने इस्तीफ़ा दे दिया और उनकी जगह प्रथम विश्वयुद्ध के वे्ग्दों के हीरो मार्शल ऑग़ी पेताँ की ताजपोशी कर दी गई। फ़्रांस जर्मनों के हाथों पराजित

हो चुका था। अगले दिन पेताँ ने बोग्दू से रेडियो प्रसारण करते हुए कहा कि वे हिटलर से युद्धविराम संधि का आग्रह करना चाहते हैं। लड़कियों ने ख़ामोश रहकर यह समाचार सुना।

इस संधि की शर्तों के तहत पेरिस और उत्तरी फ़्रांस और अटलांटिक का समूचा तटवर्ती हिस्सा जर्मन सैन्य कमान से नियंत्रित होने जा रहा था। लुआख़ के दक्षिण के तथाकथित 'आज़ाद क्षेत्र' पर मार्शल पेताँ की हुकूमत चलने वाली थी। उनका मुख्यालय उवेग्ने क्षेत्र के विशी में स्थापित होने जा रहा था। जर्मन-समर्थक विशी की सत्ता इस इलाक़े पर हुकूमत करने वाली थी।

अपने प्रमाण-पत्रों को खोज पाने में नाकामयाब क्लेयर और नूर ने ले वेंग्दों की ओर रुख किया। इस बीच, विलायत काफ़ी दहशत में आ गए थे। उनसे कह दिया गया था कि ब्रिटिश नागरिकों को ले जा रही आख़िरी नाव आधे घंटे में बंदरगाह से रवाना होने जा रही है, जबकि नूर और क्लेयर अभी लौटी नहीं थीं। वे जानते थे कि शहर के बीचों-बीच, जहाँ वे रह रहे थे, वहाँ से बंदरगाह के इलाक़े तक जाने में काफ़ी धक्का-मुक्की का सामना करना पड़ेगा, इसलिए उन्होंने परिवार की आवाजाही के लिए एक मोटरबाइक ख़रीद ली थी। ठीक जिस वक़्त विलायत और उनकी माँ उम्मीद त्याग चुके थे और उन्हें लग गया था कि उनकी नाव छूट जाने वाली है, नूर और क्लेयर वापस लौट आईं। साँ नाज़या तक जाने और वापस आने में उन्हें एक सप्ताह लग गया था। विलायत अपनी मोटरसाइकिल पर सवार होकर तेज़ी-से बंदरगाह की ओर भागे, जहाँ *कासोंगो* नामक एक छोटा-सा बेल्जियाई जहाज़ रवाना होने को तैयार था। उन्होंने जहाज़ के कप्तान को अपने नाज़ुक हालात के बारे में बताया और कप्तान उनके द्वारा परिवार को लेकर आने तक इंतज़ार करने पर सहमत हो गया, लेकिन सामान के लिए जहाज़ में कोई जगह नहीं थी। नूर, क्लेयर और उनकी माँ को मोटरसाइकिल के पीछे बैठाकर लाने के लिए विलायत को तीन चक्कर काटने पड़े।

नूर हमेशा की तरह गुडबाये कर रही थीं। क़स्बे के जो लोग उन्हें रवाना होते देख रहे थे, उन्हें ज़ोर-से पुकारते हुए उन्होंने कहा : "हम वापस लौटेंगे।"[2]

वे जहाज़ में बमुश्किल सवार ही हुए थे कि वह चल पड़ा। हाँफ़ते हुए विलायत ने फ़्रांस के तट की ओर देखा। बंदरगाह पर उनकी वह मोटरसाइकिल लावारिस खड़ी थी, जिस पर वे अपने परिवार को ढोकर लाए थे। वह 19 जून था, उनका जन्मदिन, लेकिन जश्न मनाने के लिए वहाँ कुछ नहीं था। फ़्रांस पर क़ब्ज़ा कर लिया गया था। वह मुल्क, जिसे वे बेहद प्यार करते थे। विलायत को लग रहा था कि वे सही समय पर वहाँ से रवाना हो गए थे। नूर ने वापस लौटने का निश्चय कर रखा था।

* * *

गुबरैला कीड़ों से ग्रस्त उस छोटे-से मालवाहक जहाज़ के असुविधाजनक सफ़र के बाद परिवार फ़ाल्मथ में उतरा। नूर और विलायत ने राहत की साँस ली, क्योंकि उनकी माँ बहुत थक चुकी थीं और उन्हें आराम की बेहद ज़रूरत थी। उन्होंने बेज़िल मिचल के घर की ओर रुख किया, जो उनके पुराने पारिवारिक दोस्त थे और साउथेम्प्टन में रहते थे।

वे पूरी रात सफ़र करने के बाद थके हुए वहाँ पहुँचे, जहाँ आश्चर्यचकित मिचल ने उन्हें पनाह दी, लेकिन साउथेम्प्टन भी बमों से सुरक्षित नहीं था, इसलिए श्रीमती मिचल ने अमीना बेग़म और उनकी बेटियों को अपने साथ ऑक्सफ़ोर्ड ले जाने का निश्चय किया। विलायत को बेज़िल मिचल अपने साथ लंदन ले गए। विलायत ने तुरंत ही आरएएफ़ (रैफ़) में भर्ती होने के लिए आवेदन कर दिया, लेकिन उन्हें पैराटाइफ़ाइड बुखार ने दबोच लिया, जिसकी वजह से उन्हें ऑक्सफ़ोर्ड लौटना पड़ा, जहाँ उन्हें हैडिंग्टन आइसोलेशन हॉस्पिटल में भर्ती करा दिया गया। लड़कियाँ और उनकी माँ ऑक्सफ़ोर्ड में बनी रहीं, और नूर तथा क्लेयर विलायत का हालचाल जानने हर रोज़ अस्पताल जाती रहीं। धीरे-धीरे नई ज़िंदगी के साथ उनका तालमेल बैठने लगा।

नूर को यह जानकर बहुत ख़ुशी हुई कि जनरल द गॉल किसी तरह फ़्रांस से भागने में कामयाब रहे थे और ब्रिटेन पहुँच गए थे। द गॉल को तुरंत लंदन से प्रसारण करने की छूट मिल गई, जहाँ से उन्होंने संघर्ष जारी रखने का आह्वान करते हुए फ़्रांस की आज़ाद सेना को अपने पक्ष में एकत्र कर लिया। उन्होंने लंदन की ड्यूक स्ट्रीट में अपना कार्यालय स्थापित कर लिया।

लंदन की एक यात्रा के दौरान मिचल दंपती ने जीन ओवर्टन फुलर से नूर का परिचय करा दिया, जो बाद में उनकी क़रीबी दोस्त बन गईं और जिन्होंने युद्ध के बाद नूर की जीवनी लिखी। फुलर उस समय की नूर का वर्णन करते हुए, उन्हें भूरे बालों और हल्के भूरे रंग की आँखों वाली छोटे क़द की लड़की के रूप में चित्रित करती हैं। उनकी आवाज़ मधुर थी, जो बहुत ऊँची और बुझी हुई भी थी। उन्होंने याद किया था कि नूर का लहज़ा अत्यंत अनूठा था : उसमें हिंदुस्तानी, अँग्रेज़ी, फ़्रांसीसी तथा अमेरिकी लहज़े का मिश्रण था।[3] हालाँकि उस लड़की ने बहुत ज़्यादा बात नहीं की थी, लेकिन फुलर तत्काल ही उसके प्रति आकर्षित हो उठी थीं।

नूर ने आज़ाद फ़्रांस के नए प्रतीक-चिह्न के रूप में चाँदी का दो आड़ी पट्टियों वाला क्रॉस पहन रखा था। बात एकदम स्पष्ट थी कि वे मदद के तौर पर कुछ करने के लिए बेताब थीं। उन्होंने फुलर से यह तक कहा था कि उन्हें लगता था कि फ़्रांस से भागना ग़लत था और वे चाहती थीं कि उनका इस्तेमाल संपर्क-सूत्र के रूप में किया जाता। वे इस बात से स्पष्ट तौर पर ख़ुश थीं कि आज़ाद फ़्रांस जनरल दे गॉल के नेतृत्व में संगठित होने लगा था।

अगस्त, 1940 तक लंदन जलने लगा था। ब्रिटेन की लड़ाई शुरू हो चुकी थी, और आकाश में ब्रिटेन के स्पिटफ़ायर्स विमानों को जर्मनी के लुफ़्तवाफ़े विमानों से टक्कर लेते देखा जा सकता था। हर रात विमानों की आवाज़ें सुनाई देती थीं और तड़के सुबह तक बमबारी जारी रहती थी। दफ़्तरी और आवासीय इमारतें बमों की शिकार होती थीं और लोगों की रातें आग बुझाते बीतती थीं। बहुत-से लोग बेघर हो गए थे। यह ब्लैकआउट पेपरों, हवाई हमलों के सायरनों तथा राशन कार्डों का समय था। हर कहीं पोस्टर लगे थे, जिनमें औरतों से आग्रह किया जाता था कि वे 'डब्ल्यूएएएफ़ (वीमन्स ऑक्सिलरी एयर फ़ोर्स/ वाफ़) में काम करें', 'एटीएस (ऑक्सिलरी टेरिटोरियल सर्विस) में शामिल हों' या पैदल सेना में शामिल हों : 'कम ऐंड हैल्प विद द विक्टरी हार्वेस्ट' (आइए और जीत की फसल काटने में मदद कीजिए)। नूर मदद करने के लिए बेहद इच्छुक थीं।

लेकिन उस बरस पतझड़ के मौसम में, अंततः किसी तरह रेड क्रॉस सर्टिफ़िकेट हासिल करने में कामयाबी के बाद नूर स्लॉफ़ के क़रीब फुल्मर चेस मैटर्निटी होम फ़ॉर ऑफ़िसर्स वाइव्स में शामिल हो गईं। इस वक़्त परिवार बेहद आर्थिक तंगी से गुज़र रहा था, क्योंकि पेरिस से वे जो थोड़ा-सा पैसा लेकर आए थे, वह समाप्त हो रहा था। मैटर्निटी होम में नौकरी करते हुए नूर को मुख्यतः रोज़मर्रा के घरेलू काम ही करने पड़ते थे, नर्सिंग संबंधी कोई गंभीर काम नहीं करने पड़ते थे। वे चाहती थीं कि उनका वास्तविक उपयोग हो और वे, अपनी माँ की इच्छा के विरुद्ध, वाफ़ में शामिल होकर स्वैच्छिक सेवाएँ देना चाहती थीं। ऐसा करने का उनका फ़ैसला साफ़ तौर पर विलायत से प्रभावित था, जो रैफ़ में शामिल हो गए थे, लेकिन वे उस वक़्त बहुत हतोत्साहित हुईं, जब उनका आवेदन इस आधार पर रद्द कर दिया गया कि उनका जन्म मॉस्को में हुआ था। वे इससे बौखला उठीं और उन्होंने मंत्रालय को तुरंत एक ख़त भेजकर कहा कि एक व्यक्ति के तौर पर उनके पास 'ब्रिटिश प्रोटेक्टेड पर्सन' का पासपोर्ट है और इस नाते उन्हें अपने देश की सेवा करने का अवसर दिया जाना चाहिए। उन्हें लगभग तुरंत ही मंत्रालय की ओर से जवाब भेजा गया, जिसमें क्षमा-याचना के साथ-साथ वाफ़ में उनका स्वागत करता नियुक्ति-पत्र शामिल था।[4]

वाफ़ की स्थापना 1939 में की गई थी, जिसका उद्देश्य रैफ़ की मदद करना तथा महिलाओं को नौकरी के लिए प्रशिक्षित करना था, ताकि पुरुष लड़ाई के मैदान में जा सकें। हज़ारों महिलाओं को रैफ़ स्टेशनों पर टेलिफ़ोन तथा टेलिप्रिंटर ऑपरेटर, प्लॉटर्स और राडार ऑपरेटर्स के रूप में नियुक्त किया गया था। 1940 तक आते-आते इन नियुक्तियों में बहुत बढ़ोत्तरी हो गई थी, ताकि ज़्यादा-से-ज़्यादा पुरुष वायुसेना के काम में लगाए जा सकें। एयर मिनिस्ट्री कमेटी का कहना था कि 'जो काम कोई महिला कर सकती है या जिसे करने के लिए उसे प्रशिक्षित किया जा सकता है, वैसा कोई काम पुरुष द्वारा नहीं किया जाना चाहिए'। महारानी

रैफ़ की कमांडेंट इन चीफ़ थीं और उसमें हज़ारों महिलाएँ स्वेच्छापूर्वक शामिल हो गई थीं।

19 नवंबर, 1940 को नूर इनायत ख़ान बतौर 424598 एसीडब्ल्यू2 (एयरक्राफ़्ट्स वूमेन 2 क्लास) वाफ़ में शामिल हो गईं। उन्हें नोरा इनायत ख़ान के नाम से रजिस्टर किया गया था और उनका मज़हब सी ऑफ़ ई (चर्च ऑफ़ इंग्लैंड) के रूप में दर्ज था। उन्होंने नोरा नाम इसलिए चुना था, क्योंकि वह नूर के सबसे क़रीब बैठता था। किसी क़िस्म की संभावित पेचीदगियों को टालने के उद्देश्य से उन्होंने अपना मज़हब चर्च ऑफ़ इंग्लैंड लिखाया था। विलायत ने अपना नाम रजिस्टर कराते वक़्त जो अनुभव हासिल किया था, उसी का लाभ उठाते हुए नूर ने यह विकल्प चुना था। (विलायत का पूरा नाम रजिस्टर करने की कोशिश में वहाँ का क्लर्क इतना चिढ़ गया था कि उसने उनका नाम सिर्फ़ विक (Vic) लिख दिया था। क्लर्क ने इस नौजवान का मज़हब जानने की कोई कोशिश न करते हुए, उसकी जगह सीधे चर्च ऑफ़ इंग्लैंड लिख लिया था।) नूर ने इसी का अनुसरण करना श्रेष्ठ समझा। नागरिक के रूप में उनका व्यवसाय 'लेखक' दर्ज था और उनकी अन्य योग्यताओं में 'धाराप्रवाह फ़्रांसीसी' अंकित था।[5]

नूर को अब वायरलैस संचालन के प्रशिक्षण के लिए चालीस अन्य युवतियों के साथ हैरोगेट भेज दिया गया : रेडियो ऑपरेटरों के रूप में प्रशिक्षित होने वाला यह वाफ़ का पहला बैच था। नूर के चरित्र को वीजी (वेरी गुड) कहा गया था, और उनकी प्रगति को ए. से चिह्नित किया गया था। नूर के लिए यह एक नई दुनिया थी। वे पहली बार किसी समूह का हिस्सा बनी थीं, जहाँ वे भोजन करने, व्याख्यान सुनने और प्रशिक्षण प्राप्त करने वर्दी पहनकर दूसरी युवतियों के साथ जाया करती थीं। शारीरिक प्रशिक्षण और खेलकूद अनिवार्य थे, और उन्हें दौड़ तथा नियमित क़वायद में हिस्सा लेना पड़ता था। ये रंगरूट युवतियाँ झोपड़ियों में फूस-भरे गद्दों पर सोती थीं और मासिक निरीक्षण के लिए उन्हें अपना किट तैयार करना पड़ता था। वातावरण ठंडा था, रहन-सहन असुविधाजनक था और कुछ भी ऐसा नहीं था, जिसकी वे अभ्यस्त रही हों, लेकिन उन्होंने अभ्यस्त होने का निश्चय कर रखा था।

एक महीने बाद 23 दिसंबर, 1940 को, नूर को एडिनबरा स्थित रैफ़ बैलेन कमान के तहत 34 नंबर के (बैलून बैराज़) समूह में भेज दिया गया, जहाँ उन्हें अगले छह महीनों तक वायरलैस टेलिग्राफ़िस्ट के रूप में प्रशिक्षण प्राप्त करना था। एक बार फिर नूर को उनके सिग्नल प्रशिक्षण में ए. ग्रेड प्राप्त हुआ। उनका चरित्र हमेशा वीजी लिखा जाता था। इस मौक़े पर बेग़म अमीना नूर के क़रीब रहने के उद्देश्य से एडिनबरा रहने आ गईं।

थोड़ी-सी शुरुआती हिचकिचाहट के बाद, नूर जल्दी ही दूसरी युवतियों के साथ घुल-मिल गईं और सेना के मैत्रीपूर्ण जीवन का आनंद लेने लगीं। वे अपनी उत्कृष्ट

सेवाएँ देने को उत्सुक थीं, इसीलिए उन्होंने रेडियो प्रशिक्षण में कड़ी मेहनत करते हुए मोर्स कोड रट डाले और काम में फुर्तीलापन लाने की कोशिश की। प्रशिक्षण में उनकी एक साथी, इरेन साल्टर उन्हें 'एक ऐसी सौम्य लड़की' के रूप में जानती थीं 'जो पैरों की बिवाइयों से बुरी तरह पीड़ित थी। इस वजह से उन्हें सामान्य आकार से दो नंबर बड़े जूते पहनने पड़ते थे, और अँगुलियों की सूजन की वजह से वे मोर्स के बटन नहीं पकड़ पाती थीं'।[6] लड़कियों को स्कॉटलैंड का लोक नृत्य सीखना ज़रूरी था और नूर से यह उनके पैरों की वजह से ठीक-से नहीं होता था। इसके अलावा वाफ़ द्वारा उपलब्ध कराए गए काले चमड़े के सख़्त, चपटे जूतों की आदत डालने में थोड़ा वक़्त लगता था और उनकी वजह से उनके पैरों में छाले पड़ गए थे। उनके नाचने को लेकर दूसरी लड़कियाँ उन्हें चिढ़ाती थीं, इसके बावजूद उन्होंने कभी कक्षाएँ नहीं छोड़ीं और लड़कियों के मज़ाक़ के जवाब में मुस्कराते हुए सारे सत्र पूरे किए। अपने सौम्य व्यक्तित्व और खिलाड़ी भावना की वजह से उन्हें अपने साथियों का सम्मान हासिल हुआ और उनकी कई सहेलियाँ बन गईं।

उस समय की उनकी एक और सहकर्मी डोरोथी रायमन ने नूर को एक ऐसे व्यक्ति के रूप में याद किया, जिनके होंठों पर, प्रशिक्षण के दौरान बरती जाने वाली सख़्ती और उकता देने वाले काम के बावजूद, दूसरों के लिए हमेशा मुस्कराहट या प्रीतिकर शब्द होते थे। सारी युवतियों को सप्ताह में एक बार विशेष सफ़ाई अभियान के लिए अपनी झोपड़ियों में ही रुकना पड़ता था, जिस दौरान उन्हें किट निरीक्षण के लिए अपने सूती स्लेटी मोजों को रफ़ू करना होता था और अपनी वर्दियों को संतोषजनक शक्ल देनी होती थी। इस दौरान वे आम तौर पर रात 10.30 बजे बत्तियाँ बुझने से पहले चूल्हे के इर्द-गिर्द बैठती थीं। वहाँ गपशप और गर्म कोको का दौर चला करता था।

अप्रैल, 1941 में नूर को सिग्नल प्रशिक्षण के लिए 929 नंबर के बैलून स्क़्वैड्रॉन... में भेजा गया। उनकी एक क़रीबी दोस्त थीं जोआन क्लिफ़्टन, जिनके साथ उन्हें 10 जून, 1941 को एबिंग्डन स्थित हैड क़्वार्टर नं. 6 ग्रुप, रैफ़ बॉम्बर कमान में तैनात कर दिया गया। अब नूर को पदोन्नत कर प्रथम श्रेणी की एयरक्राफ़्ट्सवूमेन बना दिया गया था। एबिंग्डन का यह स्टेशन बमवर्षकों के लिए उच्च प्रशिक्षण केंद्र था और नूर तथा जोआन अक्सर संदेश भेजने और प्राप्त करने वाले मर्दों के साथ कंधे से कंधा मिलाकर काम करती थीं। यह काम बहुत तकनीकी क़िस्म का था, लेकिन नूर इसमें जल्दी ही पारंगत हो गईं, और उन्होंने खुद को कई पुरुषों से बेहतर साबित कर दिखाया। वे दूसरों की मदद के लिए हमेशा तत्पर रहती थीं और ज़्यादातर लोग इस शर्मीली हिंदुस्तानी लड़की को पसंद करते थे।

उनकी एक अन्य सहकर्मी नोरा वेन्मन ने नूर को एक दक्ष ऑपरेटर के रूप में याद किया। उन्होंने याद करते हुए बताया था कि उनकी मोर्स के बटनों के बीच

काफ़ी अंतराल था और जब वे उसका इस्तेमाल करती थीं, तो उसमें से 'क्लिक क्लेक, क्लिक क्लेक' की आवाज़ आती थी। इस आवाज़ की वजह से उनके साथ काम करने वाली युवतियाँ उन्हें 'बेंग अवे लुलु' (लगातार या हठपूर्वक कुछ करना) कहा करती थीं, लेकिन नूर इस तरह चिढ़ाए जाने पर सिर्फ़ मुस्करा देती थीं।[7]

वाफ़ में लगभग दस महीने काम करने के बाद नूर ने वहाँ के माहौल के साथ तालमेल बैठा लिया। यह एक सुखद बात थी कि आस-पास के लोग उनके और उनकी पारिवारिक पृष्ठभूमि के बारे में कुछ नहीं जानते थे। नूर उनके सामने अजूबे के रूप में प्रकट नहीं होना चाहती थीं और वे अपनी निजी पहचान हासिल करने के निश्चय से भरी थीं। उन्होंने अपने साथ काम करने वाली युवतियों से कभी भी अपने वालिद, अपनी वंशावली या सूफ़ी पंथ के बारे में बात नहीं की। वे उनके लिए नोरा इनायत ख़ान ही बनी रहीं और चूँकि उनका मज़हब चर्च ऑफ़ इंग्लैंड के रूप में दर्ज था, इसलिए वे नियमित रूप से चर्च की उपासनाओं में शामिल होती थीं। सुरेन और सूफ़ियों की मंडली में वे हमेशा हज़रत इनायत ख़ान की बेटी के रूप में जाती रही थीं। उन्होंने लेखिका के रूप में अपनी निजी पहचान बनाने के लिए पेरिस में छोटी-सी शुरुआत की थी। अब नूर को ऐसे लोगों के बीच खुद को नए सिरे से आविष्कृत करना था, जो उन्हें बिलकुल भी नहीं जानते थे।

एक निरी संख्या के रूप में गुमनामी उनके लिए बहुत सुखद थी। पेरिस में सूफ़ी बिरादरी दमनकारी हो सकती थी। वे लोग हज़रत इनायत ख़ान के बच्चों पर निरंतर निगाह रखते आए थे और उनकी आचार संहिता तय करते आए थे। नूर की दोस्त जीन ओवरटन फुलर को लगता था कि इनायत ख़ान के बच्चों और सूफ़ियों के मामले में जहाँ 'बहुत कुछ सराहनीय था, वहीं काफ़ी कुछ ऐसा भी था, जो त्याने योग्य था।[8] वाफ़ की तंग निसन झोपड़ियों में नूर को आज़ादी और ध्येय का अहसास होता था और उन्हें लगता था कि वे एक बार फिर से साँस ले पा रही थीं।

नूर जब सैन्य जीवन से थकने लगीं, तब जोआन की दोस्ती ने उन्हें सहारा दिया। कुछ दिनों तक जोआन और नूर बोर्स हिल पर ऑक्सफ़ोर्ड के बाहर एक बड़ी इमारत के एक कमरे में साथ-साथ रहती थीं। यह मकान वाफ़ के क़ब्ज़े में था। उन्होंने अपने छोटे-से कमरे को पोस्टरों और छोटी-छोटी चीज़ों से सजा लिया था। उन्होंने एक रेडियो भी किराये पर ले लिया, क्योंकि दोनों को संगीत सुनना अच्छा लगता था। उन्होंने काम पर जाने के लिए पुरानी साइकिलें भी ख़रीद लीं। इन साइकिलों पर वे गाँव में घूमा करती थीं, और कभी-कभी लौटते हुए दोनों मिलकर गाती थीं। अक्सर वे साइकिल से ऑक्सफ़ोर्ड चली जाती थीं, जहाँ अमीना बेग़म रहती थीं और एक अस्पताल में काम करती थीं। जब उन्हें तीस घंटे की छुट्टी मिलती थी, तो वे दूसरों के वाहनों से लिफ़्ट लेकर लंदन चली जाती थीं और वहाँ मज़े-मज़े में

पूरा दिन बिताती थीं। जोआन ने नूर को एक प्रसन्न युवती के रूप में याद किया, जो हमेशा मुस्कराती रहती थी, लेकिन उन्हें इस बात का अहसास था कि नूर को अपने घर और फ़्रांस की अपनी ज़िंदगी की बहुत याद आती थी।[9] जोआन के समक्ष यह बात ज़ाहिर थी कि नूर अपने परिवार से गहरा लगाव रखती थीं और ज़्यादातर समय अपनी माँ, बहन, और भाइयों को लेकर चिंतित रहा करती थीं।

नौकरी के अनुशासन पक्ष से दोनों ही युवतियाँ बहुत ख़ुश नहीं थीं, लेकिन तब भी वे उसे निभाती रहीं। जोआन से नूर कहा करती थीं कि युद्ध के समाप्त होते ही वह शादी करके बहुत-से बच्चे पैदा करेंगी और अपना लेखन-कर्म फिर शुरू कर देंगी। जहाँ एबिंग्डन के प्रशिक्षण से नूर को नया अनुभव हासिल हो रहा था, वही इस नौकरी के रोज़मर्रा के पक्ष उन्हें आकर्षित नहीं करते थे। वे बहुत अच्छी तरह से अभ्यास नहीं कर पाती थीं, उनके हाथों और पैरों के बीच तालमेल नहीं था और अक्सर अनाड़ी साबित होती थीं।

एबिंग्डन में उनके साथ की युवतियों ने उन्हें याद करते हुए बताया कि वे पूरी तरह निस्स्वार्थ थीं और हमेशा मदद करने को तत्पर रहती थीं। एबिंग्डन में लंबे समय तक काम करना पड़ता था। वे प्रशिक्षण-उड़ान भर रहे विमानों के साथ संपर्क क़ायम रखते हुए पारियों में काम करती थीं - अपराह्न 4.30 से आधी रात तक, फिर सुबह 8.00 से अगले दिन अपराह्न 4.30 बजे तक, और फिर अगले दिन आधी रात से सुबह 8.00 बजे तक। इन पारियों में ऑपरेटरों की दो जोड़ियाँ काम करती थीं। जिस समय एक जोड़ी सोती थी, उस समय दूसरी जोड़ी निगरानी रखती थी। नूर, जो कि एक मुकम्मल ऑपरेटर थीं और बाक़ी से बहुत आगे थीं, उनकी मदद करती थीं। युवा विमानकर्मी एफ़आर आर्चर ने याद किया था कि किस तरह नूर थकी होने के बावजूद दूसरों की मदद की ख़ातिर अपनी नींद कुर्बान कर देती थीं।[10]

इस बीच, लंदन में विलायत को यह दुखद जानकारी मिली कि उनकी आँखें कमज़ोर थीं, जिस वजह से वे रैफ़ की अपेक्षाओं पर खरे नहीं उतरते थे। उन्होंने नौसेना के लिए आवेदन कर दिया। उन्हें नौसेना संबंधी इम्तिहान के लिए पढ़ाई करने को कहा गया। उन्होंने लंदन के ब्लूम्सबरी इलाक़े की 150 साउथेम्प्टन रो स्थित प्रीमियर हाउस के एक छोटे-से कमरे में रहना जारी रखा। वे बमुश्किल अपनी ज़रूरतें पूरी कर पाते थे। जब कभी नूर ओवरनाइट पास जुटा पाती थीं, तो वे उनसे मिलने चली जाती थीं। ऐसे अवसरों पर वे बिस्तर पर सोतीं और विलायत बालकनी में सोते। जब कभी नूर वहाँ होतीं, तब वे विलायत के छोटे-से कमरे को व्यवस्थित करने की कोशिश करतीं। भाई और बहन के बीच हमेशा आत्मीयता बनी रही। कभी-कभी वे लंदन में कोई फ़िल्म या चिड़ियाघर देखने चले जाते। चिड़ियाघर

में विलायत नूर की तुलना हिरणी से करते हुए कहते थे, "टीपू सुल्तान बाघ थे, मेरे वालिद शेर थे, मैं गार्गोइल (एक आभूषण, जिसमें किसी व्यक्ति या जानवर की नक़्क़ाशीदार आकृति होती है।) हूँ और नूर-नूर हिरणी है।"[11]

क्लेयर ने एडिनबरा में चिकित्सा-विज्ञान की पढ़ाई शुरू कर दी थी, और परिवार अपने ज़रूरी ख़र्चों में किफ़ायत बरतते हुए जैसे-तैसे उनकी फ़ीस भरता था। नूर को हमेशा अपनी माँ की चिंता सताती थी और उनकी तंदुरुस्ती को लेकर वे हमेशा परेशान रहती थीं। उन्हें लगता था कि अस्पताल का काम अमीना बेग़म जैसी कमज़ोर महिला के लिए बहुत थका देने वाला था।

फ्रांस छोड़ने के एक वर्ष बाद 19 जुलाई, 1941 को नूर ने बचत करके नेहरू की *एन ऑटोबॉयग्राफ़ी* तथा बाख़ की स्वरलिपि (Toccata and Fugue in D Minor) ख़रीदकर विलायत को उनके जन्मदिन पर भेंट कीं। *एन ऑटोबॉयग्राफ़ी* 1937 में प्रकाशित हुई थी और उसका अच्छा ख़ासा प्रचार हुआ था। नूर और विलायत चूँकि इंग्लैंड आए हुए थे, इसलिए वे दोनों हिंदुस्तान के स्वाधीनता आंदोलन के प्रति अधिक सजग थे।

लंदन और ऑक्सफ़ोर्ड में नूर स्वाधीनता संघर्ष से जुड़े कई हिंदुस्तानियों से मिली थीं और हिंदुस्तान के राजनीतिक घटनाक्रम के प्रति बेहद जागरूक हो उठी थीं। देश से बाहर रह रहे हिंदुस्तानियों को सक्रिय और संगठित करने में लंदन की इंडिया लीग ने अहम भूमिका निभाई थी, जिसका नेतृत्व अत्यंत आकर्षक नेता कृष्ण मेनन कर रहे थे। इसे होरस अलेक्ज़ेंडर, अगाथा हैरिसन, फ़ेनर ब्रॉकवे, वेज़वुड वेन, मेरी सेटॉन आदि भारत-प्रेमियों और थियोसॉफ़िस्टों का समर्थन भी प्राप्त था। पीएन हक्सर जैसे युवा हिंदुस्तानी बैरिस्टर और इंदिरा नेहरू के मंगेतर फ़िरोज़ गाँधी जैसे लोग इसकी बैठकों में नियमित रूप से शामिल हुआ करते थे। स्ट्रेंड स्थित अपने कार्यालय से इंडिया लीग एक साप्ताहिक पत्र प्रकाशित करके ब्रिटेन के लोगों को हिंदुस्तान के घटनाक्रम की ताज़ा जानकारी देती थी और उन्हें हिंदुस्तान की स्वाधीनता के प्रति प्रोत्साहित करती थी। लंदन में युवा हिंदुस्तानी काफ़ी उत्साहित और सक्रिय थे। उनमें से कई लोग क़ानून या लंदन स्कूल ऑफ़ इकनॉमिक्स से अर्थशास्त्र की पढ़ाई कर रहे थे, वहीं वे स्वाधीनता संघर्ष के लिए अपना छोटा-छोटा योगदान भी कर रहे थे। नूर तथा विलायत इस कार्य के प्रति बहुत सजग थे।

यूरोप में जारी युद्ध के दौरान स्वाधीनता के लिए हिंदुस्तानियों का संघर्ष एक नए दौर में पहुँच चुका था। राष्ट्रीयतावादी काँग्रेस के अधिकांश नेता फ़ासिज़्म के ख़िलाफ़ युद्ध के पक्ष में थे, लेकिन वे इंग्लैंड का समर्थन करने के बदले में कुछ रियायतें और आश्वासन चाहते थे। सुभाष चंद्र बोस जैसे कुछ दूसरे नेता साम्राज्यवाद से मुक्ति की ख़ातिर जर्मनी के साथ गठबंधन के हिमायती थे। नूर बोस की देशभक्ति

की सराहना करती थीं, लेकिन वे उनकी राजनीति से सहमत नहीं थीं। वे नेहरू और गाँधी की पक्षधर थीं, लेकिन नूर के अपने ओजस्वी दृष्टिकोण भी थे।[12]

हालाँकि उनका दृढ़ विश्वास था कि ब्रिटेन को हिंदुस्तानियों को आज़ाद कर देना चाहिए, लेकिन नूर का यह भी मानना था कि एक ऐसे समय में जब ब्रिटेन बुरी तरह युद्ध से जूझ रहा था, तब हिंदुस्तान को उस पर स्वाधीनता के लिए दबाव नहीं डालना चाहिए। उन्हें लगता था, अगर हिंदुस्तानी लोग लड़ाई में ब्रिटेन का साथ देंगे और बहादुरी के लिए मैडल जीतेंगे, तो इससे उनके भीतर आत्मविश्वास पैदा होगा और ब्रिटेन युद्ध के बाद ख़ुशी-ख़ुशी हिंदुस्तान को स्वाधीन कर देगा। नूर को निजी स्तर पर हमेशा लगता था कि एक हिंदुस्तानी के रूप में एबिंग्डन की अपनी पोस्ट से इस उद्यम में वे जो भी भूमिका निभा सकती थीं, उसका हिंदुस्तानियों के लिए सकारात्मक प्रभाव होगा। एक बार उन्होंने जीन ओवरटन फुलर से कहा था : "मैं चाहती हूँ कि इस युद्ध में कुछ हिंदुस्तानी उच्च सैनिक सम्मान प्राप्त कर सकें। अगर दो-एक लोग अलाइड सर्विसेज़ में ऐसा कुछ कर सकें, जो अत्यंत साहसपूर्ण हो और जिसकी हर कोई सराहना करता हो, तो इससे अँग्रेज़ों और हिंदुस्तानियों के बीच पुल तैयार करने में मदद मिलेगी।"

उनके भाई हिदायत को यक़ीन था कि अगर नूर युद्ध से बच निकली होतीं, तो उनका अगला ध्येय हिंदुस्तान की स्वाधीनता का होता। वे क़ब्ज़ा करने वाली ताक़तों के सख़्त ख़िलाफ़ थीं और विलायत के साथ अक्सर हिंदुस्तान के भविष्य को लेकर चर्चा किया करती थीं। वे कभी-कभी युद्ध के बाद हिंदुस्तान जाने के बारे में बात किया करती थीं, और उन्हें काँग्रेस के नेताओं की नियति को लेकर चिंता होती थी।

एबिंग्डन के सैनिक जीवन में स्वच्छता और व्यवस्था पर अत्यधिक ध्यान देने से नूर को ऊब होने लगी थी और वे बेचैन हो उठी थीं, क्योंकि उन्हें लगता था कि वे वास्तविक कर्मक्षेत्र से बहुत दूर थीं। 1941 के अंत के क़रीब जोआन और नूर ने सेना में अधिकारी के पद (कमीशन) के लिए आवेदन किया। जोआन की सिफ़ारिश कोड ऐंड सिफ़र के लिए तथा नूर की सिफ़ारिश ख़ुफ़िया विभाग के लिए की गई। जोआन का इंटरव्यू पहले हो गया और उन्हें अप्रैल, 1942 में एक कमीशन कोर्स पर भेज दिया गया।

उधर, नूर इंटरव्यू की प्रतीक्षा कर रही थीं। उन्हें सात सप्ताह के एडवांस्ड सिग्नल्स ऐंड वायरलैस कोर्स के लिए 11 मई, 1942 को विल्टशर में कॉम्प्टन बासेट स्थित नं. 3 सिग्नल्स स्कूल में भेज दिया गया। एक बार फिर उनकी दक्षता के लिए उन्हें ए ग्रेड प्रदान किया गया। वे स्पष्ट तौर पर अच्छी तरक़्क़ी कर रही थीं। अब नूर को उस छोटे-से समूह की सदस्य के रूप में चुन लिया गया, जो संकेत और निर्देश (सिग्नल्स ऐंड इन्स्ट्रक्शन्स) के एक ख़ुफ़िया पाठ्यक्रम में प्रशिक्षण लेने जा रहा

था। इस सघन पाठ्यक्रम में ढेर सारी गणित शामिल थी। नूर जल्दी ही ज्यामिति और त्रिकोणमिति पढ़ने लगीं और वायरलैस संबंधी तकनीकी पुस्तकों में डूब गईं। उन्होंने निष्ठापूर्वक अध्ययन जारी रखा और पाया कि वे उन बहुत-से पुरुषों से बहुत आगे थीं, जो यह प्रशिक्षण पहले प्राप्त कर चुके थे। वे कई सारे सवालों के फटाफट और सटीक उत्तर देती थीं।

नूर ने समूचे प्रशिक्षण के दौरान अपनी माँ को कभी अकेलेपन का अहसास नहीं होने दिया और जब भी उन्हें वक़्त मिलता था, वे माँ से मिलने चली जाती थीं। अमीना बेग़म अपने जन्मदिन पर अपनी बेटी की ओर से हमेशा की तरह कविता तथा हस्तनिर्मित कार्ड प्राप्त करती रहीं। विल्टशर में प्रशिक्षण में व्यस्त होने के बावजूद नूर ने प्रसन्नतापूर्वक अपनी माँ को लिखा :

बेहद प्यारी माँ, प्रफुल्लित रहो, यह तुम्हारा जन्मदिन है,
हमारी सारी कामनाएँ पूरी होंगी,
हम ड्यूटी पर हैं, लेकिन यह खेल-दिवस है,
और जीवन हर तरफ़ गुलाबी और नीला है।

और हमारे चियर्स सारे इंग्लैंड में व्याप्त हैं
तीन चियर्स बॉडलियन लेंस से!
तीन चियर्स वायरलैस द्वारा स्कॉटलैंड से!
तीन चियर्स आरएएफ़ विमानों से!

माँ की देखभाल नूर की हमेशा सबसे पहली प्राथमिकता रही। यह ज़िम्मेदारी उन्होंने तेरह बरस की उम्र में ली थी, और वयस्क होने पर भी उसका भार उनके कंधों पर था। वाफ़ से उन्होंने जो भी पैसा कमाया, वह अमीना बेग़म को दे दिया और उनकी ज़िंदगी को ज़्यादा-से-ज़्यादा आरामदेह बनाने की कोशिश की। उनके साथ काम करने वाली युवतियाँ माँ के प्रति उनकी निष्ठा की सराहना करती थीं। जहाँ बाक़ी युवतियाँ छुट्टियाँ अपने बॉयफ्रेंड्स के साथ या नाचते हुए बिताती थीं, नूर अपनी छुट्टियाँ अनिवार्य रूप से अपनी माँ के साथ बिताती थीं।

12 अगस्त को नूर को वापस एबिंग्डन की बॉम्बर कमान पर तैनात कर दिया गया। इस बीच, अंतहीन प्रतीक्षा के बाद कमीशन के लिए उनके इंटरव्यू की तिथि निर्धारित हो गई। इंटरव्यू के कुछ दिन पहले उन्होंने अपने भाई से एक पाउंड की माँग की, क्योंकि वे इंटरव्यू वाले दिन सुंदर दिखने के लिए अपने बालों को घुँघराला कराना चाहती थीं। वह ख़त काफ़ी संकोचपूर्वक लिखा गया था, क्योंकि उन्हें इस बात का अहसास था कि विलायत आर्थिक तंगी में रहते थे और उनके पास अतिरिक्त पैसा नहीं होता था, लेकिन साफ़ ज़ाहिर था कि वे कमीशन हासिल करने के लिए बहुत उत्सुक थीं

और उन्हें लगता था कि इंटरव्यू में उनका बाहरी रूप-रंग बहुत मायने रखेगा। विलायत ने जीन ओवरटन फुलर से पैसा उधार लेकर नूर को भेज दिया। नूर बेहद ख़ुश हुईं और उन्होंने पूरी दरियादिली के साथ भाई का शुक्रिया अदा किया।

उन्होंने अपने बालों को 'यूज़ीन' शैली में घुँघराला कराने पर सारा पैसा ख़र्च कर दिया और 28 अगस्त, 1942 को इंटरव्यू देने गईं, लेकिन स्थितियों ने उस वक़्त अप्रत्याशित दिशा ले ली, जब नूर से हिंदुस्तान की स्वाधीनता के बारे में उनके रुख़ को लेकर सवाल किया गया। अपनी आस्थाओं को लेकर कभी झूठ न बोलने वाली नूर ने बेबाकी के साथ उत्तर दिया। उन्होंने बोर्ड से कहा कि उनका मानना है कि हिंदुस्तानियों को अपने बचाव के लिए संगठित होने की इजाज़त दी जानी चाहिए और एक क़िस्म का ऐसा सशस्त्र होमगार्ड गठित करने की छूट दी जानी चाहिए, जो जापानियों के ख़िलाफ़ अपना बचाव कर सके। उन्हें मालूम था कि यह विचार अँग्रेज़ों द्वारा बहुत पसंद नहीं किया जाता था। वे हिंदुस्तानियों को हथियार रखने की इजाज़त दिए जाने के पक्ष में नहीं थे, क्योंकि उन्हें लगता था कि उन हथियारों का इस्तेमाल उनके ख़िलाफ़ किया जा सकता था।

नूर ने हालाँकि बोर्ड की नापसंदगी को भाँप लिया था, तब भी वे पूरी उत्कटता के साथ अपने दृष्टिकोणों को स्पष्ट करती रहीं। तभी एक अधिकारी ने पूछा कि क्या वे ब्रिटेन के ख़िलाफ़ क़दम उठाने वाले हिंदुस्तानी नेताओं का समर्थन करेंगी। उन्होंने जवाब दिया कि वे किसी भी ज़िम्मेदार हिंदुस्तानी नेता द्वारा उठाए गए ऐसे क़दम का समर्थन करेंगी, जो उन्हें ज़रूरी लगता होगा। जब उनसे पूछा गया कि क्या यह राजसिंहासन (क्राउन) के प्रति निष्ठा की उनकी शपथ के विपरीत जाने वाली बात नहीं होगी, तब भी नूर ने बेबाकी बरतते हुए जवाब दिया। उन्होंने कहा कि जब तक जर्मनी के साथ लड़ाई ज़ारी है, तब तक वे ब्रिटिश सरकार और राजसिंहासन के प्रति वफ़ादार रहेंगी, लेकिन युद्ध के बाद वे अपने दृष्टिकोण पर पुनर्विचार कर सकती हैं और तब मुमकिन है कि उन्हें लगे कि स्वाधीनता की लड़ाई में उन्हें अँग्रेज़ों के ख़िलाफ़ हिंदुस्तान का समर्थन करना चाहिए। यह टीपू सुल्तान की प्र-प्र-प्रपौत्री थी, जो बोल रही थी।

नूर इस बात के प्रति भरपूर ख़बरदार थीं कि हिंदुस्तान की स्थिति बहुत अस्थिर थी। 1941 में हिंदुस्तान का बायाँ हिस्सा जापान के आक्रमण के लिए खुला हुआ था। मार्च, 1942 में युद्ध के लिए काँग्रेस का समर्थन हासिल करने की ख़ातिर चर्चिल ने काँग्रेस के नेताओं से मिलने तथा 'इंडिया क़्वेश्चन' पर विचार करने सर स्टैफ़ोर्ड क्रिप्स को हिंदुस्तान भेजा था। चर्चिल ने वचन दिया था कि अगर युद्ध के दौरान काँग्रेस सहयोग करती है, तो *उसके बाद* हिंदुस्तान को पूर्ण स्वतंत्र-उपनिवेश बना दिया जाएगा, लेकिन क्रिप्स की मुहिम नाकामयाब रही। गाँधी ने उसे 'एक दिवालिया होते बैंक के नाम पर जारी पोस्ट-डेटेड चेक़' की संज्ञा दी थी और हिंदुस्तान से 'करो या मरो' का आह्वान किया था।

लंदन में युद्ध परिषद ने इस संकट को चेतावनीपूर्ण ढंग से लेते हुए तत्कालीन वाइसरॉय लॉर्ड लिनलिथगो को ज़रूरत पड़ने पर काँग्रेस के नेताओं समेत बड़े पैमाने पर गिरफ़्तारियों के लिए अधिकृत किया था।

8 अगस्त, 1942 को नेहरू ने अँग्रेज़ों से 'भारत छोड़ो' का आह्वान करते हुए एक व्यापक आंदोलन की शुरुआत की और रातों-रात काँग्रेस के शीर्षस्थ नेता जेल में ठूँस दिए गए। ये नेता दो वर्ष से ज़्यादा समय तक जेल में रहे (स्वयं नेहरू दो साल दस माह रहे थे), जिस दौरान यूरोप में युद्ध छिड़ा रहा। 1942 के अंत तक हिंदुस्तान में 60,000 से ज़्यादा लोग गिरफ़्तार किए गए थे।

चर्चिल को कोई पछतावा नहीं था। उन्होंने घोषणा की थी, "मैं ब्रिटिश साम्राज्य का विघटन करने के लिए राजा का मंत्री नहीं बना हूँ।"[13] अँग्रेज़ साम्राज्य के संसाधनों का इस्तेमाल युद्ध लड़ने के लिए कर रहे थे और अफ़्रीका, इटली, पूर्वी हिंदुस्तान के जंगलों और बर्मा के मोर्चों पर लड़ने के लिए सैकड़ों हज़ारों हिंदुस्तानियों को फ़ौज में भर्ती किया जा रहा था। नूर को इस घटनाक्रम की पूरी जानकारी थी, जैसा कि इंटरव्यू बोर्ड के समक्ष दिए गए उनके ओजस्वी वक्तव्य से ज़ाहिर था।

जिस वक़्त वे दो-टूक ढंग से अपने दिल की बात कह रही थीं, उन्हें इस बात की जानकारी नहीं थी कि हिंदुस्तान का राजनीतिक ख़ुफ़िया तंत्र, ब्रिटेन की आंतरिक ख़ुफ़िया सेवा एमआई5 और परराष्ट्रीय ख़ुफ़िया तंत्र सीक्रेट इंटेलिजेंस सर्विस (एसआईएस) द्वारा हिंदुस्तानी नेताओं की निगरानी की जा रही थी। जेम्स बॉण्ड के रचयिता इयान फ़्लेमिंग के आकर्षक व्यक्तित्व वाले भाई पीटर फ़्लेमिंग के नेतृत्व में दिल्ली से एमआई 5 द्वारा हिंदुस्तान की धरती पर गुप्तचरों और डबल एजेंटों का जाल बिछाया जा रहा था। इनमें से एक डबल एजेंट[14] की ज़िम्मेदारी राष्ट्रवादी हिंदुस्तानी नेता सुभाष चंद्र बोस की गतिविधियों पर नज़र रखने की थी, जो अपने ही घर में नज़रबंदी से 1941 में भाग गए थे और जर्मनी जा पहुँचे थे, जहाँ वे हिंदुस्तान की स्वाधीनता के लिए जर्मनों का समर्थन जुटाने की कोशिश कर रहे थे।

हिंदुस्तान में जारी इस अशांति की पृष्ठभूमि में नूर द्वारा निर्ममतापूर्वक दिए गए दो-टूक जवाबों ने इंटरव्यू बोर्ड को स्तब्ध कर दिया। नूर सोच रही थीं कि उन्होंने अपना अवसर हवा में उड़ा दिया और वे इस बात को लेकर विचलित थीं कि वे अपनी भावुकता पर क़ाबू नहीं पा सकी थीं, लेकिन इसी के साथ-साथ वे अपनी आस्थाओं को लेकर झूठ बोलने वालों में से नहीं थीं। विलायत ने उनसे कहा कि हो सकता है अँग्रेज़ों को उनका दो-टूक बोलना भाया हो, लेकिन नूर को चुने जाने की उम्मीद नहीं थी।

2 सितंबर को विलायत ने नौसेना का इम्तिहान पास कर लिया और उन्हें एक ख़त प्राप्त हुआ, जिसमें उनसे दो हफ़्तों के भीतर एचएमएस *कलिंगवुड* युद्धपोत में

हाज़िर होने को कहा गया था। नूर ने उनका सामान बाँधने में मदद की और उनका बाक़ी सामान ऑक्सफ़ोर्ड ले आई। लगभग इसी समय उनकी सहेली जोआन की सगाई हो गई। उन्होंने एबिंग्डन की नौकरी छोड़ दी और आयरलैंड जाकर अपने पति के साथ रहने लगीं। नूर को अकेलापन महसूस होने लगा। विलायत तथा जोआन, दोनों के चले जाने से उन्हें लगने लगा कि अकेली वे ही एबिंग्डन में फँस कर रह गई थीं। उन्हें कई महीनों तक कमीशन नहीं मिला, लेकिन 1 दिसंबर, 1942 को उनकी पदोन्नति अवश्य हो गई और वे लीडिंग एयरक्राफ़्ट्सवूमेन बना दी गईं।

लेकिन नूर के हालात बहुत तेज़ी के साथ एक अलग ही दिशा अख़्तियार कर रहे थे। उन्हें नहीं मालूम था कि जिस समय वे अपने मोर्स पर काम कर रही थीं, उस दौरान सेना के ख़ुफ़िया तंत्र के अधिकारी बहुत सावधानीपूर्वक उनकी प्रगति पर नज़र रखे थे।

21 अक्टूबर, 1942 को स्पेशल ऑपरेशन्स एक्ज़ीक्यूटिव (एसओई) के एक आंतरिक मेमो में संकेत किया गया था कि नूर इनायत ख़ान, वाफ़ नं. 424598 को 10/11/42 को 16.00 बजे होटल विक्टोरिया के कमरा नं. 238 में इंटरव्यू के लिए बुलाया जाए। उस संक्षिप्त प्रविष्टि में कहा गया था कि '(उसके) पास दिलचस्प भाषाई योग्यताएँ हैं, जो अभियानपरक (ऑपरेशनल) उद्देश्यों के लिए मूल्यवान साबित हो सकती हैं।'[15]

नूर का द्विभाषी होना, फ़्रांसीसी और अँग्रेज़ी, दोनों को एक जैसी सहजता के साथ बोल पाना, एसओई के लिए दिलचस्पी का विषय था। बच्चों की कहानियों की इस स्वप्निल लेखिका के लिए, उनकी अपनी अलग ही योजनाएँ थीं। कुछ ही दिनों में नूर को औपचारिक पत्र मिल गया, जिसमें उन्हें लंदन के युद्ध कार्यालय में इंटरव्यू के लिए आमंत्रित किया गया था। उन्हें 10 नवंबर, 1942 को नॉर्थम्बरलैंड एवेन्यू के होटल विक्टोरिया में कैप्टन सेल्विन जेप्सन से मिलना था।

हिंदुस्तान की स्वाधीनता को लेकर चर्चिल के दृष्टिकोण से असहमति के बावजूद नूर अब एक ऐसे विभाग में काम करने जा रही थीं, जिसकी स्थापना विशेष रूप से स्वयं चर्चिल द्वारा की गई थी। वे फ़ासिज़्म के खिलाफ़ लड़े जा रहे युद्ध में चर्चिल की गुप्तचर बनने जा रही थीं।

4

आग के हवाले यूरोप

वाफ़ में एक वर्ष तक काम करने के बाद स्पेशल ऑपरेशन एक्ज़ीक्यूटिव (एसओई) की रहस्यमय दुनिया नूर के लिए नितांत नया अनुभव साबित होने वाली थी। विक्टोरिया होटल के जिन जीर्ण-शीर्ण कमरों में उन्हें हाज़िरी देनी थी, वे अपनी अहमियत को झुठलाते थे। तीसरी मंज़िल के एक बेडरूम को एसओई ने इंटरव्यू कक्ष बना रखा था। यही वह जगह थी, जहाँ वे संभावित रंगरूटों को जाँचते-परखते थे। उस रूखे-से कमरे में रसोई की एक मेज़ थी, दो सख़्त कुर्सियाँ थीं (जिनमें से एक, एसओई एफ़-सेक्शन, के मुखिया मॉरिस बकमास्टर के मुताबिक़ 'धराशायी होने की स्थायी हालत में थी।'), और कवर के बिना नाइट बल्ब था। कमरे में कीटाणुनाशक और बेहद बासी शेविंग सोप की फीकी-सी गंध थी।

एसओई की स्थापना 1940 की गर्मियों में हुई थी, जब ब्रिटेन का युद्ध (बैटल ऑफ़ ब्रिटेन) अपने पूरे उफ़ान पर था। जब रैफ़ हर रोज़ लंदन के आकाश में जर्मन लुफ़्तवाफ़े से टक्कर ले रहा था, तब चर्चिल ने व्हाइटहॉल के नीचे के बंकरों में अपनी युद्ध परिषद की अध्यक्षता करते हुए जर्मनों के साथ तटों और हवा में लड़ने की योजनाएँ बनाई थीं, लेकिन एक छोटा-सा समूह पहले ही एक अलग तरह की लड़ाई का जाल बिछा रहा था, एक ऐसी लड़ाई जो अपारंपरिक होने वाली थी और जिसकी परिकल्पना नाज़ी हुकूमत के मर्म पर आघात करने की ज़रूरत के मद्देनज़र की गई थी। ब्रिटेन यूरोप का आख़िरी मुल्क था, जो अभी भी जर्मन सैन्य तंत्र का मुक़ाबला कर रहा था। हिटलर और थर्ड राइख़ ऑस्ट्रिया, चेकोस्लोवाकिया, पोलैंड, डेनमार्क, हॉलैंड, बेल्जियम और अंततः जून, 1940 में, फ़्रांस को रौंद चुके थे। युद्ध अब ब्रिटेन के दरवाज़े पर पहुँच चुका था। हिटलर ने ब्रिटेन पर हमले के लिए 16 जुलाई, 1940 को फ़्यूहर डायरेक्टिव नं. 16, ऑपरेशन सीलियन पर हस्ताक्षर कर दिए थे।

उसी रात चर्चिल ने अपने इकनॉमिक वारफ़ेयर मंत्री, ह्यू डाल्टन को बुलाकर उनसे कहा, "यूरोप को आग के हवाले कर दो।" यह काम एक नई ख़ुफ़िया सेवा को खड़ा करके किया जाना था, जो जर्मनी के युद्ध उद्यमों को नाकाम करने वाली थी तथा उसके द्वारा जीत लिए गए देशों में प्रतिरोध की लड़ाई लड़ रहे लोगों की मदद करने वाली थी। डाल्टन ने इस मुहिम को परिभाषित करते हुए इसे 'लंबे प्रारंभिक दौर में गुप्तचरों की नियुक्तियों तथा उनके प्रशिक्षण और अत्यंत सावधानीपूर्वक बनाई गई योजनाओं के माध्यम से की गई अंदरूनी कार्रवाइयों के मार्फ़त नाज़ी और फ़ासिस्ट ताक़तों के विनाश'[1] की संज्ञा दी थी। फ्रांस की पराजय के बाद सरकार को समझ में आ गया था कि संभावित मित्र राष्ट्र दुश्मन की पंक्तियों के पीछे बने रहकर आक्रमण को रोकने में योगदान कर सकते हैं और तबाह की सामान्य कार्रवाई के मार्फ़त, जर्मनी की नई व्यवस्था का उन्मूलन और विध्वंस कर सकते हैं। डाल्टन का मानना था कि यह शक्ति 'चौथी सैन्य शक्ति' (फ़ोर्थ आर्म) साबित हो सकती है।

विडंबना यह थी कि इसके ब्योरे लॉर्ड प्रेसिडेंट ऑफ़ प्रीवी काउंसिल की अपनी भूमिका में उन्हीं पूर्व प्रधानमंत्री नेविले चैम्बरलेन ने तैयार किए थे, जिन पर हिटलर के तुष्टिकरण का आरोप था। उन्होंने 19 जुलाई, 1940 को उन गुप्त दस्तावेज़ों पर हस्ताक्षर किए थे, जो एसओई के मूलभूत सिद्धांत बन गए थे। यह चैम्बरलेन का अंतिम महत्त्वपूर्ण कार्य था, क्योंकि इसके कुछ ही महीनों बाद, 9 नवंबर को उनकी मृत्यु हो गई थी। इस दस्तावेज़ में कहा गया था : "प्रधानमंत्री ने तय किया है कि...तत्काल एक नया संगठन तैयार किया जाएगा, जो समुद्रपार के दुश्मनों के ख़िलाफ़ साज़िश (सब्वर्शन) और भितरघात/तोड़फोड़ (सैबटाश) करते हुए सारी कार्रवाइयों के बीच समन्वय स्थापित करेगा...यह संगठन स्पेशल ऑपरेशन एक्ज़ीक्यूटिव के नाम से जाना जाएगा।"[2] और इस घोषणा के साथ ही एसओई अस्तित्व में आ गया था। इसके बाद से जर्मनी को पराजित करने के लिए समुद्री नाकाबंदी और हवाई बम-वर्षा के साथ-साथ साज़िशें और भितरघात/तोड़फोड़ की कार्रवाइयाँ करने की योजना थी।

एसओई की शुरुआत वेस्टमिंस्टर के बीचों-बीच कैक्स्टन स्ट्रीट पर स्थित सेंट इरमिंस होटल की तीसरी मंज़िल के तीन स्याह कमरों में हुई थी। किसी को पता नहीं था कि कमरों में कौन लोग थे। वहाँ के लोग कभी ख़ुद को नौसेना (एडमिरेलिटी) का बताते थे, कभी थल-सेना का बताते थे और कभी वायु सेना विभाग (एयर मिनिस्ट्री) का बताते थे। कभी-कभार वे ख़ुद को इंटर-सर्विसेज़ रिसर्च ब्यूरो या ज्वाइंट टेक्निकल बोर्ड, या स्पेशल ट्रेनिंग स्कूल्स हैडक्वाटर्स का बताते थे। ये सब उनकी पहचान छिपाने वाले ब्योरे थे।

इन लोगों ने जल्द ही होटल की तीन ऊपरी मंज़िलें अपने क़ब्ज़े में ले लीं। एसओई सिर्फ़ प्रधानमंत्री और मिनिस्टर ऑफ़ इकनॉमिक वॉरफ़ेयर के प्रति जवाबदेह

था। इसका काम घरेलू सुरक्षा देखने वाली संस्था MI5 और देश के बाहर की ख़ुफ़िया सूचनाएँ एकत्र करने वाली संस्था MI6, जिसे सीक्रेट इंटेलिजेंस सर्विस (एसआईएस) के नाम से भी जाना जाता था, उससे अलग था। एसओई को जर्मन क़ब्ज़े वाले विभिन्न मुल्कों में जारी प्रतिरोध आंदोलनों की मदद करनी थी। चर्चिल ने इसे 'मिनिस्ट्री ऑफ़ अनजेंटलमेनली वॉरफ़ेयर' (अभद्रतापूर्ण युद्ध का मंत्रालय) की संज्ञा दी थी और डाल्टन को दो निर्देश दिए थे। पहला, एसओई को नाज़ी क़ब्ज़े वाले मुल्कों में प्रतिरोध की भावना को पैदा करना और उसे बढ़ावा देना था, और दूसरा, ऐसे प्रशिक्षित व्यक्तियों का केंद्र तैयार करना था, जो पाँचवें स्तंभ के रूप में मुल्क की आज़ादी में मदद कर सकें। एसओई एक अपारंपरिक संगठन था, जिसकी स्थापना अपारंपरिक साधनों से अपारंपरिक स्थानों पर युद्ध को अंजाम देने के लिए की गई थी।

एसओई के इतिहासकार माइकल फुट के मुताबिक़, "इसके पहले इस जैसी कोई चीज़ न तो देखी गई थी और न देखने में आने वाली थी, क्योंकि हिटलर के युद्ध की परिस्थितियाँ अनूठी थीं और वे ऐसी ही अनूठी जवाबी कार्रवाइयों की माँग करती थीं।"[3]

मिनिस्टर ऑफ़ इकनॉमिक वॉरफ़ेयर, ह्यू डाल्टन ज़बरदस्त रूप से ऊर्जावान व्यक्ति थे। उन्होंने नाज़ियों को उन्हीं के खेल में मात देने का निश्चय कर रखा था और नाज़ी क़ब्ज़े वाले हर मुल्क में उसी तरह के आंदोलन खड़े करना चाहते थे, जैसा आयरलैंड का सिन फेन था, जापानियों के ख़िलाफ़ चीन की गुरिल्ला लड़ाई थी और जैसे स्पेन के अनियमित सैनिक थे, जिन्होंने नेपोलियन को स्पेन में पराजित किया था। औद्योगिक और सैन्य तोड़फोड़, मज़दूरों के आंदोलन और हड़तालें, निरंतर कुप्रचार, जर्मन सेना और नेताओं के ख़िलाफ़ आतंकवादी गतिविधियाँ, बहिष्कार और दंगे उनकी कार्य-प्रणाली का हिस्सा थे।

नए संगठन को खड़ा करने की अपनी मुश्किलें थीं। एसओई दूसरी ख़ुफ़िया सेवाओं को प्रिय नहीं था और एसआईएस के साथ उसके टकराव की स्थितियाँ बनती रहती थीं। एसआईएस को एसओई के तोड़फोड़ और आतंकवाद जैसे तौर-तरीक़ों को लेकर आपत्ति थी, क्योंकि पुलों को उड़ाने जैसी गतिविधियाँ जर्मनों का ध्यान आकर्षित करती थीं। एसआईएस स्थानीय आबादी के साथ घुल मिलकर ख़ामोशी के साथ काम करना बेहतर समझती थी। एसआईएस के प्रमुख स्टीवर्ट मेंज़ीस का ख़याल था कि एसओई में नौसिखिये और अनाड़ी क़िस्म के व्यक्ति भरे थे और उन्होंने अपनी राय को अधिकृत तौर पर व्यक्त करते हुए कहा था कि अगर एक ही इलाक़े में गुप्तचरों के दो अलग-अलग समूह अपने-अपने ढंग से काम करेंगे, तो इससे मुश्किलें खड़ी होंगी।[4] सुना तो यहाँ तक जाता है कि आरएएफ़ बॉम्बर कमान और

उसके प्रमुख ऑर्थर 'बॉम्बर' हैरिस ने भी एसओई को अमान्य कर दिया था। हैरिस लड़ाई के दौरान जर्मनों पर बम बरसाकर उन्हें घुटने टेकने पर विवश करना बेहतर समझते थे और उन्हें गुप्त गतिविधियों के लिए अपने विमान उपलब्ध कराना ठीक नहीं लगता था। समस्या यह थी कि एसओई दूसरे विभागों पर बुरी तरह निर्भर थी। उसे विभिन्न महाद्वीपों में अपने गुप्तचरों की आवाजाही के लिए नौकाओं की ज़रूरत थी, जिसके लिए वह नौसेना विभाग पर निर्भर थी, हथियारों तथा गोला-बारूद के लिए फ़ौज पर निर्भर थी और गुप्तचरों तथा रसद को ज़मीन पर उतारने के वास्ते आवश्यक विमानों के लिए रैफ़ पर निर्भर थी। शुरुआती वर्षों में उसके ज़्यादातर अनुरोध ठुकरा दिए जाते थे और एसओई के पास बहुत थोड़े-से विमान, बहुत थोड़े-से पैसे और बहुत थोड़े-से उपकरण थे और इन्हीं थोड़ी-सी चीज़ों की मदद से उसे 'यूरोप को आग के हवाले करना' था। एसओई को उन्हीं वायरलैस ऑपरेटरों से काम लेना पड़ता था, जो एसआईएस के लिए काम करते थे और इस वजह से शुरुआती वर्षों में अच्छे-ख़ासे भ्रम की स्थिति पैदा हो जाती थी, क्योंकि संदेशों के पहुँचने में कभी-कभी देर हो जाया करती थी। अंततः 1942 में एसओई को अपने सैट खड़े करने, अपने निजी कोड्स का इस्तेमाल करने और अपना नेटवर्क संचालित करने का हक़ मिल सका था।

डाल्टन इन समस्याओं से हतोत्साहित होने वाले नहीं थे। वे कोर टीम तैयार करने में जुट गए। कुत्सित चालें चलने के लिए एसआईएस का सेक्शन डी नामक एक प्रभाग था (इसमें डी का मतलब था डिस्ट्रक्शन यानी विनाश)। इसने रोमानियाई तेल क्षेत्रों को नष्ट करने, डेन्यूब का पानी रोकने और जर्मनी से किए जा रहे लौह अयस्क के आयात को नाकाम करने जैसी कल्पनाशील योजनाएँ तैयार की थीं, लेकिन इन योजनाओं के वांछित परिणाम नहीं निकले थे। 1940 की पतझड़ (शरद ऋतु) में डी-प्रभाग को नया रूप देते हुए एसओई 2 नामक विभाग तैयार किया गया और उसे डाल्टन के अधीन कर दिया गया। चूँकि इस मामले में एसआईएस के प्रधान स्टीवर्ट मेंज़ीस से सलाह-मशविरा नहीं किया गया, इसलिए वे और भी नाराज़ हो गए। सेना के ख़ुफ़िया तंत्र का एमआई (आर) नामक एक छोटा-सा उपप्रभाग भी था, जो अर्द्धसैनिक कार्रवाइयों की योजनाएँ बनाता था। इसे मिनिस्ट्री ऑफ़ इकनॉमिक वॉरफ़ेयर में स्थानान्तरित कर दिया गया। विदेश कार्यालय से संबद्ध और षड्यंत्रपूर्ण प्रचार में शामिल इलेक्ट्रा हाउस नामक एक तीसरा समूह भी डाल्टन को सौंप दिया गया था। शुरुआती वर्षों में एसओई ने तीनों विभागों के कामों को आपस में मिला दिया था और वह अपनी योजनाओं को अंजाम देने के लिए तीनों के संसाधनों का इस्तेमाल करती थी। एसआईएस के साथ विभागीय दुश्मनी अपनी पराकाष्ठा पर बनी रही।

डाल्टन इटॉन कॉलेज के पूर्व छात्र थे। उन्होंने इसी कॉलेज में पढ़े उच्च वर्ग के लोगों का उपयोग करते हुए डी. प्रभाग से कई बैंककर्मियों और प्रभावशाली वकीलों को नियुक्त कर लिया। इनमें बैंककर्मियों के परिवार से संबद्ध चार्ल्स हैम्ब्रो, एक निर्मम ऑस्ट्रेलियाई जॉर्ज टेलर, कोर्टोल्ड कपड़ा कंपनी से संबद्ध एक बैंककर्मी शामिल थे। चार्ल्स हैम्ब्रो के स्वीडन में मज़बूत ताल्लुक़ात थे और चार्ल्स टेलर के कारोबार संबंधी हित सारी दुनिया में फैले थे। अपने शुरुआती वर्षों में एसओई काफ़ी कुछ शहरी और क़ानूनी जगत से जुड़े भद्रलोक के क्लब जैसी दिखाई देती थी। एसओई तीन प्रभागों में बँटी थी - प्रचार के लिए एसओई1, सक्रिय अभियानों के लिए एसओई2 और योजनाएँ तैयार करने के लिए एसओई3।[5]

अक्टूबर, 1940 के आते-आते इसने अपने कार्यालयों को विस्तार देते हुए, उन्हें सेंट इरमिंस होटल के खस्ताहाल अड्डे से बाहर तक फैला लिया था। उसने हालाँकि होटल की पहली तीन मंज़िलें अपने पास ही बनाए रखी थीं, लेकिन वह अपने मुख्य अड्डे को काल्पनिक जासूस शर्लाक होम के घर, 221 बी. से आगे 64 बेकर स्ट्रीट पर ले गई थी। बाद में इसने 83 बेकर स्ट्रीट स्थित नॉर्जेबी हाउस ले लिया, और फिर 82 बेकर स्ट्रीट पर स्थित मार्क्स ऐंड स्पेंसर के कॉर्पोरेट मुख्यालय के माइकल हाउस की ऊपरी मंज़िल ले ली। यहाँ संकेताक्षर और सिग्नल शाखाएँ थीं। इसके बाद से एसओई के अधिकारी 'बेकर स्ट्रीट इर्रेगुलर्स' के नाम से जाने जाते थे। यह नाम आर्थर कॉनन डायल से लिया गया था, जो इसका इस्तेमाल अपनी जासूसी कहानियों में किया करते थे।[6] एसओई के विभिन्न प्रभाग थे, जो नाज़ी-अधिकृत देशों से संबंधित काम देखते थे। इसके कार्यालय जल्दी ही दुनिया भर में फैल गए - इस्तांबूल और काहिरा से लेकर दिल्ली, अल्ज़ीरिया, कैंडी, ब्रिसबेन और न्यू यॉर्क तक।

एसओईकी सारी शाखाओं का लक्ष्य एक ही था : जर्मन-अधिकृत देशों में तोड़-फोड़ और भितरघात की कार्रवाइयों के माध्यम से प्रतिरोध आंदोलनों की मदद करना। जापानियों से टक्कर लेने के लिए एसओई के गुप्तचरों को दिल्ली से बर्मा भेजा गया, उत्तरी अफ़्रीका और इटली में उन्होंने प्रतिरोध आंदोलनकारियों को शस्त्रों से सुसज्जित किया। बाल्कान युद्ध-क्षेत्र युगोस्लाविया, पोलैंड और रोमानिया का काम देखता था, पूर्वी यूरोपीय प्रभाग फ़्रांस, नीदरलैंड्स और बेल्जियम का काम देखता था, और भूमध्यसागरीय युद्ध-क्षेत्र ग्रीस इटली और स्पेन का काम देखता था। सुदूर पूर्व का एसओई बर्मा, मलाया, थाईलैंड, फ़्रैंको इंडो-चाइना, चीन और सुमात्रा का काम देखता था। सिलोन में इसका अड्डा कैंडी में था। जब जुलाई, 1941[7] में सोवियत संघ और उसी साल दिसंबर में संयुक्त राज्य अमेरिका को युद्ध में घसीट लिया गया, तो इससे ब्रिटेन को महत्त्वपूर्ण सहयोगी मिल गए और उसके लिए दुश्मन के क़ब्ज़े वाले इलाक़ों में सशस्त्र लोगों के विशाल समूह तैयार करने की योजना बनाना संभव हो

सका। ये समूह यूरोप में मित्र राष्ट्रों की सेनाओं के प्रवेश के अवसर को ध्यान में रखते हुए तैयार किए गए थे।

फ्रांस में एसओई के छह सेक्शन काम कर रहे थे। इनमें से दो मुख्य सेक्शन थे एफ़-सेक्शन और आरएफ़ सेक्शन। एफ़-सेक्शन फ्रांस में प्रतिरोध और तोड़-फोड़ की गतिविधियों में मदद के लिए लंदन में प्रशिक्षित गुप्तचरों को भेजता था। इसके रंगरूटों में फ्रांसीसी भाषी अँग्रेज़ पुरुष और स्त्रियाँ तथा ब्रिटेन के संरक्षण वाले इलाक़ों और फ्रांसीसी भाषी उपनिवेशों के लोग शामिल होते थे। एफ़-सेक्शन पूरी तरह से ब्रिटेन द्वारा संचालित था। शुरुआती वर्षों के कुछ अपवादों को छोड़कर, फ्रांसीसी निर्वासित लोग एफ़-सेक्शन में नहीं, बल्कि आरएफ़ सेक्शन में नियुक्त किए जाते थे, जो दे गॉल का समर्थन करता था और ड्यूक स्ट्रीट में गॉलवादी फ्री फ्रेंच मुख्यालय के साथ मिलकर काम करता था। गॉलवादियों द्वारा संचालित सेक्शन में पूरी तरह से फ्रांसीसी गुप्तचर होते थे और यह सेक्शन 1 डोर्सेट स्ट्रीट पर स्थित था। आरएफ़ सेक्शन संयुक्त रूप से दे गॉल के अधिकारियों तथा एसओई से आदेश प्राप्त करता था। उनका उद्देश्य जर्मनों तथा विशी सरकार, दोनों के काम में व्यवधान डालना था। एफ़-सेक्शन और आरएफ़ सेक्शन के बीच उसी तरह का हल्का-सा विरोध-भाव था जैसा एसओई और एमआई 6 के बीच था। फ्रांस स्थित एसओई की दूसरी शाखाओं में डीएफ, ईयू/पी, एएमएफ़ और जेडबर्ग सर्किट शामिल थे। डीएफ़ भागने के रास्तों का संचालन करती थी, ईयू/पी ज़्यादातर फ्रांस की पोलिश बस्तियों में काम करती थी, और एएमएफ अल्ज़ीरिया में सक्रिय थी। जेडबर्ग मंडलियों को उस मुख्य आक्रमण, ऑपरेशन ओवरलॉर्ड (नॉर्मेंडी लैंडिंग्स) से पहले फ्रांस नहीं पहुँचना था, जिसकी शुरुआत जून, 1944 में हुई थी। फ्रांसीसी सेक्शन का मुख्य उद्देश्य फ्रांस पर आक्रमण की ज़मीन तैयार करना था।

फ़रवरी, 1942 में डाल्टन की जगह लॉर्ड सेल्बॉर्न ने ले ली। सेल्बॉर्न चर्चिल के दोस्त थे और उन्होंने 1930 के दशक में चर्चिल की भारत-नीति (इंडिया पॉलिसी) का समर्थन किया था। वे लॉर्ड सेलिसबरी के पोते थे और उनकी पहुँच प्रधानमंत्री तक थी। यह समय था, जब एसओई की नींव तैयार हो चुकी थी और उसने अपनी अहमियत साबित करने की शुरुआत कर दी थी। गुप्तचरों का पहला सर्किट क़ब्ज़े वाले क्षेत्रों में प्रवेश कर चुका था और संगठन की शक्ति बढ़ गई थी। 1944 में एसओई के अभियान के शिखर पर लगभग 15,000 लोग इस संगठन का हिस्सा बन चुके थे। इसने ब्रिटेन के चार रिसीविंग स्टेशनों पर 1,500 वायरलैस ऑपरेटरों और सांकेतिक लिपि लिखने वाले क्लर्कों को नियुक्त किया था और यह चौबीसों घंटे काम करती थी, क्योंकि दुश्मन के क़ब्ज़े वाले इलाक़े में सक्रिय सैकड़ों गुप्तचरों की ओर से निरंतर संदेश आ रहे होते थे। दुनियाभर में फैले इसके विभिन्न मुख्यालयों, अभियान-स्थलों और सब-स्टेशनों पर लगभग 10,000 पुरुष और 3,000 महिलाएँ

काम करते थे। इनमें से लगभग 5,000 गुप्तचर (जिनमें से लगभग सभी पुरुष थे) फ़ील्ड में काम करते थे। ये लोग अकेले यूरोप में अनुमानित बीस से तीस लाख सक्रिय प्रतिरोध आंदोलनकारियों के साथ काम करते थे।[8]

एसओई के ज़्यादातर रंगरूट फ़ील्ड में सक्रिय गुप्तचरों से संदेश प्राप्त कर रहे थे और कोडिंग क्लर्कों तथा वायरलैस ऑपरेटरों के रूप में काम कर रहे थे। दूसरे लोग योजना, प्रशासन, गुप्त अभियानों, आपूर्ति, अनुसंधान, सुरक्षा और परिवहन संबंधी काम देखते थे। कुछ लोग 'घिनौने षड्यंत्र' ('डर्टी ट्रिक्स') विभाग के लिए काम करते थे, जो अपने दायरे में विस्फोटकों, चालबाज़ियों और छद्मवेशों को समेटता था। स्विचबोर्ड की शुरुआत 12 लाइनों से हुई थी, जिनकी संख्या अभियानों के चरम पर 200 हो गई थी। लंदन में बेकर स्ट्रीट मुख्यालय के क़रीब, डोर्सेट स्क़्वेयर और पोर्टमान स्क़्वेयर के निकट ऑर्चर्ड कोर्ट, मोंटेग्यू मेंसन्स और चिल्टर्न कोर्ट में एसओई के विभिन्न देशों से संबंधित और तकनीकी सेक्शन थे। इंटरव्यू के कक्ष विक्टोरिया होटल में थे। पोर्टमान स्क़्वेयर के क़रीब ऑर्चर्ड कोर्ट में एफ़-सेक्शन के कार्यालय थे, जहाँ नूर काम करने वाली थीं।

एसओई में नियुक्ति गुप्त ढंग से होती थी। जैसा कि ख़ुफ़िया संगठनों के साथ होता है, ज़्यादातर रंगरूट सिफ़ारिशों और निजी संपर्कों के रास्ते आते थे और या तो परिवार के सदस्य या दोस्त या महज़ ओल्ड-स्कूल नेटवर्क का हिस्सा होते थे। बाद में, जब रंगरूटों की ज़रूरत बढ़ गई, तो भाषाई दक्षता रखने वाले लोगों की तलाश के लिए सभी विभागों को अनौपचारिक निर्देश जारी कर दिए गए।

एसओई में नियुक्ति के लिए भाषा बहुत अहमियत रखती थी। एसओई के एफ़-सेक्शन के प्रमुख मॉरिस बकमास्टर ने अपनी पुस्तक *स्पेशली एम्प्लॉयड* में लिखा था कि परीक्षण प्रक्रिया बहुत विस्तृत थी। सबसे पहले एमआई (मिलिटेरी इंटेलिजेंस) भाषाई दक्षता रखने वाले लोगों की सूची भेजती थी, हालाँकि सिर्फ़ 'धाराप्रवाह फ़्रांसीसी' पर्याप्त नहीं थी। आवेदकों के बोलने में ज़रा भी ब्रिटिश लहज़ा स्वीकार्य नहीं था और उनका फ़्रांस-निवासियों की तरह फ़्रांसीसी बोलना अनिवार्य था। उनका रूप-रंग भी एकदम वैसा ही होना ज़रूरी था। ज़रूरी था कि कोई फ़्रांसीसी उन्हें देखता, तो उन्हें फ़्रांसीसी ही समझता। यह निर्णायक परीक्षा थी, हालाँकि एसओई के आरंभिक कुछ रंगरूट फ़्रांसीसी थे, लेकिन उन्हें जल्दी ही नौकरी में शामिल होने से रोक दिया गया था, क्योंकि उन्हें दे गॉल के नेतृत्व वाली फ़्री फ़्रेंच के लिए नियुक्त किया गया था। एसओई को भर्ती अभियान को फ़्रांसीसी बोलने वाले ब्रिटानियों तक सीमित करना पड़ा, जो आसान काम नहीं था। आम-तौर से उन लोगों को भर्ती कर लिया जाता था, जिनका एक अभिभावक फ़्रांसीसी होता था या जो फ़्रांस में काफ़ी समय तक रह चुके होते थे। बाद में कनैडियाई, अमेरिकी, दक्षिण अफ़्रीकी और मॉरीशस के लोग नियुक्त किए गए।

सही प्रत्याशी का चयन बड़ी अहमियत रखता था, क्योंकि ग़लत प्रत्याशी न सिर्फ़ अपनी जान जोखिम में डाल सकता था, बल्कि समूह के बाक़ी लोगों को भी ख़तरे में डाल सकता था। श्रृंखला की सबसे कमज़ोर कड़ी का भी मज़बूत होना ज़रूरी था, अन्यथा जानें जोखिम में पड़ सकती थीं। अगर कोई गुप्तचर फ़्रांस में रहने वाले व्यक्ति की तरह फ़्रांसीसी बोलने में अक्षम होता, तो वह पूरे-के-पूरे समूह का भंडाफोड़ का कारण बन सकता था।

एक बार भाषाई परीक्षा पास कर लेने के बाद, अगली परीक्षा चरित्र की होती थी। शुरू में ऐसे बहुत-से लोग थे, जिन्हें लगता था कि जर्मन सुरक्षा पुलिस अपवेआ से टक्कर लेने के लिए एसओई के रंगरूट उन्हीं के जैसे हत्यारों के बीच से लिए जाने चाहिए थे, जो उनको उन्हीं के खेल में पछाड़ सकते, लेकिन एसओई के अधिकारी इस दृष्टिकोण के पक्ष में नहीं थे, क्योंकि उन्होंने पाया था कि जिन लोगों का अतीत संदेहास्पद होता था, उनका काम अक्सर असंतोषजनक होता था। इसकी बजाय वे 'चरित्रवान और अपने ध्येय के प्रति अडिग रहने वाले' लोगों को पसंद करते थे। 'दृढ़ ईमानदारी' प्रत्याशी की परीक्षण सूची में शामिल चीज़ों में से एक थी। प्रत्याशी किसी सैन्य अनुभव के बिना महज़ एक व्यावसायिक व्यक्ति भी हो सकता था। यहाँ तक कि शारीरिक योग्यता भी बहुत ज़्यादा मायने नहीं रखती थी, क्योंकि एसओई के अधिकारियों का विश्वास था कि प्रशिक्षण किसी भी व्यक्ति के संदर्भ में चमत्कार साबित हो सकता है। मॉरिस बकमास्टर ने लिखा था, "हमारा सबसे बड़ा सरोकार बुनियादी साहस को लेकर था।"[9]

सही आदमी का चुना जाना महत्त्वपूर्ण था, क्योंकि गुप्तचर को फ़ील्ड में अकेले काम करना होता था, जिस दौरान वह अक्सर मुख्यालय के साथ उन कमज़ोर-से रेडियो-संपर्कों से जुड़ा होता था, जो किसी भी क्षण टूट सकते थे। प्रत्याशियों से कह दिया जाता था कि काम का मतलब है निरंतर तनाव, शायद वर्षों जारी रहने वाला तनाव। कोई छुट्टी के दिन नहीं होते थे, न कोई घर जाने की छुट्टी, न कोई स्थानीय छुट्टी, न इतवार या बैंक हॉलिडे। इसकी बजाय काम का मतलब था खुद को निरंतर जर्मन अपवेआ या फ़्रांसीसी मीलीस (फ़्रांस के जर्मन समर्थक योद्धाओं) के विरुद्ध खड़े रखना। सबसे ज़्यादा गंभीर बात यह थी कि किसी तरह का संरक्षण नहीं था, क्योंकि गुप्तचर वर्दी में नहीं होते थे और पकड़े जाने पर मौत की सज़ा तय होती थी। संभावित रंगरूटों का उनके इंटरव्यू के दौरान मनोवैज्ञानिकों द्वारा अध्ययन किया जाता था और अगर उन्हें लगता था कि वे ज़िम्मेदारी नहीं सँभाल सकते, तो उन्हें भर्ती न होने की पूरी आज़ादी होती थी।

अप्रैल, 1942 में युद्ध परिषद ने एक प्रस्ताव पारित करके एसओई को फ़ील्ड में महिला जासूस रखने की इजाज़त दे दी थी।[10] तर्क यह दिया गया था कि स्त्रियों

के लिए यह ज़्यादा आसान होगा कि वे ख़रीदारी या रोज़मर्रा के कामों से इधर-उधर घूम सकें, और उनसे मर्दों के मुक़ाबले पूछताछ किए जाने की संभावनाएँ कम होंगी।

और इस तरह नूर को एसओई के मुख्य नियुक्ति अधिकारी सेल्विन जेप्सन से मिलने बुलाया गया। वे अपनी नियुक्ति के समय से ही सेना के ख़ुफ़िया तंत्र की निगरानी के अधीन रही थीं। उन्हें संचार का प्रशिक्षण पहले ही दिया जा चुका था और स्पेशलिस्ट कोर्स के दौरान उन्होंने सांकेतिक लिपि की अपनी गति को बढ़ा लिया था। उन्होंने भाषा संबंधी परीक्षा भी पास कर ली थी, क्योंकि उनकी फ़्रांसीसी त्रुटिहीन थी। बाक़ी चीज़ें उनके इंटरव्यू और भर्ती होने की उनकी इच्छा पर निर्भर करती थीं।

सेल्विन जेप्सन रोमांचक क़िस्सों के लेखक थे, जो कभी-कभी ई. पॉटर के नाम से भी लिखते थे। वे अपराध-कथाओं के लेखक एडगर जेप्सन के बेटे थे और उनकी शिक्षा-दीक्षा लंदन के सेंट पॉल स्कूल तथा पेरिस के साबोन में हुई थी। वे द्विभाषी थे और उन्होंने कई रहस्य-कथाएँ लिखी थीं, जिनमें *क़्वालीफ़ाइड एडवेंचरर, दैट फ़ैलो मैकऑर्थर* और *लव इन पेरिल* नामक पुस्तकें शामिल थीं। उनकी पुस्तक *मेन रनिंग* पर बाद में अल्फ़्रेड हिचकॉक ने फ़िल्म बनाई थी। जेप्सन इंटरव्यू लेने में बहुत दक्ष थे और उन्होंने एफ़-सेक्शन में कई महिला रंगरूटों की नियुक्ति की थी। वे इंटरव्यू के लिए आमतौर पर विक्टोरिया होटल के नीरस कमरे चुनते थे। जेप्सन की सबसे बड़ी दक्षता इस बात में निहित थी कि वे थोड़ी-सी मुलाक़ात में ही किसी व्यक्ति के चरित्र का काफ़ी सही आकलन कर लेते थे। उन्होंने एक बार कहा था कि ऐसा शायद ही कभी हुआ होगा कि किसी संभावित गुप्तचर के इंटरव्यू के पहले चौथाई मिनट में उसका जो प्रभाव उनके मन पर पड़ा, उसे बाद में बदलना पड़ा हो।[11]

10 नवंबर, 1942 को नूर विक्टोरिया होटल में जेप्सन से मिलीं। उन्हें लगा कि उन्हें युद्ध कार्यालय द्वारा बुलाया गया था। जेप्सन ने पाया के नूर के साथ वे सीधे मुद्दे पर आ सकते थे। दूसरे संभावित रंगरूटों के मामले में उन्होंने ऐसा कभी महसूस नहीं किया था। उन्होंने बाद में याद करते हुए कहा था कि 'असाधारण शिष्टता के बावजूद' वे 'जैसे इस बात को अंदर से जानती थीं कि मैं उनसे किस तरह के काम की अपेक्षा कर रहा था। इसी के साथ-साथ मुझे यह भी लगा कि उनके साथ खुलकर बात करना बेहतर होगा। हमारे शब्दों में 'उनकी सुरक्षा' का ठीक से ध्यान रखा जाएगा। अगर उन्हें लगेगा कि स्थिति उनके बर्दाश्त के बाहर है, तो वे युद्ध कार्यालय बुलाए जाने की वजह नहीं बताएँगी।[12]

यह उन अन्य संभावित रंगरूटों के मुक़ाबले में चौंकाने वाली बात थी, जिनसे कहा जाता था कि अगर उन्होंने कमरे में सुनी गई कोई भी बात दोहराई, तो वे गोपनीयता के सरकारी क़ानून (ऑफ़िशियल सीक्रेट एक्ट) का उल्लंघन कर रहे होंगे जिसके लिए उन्हें गंभीर नतीजे भुगतने पड़ेंगे। ज़्यादातर गुप्तचरों के दो-तीन इंटरव्यू

होते थे, जिनमें उन्हें बीच में ही टोक दिया जाता था, और तीसरे में उनसे फ़ैसला लेने को कहा जाता था, लेकिन नूर को एक ही इंटरव्यू के बाद ले लिया गया।

ये इंटरव्यू लेते हुए जेप्सन का मुख्य काम व्यक्ति के इरादे और चरित्र की थाह लेना होता था। उन्हें यह जानना ज़रूरी होता था कि लोग जानबूझकर अपनी जान जोखिम में डालने को क्यों उत्सुक हैं - क्या इसके पीछे देशभक्ति है, असंतोषजनक निजी ज़िंदगी है, बदले की भावना है, या महज़ दुस्साहस है? उन्हें यह भी पक्के तौर पर जानना ज़रूरी होता था कि सामने बैठा संभावित गुप्तचर कहीं भावनाओं में बह जाने वाला तो नहीं है। उनके मुताबिक़, विवेक और सावधानी किसी गुप्तचर के सबसे महत्त्वपूर्ण गुण थे।[13] जेप्सन ने नूर से उनके परिवार और पृष्ठभूमि के बारे में बात की और फिर वे फ़्रांस और युद्ध के मुद्दे पर आ गए। उन्होंने नूर को फ़्रांस के ताज़ा हालात के बारे में, जर्मन योजनाओं में हस्तक्षेप करने के पीछे ब्रिटेन के युद्ध संबंधी उद्यमों के बारे में बताया। उन्होंने नूर को उनके कर्तव्यों के बारे में बताया, उन्हें जर्मनों की योजनाओं को नाकामयाब करने के लिए प्रतिरोध आंदोलनकारियों की मदद करते हुए भूमिगत रहकर गुप्त रूप से वायरलैस ऑपरेटर के रूप में काम करना होगा। जेप्सन ने महसूस किया कि नूर स्वभाव से ही सावधान, सुव्यवस्थित तथा परिश्रमी थीं और 'वे पूरे धीरज से काम लेंगी', जो कि वायरलैस ऑपरेटर की बुनियादी विशेषता है।

सामने बैठी नूर से जेप्सन ने कहा कि ज़िम्मेदारी बेहद ख़तरनाक है, पकड़े जाने पर आपसे गिस्तापो द्वारा पूछताछ की जाएगी - जो कि किसी भी व्यक्ति के लिए एक भयावह अनुभव है - और चूँकि आप वर्दी में नहीं होंगी, इसलिए आपको युद्ध के अंतरराष्ट्रीय क़ानून के अधीन कोई संरक्षण सुलभ नहीं होगा। संक्षेप में यह कि मुमकिन है कि आपको गोली मार दी जाए और आप कभी वापस न लौट सकें। वे ख़ामोश रहकर, उनके शब्दों के संपूर्ण निहितार्थों को गहराई-से समझते हुए, चुपचाप सुनती रहीं।

जेप्सन ने नूर को बताया : इस मुहिम के बदले कोई पैसा नहीं मिलेगा। आपको नौकरी की सामान्य पगार (जो एसओई के लिए कर-मुक्त थी), बिना किसी वेतनवृद्धि या बोनस के, मिलती रहेगी और जिस दौरान आप फ़्रांस में होंगी, आपकी पगार ब्रिटेन में रोक कर रखी जाएगी। अगर आप ज़िंदा वापस आ जाती हैं, तो उसका भुगतान आपके लिए कर दिया जाएगा, अगर नहीं आती हैं, तो आपके निकटतम रिश्तेदार के लिए कर दिया जाएगा। आपका एकमात्र संतोष उस सेवा का ज्ञान होगा, जो आप देंगी।

जेप्सन ने याद करते हुए बताया था कि "मैं अपनी बात अभी ठीक-से पूरी भी नहीं कर पाया था कि उन्होंने कहा कि वे यह ज़िम्मेदारी निभाने को तैयार हैं।

उनके लहज़े में वही सरलता थी, जिसका परिचय वे हमारी बातचीत की शुरुआत से ही देती आ रही थीं।"[14] जेप्सन ने कहा कि वे सामान्यतः ऐसे किसी भी व्यक्ति को भर्ती करने को लेकर असहज और अनिच्छुक होते थे, जो हालात को तुरंत स्वीकार कर लेता था, क्योंकि उसका मतलब यह होता था कि ज़िम्मेदारी के बारे में पर्याप्त सोच-विचार किए बिना उसे स्वीकार किया जा रहा था, या फिर उसके पीछे विशुद्ध देशभक्तिपूर्ण कर्तव्य से इतर कोई ध्येय था, लेकिन नूर के मामले में उन्हें ऐसी कोई आशंका नहीं थी, क्योंकि उन्हें अंदर से इस बात का अहसास था कि वे इस पर गहराई-से सोच-विचार कर चुकी थीं और अपना इरादा बदलने वाली नहीं थीं।

चूँकि जेप्सन स्वयं भी लेखक थे, उनके मन में नूर के प्रति अपनेपन का स्वाभाविक भाव था, क्योंकि नूर ने उन्हें बताया था कि वे बच्चों के लिए लिखती और प्रसारण करती रही थीं। उन्होंने तो नूर से यहाँ तक कहा था कि अगर वे लेखिका के रूप में अपना काम जारी रखेंगी, तो समाज के लिए कहीं ज़्यादा मूल्यवान होंगी, क्योंकि तब वे युद्ध के बाद बच्चों के साथ संवाद कर सकेंगी और उन युवा दिमाग़ों के घाव भर सकेंगी, जिन्होंने युद्ध की तबाही को देखा-झेला होगा, लेकिन नूर ने इंकार में सिर हिलाते हुए इस पेशकश को ठुकरा दिया था। जेप्सन ने बताया था कि "वे निश्चय और आत्मविश्वास से भरी थीं। उनका कहना था : 'अगर आपको लगता है कि मैं कर सकती हूँ, तो मैं चाहूँगी कि मुझे प्रशिक्षण दिया जाए और आपके लिए गुप्तचर के रूप में काम करने का अवसर दिया जाए।' मेरे मन में ज़रा भी संदेह नहीं था, और इसलिए मैं उन्हें रखने पर सहमत हो गया - जिसके पीछे उस अवसाद और उदासी की भावना कुछ ज़्यादा ही थी, जो इन इंटरव्यूज़ के इस ख़ास मक़ाम पर मैं हर वक़्त महसूस किया करता था।"

उसके बाद जेप्सन नूर के प्रशिक्षण के दौरान उनसे कई बार मिले और उनसे उनकी मुहिम और काम की प्रकृति के बारे में बातें कीं, लेकिन वे उनके साथ की अपनी पहली मुलाक़ात को और उस प्रभाव को कभी नहीं भूले, जो नूर ने उन पर छोड़ा था :

> मैं नूर के उस पहली दोपहर के दृश्य को स्पष्ट देख पाता हूँ, जब वे उस स्याह कमरे में, लकड़ी की ख़ाली मेज़ की दूसरी तरफ़, रसोई की सख़्त कुर्सी पर मेरे सामने बैठी थीं। वाक़ई मैं उन्हें उन तमाम लोगों के बीच जो वापस नहीं लौटे थे, और जिनकी संख्या बहुत थी, उनकी उस नितांत अनूठी और बेहद निजी जीवंतता में निरंतर याद करता हूँ, जो उन्हें उन तमाम लोगों से अलग खड़ा करती थी... छोटे, स्थिर नैन-नक़्श, काली शांत आँखें, कोमल स्वर, और व्यक्तित्व में दीप्त होती ऊर्जा।

इसके बाद नूर को बताया गया कि उन्हें वाफ़ से मुक्त करके फ़र्स्ट एड ऐंड नर्सिंग येमनरी (एफ़एएनवाई/फ़ैनी) में भर्ती कर लिया जाएगा (फ़ैनी को वीमन्स ट्रांसपोर्ट सर्विस के नाम से भी जाना जाता था)। यह विभाग महिला गुप्तचरों के लिए एक ओट का काम करता था, क्योंकि यह उन्हें बंदूक के इस्तेमाल के प्रशिक्षण का बहाना मुहैया कराता था (जिसकी इजाज़त उन्हें वाफ़ में काम करते हुए नहीं थी)। यह विभाग उन्हें वर्दी भी देता था (जो प्रशिक्षण के दौरान उपयोगी होती थीं) और लंबे समय तक घर से दूर रहने की वजह भी उपलब्ध कराता था। यह परिवार तथा दोस्तों को विश्वास दिलाने वाले छद्म क़िस्से का काम भी करता था, और नूर ने इसका कारगर तरीक़े से इस्तेमाल किया था। फ़ैनी के कर्मचारी, ड्राइवरों और टेलिफ़ोन ऑपरेटरों से लेकर वायरलैस ऑपरेटर, कैंटीन कर्मचारी और जेल के पहरेदार तक, विभिन्न हैसियतों में काम करते थे। चूँकि कई महिला गुप्तचर फ़ैनी और वाफ़, दोनों थीं, इसलिए उनके विभाग को लेकर अक्सर भ्रम की स्थिति पैदा हो जाती थी। नूर के जॉर्ज क्रॉस प्रशस्ति-पत्र में उन्हें वाफ़ का अधिकारी बताया गया था, जबकि एसओई की तेरह महिला गुप्तचरों के नाइटब्रिज के स्मारक में उन्हें फ़ैनी बताया गया है। पुनः उनके जॉर्ज मैडल (जिसका ग्रेड बढ़ाकर बाद में जॉर्ज क्रॉस कर दिया गया था) की सिफ़ारिश 'एनसाइन एन. इनायत ख़ान, अ वॉलंटियर फ़ैनी' के नाम से की गई थी।

जब 8 फ़रवरी को उन्होंने एसओई में दाख़िला लिया था, तब नूर वाफ़ में थीं। 12 फ़रवरी को उन्हें फ़ैनी में भर्ती किया गया। बाद में नूर को वाफ़ द्वारा मानद कमीशन दिया गया। यही वजह है कि वाफ़ के उनके दस्तावेज़ उन्हें 15 जून, 1943 को वाफ़ के कार्यभार से मुक्त किए जाने और 16 जून को वाफ़ में असिस्टेंट सेक्शन ऑफ़िसर का मानद पद दिए जाने का उल्लेख करते हैं।[15]

नूर को अधिकारी का पद इसलिए दिया गया था, क्योंकि एसओई को लगता था कि वह पद उन्हें किसी हद तक सुरक्षा उपलब्ध कराएगा, क्योंकि अगर वे अधिकारी के पद पर होंगी, तो कोई भी जर्मन अधिकारी उन्हें गोली मारने से हिचकिचाएगा। अधिकारी के पद पर पदोन्नति का मतलब भत्तों में बढ़ोत्तरी भी था और नूर को यह पता चला कि उनकी माँ एक 'विस्थापित व्यक्ति' के रूप में स्वयं भी भत्ते की पात्र हो जाएँगी। अब नूर से एबिंग्डन लौटने और आदेशों की प्रतीक्षा करने को कहा गया।

जेप्सन के साथ मुलाक़ात ने नूर को एक अलग ही दुनिया में पहुँचा दिया था, लेकिन उनका चित्त शांत था, क्योंकि उन्होंने निहितार्थों को समझ लिया था। उन्होंने हिटलर की सेनाओं से लड़ाई में किसी भी सूरत में मदद करने का निश्चय कर रखा था। वे फ़्रांस भी लौटना चाहती थीं - उस मुल्क में, जिसे वे प्यार करती थीं और जहाँ सबसे ज़्यादा आत्मीयता महसूस करती थीं। नौकरी में निहित ख़तरों के बावजूद, नूर को लगता था कि वे अपनी भाषाई दक्षता, फ़्रांसीसी संस्कृति की समझ

और पेरिस से सुपरिचित होने की वजह से उस काम के लिए सर्वथा उपयुक्त थीं। उनके मन में इस बात को लेकर कोई संदेह नहीं था कि वे चुनौती स्वीकार करना चाहती थीं। जैसे ही उन्होंने अपना मन बना लिया, अपने ज़िद्दी स्वभाव के चलते वे बाद के दिनों में आगे बढ़ती चली गईं।

सिर्फ़ एक ही चीज़ थी, जो उन्हें परेशान कर रही थी। वे अपनी माँ, जो अभी भी बेहद कमज़ोर और उन पर निर्भर थीं, को लेकर आशंकित थीं कि वे नौकरी के सिलसिले में उनके बाहर जाने की ख़बर को कैसे पचा सकेंगी। नूर ने अपने इंटरव्यू के बारे में कुछ सोच-विचार करने के बाद 11 नवंबर को एबिंग्डन से जेप्सन को ख़त लिखा। इसे ज़िम्मेदारी को स्वीकार करते हुए लिखा गया, उनका औपचारिक ख़त उस साहस और स्पष्टवादिता को दर्शाता था, जिसे जेप्सन ने लक्ष्य किया था। उन्होंने जेप्सन से कहा कि युद्ध जीतना पारिवारिक रिश्तों से ज़्यादा बड़ी चीज़ है।[16]

सिग्नल्स
रैफ़
एबिंग्डन
बर्क्स
11/10
कैप्टन जेप्सन

डियर सर,

आपके ऑफ़िस में (मंगल 10 को) अपने इंटरव्यू के बाद मैंने अपनी माँ से बात की और इस सिलसिले में मेरी चिंताएँ कमोबेश मिट चुकी हैं। पहली बात तो यह है कि समय गुज़रने के साथ-साथ मेरी माँ मेरे विदेश जाने के विचार की आदी होती जाएँगी। दूसरे, मैं उनको ज़्यादा बेहतर वित्तीय सहयोग उपलब्ध करा पाऊँगी, जिससे मुझे बहुत बड़ी राहत मिलेगी, क्योंकि युद्ध के दौरान मेरे लेखन से जो आय मुझे हो रही थी, वह निहायत ही अपर्याप्त थी।

इसके अलावा, मुझे इस बात का अहसास है कि जहाँ इस युद्ध को जीतने का मसला दाँव पर है, वहाँ पारिवारिक रिश्ते बहुत तुच्छ चीज़ें हैं।

इसलिए, आप मुझे जो ज़िम्मेदारी सौंपना चाहते हैं, उसे निभाना मेरी ख़ुशक़िस्मती होगी और मैं उसे कृतज्ञतापूर्वक स्वीकार करती हूँ। मुझे लगता है, जिस हद तक यह काम ऑपरेशनल होगा, उस हद तक मैं कुछ उपयोगी साबित हो सकूँगी।

सर, आपने मुझे इस लायक समझा, इसके लिए धन्यवाद

भवदीय

एन. इनायत ख़ान

पुनश्च : अगर चयन की गुंजाइश होती, तो मैं रैफ़ बनी रहना ही पसंद करती, अगर मुमकिन होता तो। इस नौकरी के प्रति कमोबेश मेरा लगाव बढ़ता गया है।

जेप्सन ने 13 नवंबर को जवाब दिया कि : "जिस तरह के काम के बारे में हमने बात की थी', उसको लेकर आपकी उद्विग्नता को मैं समझ सकता हूँ और वादा करता हूँ कि जितना मुझसे बन पड़ेगा, मैं सारी व्यवस्थाएँ करूँगा।"

नूर की निजी फ़ाइल में 18 नवंबर, 1942 को यह नोट है : 'प्रशिक्षण के बाद गुप्तचर के रूप में काम करना है - तारीख़ अभी तय नहीं हुई है।'

नूर ने विलायत को लिखा कि उन्होंने वायुसेना ऑफ़िसर की नौकरी स्वीकार कर ली है और वे नौसेना, थल सेना तथा वायु सेना की संयुक्त गुप्तचर सेवा के लिए काम करेंगी। उन्होंने बहुत ख़ुश होकर विलायत को अपने अधिकारी पद के भत्ते के बारे में लिखा और कहा कि हम शायद भविष्य में किसी समय लंदन में एक फ़्लैट का इंतज़ाम कर सकेंगे। वहाँ एबिंग्डन में वे आदेशों की उत्सुकता से प्रतीक्षा कर रही थीं।

जब नूर एसओई में भर्ती हुई थीं, तब तक इस संस्था को अस्तित्व में आए दो वर्ष हो चुके थे। मई, 1941 में प्रथम गुप्तचर जॉर्ज बेग्ये पैराशूट के सहारे फ़्रांस में उतरे थे और उस आदमी के विशाल मकान में चले गए थे, जो प्रतिरोध आंदोलन से सहानुभूति रखता था। यह आदमी एफ़-सेक्शन अधिकारी मॉरिस बकमास्टर का दोस्त था।

नवंबर, 1941 में मॉरिस बकमास्टर ने एफ़-सेक्शन के प्रमुख का कार्यभार सँभाल लिया था। मॉरिस बकमास्टर ने इटॉन में पढ़ाई की थी और फ़्रांस में *ले मेताँ* और *पेरिस सुआख़* में रिपोर्टर के रूप में काम कर चुके थे। उन्होंने कुछ दिनों बैंक की नौकरी में भी हाथ आज़माया था और फिर फ़ोर्ड मोटर कंपनी की पेरिस शाखा में मैनेजर हो गए थे। वे धाराप्रवाह फ़्रांसीसी बोलते थे और फ़्रांस के नगरों और गाँवों से भली-भाँति परिचित थे। जब युद्ध भड़क उठा, तो वे फ़्रांस में ब्रिटिश एक्सपीडीशनरी फ़ोर्स में शामिल हो गए थे और ब्रिटेन लौट आए थे, जहाँ उन्हें एसओई में शामिल कर लिया गया था। वे अपने गुप्तचरों के प्रति प्रतिबद्ध थे, और अक्सर उनकी प्रशिक्षण संबंधी रिपोर्टों की बजाय उनके बारे में अपनी सहज बुद्धि पर भरोसा करते थे। किसी व्यक्ति को फ़ील्ड में भेजने का अंतिम फ़ैसला उन्हीं के हाथ में होता था।

वेरा एटकिंस, बकमास्टर की सहयोगी थीं। वे बत्तीस बरस की अदम्य महिला थीं, जिनकी शिक्षा-दीक्षा फ्रांस में हुई थी और जिन्होंने साबोन से उच्च शिक्षा प्राप्त की थी। वे भी धाराप्रवाह फ्रांसीसी बोलती थीं और फ्रांस के तौर-तरीक़ों तथा रीति-रिवाज़ों से भली-भाँति परिचित थीं। वे हर गुप्तचर के रवाना होने के पहले उसके साथ हवाई अड्डे तक जाती थीं और बाद में उनके परिवारों के संपर्क में रहती थीं। युद्ध के बाद एटकिंस ने उन कुछ गुप्तचरों की नियति की जाँच-पड़ताल की थी, जो वापस नहीं लौटे थे और बहुत ही श्रमपूर्वक उनके क़िस्सों का खुलासा किया था।

1943 से एसओई का नेतृत्व ब्रिगेडियर कॉलिन गबिन्स के हाथों में आ गया था। कॉलिन बाक़ायदा सैनिक रहे थे और बाद में एसओई के एक्ज़ीक्यूटिव डायरेक्टर हो गए थे। गबिन्स 1940 में एसओई के अभियान तथा प्रशिक्षण विभाग के निदेशक के रूप में उसकी नौकरी में आए थे और उन्होंने संस्था पर तत्काल अपना प्रभाव छोड़ा था। वे एक स्वाभिमानी स्कॉटलैंडवासी थे, जिनकी माँ का परिवार स्कॉटलैंड के पर्वतीय इलाक़ों (हाइलैंड्स) का रहने वाला था। वे एक ऊर्जावान व्यक्ति थे, जो आधी रात तक काम करते थे और सुबह पौ फटने से पहले तक मौज़ मनाते रहते थे। उन्हें एक बार सुबह पाँच बजे शीर्षासन करते देखा गया था, जिस दौरान वे तालियाँ बजाते सहकर्मियों से घिरे थे।[17] गबिन्स ने एसओई में नया प्रेरक बल पैदा किया। गुरिल्ला आंदोलन में उनका ज़बरदस्त विश्वास था और वे सुनिश्चत करना चाहते थे कि गुप्तचर हथियारों और विस्फोटकों का प्रयोग करने में पर्याप्त प्रशिक्षित हों तथा जिन जगहों पर उन्हें काम करना हो, वहाँ की मानवीय प्रकृति, राजनीति और धर्म से पूरी तरह परिचित हों। उन्होंने अपने गुप्तचरों को हथियारों का प्रशिक्षण देने के लिए स्कॉटलैंड के पर्वतीय क्षेत्र में एक सुदूर देहाती गाँव चुना था।

एसओई के गठन के वर्षों में गबिन्स ने जो कड़ी मेहनत की थी, उसके नतीजे उनके इस संगठन का मुखिया बनने के समय तक सामने आने लगे थे। 24 मार्च, 1941 की एक आंतरिक रिपोर्ट बताती है कि एसओई ने यूरोप के ज़्यादातर देशों में बड़ी मात्रा में विस्फोटक सामग्री और उपकरण भेजे गए थे, विपक्षी दलों तथा वायरलैस सैट्स के लिए आर्थिक सहायता उपलब्ध कराई थी और संचार व्यवस्था को सुगम बनाने के लिए कूरियर सेवाएँ स्थापित की गई थीं।[18]

फ़्रांस में सक्रिय एसओई के गुप्तचर उन कारखानों के ब्योरे लेकर आए थे, जहाँ अँग्रेज़ों को अपने हिमायती लोग मिले थे और फ़्रांसीसी प्रतिरोध आंदोलन के उन समर्थकों की फ़ेहरिस्त लेकर आए थे, जो जर्मनों के ख़िलाफ़ अँग्रेज़ों की मदद करने वाले थे। उन्होंने मग्सेल से लेकर बोग्दू, ले आव्ग़ और डंकर्क तक तमाम फ़्रांसीसी तटों पर स्थित पेट्रोल स्टेशनों और ऑयल डम्प्स की नामावली तैयार की थी। उन्होंने जर्मनों के क़ब्ज़े वाले मुल्कों में रहते हुए पर्याप्त तैयारी की थी, और

राशन बुक्स, परमिट्स, कंट्रोल्स और रेल सेवाओं के ब्योरे एकत्र किए थे। इन सबका उद्देश्य फ़ील्ड में सक्रिय गुप्तचरों की मदद करना था। उन्होंने यह निर्णायक महत्त्व की जानकारी भी जुटाई थी कि बहुत-से फ़्रांसीसी लोग अधिकृत इलाक़ों में जर्मनों को नाकाम करने में एसओई की मदद करने को तैयार थे। उन्हें पता चला था कि क़ब्ज़े का शुरुआती झटका लगने के बाद दुश्मन के ख़िलाफ़ प्रतिरोध बढ़ रहा था। एसओई का ज़्यादातर काम स्थानीय लोगों के साथ संवाद की शृंखला पर निर्भर रहा था। जासूसों को गुप्त अड्डे और कूरियर सेवाओं को लेटर बॉक्स मुहैया कराने में इन स्थानीय लोगों की निर्णायक भूमिका रही थी। उन्होंने वे कई किसान और ग्रामीण भी उपलब्ध कराए थे, जो अपने खेतों में हथियार गिराए जाने और गुप्तचरों द्वारा वे हथियार एकत्र किए जाने तक उन्हें अपने खलिहानों में छिपाए रखने पर राज़ी हुए थे। एसओई के सबसे बड़े समर्थकों में फ़्रांसीसी रेलवे के कामगार, डाक विभाग के कर्मचारी और कारख़ानों के कामगार शामिल थे। इन लोगों ने जर्मनों से मुक्ति पाने की ख़ातिर बहुत बड़े जोखिम उठाए थे।

एसओई के कई संस्थान और कार्यशालाएँ थीं, जो अपने गुप्तचरों को उपकरण उपलब्ध कराने के लिए चौबीसों घंटे काम करती रहती थीं। अत्यंत नवाचारी कल-पुर्ज़ों का इस्तेमाल किया जाता था : विस्फोटकों से भरे मृत चूहे, लकड़ी के लट्ठों और डंडों के बंडलों में या पेट्रोल की टंकियों में छिपाए गए गुप्त वायरलैस ट्रांसमीटर, जानवरों की विस्फोटक लीद (घोड़ों की लीद हाइड पार्क से एकत्र की जाती थी), रंगे हुए टीएनटी ताकि वे कोयले के ढेर जैसे दिखते, विस्फोटक नट-बोल्ट, विस्फोटक फ़ाउंटेन पेन और दूध की बोतलें तथा प्लास्टिक के विस्फोटक। यहाँ तक कि बुद्ध की कुछ विस्फोटक मूर्तियाँ भी थीं, जिन्हें फेरीवालों के छद्मवेश बनाए घूमते गुप्तचर जापानी सैनिकों को बेच सकते थे। ये सारी चीज़ें विक्टोरिया और अल्बर्ट म्यूज़ियॅम, नेचुरल हिस्ट्री म्यूज़ियम, और बार्नेट के थैच्ड बार्न रोडहाउस में तैयार की जाती थीं। छोटे-से-छोटे जासूसी उपकरण भी तैयार किए जाते थे : चश्मों के काँच पर माइक्रोफ़िल्म के डॉट, बटन कम्पास, एस्केप सॉ, सिल्क स्कार्फ़ मैप, जाली काग़ज़, गुप्त रेडियो, अदृश्य स्याहियाँ तथा और भी बहुत कुछ।

अगर इसे जासूसी कहानी के साज़ो-सामान की संज्ञा दी जाती, तो शायद ग़लत न होता। इयान फ़्लेमिंग के Q की रचना, जेम्स बांड के उपन्यासों के कल-पुर्ज़े नेचुरल हिस्ट्री म्यूज़ियम की 'टॉय शॉप' और इन उपकरणों के आविष्कर्ताओं से प्रेरित थे। अप्रैल, 2004 में उस स्थल पर एक स्मरण-फलक का अनावरण किया गया था, जहाँ एसओई की गुप्त 'टॉय शॉप' थी।

अक्टूबर, 1941 तक फ़्रांस के फ़्रांसीसी सेक्शन में 33 मर्द थे। 1942 में नूर के शामिल होने तक यह संख्या बढ़कर 50 हो गई थी। जून, 1943 तक रंगरूटों की

संख्या 120 हो गई थी तथा अधिक महत्त्वाकांक्षी अभियानों की योजना बनने लगी थी। कुल मिलाकर फ़्रांसीसी सेक्शन द्वारा 480 सक्रिय गुप्तचरों को नियुक्तियाँ दी गई थीं। एफ़-सेक्शन द्वारा फ़्रांस भेजी गई 39 महिलाओं में 13 कभी नहीं लौटीं। 1943 में जाकर ही एसओई का फ़्रांसीसी सेक्शन वास्तव में अभियान के स्तर पर सक्रिय हुआ और उसने नतीजे देने शुरू किए।

नूर को अभी भी उस तंत्र को समझना बाक़ी था, जिसमें वे बिना किसी हिचकिचाहट के शामिल हो गई थीं। वे काम शुरू करने के लिए उतावली थीं, लेकिन उनसे एबिंग्डन वापस जाकर आदेशों की प्रतीक्षा करने को कह दिया गया था। प्रतीक्षा में बिताए गए वे कुछ महीने उनके लिए यातनामय थे। अब तक उनकी माँ ने रेड क्रॉस में नौकरी हासिल कर ली थी और वे 4 टेविटन स्ट्रीट, लंदन में रहने लगी थीं। यह जगह उनकी दोस्त जीन ओवरटन फुलर के मकान से कुछ ही मकानों की दूरी पर थी। नूर अपनी माँ से मिलने निरंतर लंदन आती रहती थीं और कभी-कभी ब्रिटिश म्यूज़ियम या पुस्तकालय में चली जाती थीं। कभी-कभी वे जीन के यहाँ ठहर जाती थीं। उनकी दोस्त के गॉर्डन स्क़्वेयर स्थित फ़्लैट में एक अतिरिक्त कमरा था और नूर को उस आरामदेह कमरे में रात बिताना अच्छा लगता था। जीन के पास प्राच्य और मध्य पूर्वी कलात्मक वस्तुओं का संग्रह था, जो नूर को बहुत प्रिय था, और वे अपनी दोस्त की पुस्तकों के संग्रह को भी उलटती-पलटती रहती थीं। दोनों युवतियाँ कला और दर्शन पर चर्चा करती हुई देर रात तक जागती रहती थीं।

जीन ने याद करते हुए बताया था कि "वे मेरे घर में शांति की तलाश करती थीं। मेरा घर उनके लिए युद्ध से दूर एक शरण-स्थली जैसा था। यहाँ वे पुस्तकों, आध्यात्मिकता, कला, संस्कृति और आत्मा संबंधी मसलों पर बात कर सकती थीं।"[19] नूर अक्सर युद्ध के बाद के जीवन के बारे में बातें करती थीं। उन्होंने जीन को अपनी भविष्य की योजनाओं के बारे में बताया था : संस्कृत सीखना, लेखन जारी रखना, वीणा बजाना, शादी करना और बच्चे पैदा करना।

हालाँकि नूर और जीन, दोनों ही अपनी उम्र के तीसरे दशक में थीं, फिर भी वे अपनी उम्र की ज़्यादातर युवतियों के मुक़ाबले ज़्यादा संजीदा थीं और दर्शन की ओर झुकी हुई थीं। "हम लोग निश्चय ही बेफ़िक्र नहीं थे," जीन ने कहा था।[20] प्राच्य दर्शन और आध्यात्मिकता में दोनों की साझा दिलचस्पी भी उन्हें एक-दूसरे के क़रीब ले आई थी। जीन के घर में तिब्बती प्रार्थना-चक्र था, जो नूर को बहुत पसंद था। नूर कहती थीं कि उस चक्र को हाथ में लेने से उन्हें शांति मिलती थी। उन्हें पूर्वाभास था कि वे लंबा जीवन नहीं जिएँगी, क्योंकि उनकी आयु-रेखा छोटी थी। वे जीन से इस बारे में अक्सर बात करती थीं। साथ ही वे युद्ध के बाद के अपने जीवन के बारे में भी बात करती थीं। जीन को लगता था कि वे हमेशा से फ़्रांस

वापस जाना चाहती थीं और ऐसा उन्हें तभी से लगता था, जब 1940 में उन्होंने फ़्रांस छोड़ा था।[21]

नूर खुद को अंतरराष्ट्रीय व्यक्ति समझती थीं, जो किसी एक जगह से ताल्लुक़ नहीं रखती थी। उनका जन्म मॉस्को में अमेरिकी माँ और हिंदुस्तानी वालिद से हुआ था और उनका पालन-पोषण पेरिस और लंदन में सूफ़ी परंपरा के अंतर्गत हुआ था। वे हिंदुस्तान गई थीं, जिसे वे प्यार करती थीं, लेकिन उन्हें लगता था कि उनका वास्तविक घर फ़्रांस है। युद्ध के बाद वे लिखना और संगीत बजाना चाहती थीं। उन्हें इन दोनों ही चीज़ों की कमी बेहद खटकती थी। हिंदुस्तान की स्वाधीनता का संघर्ष भी उनके दिमाग़ में था और गाँधी तथा नेहरू जैसे स्वतंत्रता सेनानियों का जेल में होना भी उन्हें प्रभावित करता था।

नूर को उम्मीद थी कि युद्ध के बाद उनकी अंतरराष्ट्रीय पृष्ठभूमि का उपयोग मित्र राष्ट्रों द्वारा किया जा सकता है। वे युद्ध के अंत में मित्र राष्ट्रों, ब्रिटेन, संयुक्त राज्य अमेरिका, फ़्रांस और सोवियत संघ की फ़ौजों के बर्लिन में आपस में मिलने की कल्पना करती थीं और महसूस करती थीं कि वे पश्चिमी दुनिया और सोवियत यूनियन के बीच संपर्क-सूत्र के रूप में काम आ सकेंगी, क्योंकि वे रूस में पैदा हुई थीं और उन्हें प्राच्य संस्कृति की समझ थी।

कभी-कभी नूर की अपनी सूफ़ी आस्था और अहिंसा तथा उनके द्वारा चुने गए युद्ध के रास्ते के बीच टकराव की स्थिति बनती थी, लेकिन उन्होंने इसके बारे में गहराई-से सोचा था। वे कहती थीं कि अगर कोई आध्यात्मिक व्यक्ति घृणा से प्रेरित नहीं है, तो वह तलवार उठा सकता है। मुसलमान होने के बावजूद वे हिंदुओं के आध्यात्मिक ग्रंथ, भगवद्गीता और उसमें निहित अकर्म से कर्म की श्रेष्ठता की शिक्षा से साँत्वना प्राप्त करती थीं (जैसे कि उनसे पहले उनके वालिद करते थे)। वे भगवद्गीता की उन पंक्तियों से बहुत प्रभावित थीं, जहाँ भगवान कृष्ण योद्धा राजकुमार अर्जुन - जो अपने चचेरे भाइयों के ख़िलाफ़ युद्ध करने से हिचकिचा रहे हैं - से कहते हैं कि उन्हें फल की चिंता किए बिना अपना कर्म करना चाहिए। नूर को लगता था कि हिटलर की आक्रामक सेनाओं का प्रतिरोध करना उनका कर्तव्य है और परिवार तथा आस्था जैसी चीज़ें उतनी महत्त्वपूर्ण नहीं हैं।

युद्ध का हिंसक विकल्प नूर ने स्वयं चुना था। वे एबिंग्डन में प्रशिक्षण प्राप्त कर रहे पायलटों के साथ काम करने से संतुष्ट नहीं थीं। वे मोर्चे पर सक्रिय होना चाहती थीं, यह जानते हुए भी कि वहाँ हथियारों और गोला-बारूद का इस्तेमाल ज़रूरी होगा, लेकिन उन्होंने जर्मन सैनिकों से कभी नफ़रत नहीं की। उनके रोष के लक्ष्य पर गिस्तापो और ख़ुफ़िया पुलिस थी।[22]

इस बीच, नूर अपना काम करती रहीं। अगले कुछ महीनों के दौरान वाफ़ की एक युवा मौसमविज्ञानी ज़ोआन मैगे़ से उनकी दोस्ती हो गई। ज़ोआन का जन्म हिंदुस्तान में हुआ था और उनका पालन-पोषण बंबई में हुआ था, जहाँ उनके पिता सिविल इंजीनियर थे और विक्टोरिया जुबली टेक्नीकल इन्स्टिटट्यूट में व्याख्याता थे। जब ज़ोआन की उम्र ग्यारह वर्ष थी, तब उनका परिवार हिंदुस्तान छोड़कर आ गया था। उनके मन में अपनी जन्मभूमि से गहरा लगाव था। नूर और ज़ोआन अपनी साझा पृष्ठभूमि की वजह से एक-दूसरे के प्रति आकृष्ट हुईं और उनके बीच तुरंत गहरी दोस्ती हो गई। वे एबिंग्डन में डिफाइअंट नामक मकान में साथ-साथ रहती थीं। ज़ोआन ने नूर को 'उज्जवल मुस्कराहट से युक्त सुंदर...' और 'जीवंत बौद्धिकता तथा विनोद-वृत्ति-संपन्न' युवती के रूप में याद किया। दोनों के स्वभाव एकदम विपरीत थे - ज़ोआन सोशलिस्ट और नास्तिक थीं, और नूर में गहरी आध्यात्मिकता थी, लेकिन दोनों संवेदनशील और मानवीय थीं। डिफाइअंट में चाय पीते हुए दोनों धर्म और अध्यात्म, गाँधी, नेहरू, और अपने साथी मनुष्यों से प्रेम के फ़लसफ़े पर चर्चा किया करती थीं। ज़ोआन ने बाद में याद करते हुए कहा था : 'ब्लू पेंग्युइन ग्रेटकोट्स में दो वाफ़, चाँदी की तरह चमकती बारिश की ऊँची घास के बीच काले रंग की सरकारी साइकिलों पर पैडल मारती हुई चली जा रही थीं। नूर दी-दी वायरलैस ऑपरेटरों के साथ, और मैं 20,000 फ़ीट की ऊँचाई पर हाइड्रोजन से भरे मौसम-टोही गुब्बारे उड़ाती हुई...।'[23]

ज़ोआन को नहीं मालूम था कि नूर एक गुप्त दुनिया में प्रवेश कर रही थीं। 25 जनवरी, 1943 को एसओई के कर्मचारियों के फ़ॉर्म में नूर का नाम नोराह इनायत ख़ान, वाफ़ नं. 424598 दर्ज़ हो गया। उम्र 29 वर्ष। उसमें एक महीने की संबद्धता (अटेचमेंट) का आग्रह किया गया था, जिसके बाद उन्हें एक बार फिर 8 फ़रवरी को सुबह 10 बजे विक्टोरिया होटल में बुलाया गया। उस संक्षिप्त नोट में कहा गया था कि "प्रशिक्षण के बाद संतोषजनक पाए जाने पर महत्त्वपूर्ण अभियानपरक भूमिका के लिए उपयोग किया जाएगा, जिसके लिए उनके पास विशेष भाषाई और भौगोलिक योग्यताएँ हैं।" नोट में यह भी कहा गया था कि "लंदन में... उनके पास उनका किट होना चाहिए, लेकिन जब वे हाज़िरी देने आएँ तो किट अपने साथ न लाएँ।"

10 फ़रवरी को नूर को एयर इंटेलिजेंस (ए.आई. 10) के अधीन काम करने एक महीने के लिए एयर मिनिस्ट्री यूनिट से संबद्ध कर दिया गया। एयर इंटेलिजेंस एसओई द्वारा इस्तेमाल किया जाने वाला एक और बहाना था, जो इसलिए उपयोगी था, क्योंकि नूर को वाफ़ से भर्ती किया गया था। उनका फ़ील्ड वेतन सालाना 350 पाउंड तय किया गया, जो हर तीन महीने में लॉयड बैंक के उनके खाते में जमा किया जाता था।[24] 15 फ़रवरी को नूर ने ऑफ़िशियल सीक्रेट एक्ट पर हस्ताक्षर किए। एसओई के साथ उनके रिश्ते का श्रीगणेश हो चुका था।

उधर, एबिंग्डन में फ़रवरी, 1943 के एक दिन ज़ोआन ने पाया कि नूर 'ग़ायब हो चुकी थीं। आकस्मिक तैनाती को लेकर कोई शब्द, कोई संकेत, स्पष्टीकरण देने के लिए कोई ख़त नहीं। सिर्फ़ उनके कंबल बिस्तर पर करीने से तह किए रखे थे और उनके दोस्तों के मन में आहत होने के अहसास बचे थे।'

5

संकेत और छद्म क़िस्से

ट्रेन वाटरलू स्टेशन छोड़ रही थी और उधर एसओई द्वारा सौंपी गई पहली ज़िम्मेदारी के बारे में सोचते हुए नूर घबराहट महसूस कर रही थीं। उन्होंने एयर फ़ोर्स की अपनी नीली वर्दी की जगह फ़ैनी की ख़ाकी वर्दी पहन ली थी, जो उन पर उनके हिंदुस्तानी नैन-नक़्श के साथ फब रही थी। पिछले दो वर्षों के दौरान नूर की ज़िंदगी में बहुत आकस्मिक परिवर्तन आए थे। सुरेन वाला घर सुदूर अतीत की चीज़ लगता था। उनकी इच्छा हार्प बजाने, संगीत-सभाओं में जाने या कहानी लिखने की होती थी, लेकिन उनका सिर मोर्स और हवाई जहाज़ के इंजनों की गड़गड़ाहट के साथ झूम रहा था।

उन्हें खिड़की से रेलवे लाइन के समानान्तर कतारबद्ध बने मकानों के पिछवाड़े दिखाई दे रहे थे। सूखते कपड़ों से अटे छज्जों के परली तरफ़ अस्त-व्यस्त बग़ीचे दिख रहे थे, क्योंकि युद्ध के समय लंदनवासियों के पास झाड़ साफ़ करने का वक़्त नहीं था। नज़ारा जल्दी ही बदल गया और उन्हें बेहतर महसूस होने लगा, क्योंकि अब उन्हें अपने सामने ग्रामीण इलाक़े सरे की हरियाली फैली दिखाई दे रही थी।

नूर से वानबरो मैनर के कमांडेंट के सामने हाज़िर होने को कहा गया था। यह सरे में गिल्डफ़ोर्ड के क़रीब हॉग्स बैक पर स्थित ट्यूडॅर शैली में बना एक सुंदर मकान था, जिसमें बड़े-बड़े कमरे और एक निजी पार्क था। यह एफ़-सेक्शन के गुप्तचरों के लिए पहला स्पेशल ट्रेनिंग स्कूल (एसटीएस) था और स्कॉटलैंड तथा इंग्लैंड में फैले इकतालीस प्रशिक्षण स्कूलों में से एक था। एसओई के पास इतने सुंदर देहाती मकान थे कि उसका नाम 'स्टेटली होम्स ऑफ़ इंग्लैंड' पड़ गया था। वानबरो में नूर को जो व्यक्ति प्रशिक्षण दे रहा था, वह पूर्व कोल्डस्ट्रीम गॉर्ड्स ऑफ़िसर था। इस ऑफ़िसर का नाम था मेज़र रोजर दे वेसलो। नूर की एस्कॉर्टिंग ऑफ़िसर थी ज़ोआन सेंडरसन।

वानबरो में नूर की मुलाक़ात योलांद बीकमान और सेसिली लेफ़र्त से हुई। मैनर के उस ख़ूबसूरत वातावरण में इन तीनों युवतियों को इस बात का कोई अनुमान नहीं था कि उनकी नियतियाँ आपस में दुखद ढंग से जुड़ने वाली थीं। सेसिली और नूर एक ही दिन फ्रांस से रवाना हुईं। सेसिली की मृत्यु रेवन्सब्रक कान्सन्ट्रेशन कैंप में होनी थी। योलांद और नूर एक बार फिर दख़ाऊ की विनाशकारी यात्रा में मिलने वाली थीं।

हर सुबह, नाश्ते के पहले सारे रंगरूटों को दस मिनट की दौड़ लगानी पड़ती थी, जिसकी अगुआई स्वयं मेज़र वेसलो करते थे। उसके बाद उन्हें गोली चलाना, हैंड ग्रेनेड फेंकना, और विस्फोटकों का इस्तेमाल करना सिखाया जाता था। वानबरो के पाठ्यक्रम में सैन्य और शारीरिक प्रशिक्षण के प्रारंभिक दौर तथा युद्धकालीन अभियान की बुनियादी बातें शामिल थीं : मोर्स कोड, नक़्शों की व्याख्या करना और पिस्तौल तथा सब-मशीन गन का इस्तेमाल करना आदि। वानबरो के प्रशिक्षक रंगरूटों की शख़्सियत का अनुमान लगाने के लिए उन पर क़रीबी निगाह रखते थे, साथ ही इसका उद्देश्य इस बात का आकलन करना भी होता था कि वे किस तरह के काम के लायक हैं। योलांद और नूर को रेडियो ऑपरेटर्स के रूप में चुना गया, वहीं सेसिली को कूरियर का प्रशिक्षण दिया गया। वानबरो के शराबख़ाने में भरपूर सामग्री होती थी और गुप्तचरों को ख़ाली समय में शराब पीने के लिए प्रोत्साहित किया जाता था। इसके बाद इस बात पर निगाह रखी जाती थी कि कहीं वे पीकर धुत्त तो नहीं हो गए हैं, और अगर हो गए होते थे, तो यह देखा जाता था कि नशे में वे किन बातों का ख़ुलासा करते हैं। इसका मतलब था, उन कुछ लोगों को पहले ही हटा देना, जो आसानी से धुत्त हो जाते थे। जो गुप्तचर नींद में बड़बड़ाते थे, उन पर भी निगाह रखी जाती थी। वे किन चीज़ों के बारे में बात करते थे, और सबसे ज़्यादा महत्त्वपूर्ण यह कि किस भाषा में बात करते थे। अगर वे फ्रांस जा रहे होते थे, तो उन्हें सारे समय फ्रांसीसी बोलना अनिवार्य था। चूँकि गुप्तचर अक्सर बड़ी मात्रा में पैसे लिए रहते थे, इसलिए जाँच-पड़ताल के दौरान यह सुनिश्चित करना भी ज़रूरी होता था कि वे विश्वसनीय हों और उनमें जुआखोरी की प्रवृत्ति न हो।

नूर ने स्वयं को प्रशिक्षण में झोंक दिया। वे कामयाबी के दृढ़ निश्चय से भरी थीं। उन्हें वानबरो का वातावरण आनंदित कर रहा था और लगता था, जैसे उन्हें एबिंग्डन की निष्क्रियता के बाद अपनी ज़िंदगी के लिए नया ध्येय मिल गया था। उन्होंने विलायत को लिखा था, "अब मैं एक व्यस्त लड़की हूँ।"[1] उन्होंने विलायत को यह समाचार भी दिया था कि क्लेयर के हालचाल ठीक थे और वे आर्मी टेरिटोरियल सर्विस में शामिल हो गई थीं। उन लोगों ने हाल ही में यह भी सुना था कि उनके भाई हिदायत सुरक्षित थे। नूर के लिए यह बहुत बड़ी राहत थी। इस बीच, विलायत एचएमएस *क्वांटोक* नामक जहाज़ पर समुद्र में थे और डेक पर बिताई जा रही

ज़िंदगी से नाख़ुश थे। उन्होंने नूर को शिकायत के भाव से लिखा था : "मैं पिछले तीन दिनों से आलू ढोता रहा हूँ, निचले डेक ने मुझे बीमार कर दिया है, और अगर यही सिलसिला लंबे समय तक जारी रहा, तो मैं यह नौकरी छोड़ दूँगा और प्रतिरोध आंदोलन में शामिल हो जाऊँगा।" उनका ख़त पाकर नूर चौकन्नी हो उठीं, क्योंकि वे अपने भाई के गर्म मिज़ाज और सनकीपन से अच्छी तरह वाकिफ़ थीं। उन्हें यह चिंता थी कि अगर उन्होंने अपनी धमकी को सही कर दिखाया और नौकरी छोड़ दी, तो उन्हें भगोड़ा करार दे दिया जाएगा। प्रशिक्षण अधिकारी ज़ोआन सेंडरसन को पता था कि नूर अपने परिवार को लेकर चिंतित थी और परिवार के लोगों के प्रति उनका गहरा लगाव अधिकारी को बहुत प्रभावित करता था।

वानबरो मैनर (एसटीएस 5) की नूर की निजी फ़ाइल[2] में दर्ज लेफ़्टिनेंट तोंग्ये की 23 फ़रवरी की रिपोर्ट में कहा गया था : "दो सालों से आर्थ्राइटिस (रेडियो संबंधी काम के लिए एसओएस) कर रही हैं, शारीरिक स्थिति अच्छी है।"

नूर जिस सघन प्रशिक्षण से गुज़र रही थीं, उससे उनकी तंदुरुस्ती में सुधार आया। 10 मार्च को वानबरो के उनके प्रशिक्षक ने लिखा था कि नूर अच्छी तरह से दौड़ सकती थीं। यह क़ाबिलियत बाद में फ़ील्ड में उनके बहुत काम आने वाली थी। उनके प्रशिक्षकों ने यह भी पाया कि नूर 'कूदने के लायक नहीं थीं'। इसका मतलब था कि किन्हीं चिकित्सकीय वजहों से उन्हें पैराशूट छलांग के लिए प्रशिक्षित नहीं किया जा सकता था। वे पैराशूट प्रशिक्षण के क़ाबिल क्यों नहीं मानी गईं, इसकी वजह का उल्लेख तो नहीं है, लेकिन यह वजह टखने की चोट या पैर की समस्या से लेकर पेरिस में कराए गए सूजे हुए अपेंडिक्स के ऑपरेशन तक कोई भी हो सकती थी।

हालाँकि नूर ने रैफ़ में एक साल से ज़्यादा वक़्त बिताया था, लेकिन वे सेना के अनुशासन पक्ष को कभी ठीक से नहीं साध सकीं। उन्हें प्रशिक्षण का शारीरिक पहलू भी पसंद नहीं था, क्योंकि पीटी की ओर उनका झुकाव या उत्साह नहीं था। विस्फोटकों और तोड़-फोड़ का प्रशिक्षण एक और समस्या थी। वैसे नूर को सैद्धांतिक पक्ष की अच्छी समझ थी और वे पूरी कोशिश भी करती थीं, लेकिन जैसे ही व्यावहारिक पक्ष सामने आता था, उनकी कुदरती नाक़ाबिलियत एक कमी साबित होती थी, लेकिन नाकामयाब न होने का उन्होंने निश्चय कर रखा था। उन्होंने कड़ी मेहनत की और अपने प्रशिक्षकों के लिए वे 'बहुत उत्सुक और रुचि लेने वाली' प्रतीत हुईं। बच्चों की कहानियाँ लिखने वाली इस स्वप्निल, संवेदनशील लेखिका के लिए हथियारों का इस्तेमाल करना कभी भी आसान होने नहीं जा रहा था। आश्चर्य की बात नहीं थी कि उनके प्रशिक्षकों ने लिखा था कि वे 'हथियारों से बहुत डरती' थीं, लेकिन वे इस बात से बहुत प्रभावित थे कि उन्होंने बहुत कड़ी मेहनत की थी और कुछ ही दिनों में उनकी इस क़ाबिलियत में काफ़ी सुधार आया था, इसीलिए

उन लोगों ने नतीजा निकाला था कि 'थोड़े-से और प्रशिक्षण के बाद वे, एकदम ठीक हो जाएँगी'।

इस मक़ाम पर नूर के परीक्षा-फल कुल मिलाकर पर्याप्त संतुलित थे। उनके प्रशिक्षकों के लिए यह बात स्पष्ट थी कि उन्होंने पहले जो भी काम किया था, उससे इस प्रशिक्षण को वे बहुत अलग पा रही थीं, लेकिन धीरे-धीरे सँभलती जा रही थीं।

एबिंग्डन में अपने मोर्स (मोर्स कोड एक पद्धति है, जिसका उपयोग दूरसंचार में टेक्स्ट लिपि को एन्कोड करने के लिए किया जाता है।) में सुधार लाने के बाद नूर को अब उन सारी दक्षताओं के साथ तालमेल बैठाना ज़रूरी था, जो एक गुप्तचर को फ़ील्ड में काम करने के लिए ज़रूरी होती हैं। नक़्शों की व्याख्या करने में उन्हें मज़ा आता था और वे उसमें जल्दी ही पर्याप्त कुशल हो गईं, हालाँकि उन्हें 'फ़ील्ड के रेखांकनों के मामले में अनुपयोगी' कहा गया था। वानबरो में नूर की शुरुआत हालाँकि धीमी गति से हुई थी, लेकिन उन्होंने धीरे-धीरे आत्मविश्वास अर्जित कर लिया। अब उनके प्रशिक्षक उन्हें इस रूप में देखते थे : "भरपूर ऊर्जा से युक्त, सक्रिय जिन पर भरोसा किया जा सकता है कि वे ज़रूरत पड़ने पर संतोषजनक परिणाम देंगी।"

नूर की संजीदगी और गर्मजोशी ने वानबरो में हर किसी को प्रभावित किया। 11 मार्च, 1943 को उन्हें अपने प्रशिक्षण अधिकारी लांस कार्पोरल गॉर्डन की ओर से एक जोशीली रिपोर्ट प्राप्त हुई :

> यह वह व्यक्ति है, जिसकी मैं सबसे अधिक सराहना करता हूँ। पूरी तरह विनम्र और निःस्वार्थ। जिसकी अनुपस्थिति की ओर आपका ध्यान नहीं जाता। बेहद विनयशील, यहाँ तक कि दीन-हीन और शर्मीली, जो दूसरों को हमेशा अपने से बेहतर समझती है, बहुत शिष्ट। बच्चों के लिए पुस्तकें लिखी हैं। हर चीज़ को शाब्दिक स्तर पर लेने वाली, जल्दबाज़ नहीं, चतुराई की बजाय परिश्रम से काम लेने वाली। अत्यंत कर्तव्यनिष्ठ।

सबसे महत्त्वपूर्ण रिपोर्ट उनके कमांडेंट, मेजर दे वेसलो की थी। नूर की प्रगति के बारे में उनका रुख सकारात्मक था : "उसे धुँधला-सा भी अनुमान नहीं था कि प्रशिक्षण किस बारे में होने जा रहा था। कमज़ोर शुरुआत के बाद उसने उल्लेखनीय आत्मविश्वास विकसित किया है। ऊर्जावान। अनुभवी डब्ल्यू./टी. ऑपरेटर हालाँकि उसे यह काम पसंद नहीं है : अपने इरादों को लेकर दृढ़, और अपनी भीरुता के बावजूद आकस्मिक ज़रूरत पड़ने पर संभवतः उठ खड़ी हों।"

मेजर दे वेसलो की यह रिपोर्ट बेकर स्ट्रीट भेजी गई, जहाँ अधिकारी नूर की प्रगति पर निगाह रखते थे। मॉरिस बकमास्टर और सेल्विन जेप्सन, दोनों को नूर

पर पूरा यक़ीन था कि अपने चरित्र और सकारात्मक रुख़ की वजह से नूर सारी कठिनाइयों से पार पा लेंगी।

नूर ने अपने प्रशिक्षण का पहला चरण सफलतापूर्वक पूरा कर लिया था। बकमास्टर की दृष्टि में अपनी कमज़ोरियों से ऊपर उठने का नूर का दृढ़ निश्चय और साहस उनकी सबसे महत्त्वपूर्ण ख़ूबियाँ थीं। बाक़ी सारी मुश्किलें तो गुप्तचरों के सख़्त प्रशिक्षण-पाठ्यक्रम की बदौलत खुद ही हल हो जाने वाली थीं। पहले ही महीने में नूर को कोड्स के इस्तेमाल, निहत्थी लड़ाई, फ़ील्डक्राफ़्ट, शूटिंग, तोड़-फोड़ (जिसमें विस्फोटकों का इस्तेमाल और यह ज्ञान शामिल था कि निर्धारित लक्ष्यों पर ज़्यादा-से-ज़्यादा नुक़सान पहुँचाने के लिए, उनका इस्तेमाल कहाँ किया जाए), संपर्क-विधियों तथा मनोवैज्ञानिक परीक्षणों में प्रशिक्षित कर दिया गया था। अपने प्रशिक्षण के अगले चरण की ओर बढ़ने का वक़्त आ गया था।

13 मार्च, 1943 को नूर के बारे में एक नोट लिखा गया था। "हम चाहेंगे कि एसटीएस 52 में इस छात्रा के लिए एक जगह ख़ाली हो।" नूर अगली गतिविधि के लिए तैयार थीं। पाँच दिन बाद उन्होंने सुरक्षा-जाँच को पास कर लिया। अब उन्हें ग्रुप बी में जाना था।

लेकिन इसके पहले नूर को बेकर स्ट्रीट के अपने प्रमुख अधिकारियों से मिलना आवश्यक था। एक दिन, संभवतः मध्य मार्च के आस-पास कभी, जीन गॉर्डन स्क़्वेयर में बेंच पर बैठी कोई पुस्तक पढ़ रही थीं कि उन्होंने नूर को अपनी ओर आते देखा। वे अपनी सामान्य एयर फ़ोर्स वाली नीली वर्दी की बजाय ख़ाकी वर्दी पहने हुए थीं। जब जीन ने उनसे उसकी वजह पूछी, तो नूर ने बताया कि वे फ़ैनी में शामिल हो गई हैं।

"यह तो मुझे मालूम था कि नूर ने नर्सिंग का थोड़ा-सा प्रशिक्षण लिया था, लेकिन मैं यह सोचकर परेशान थी कि वह वहाँ क्यों चली गई। तब उसने मुझे बताया कि 'उसके दायरे में बहुत-सी चीज़ें आती हैं।'"[3] जीन ने अनुमान लगाया कि वे किसी ख़ुफ़िया काम में लग गई थीं और इसलिए उन्होंने आगे और पूछताछ नहीं की। नूर की माँ सोचती थीं कि सेना की ज़िंदगी नूर के लिए बहुत कठोर थी, उन्हें राहत मिली थी। उन्होंने सोचा कि फ़ैनी में सेना का प्रशिक्षण शामिल नहीं होगा, बल्कि सिर्फ़ नर्सिंग और प्राथमिक चिकित्सा के काम करने होंगे।

लंदन में रहते हुए नूर ने आरामदेह घरेलू जीवन का आनंद लिया। वे अपना वक़्त जीन और अपनी माँ के साथ बिताती थीं और क्लेयर तथा विलायत के सारे हालचाल जानती रहती थीं। आत्मविश्वास और प्रसन्नता से भरकर उन्होंने विलायत को लिखा कि ज़िंदगी 'गतिविधियों और दिलचस्पियों से भरपूर' है। उन्हें विलायत की याद आती थी और वे उनसे जल्दी ही मिलना चाहती थीं। परिवार अच्छी हालत

में था : क्लेयर सेना का सेक्रेटेरियल कोर्स कर रही थीं और अमीना को रेड क्रॉस डिप्टी सुपरिंटेंडेंट के पद पर पदोन्नत होने की उम्मीद थी। विलायत लांसिंग कॉलेज जाने वाले थे और सेना में अधिकारी पद का प्रशिक्षण ले रहे थे। नूर को लगता था कि परिवार की स्थिति एक बार फिर बेहतर हो रही थी। वे अपना वक़्त ब्रिटिश लाइब्रेरी में पुस्तकें पढ़ते हुए, जीन के साथ प्राच्य दर्शन पर चर्चा करते हुए बिताती थीं और जर्मनी का आधुनिक लोकप्रिय कथा साहित्य पढ़ने को उत्सुक थीं (संभवतः इसलिए कि वे जर्मन संस्कृति और जर्मन मानस से परिचित होना चाहती थीं)। कुछ जल्दी ही फिर ड्यूटी पर जाने का वक़्त आ गया।

29 मार्च, 1943 को नूर स्पेशलिस्ट सिग्नल्स ट्रेनिंग के लिए ऑक्सफ़ोर्डशर के टेम पार्क (एसटीएस 52) में हाज़िर हुईं। वे पहली महिला गुप्तचर थीं, जो इस सघन प्रशिक्षण के लिए चुनी गई थीं। अब उन्हें कई-कई घंटे प्रयोगशालाओं में बैठकर अपने सैट की बनावट, उसकी गड़बड़ियों का पता लगाने और उन गड़बड़ियों को दुरुस्त करने के बारे में सीखना होता था। उन्हें मोर्स की अपनी गति भी बढ़ानी थी। वायरलैस ऑपरेटरों ने एक 'फ़िस्ट' या शैली विकसित की थी, जिसके सहारे ट्रांसमिशन प्राप्त करने वाले व्यक्ति बता सकते थे कि उन्हें कौन भेज रहा था - मोर्स में एक तरह की फिंगरप्रिंटिंग थी, लेकिन यह उतनी अचूक नहीं थी, जितनी पुलिस की फिंगरप्रिंटिंग होती थी। हॉलैंड में अपवेआ के एजेंटों का ख़याल था कि एसओई गुप्तचरों के की-वर्क को तीन-चार बार सुनने के बाद, वे उसकी एकदम ठीक-ठीक नक़ल कर सकते थे।[4] सिग्नल का यह कोर्स बेहद तकनीकी और विशिष्ट था। इसके तहत गुप्तचर वेवलैंग्थ्स, एट्मस्फ़िरिक्स (वातावरण में व्याप्त विद्युतीय विक्षोभ) और जैमिंग (प्रसारित सिग्नल्स के रास्ते में डाली गई बाधाएँ) के बारे में, साथ ही रेडियो छिपाने और एरियल्स खड़े करने जैसी बुनियादी चीज़ों के बारे में सीखते थे। उन्हें अपने संदेशों में कुछ सुरक्षा संकेतों का समावेश करना भी सिखाया जाता था, ताकि उन संदेशों को इंग्लैंड में ग्रहण करने वाले व्यक्ति जान सकते कि वे असली संदेश हैं या जर्मनों द्वारा भेजे गए हैं।[5] एसओई के पास रेडियो ऑपरेटरों की हमेशा कमी बनी रहती थी, क्योंकि इस पद को अत्यंत ख़तरनाक और फ़ील्ड में अतिसंवेदनशील माना जाता था। गुप्तचरों को, साधारण वायरलैस प्रसारण के विपरीत, रेडियो के गुप्त संचालनों में प्रशिक्षित करना मुश्किल काम था, और उसमें इस चीज़ से कोई मदद नहीं मिलती थी, क्योंकि उस समय बहुत थोड़े-से रेडियो-सैट उपलब्ध थे। गुप्तचरों में रेडियो ऑपरेटर ही सबसे ज़्यादा मारे जाते थे और एवज़ी ऑपरेटरों की माँग निरंतर बनी रहती थी। नूर रैफ़ की पिछली ट्रेनिंग की वजह से दूसरों से साफ़ तौर पर आगे थीं, और चूँकि वे संभावित रूप से फ़्रांस भेजी जाने वाली पहली महिला रेडियो ऑपरेटर होने जा रही थीं, इसलिए वे अब सबकी निगाहों के केंद्र में थीं।

एसओई के आरंभिक वर्षों में वायरलैस ऑपरेटरों को प्लेफ़ेयर कोड सिखाया जाता था, जिसमें प्लेफ़ेयर की (key) के रूप में 5x5 अक्षर वर्ग और एक शब्द का इस्तेमाल किया जाता था। इसे दिमाग़ी अभ्यास के तौर पर सिखाया जाता था, लेकिन फ़ील्ड में इसका इस्तेमाल कभी-कभार ही होता था। बाद में, इस 'की' को एक शब्द की जगह कविता की एक पंक्ति में बदल दिया जाता था, जिसे गुप्तचर को अपनी स्मृति में सँजोए रहना होता था। शब्द वर्ग पर यह रूपांतरण इस कविता-कोड के आधार पर किया जाता था। कविता के शब्दों का चुनाव गुप्तचर करता था, ताकि वह उसे आसानी-से याद रख पाता। (नूर ने इसके लिए अपनी ही लिखी कविता का इस्तेमाल किया था।)[6] पहले के संकेताक्षरों की तुलना में इन्हें सुलझा पाना मुश्किल होता था, लेकिन अंततः ये संकेत भी जर्मनों द्वारा सुलझा लिए गए थे, क्योंकि पूरे संकेत को सुलझाने के लिए इतना ही तो ज़रूरी था कि वे उस कविता या उसकी शब्दावली का पता लगा लेते। 1942 तक डबल ट्रांसपोज़ीशन नामक एक और संकेत प्रणाली आ गई। इसके लिए गुप्तचर को बेतरतीब संख्याओं के दो सैट याद करने पड़ते थे। पहली बेतरतीब संख्याओं के नीचे सादा इबारत लिखी जाती थी और फिर उसे दूसरे सैट पर उतार दिया जाता था। 1943 में प्लेफ़ेयर कोड का और भी संशोधित संस्करण इस्तेमाल किया जाने लगा था, जिसमें संख्याओं के साथ-साथ अक्षरों का भी इस्तेमाल किया जाता था। 1944 के मध्य तक एक ज़्यादा सुरक्षित और अभेद्य संकेत सामने आ गया। गुप्तचर को रेशम के अनेक छोटे-छोटे कपड़े दिए जाते थे, जिनमें से प्रत्येक पर अक्षरों या आकृतियों के कई कॉलम छपे होते थे, जिनसे कोई भी संदेश गढ़ा या पढ़ा जा सकता था। जब गुप्तचर किसी अक्षर का इस्तेमाल कर लेता था, तो उसे उस अक्षर को काटकर जला देना होता था। इससे यह बात सुनिश्चित हो जाती थी कि वह वे कोड जर्मनों को कभी नहीं दे सकता था, क्योंकि उसने उन्हें नष्ट कर दिया होता था और इसकी कोई संभावना नहीं होती थी कि वह उसे याद कर पाता। रेशम के उस कपड़े की नक़ल होम स्टेशन पर रख ली जाती थी। इसे वन-टाइम पैड के नाम से जाना जाता था। नूर ने प्लेफ़ेयर कोड और डबल ट्रांसपोज़ीशन का इस्तेमाल करना सीख लिया था।

गुप्तचरों के लिए यह सीखना भी ज़रूरी होता था कि वे अपने प्रसारणों में सुरक्षा-संकेतों का समावेश कैसे करें। यह ऑपरेटर के लिए बेहद महत्त्वपूर्ण चीज़ थी, क्योंकि इसी के माध्यम से वह अपने होम स्टेशन को चेतावनी भेज सकता था कि वह दुश्मन के हाथों में पड़ गया/गई है। ये संकेत ऑपरेटर-विशेष के संदर्भ में विशिष्ट होते थे और इनमें जानबूझकर की गई स्पेलिंग की ग़लती या ग़लतियाँ की गई होती थीं - जैसे हर इबारत के सातवें अक्षर का ग़लत होना, या बारहवें अक्षर की जगह वर्णमाला के उससे आगे के अक्षर का रख दिया जाना। जर्मन जल्दी ही सुरक्षा-संकेत की मौजूदगी को समझ गए और उसे उगलवाने के लिए पकड़े गए

गुप्तचरों पर दबाव डालने लगे। तब गुप्तचर दोहरे सुरक्षा-संकेत रखने लगे : एक दिखावे का संकेत, जिसे वे दबाव में आने पर दुश्मन के सामने उगल सकते थे, और दूसरा वास्तविक संकेत, जिसे वे अपने पास रखते थे। उन संकेतों को पढ़ने वाले कर्मचारियों को मालूम होता था कि ऑपरेटर किस संकेत का इस्तेमाल करेगा। इसलिए अगर उनके नोट्स कहते थे कि 'दिखावे का संकेत प्रस्तुत, वास्तविक संकेत हटाया गया', तो इसका मतलब होता था कि ऑपरेटर पकड़ा गया है और वह दबाव में है। ये संकेत लंदन स्थित प्रधान कार्यालय के लिए बुनियादी महत्त्व रखते थे, लेकिन अक्सर जो कर्मचारी उन्हें प्राप्त करते थे, वे उनकी ओर ध्यान नहीं देते थे। इसी का नतीजा था कि फ़ील्ड में मौजूद नूर और उनके साथियों को विनाशकारी परिणाम भुगतने पड़े थे।[7]

प्रधान कार्यालय नक़ली संदेश भेजकर ऑपरेटर की असलियत की परीक्षा भी लेता था। किसी गुप्तचर को संदेश भेजकर पूछा जा सकता था : 'जैसा कि तुम्हें आदेश दिया गया था, क्या तुमने निकोल से संपर्क किया?' जबकि निकोल एक काल्पनिक व्यक्ति होता था और वैसा कोई आदेश दिया ही नहीं गया होता था। अगर गुप्तचर आश्चर्य में पड़कर जवाब देता : 'यह कमबख़्त निकोल कौन है और किस आदेश की बात की जा रही है?' तो प्रधान कार्यालय समझ जाता था कि गुप्तचर असली है। इसकी बजाय अगर प्रधान कार्यालय को, मसलन, इस तरह का कोई जवाब प्राप्त होता कि 'मुझे उससे कहाँ मिलना है?' या 'मैं मिलने की व्यवस्था कर रहा हूँ, आगे के ब्योरे भेजो।' या महज़ 'मिलूँगा', तो वे समझ जाते थे कि वे दुश्मन से बात कर रहे हैं।

फ़ील्ड से आया संदेश, सुनने वालों के विशेषज्ञ समूह - मुख्यतः फ़ैनी - के पास भेजा जाता था, जो इन संदेशों को सुनने के लिए स्थायी तौर पर तैयार होते थे और उनके जवाब देते थे। कॉलिन गबिन्स ने एसओई के वायरलैस ऑपरेटरों के काम को 'मुहिम की हमारी समूची शृंखला की सबसे मूल्यवान कड़ी' की संज्ञा देते हुए कहा था कि "इन कड़ियों के बिना हम अँधेरे में हाथ-पैर मार रहे होते।"[8]

नूर टेम पार्क में लगातार प्रगति कर रही थीं। चूँकि वे मोर्स का प्रशिक्षण पहले ही प्राप्त कर चुकी थीं, इसलिए वे उन अन्य प्रशिक्षुओं से आगे थीं, जिन्हें एकदम शून्य से शुरुआत करनी पड़ रही थी। नूर ने इस अवसर का फ़ायदा उठाकर, अपने काम को और भी तराश डाला। हर सप्ताह उनकी गति दर्ज की जाती थी तथा सामान्य टिप्पणियाँ की जाती थीं।

टेम पार्क में 40 घंटे के प्रशिक्षण के बाद उनकी मोर्स रफ़्तार बढ़कर प्रति मिनट 16 शब्द भेजने और प्रति मिनट 19 शब्द प्राप्त करने तक पहुँच गई। उनके प्रशिक्षक ने ग़ौर किया कि 'उन्हें अभ्यास की ज़रूरत है और वे जल्दी ही थक जाती

हैं, लेकिन वे ठीक-से काम कर रही हैं और निश्चय ही प्रगति करेंगी'। एक सप्ताह बाद उन्होंने अपनी रफ़्तार बढ़ाकर 18 शब्द प्रति मिनट (भेजने) और 20 शब्द प्रति मिनट (प्राप्त करने) तक कर ली। 16 अप्रैल आते-आते नूर की मोर्स रफ़्तार 18 शब्द प्रति मिनट (भेजने) और 22 शब्द प्रति मिनट (प्राप्त करने) तक पहुँच गई। उनके प्रशिक्षक ने इसे संतोषजनक कहा, क्योंकि प्रशिक्षण प्राप्त कर रहे किसी भी ऑपरेटर के संदर्भ में यह सबसे तेज़ रफ़्तार थी। इस मक़ाम पर वे A मार्क II (फ़ील्ड में रेडियो का इस्तेमाल) के प्रायोगिक कार्य की दिशा में सक्रिय हो गई थीं। उनकी रिपोर्ट बताती थी कि उन्हें यह 'कुछ विचित्र-सा' लग रहा था, 'लेकिन वे कुल मिलाकर अच्छी प्रगति कर रही थीं'।

स्पष्ट था कि नूर अच्छी तरह रच-बस गई थीं। रेडियो ट्रांसमिशन के प्रति उनका रुझान बाक़ी रंगरूटों के मुक़ाबले सबसे अधिक था। प्रशिक्षण के जिस एकमात्र पहलू का उन्होंने आनंद नहीं लिया, वह शारीरिक कार्य था, जिसमें सघन शस्त्र प्रशिक्षण शामिल था, लेकिन जैसा कि उनके प्रशिक्षक ने ग़ौर किया था, उन्होंने उस पर काम करने का निश्चय कर रखा था।

19 अप्रैल, 1943 को उनके प्रशिक्षक लेफ़्टिनेंट हॉलैंड की एक और रिपोर्ट में उनकी प्रगति और रवैये की प्रशंसा की गई :

> इस छात्रा ने, 27X पार्टी के अपने दो फ़ैनी साथियों की ही तरह, खुद को स्कूल के जीवन में पूरी तरह झोंक दिया है। उसमें अपरिमित ऊर्जा है और वह उसे स्वैच्छिक शारीरिक प्रशिक्षण पर भरपूर ख़र्च करती है, जिसके पीछे उसका लक्ष्य स्त्रियोचित अक्षमताओं पर भरसक विजय पाने का है। वह खुश करने के लिए बहुत उत्सुक है, साथियों की मनःस्थिति, या बातचीत के लहज़े के मुताबिक़ खुद को ढालने के लिए बहुत तत्पर है, शख़्सियतों में बहुत दिलचस्पी रखती है, मज़बूत बंधनों में सक्षम है, हृदय से कोमल है, भावःप्रवण है और कल्पनाशील है। उसे अपने परिवार (माँ, भाई, जो फ़्लीट एयर आर्म में है, और बहन) से बहुत लगाव है। वह पाँच वर्ष तक सगाई के बंधन में रही, लेकिन फिर उसने सगाई तोड़ दी। मौजूदा ज़िम्मेदारी सँभालने के पीछे उसका ध्येय आदर्शवाद प्रतीत होता है। उसे लगा था कि वह वाफ़ के रूप में गतिरोध की स्थिति में पहुँच गई थी और इसलिए युद्ध के सिलसिले में कोई अधिक सक्रिय भूमिका निभाने के लिए बहुत इच्छुक थी, ऐसी कोई भूमिका जो उसकी क्षमताओं से कुछ ज़्यादा की माँग करती और शायद अधिक उत्सर्ग की माँग करती। यह एकमात्र ध्येय प्रतीत होता है, सगाई का टूटना पुरानी घटना हो चुकी है, न ही ऐसा लगता है कि उसके मन में कोई माता-हारी क़िस्म का रोमानी ख़याल है। दरअसल, वह स्वीकार करती है कि वह ऐसा कोई भी 'दोमुँहा' काम करना नहीं चाहती,

> जिसका आशय है सोची-समझी दुर्भावना के साथ दोस्ती। माँ से अलग होने और उनके साथ पत्र व्यवहार ख़त्म होने की अनिवार्यता के बारे में माँ को तैयार करने को लेकर उसने जिस तरह पहले से सोच रखा है, उससे यह ज़ाहिर है कि उसने निश्चय ही इस ज़िम्मेदारी के कुछ मायने समझ लिए हैं। यह एक सुस्पष्ट कल्पना के साथ जुड़ा, उसकी शख़्सियत का जज़्बाती पहलू है, जो उसके प्रशिक्षण की बाद की सीढ़ियों पर ध्येय के प्रति उसकी निष्ठा की कसौटी होगा।[9]

यह विस्तृत रिपोर्ट बताती है कि एसओई अपने प्रशिक्षुओं के अतीत और उनकी दिमाग़ी बनावट में कितनी दिलचस्पी रखती थी। स्पष्ट है कि नूर ने अपने प्रशिक्षकों से अपने निजी और पारिवारिक जीवन, अपनी उद्विग्नताओं और आशंकाओं के बारे में, इन चीज़ों की कुछ गहराई में जाकर चर्चा की थी, हालाँकि प्रशिक्षकों के सामने यह बात स्पष्ट थी कि वे जज़्बाती थीं, लेकिन उन्होंने उनमें संचित हिम्मत और साहस को देख लिया था। उनकी परिपक्वता और साफ़गोई से उनके प्रशिक्षक प्रभावित थे, लेकिन अभी बहुत कुछ किया जाना बाक़ी था। अपने रेडियो और तकनीकी प्रशिक्षण के अलावा, नूर ने गुप्तचर बनने और गुप्तचर के रूप में जीवित रहने की महत्त्वपूर्ण कला भी सीख ली थी। वानबरो के शुरुआती प्रशिक्षण तथा विशेषज्ञ प्रशिक्षण स्कूलों के बाद एफ़ -सेक्शन के ज़्यादातर गुप्तचरों को स्कॉटलैंड के ग्रुप ए स्पेशल ट्रेनिंग स्कूल नंबर 26 में भेज दिया जाता था। यहाँ एफ़ -सेक्शन को प्रशिक्षण का एक आदर्श धरातल मिलता था - स्कॉटलैंड की पहाड़ियों के सबसे दुर्गम इलाक़ों में कई बड़े-बड़े मकान। इन सुदूर पर्वतों पर, अक्सर कठोर मौसम से जूझते हुए, प्रशिक्षणार्थियों को नक़ली विस्फोटकों का इस्तेमाल कर पुलों को उड़ाने और तोड़-फोड़ की इसी तरह की अन्य गतिविधियों की शिक्षा दी जाती थी। यह कठोर शारीरिक प्रशिक्षण होता था और प्रशिक्षणार्थियों को हथियारों का इस्तेमाल करना, चिकने हथियारों में गोली-बारूद भरना, कच्चे देहाती इलाक़ों के बीच से रास्ता बनाना और झाड़ों के बीच से चुपचाप रेंगते हुए निकल जाना आदि का अभ्यास करना होता था। उन्हें चट्टानी नदियों को पैदल पार करना, बस्तियों की निगाहों से बचकर रहना, कुछ भी खाकर काम चला लेना, और चुपचाप हत्याएँ करना सीखना होता था। उन्हें पहाड़ों पर मीलों साइकिल चलाते हुए अपनी तंदुरुस्ती को पराकाष्ठा तक ले जाना होता था, ताकि वे युद्ध-क्षेत्र में काम आ सके। नूर की प्रशिक्षण संबंधी फ़ाइलों में ऐसा कोई सबूत नहीं मिलता कि वे एरिसेग (ए-स्कूल) गई थीं। चूँकि वे एक रेडियो ऑपरेटर थीं, संभवतः उनके प्रशिक्षण को उसी विशेष क्षेत्र पर केंद्रित रखना बेहतर समझा गया होगा।

एरिसेग के प्रशिक्षण के बाद गुप्तचरों को उनके अपने कार्य-क्षेत्र में विशेषज्ञता प्राप्त करने आगे के स्कूलों में भेजा जाता था। कुछ लोग औद्योगिक तोड़-फ़ोड़ का

कोर्स करते थे, कुछ पैराशूट की मार्फ़त पहुँचाई जाने वाली रसद के लिए बाहरी इलाक़ों का चुनाव करने, उनका वर्णन करने तथा विशेष रिसेप्शन कमेटियाँ गठित करने की दक्षता सीखते थे, कुछ लोग तिजोरियाँ तोड़ना, ताले खोलना और हथियारों का इस्तेमाल करना सीखते थे। एक अंतिम कोर्स होता था, मैनचेस्टर के क़रीब रिंगवे एयरफ़ील्ड में पैराशूट प्रशिक्षण का। यहाँ से उन्हें पैराशूट की मार्फ़त टैटन पार्क में छोड़ दिया जाता था। प्रशिक्षणार्थी आम तौर से चार-पाँच अभ्यासी छलांगें लगाते थे, जिनमें से एक रात में लगाई जाती थी और एक पैरों में उपकरण बाँधकर, लेकिन नूर रिंगवे नहीं गई थीं, क्योंकि उनके प्रशिक्षक ने उन्हें पैराशूट प्रशिक्षण से बाहर रखा था।

सारे गुप्तचरों के लिए प्रशिक्षण का अंतिम चरण होता था, फ़िनिशिंग स्कूल। नूर को इसके लिए हैम्पशर में ब्यूली (बी-स्कूल) एसटीएस 36 में भेजा गया था। उन्हें रविवार 9 मई को चार अन्य सहकर्मियों के साथ वाटरलू से साउथेम्प्टन तक की यात्रा के निर्देश दिए गए थे। वहाँ से उन्हें ब्यूली जाना था, जो एसओई ट्रेनिंग स्कूल्स के मुकुट में मणि की तरह था।

यहाँ न्यू फ़ॉरेस्ट के अंदरूनी इलाक़े में, मोंटेग्यू परिवार की जागीर और 1204 में निर्मित ब्रिटेन के एक सबसे पुराने मठ के खंडहरों के विस्तीर्ण मैदान में गुप्तचर दुश्मन के क़ब्ज़े वाले इलाक़ों में जीवित रहने की कला सीखते थे। झील की ओर खुलते इस देहाती मकान में जहाँ अलाव जलते रहते थे, वहाँ एरिसेग के कठोर प्रशिक्षण के बाद गुप्तचरों को तनावमुक्त होने की गुंजाइश मिलती थी। मठ के खंडहरों के बीच एक शिलालेख पर उन गुप्तचरों को श्रद्धांजलि दी गई है, जिन्होंने अपने ख़तरनाक युद्धकालीन अभियानों के लिए यहाँ प्रशिक्षण प्राप्त किया था।

इस जागीर में एसओई के ग्यारह मकान थे, जो विशेषज्ञतापूर्ण प्रशिक्षण के लिए स्कूलों तथा आवासीय कुटीरों के रूप में काम आते थे। ब्यूली मैनर (जो अब राष्ट्रीय मोटर म्यूज़ियम है) ग्रुप बी स्कूल का मुख्यालय था। मोंटेग्यू परिवार के लोग स्वयं पैलेस हाउस में रहते थे। पैलेस हाउस का इस्तेमाल लोकल एयर रैड प्रिकॉशन्स (एआरपी) और रेड क्रॉस मुख्यालय के रूप में भी किया जाता था और बाद में इसे अलाइड सुप्रीम कमांडर जनरल ड्वाइट डी. आइज़नहॉवर का आपातकालीन मुख्यालय बना दिया गया था। मुख्य कक्षाएँ रिंग्स नामक तेरह शयन-कक्षों वाले एक विशाल चक्करदार भवन (जो अब ध्वस्त हो चुका है।) में लगा करती थीं। सारे मकानों के अलग-अलग नाम थे। बोरमांस एफ़-सेक्शन को विशेष रूप से पसंद था और यही वह मकान था, जिसमें नूर जैसी महिलाओं को प्रशिक्षित किया जाता था। नदी की दिशा में नीडूस की ओर प्वाइंट के क़रीब स्थित वॉरेन हाउस तथा सोलेंट की दिशा में फैले सॉली के तट पर स्थित मकान का इस्तेमाल गुप्तचरों को कई तरह के हथियार दागने का प्रशिक्षण देने के लिए किया जाता था। पूर्वी किनारे पर स्थित

इंचमेरी हाउस का उपयोग फ़्री फ़्रेंच कोबा पैराशूट कंपनी की पोलिश और फ़्रांसीसी सैन्य टुकड़ियों के लिए कमांडो ट्रेनिंग स्कूल के तौर पर किया जाता था। क्लॉब गोर्स नामक मकान भी एफ़-सेक्शन ने ले लिया था।

सुरम्य ब्यूली गाँव ने युद्ध के दौरान किए गए कुछ अत्यंत गुप्त कामों के लिए अड्डा मुहैया कराया था। जंगली टट्टुओं और नदी के किनारों पर बसेरा करती बत्तखों से युक्त न्यू फ़ॉरेस्ट के इस शांत वातावरण में अत्यंत गोपनीय और ख़तरनाक अभियानों को अंजाम दिया गया था। डी-डे की तैयारियों के दौरान ब्यूली नदी के पश्चिमी तट पर आयस्टर बेड में तैयार किए जा रहे तैरते हुए मलबेरी बंदरगाह के विभिन्न अवयव यहाँ फैले हुए थे, वहीं ऑपरेशन ओवरलॉर्ड के दौरान सैनिकों को लाने वाली 500 से ज़्यादा विभिन्न आकार की नौकाओं ने इस नदी का उपयोग किया था। ग़ोताख़ोरों की टुकड़ियाँ और पानी के अंदर ख़ुफ़िया सर्वेक्षण करने वाले सर्किट, साथ ही एसओई के गुप्तचर और कमांडो इन मकानों के तहख़ानों में छिपे थे। यहीं नौसेना के वैज्ञानिकों ने नए हथियारों के साथ प्रयोग किया था। ब्यूली का पूरा इलाक़ा और पड़ोस का बकलर्स हार्ड युद्ध के दौरान वर्जित इलाक़े थे। नदी के पूर्वी तट पर रोथचाइल्ड का घर, एक्सबरी हाउस था, जिसे नौसेना ने अपने क़ब्ज़े में ले लिया था और जो बाद में एचएमएस *मस्टडोन* के नाम से जाना गया था। इसमें रहने वालों में प्रसिद्ध लेखक और इंजीनियर नेविल शूट भी शामिल थे, जिन्होंने रॉकेट प्रक्षेपित करने वाले बिना पायलट के विमान 'स्वॉलो' के साथ प्रयोग किया था, जो आज की क्रूज़ मिसाइल का पूर्वज है।

ब्यूली के प्रशिक्षकों की फ़ेहरिस्त में आकर्षक शख़्सियत वाले किम फ़िल्बी भी शामिल थे, जिनके बारे में बाद में पता चला था कि वे सोवियत डबल एजेंट थे। वे ब्यूली में प्रचार के तरीक़े पढ़ाते थे। विडंबना यह थी कि फ़िल्बी ने स्वयं ये हुनर सोवियतों से सीखे थे, क्योंकि वे 1933 से ही उनके लिए काम कर रहे थे। नूर के समय तक वे एमआई6 में अपने करियर के लिए ब्यूली छोड़ चुके थे, लेकिन उन्हें ब्यूली में एक ऐसे विलक्षण प्रशिक्षक के रूप में याद किया जाता था, जिन्होंने गुप्तचरों को उस शासन-व्यवस्था के प्रति नफ़रत का इज़हार किए बिना, उसके अधीन रहना सिखाया था, जिससे वे वास्तव में नफ़रत करते थे।

ब्यूली में दिए जाने वाले प्रशिक्षण को एसओई अत्यंत निर्णायक महत्त्व का मानती थी। वह जगह ब्यूली ही थी, जहाँ गुप्तचर अपने दुश्मन को पहचानना और युद्ध-क्षेत्र में जीवित बने रहना सीखते थे। उन्हें सिखाया जाता था कि वे यह पता कैसे लगाएँ कि उनका पीछा किया जा रहा है या नहीं, और अगर किया जा रहा है, तो दुश्मन को चकमा कैसे दिया जाए, किसी स्रोत से संपर्क कैसे किया जाए, सुरक्षित लेटर बॉक्स कैसे तैयार किए जाएँ, संदेश कैसे भेजे जाएँ और रेडियो एरियल कैसे स्थापित किया जाएँ। गुप्तचरों को युद्ध-क्षेत्र के सफ़र पर भेजा जाता था और अक्सर

गिरफ़्तार कर लिया जाता था, जिसका उद्देश्य यह जाँचना होता था कि वे अपने गढ़े गए क़िस्से पर अडिग बने रह पाते हैं या नहीं। ये सारी चीज़ें अंतिम मुहिम की तैयारी के तौर पर होती थीं।

मॉरिस बकमास्टर अक्सर मुख्यालय से आकर रंगरूटों से ज़िरह करते थे और उनके मनगढ़ंत क़िस्सों में सेंध लगाने के उद्देश्य से उनसे गिस्तापो-शैली में पूछताछ करते थे। गुप्तचरों को गिस्तापो की वेशभूषा वाले किसी व्यक्ति द्वारा आधी रात को उनके बिस्तरों से घसीट लिया जाता था। उन्हें अक्सर पूछताछ के लिए निर्धारित किसी कमरे में ले जाया जाता था, उनके चेहरों पर तेज़ रोशनी फेंकी जाती थी, और ऐसे लोगों का सामना करने को विवश किया जाता था, जो गिस्तापो अधिकारी जैसे दिखते थे। यह इसलिए किया जाता था, ताकि प्रशिक्षणार्थियों को इन पूछताछों की क्रूरता का अनुमान हो सके। उन्हें उनके मनगढ़ंत क़िस्से इतनी बार दोहराने पढ़ते थे कि पूछताछ के अंत तक आते-आते वह क़िस्सा उनके दिमाग़ में अंकित हो जाता था। अगर वे दबाव में आकर टूटने से बच जाते थे, तो उनका आत्मविश्वास बहुत बढ़ जाता था और वे वास्तविक जर्मन पूछताछ का सामना करने को तैयार हो जाते थे। ये पूर्वाभ्यास बहुत मनहूस क़िस्म के होते थे और रंगरूटों को बख़्शा नहीं जाता था। उन्हें नंगा करके तेज़ लैम्पों की रोशनी में घंटों खड़ा रखा जाता था और हालाँकि उनके साथ शारीरिक हिंसा नहीं की जाती थी, वे जानते थे कि जब असल पूछताछ होगी, तो उसमें शायद यातनाएँ भी शामिल होंगी।

अगर रंगरूट दबाव में आकर बुरी तरह टूट जाते थे, तो उनको युद्ध-क्षेत्र में भेजे जाने की संभावना नहीं होती थी। बकमास्टर ने बाद में याद करते हुए बताया था कि क्रूरतापूर्ण कटाक्ष, बार-बार दोहराए गए तथा चिल्लाकर पूछे गए सवाल और निरंतर अड़ियल रवैया आदमी के मनोबल को तोड़ देता था, लेकिन वह इस बात से तसल्ली हासिल कर सकता था कि मुमकिन है, पूर्वाभ्यास के दौरान इस तरह टूटने की वजह से उसकी - और दूसरों की - जान बच गई हो, क्योंकि यह चीज़ दुश्मन के सामने उसे वैसा करने से रोकेगी। यह कोई खेल नहीं था।[10]

बताया जाता है कि नूर ब्यूली में इस छद्म गिस्तापो पूछताछ के दौरान बुरी तरह दहशत में आ गई थीं और जब अधिकारी उन पर चिल्लाते थे, तो उनकी बोलती लगभग बंद हो जाती थी। रात के समय बिस्तर से घसीट लिए जाने और गिस्तापो की वर्दी वाले लोगों द्वारा घेर लिए जाने से वे बुरी तरह डर गई थीं। जोआन सेंडरसन ने बाद में कहा था :

> उन्हें नूर की यह छद्म पूछताछ लगभग असहनीय लगी थी। लगता था, वे पूरी तरह दहशत में आ गई थीं। कोई भी देख सकता था कि उन्हें रोशनियों से बहुत तकलीफ़ हो रही थी, और जब अधिकारी बहुत ज़ोर-से चिल्लाता

> था, तो उसकी आवाज़ से भी। एक बार तो अधिकारी ने कहा, "कुर्सी पर खड़ी हो जाओ।" इन सब बातों ने उन्हें इतना भ्रमित कर दिया कि उनकी आवाज़ लगभग चली गई थी। उनके मुँह से शब्द सुनाई नहीं पड़ रहे थे। कभी-कभी तो सिर्फ़ फुसफुसाहट ही सुनाई देती थी। बाद में जब वे बाहर आई, तो काँप रही थीं और उनका चेहरा सफ़ेद पड़ा हुआ था।[11]

ब्यूली में गुप्तचरों को फ़्रांसीसी तौर-तरीक़े भी सिखाए जाते थे। यह चीज़ फ़्रांस में उनके जीवित बने रहने के लिए बहुत अहमियत रखती थी। गुप्तचरों को हर काम फ़्रांसीसी ढंग से करना होता था, चाहे अपने बालों में कंघी करना हो या अपने छुरी-काँटे प्लेट में छोड़ना हो, फ़ोन का जवाब देना हो या वेटर को बुलाना हो। आदमी का लहज़ा और शब्द भले ही पूरी तरह सही क्यों न हों, वह फ़्रांसीसी में ग़लत मुहावरे का इस्तेमाल कर अपनी पोल खोल सकता था।

प्रशिक्षणार्थियों को फ़्रांस से लौटे गुप्तचरों के अनुभव सुनाए जाते थे, ताकि वे उनसे सीख सकें। उनको बताया जाता था कि किस तरह एक बार एक गुप्तचर फ़्रांस के एक कैफ़े में गया और उसने ब्लैक कॉफ़ी की माँग की। इससे वेटर आश्चर्य में पड़ गई, क्योंकि उस समय फ़्रांस में कोई दूसरी कॉफ़ी थी ही नहीं। इस तरह की छोटी-छोटी चूकें, कितनी ही मामूली क्यों न हों, शक पैदा कर सकती थीं।

नूर को फ़्रांस में डाँट पिलाई गई थी, क्योंकि उन्होंने अँग्रेज़ी शैली में अपनी चाय में पहले दूध डाल लिया था। मामूली-सी गफ़लत भी आपकी पोल खोल सकती थी, क्योंकि मुख़बिर हर कहीं मौजूद होते थे।

मॉरिस बकमास्टर ने लिखा कि एक अन्य उदाहरण टेलिफ़ोन इस्तेमाल करने का ढंग था। फ़्रांसीसी *तेने ला लीन्य* (कृपया लाइन पर बने रहें) कभी नहीं कहते, जैसे कि अँग्रेज़ कहते हैं। इसकी बजाय वे कहते हैं *न क़िते पा लेकूत* (जिसका शाब्दिक अर्थ है - सुनना मत छोड़िए), या सिर्फ़ *न क़िते पा*। अगर गुप्तचर किसी भी तरह की दूसरी शब्दावली का इस्तेमाल करता था, तो सुनने वाला फ़्रांसीसी संदेह से भर उठता था और अगर वह फ़्रांसीसी विशी सर्मथक होता था, तो यह स्थिति गुप्तचर की मौत का कारण बन सकती थी।[12]

गुप्तचरों को सिखाया जाता था कि वे फ़्रांस के अपने अड्डे से बेकर स्ट्रीट के साथ उन अनेक पोस्ट बॉक्सों के माध्यम से किस तरह तालमेल बैठाएँ, जो संदेशों को पेरिस से स्पेन की सीमा से पार कर पर्वतों और तटस्थ राजधानियों में तैनात विभिन्न गुप्तचरों के माध्यम से बेकर स्ट्रीट तक लेकर आते थे।

नूर हालाँकि युद्ध से पहले फ़्रांस में रह चुकी थीं, लेकिन अब जर्मनों के अधीन यह बिलकुल अलग जगह थी। उनके सख़्त प्रशिक्षण ने उन्हें एक ऐसे शहर में ज़िंदा बने रहने के लिए तैयार किया था, जिस पर दुश्मन ने क़ब्ज़ा कर लिया

था। उन्होंने फ़्रांस की जीवन-स्थितियों के बारे में जाना-समझा, इस बारे में कि उन्हें किस तरह के पहचान-पत्र की ज़रूरत होगी, और ऐसी ही अन्य प्रासंगिक चीज़ों के बारे में भी जाना-समझा। उन्हें विभिन्न पुलिस बलों की वर्दियों को पहचानना सिखाया गया और यह बताया गया कि स्थानीय पुलिस जर्मनों के साथ किस तरह निकट संपर्क रखते हुए काम करती है। रिंग्स और बोरमांस की कक्षाओं में उन्हें दुश्मनों - जर्मन सैनिकों और फ़्रांसीसी मीलीस (जर्मन-समर्थक फ़्रांसीसी पुलिस) की तसवीरें दिखाई गईं और सिखाया गया कि उनके चेहरों को कैसे पहचाना जाए। उन्हें पेरिस के बुलवाख़ ग़स्पाई स्थित होटल लुतेशिया में अड्डा जमाए जर्मनी की सैन्य टुकड़ी अपवेआ से, और 82-86 एवेन्यू फश में अड्डा जमाए एसएस की ख़ुफ़िया शाखा एसडी (Sicherheitsdienst) से सचेत रहने की सीख दी गई। उन्होंने नाज़ी पार्टी, जर्मन सेना और गिस्तापो पर केंद्रित व्याख्यान सुने और फ़्रांस से लौटे गुप्तचरों द्वारा बयान किए गए क़िस्सों की मार्फ़त हिंसक पूछताछ करने वालों से निपटने के तरीक़ों के बारे में जाना।

संकेत लिपियों, नक़्शों को समझने, माइक्रो-फ़ोटोग्राफ़ी और जालसाज़ी को पहचानने और जालसाज़ी करने के बारे में भी पढ़ाया गया। गुप्तचरों को युद्ध-क्षेत्र में चौकन्ना करने वाले बीबीसी के संदेशों को इस्तेमाल करना और उन्हें व्यवस्थित करना भी सिखाया गया। अपने गुप्तचरों को गुप्त संदेश भेजने के लिए एसओई नियमित रूप से बीबीसी की फ़्रांसीसी प्रसारण-सेवा चलाया करती थी। गुप्तचरों, हथियारों या रसद की हर खेप के गिराए जाने से पहले फ़्रांस में उन्हें प्राप्त करने वाली समितियाँ उनकी अपेक्षित आमद के बारे में ख़बरें सुनती थीं। फ़्रांसीसी में पढ़े गए शाम के न्यूज़ बुलेटिन के बाद उद्घोषक *एविस* नामक कई निजी संदेश देता था। ये संदेश हर दिन शाम को 7.30 बजे और फिर रात को 9.15 बजे लंदन के स्ट्रेंड रोड पर स्थित बीबीसी वर्ल्ड सर्विस मुख्यालय से प्रसारित होते थे। कार्यक्रम में साधारण क़िस्म की सूचनाओं और कविताओं के बीच ऐसे तयशुदा संकेत बिखरे होते थे, जो युद्ध-क्षेत्र में तैनात गुप्तचरों को खेपों के गिराए जाने के इंतज़ामों के बारे में बताते थे। मसलन, उद्घोषक धीमे और स्पष्ट स्वर में कहता, *'मोइज़ डो़ग्मीहा सुअह ले बोख़ द्यु नील'* (मूसा नील नदी के तट पर सोएगा), जिसका मतलब होता था कि एक गुप्तचर हडसन विमान से पहुँचने वाला होता था।

शाम का यह प्रसारण गुप्तचर को चौकन्ना कर देता था। अगर यही बात बाद के प्रसारण में दोहराई जाती थी, तो यह उक्त सूचना की पुष्टि होती थी। इस तरह वे युद्ध-क्षेत्र में गुप्तचर की अगवानी या पैराशूट से उतारे जाने के लिए तैयार हो जाते थे। अक्सर संदेश में अर्थहीन वाक्य घुसेड़ दिए जाते थे, जिनका उद्देश्य संदेश को कुछ ऐसा रूप देना होता था कि *संदेश देने वाले प्रामाणिक लगें*।

ब्यूली की पद्धतियाँ आदर्श जासूसी स्कूल जैसी थीं। नूर को सिखाया गया था कि वे किस तरह निरंतर चौकन्ना रहें, किस तरह गुप्त अड्डों का इंतज़ाम करें, किस तरह भीड़ के बीच, लोगों का ध्यान आकृष्ट किए बिना, साथी गुप्तचर तक अपना संदेश पहुँचाएँ, और अपनी पहचान को किस तरह गुप्त रखें। प्रशिक्षण के एक-एक पहलू का उद्देश्य आत्मरक्षा और कारगर ढंग से काम करने में गुप्तचर की मदद करना होता था।

नूर अपने प्रशिक्षण में पूरी तरह तल्लीन थीं। उन्हें पहली बार महसूस हो रहा था कि वे किसी सकारात्मक लक्ष्य की दिशा में काम कर रही थीं, और कुछ इस तरह का काम कर रही थीं, जो करने योग्य था। ब्यूली से लंदन की अपनी एक यात्रा में नूर ने जीन को बताया था कि उन्हें एक ख़ास पद पर पदोन्नत कर दिया गया था और वे 'अच्छे क़िस्म की' लड़कियों के साथ काम कर रही थीं।[13] उन्होंने इस बात का ज़िक्र भी किया था कि वे एक ख़ूबसूरत पुराने मकान में रहती थीं, जिसकी खिड़कियों में रंगीन काँच लगे थे। जीन ने याद करते हुए बताया था कि वे काफ़ी उत्साहित, उत्तेजित और पहले की तुलना में बेहतर लग रही थीं।

इस बीच, युद्ध-क्षेत्र में रेडियो ऑपरेटरों की कमी संकट की अवस्था में पहुँच गई थी। पेरिस से मिले एक एसओएस सिग्नल की वजह से एसओई ने नूर से पूछा कि क्या वे प्रशिक्षण पूरा किए बिना सीधे युद्ध-क्षेत्र में जाने की स्थिति में हैं। जैसी कि उम्मीद थी, वे तुरंत तैयार हो गईं। वेरा एटकिंस ने उनके लिए एक क़िस्सा गढ़ दिया और विदाई से पहले की अंतिम सीढ़ी के लिए तैयार कर दिया। नूर लाइसेंडर विमान से ले जाई गईं। एयर मिनिस्ट्री द्वारा रखे गए दस्तावेज़ों के अलावा उस विमान के कोई अन्य ब्योरे उपलब्ध नहीं हैं। उक्त दस्तावेज़ बताते हैं कि 21/22 की रात को नूर तथा एक अन्य गुप्तचर ज़ैक़ कुफ्तो ने फ़्रांस की उड़ान भरी थी, लेकिन विमान कोम्पियेन्य से लौट आया था, क्योंकि उसकी अगवानी करने वाले लोग (रिसेप्शन कमेटी) मौजूद नहीं थे।[14] पेरिस में युद्ध-क्षेत्र में मौजूद गुप्तचर प्रसारण में रुकावट की वजह से रेडियो से प्रसारित निर्देश नहीं सुन पाया था। नूर इस उड़ान के दौरान व्यर्थ बेचैन रहीं।

इस मुद्दे पर नूर की व्यक्तिगत फ़ाइलों से कुछ भ्रम पैदा होता है। उनमें मई के महीने में पेरिस के लिए उनकी किसी उड़ान का ज़िक्र नहीं है, लेकिन उनसे पता चलता है कि उन्हें प्रशिक्षण अभियान के तहत ब्यूली से ब्रिस्टल भेजा गया था।

यह बात स्पष्ट नहीं है कि नूर ने पेरिस की अपनी पहली यात्रा ब्रिस्टल की यात्रा के दौरान की थी या उसके तुरंत बाद की थी। उनकी फ़ाइल का कहना है कि वे 96 घंटे की योजना के हिस्से के तौर पर 19 से 23 मई, 1943 के बीच ब्रिस्टल में थीं। ये तारीख़ें उनकी पेरिस की उड़ान की तारीख़ों से मेल नहीं खातीं। यह मुमकिन

नहीं प्रतीत होता कि नूर को ब्रिस्टल में 96 घंटे का कोर्स पूरा किए बिना ही पेरिस भेज दिया गया हो। प्रशिक्षण का यह अंतिम सोपान रंगरूटों को सर्वाधिक वास्तविक अहसास कराता था कि युद्ध-क्षेत्र में काम क्या करना था, और इसीलिए इस प्रशिक्षण को अनिवार्य माना जाता था।[15] इसलिए संभावना यही है कि नूर ब्रिस्टल से लौटने के बाद ही पेरिस गई हों, जिसका मतलब है कि उनका ब्रिस्टल परीक्षण 17 मई के आस-पास हुआ होगा।

नूर की ज़िम्मेदारियों में ये काम शामिल थे : एक कामचलाऊ मनगढ़ंत क़िस्से के साथ ब्रिस्टल जाना, संपर्क विकसित करना, जीवित और मृत लेटर-बॉक्सों का इंतज़ाम करना (यानी, उन लोगों और जगहों का इंतज़ाम, जहाँ से गुप्तचर संदेश प्राप्त कर सकते), और कोई ऐसा फ़्लैट हासिल करना, जहाँ से प्रसारण सुरक्षित होता। उन्हें सुरक्षा संबंधी सारी सावधानियाँ बरतना ज़रूरी था। इस पर निगाह रखना ज़रूरी था कि कहीं उनका पीछा तो नहीं किया जा रहा था और पकड़े जाने तथा पूछताछ किए जाने पर पुलिस से निपटना ज़रूरी था। एसओई के कर्मचारियों को उन पर निगाह रखनी थी कि उनसे कहीं कोई ग़लती तो नहीं हो रही थीं। इस पूरी क़वायद के विस्तृत नोट उनकी फ़ाइल में हैं।[16]

नूर ने इस बहाने के साथ ब्रिस्टल जाने का फ़ैसला किया था कि वे हवाई हमलों के बारे में बच्चों की प्रतिक्रियाएँ एकत्र करने आई थीं और इन प्रतिक्रियाओं का इस्तेमाल करते हुए वे एक पुस्तक तैयार करने वाली थीं तथा इस विषय पर बीबीसी के लिए लेख उपलब्ध कराने जा रही थीं। इसे एक अच्छे बहाने की तरह देखा गया था, क्योंकि वे बच्चों के लिए कहानियाँ लिखती रही थीं और बीबीसी पर प्रसारण करती रही थीं। इसे और भी प्रामाणिक साबित करने के लिए उन्होंने बेडमिन्स्टर और मेंगॉट्सफ़ील्ड वार नर्सरी में सचमुच ही बच्चों के इंटरव्यू किए। उन्होंने अपना नाम नोरा किर्कवुड रखा। एसओई को यह काफ़ी व्यावहारिक लगा। नूर ने ब्रिस्टल में रहते हुए बहाने के तौर पर एक स्थायी झूठा क़िस्सा भी गढ़ लिया। उन्होंने खुद को बीओएसी में सचिव और एयर रैड पेट्रोल (एआरपी) वार्डन कहना शुरू कर दिया और कहा कि उन्हें सप्ताह में तीन दिन रात की पारी में ड्यूटी करनी पड़ती है। इससे उन्हें शक के घेरे में आए बिना रात के समय बाहर जाने का बहाना मिल गया।

सबसे पहले नूर को एक ऐसी सुरक्षित जगह ढूँढनी ज़रूरी थी, जहाँ से वे सुविधाजनक ढंग से काम कर सकें। उन्होंने 30 रिचमंड पार्क रोड, क्लिफ़्टन पर स्थित किन्हीं श्रीमती हार्वे के बोर्डिंग हाउस में एक कमरा किराये पर ले लिया, लेकिन नूर ने पाया कि श्रीमती हार्वे बहुत सवाल पूछती थीं और अगर रहने की जगह हासिल करना बहुत मुश्किल न होता, तो नूर ने वह कमरा छोड़ दिया होता। उनका कहना था कि श्रीमती हार्वे 'भयंकर रूढ़िवादी और पुलिसिया दिमाग़' वाली महिला

थीं। उन्होंने यह भी लिखा था कि 'रहने की जगह बहुत अपर्याप्त थी और मकान मालकिनें कुल मिलाकर अनुकूल नहीं थीं'।

इस दौरान नूर पर एसओई द्वारा निगाह रखी जा रही थी। उन्होंने पाया था कि वे तलाशी और निगरानी से बचने के लिए सामान्य सुरक्षात्मक पद्धति अपनाती थीं। उन्हें अपने साथ किसी तरह के आपत्तिजनक दस्तावेज़ लेकर नहीं चलना पड़ता था, क्योंकि अपने अड्डे से निकलने से पहले वे आदेशों को रट लेती थीं।

नूर की पहली संपर्क-सूत्र थीं आयरिश ट्रेवलर्स सेंसर ऑफ़िस की प्रमुख श्रीमती लॉरी, जिन्हें एसओई ने निर्देशित किया हुआ था। पहला इंटरव्यू ख़त के माध्यम से आयोजित किया गया था। नूर ने सेंसर के ऑफ़िस में नौकरी तलाश करने के बहाने यह मुलाक़ात निश्चित की थी। मुलाक़ात के दौरान उन्होंने बातचीत में सहज ढंग से पासवर्ड बता दिया था, जैसा कि उन्हें ब्यूली में सिखाया गया था।

श्रीमती लॉरी के साथ दूसरी बैठक उन्होंने इस बहाने आयोजित की थी कि वे वहाँ अपना आवेदन-पत्र सौंपने आई थीं। इस मुलाक़ात में नूर ने इस संपर्क-सूत्र के सामने अपना वास्तविक प्रस्ताव पेश किया था। इसके लिए उन्होंने बहुत सहज ढंग से श्रीमती लॉरी से कहा था कि हमले की स्थिति में वे लाइन ऑफ़ कम्युनिकेशन में सहयोग करें। श्रीमती लॉरी उनके सुझाव से सहमत थीं।

नूर तथा श्रीमती लॉरी, दोनों को ही इस मुलाक़ात का ब्योरा एसओई को देना ज़रूरी था। नूर ने अपने ब्योरे में बताया कि श्रीमती लॉरी 'बहुत उपयुक्त संपर्क-सूत्र' थीं। उन्होंने श्रीमती लॉरी के बारे में बताते हुए कहा था कि वे 'ज़िम्मेदार, समझदार और व्यवहारकुशल, अनुभव के आधार पर सुरक्षा-प्रिय और देश के हितों के मद्देनज़र अपने कर्तव्य के प्रति सजग' थीं। श्रीमती लॉरी ने अपनी रिपोर्ट देते हुए कहा था कि नूर ने 'अच्छा प्रदर्शन किया,' लेकिन साथ में यह भी कहा कि नूर के अंदाज़ में कोई बहुत ही संदेहास्पद क़िस्म की चीज़ थी। एसओई ने इसे तनाव की मनःस्थिति कहकर ख़ारिज कर दिया।

इसके बाद नूर को कोई ऐसी जगह तलाशनी थी, जहाँ वे एक जीता-जागता लेटर बॉक्स स्थापित कर सकें, यानी ऐसा व्यक्ति, जिसका इस्तेमाल नूर और अन्य गुप्तचरों द्वारा संदेशों के आदान-प्रदान के लिए लेटर बॉक्स की तरह किया जा सके। यह काम उन्होंने सफलतापूर्वक कर लिया। इसके लिए उन्होंने ब्रिस्टल यूनिवर्सिटी के एक दरबान और व्हाइटलेडीज़ रोड स्थित एंपायर रांदेवू के एक सेक्रेटरी को चुना। उन्होंने कहा कि वे ब्रिस्टल में रहने आ रही हैं, लेकिन वहाँ अभी उनका कोई पता नहीं था।

इसके बाद उन्होंने दो मृत लेटर बॉक्स चुने। मृत लेटर बॉक्स इस्तेमाल में न आने वाली वे छिपी हुई जगह होती थीं, जहाँ गुप्तचर संदेशों का आदान-प्रदान कर

सकते थे। इसके लिए नूर ने ग्रेट जॉर्ज स्ट्रीट स्थित बेथेस्डा चैपल के खंडहर की पत्थर की सीढ़ियों के एक तिर्यक कोने तथा क़्वींस रोड, क्लिफ़्टन के सिरे पर स्थित कॉल बॉक्स के फ्यूज़ केस के पीछे की जगह का चुनाव किया। एसओई को ये दोनों जगह 'बहुत उपयुक्त' लगीं।

नूर के पास जो भी थोड़ा-सा समय था, उसमें उन्होंने अब मुलाक़ात की छह जगहें तैयार कर ली थीं, जहाँ वे संपर्क-सूत्रों के साथ मिल सकती थीं। एसओई ने उन्हें इंतज़ामों के सिलसिले में विस्तृत निर्देश दिए थे। इनमें से तीन उस व्यक्ति के लिए थे, जिसकी सामाजिक हैसियत गुप्तचर की थी। इनके लिए नूर ने दोपहर 1 से शाम 6 के बीच विश्वविद्यालय के पुस्तकालय, इतवार के दिन दोपहर 12 से पहले ब्यूफ़ोर्ट रोड स्थित क्लिफ़्टन लॉन टेनिस क्लब, और रात 11 के बाद विक्टोरिया रूम्स के प्रवेश द्वार का चुनाव किया था। उन्होंने देखा था कि विक्टोरिया रूम्स में नाच और पार्टियाँ 11 बजे रात तक समाप्त हो जाती थीं, इसलिए वहाँ मुलाक़ात करना अपेक्षाकृत सुरक्षित था।

दूसरे तीन स्थल एक बुज़ुर्ग कामकाजी महिला के साथ मुलाक़ात के लिए थे। इन मुलाक़ातों के लिए नूर ने दोपहर 1 से शाम 6 बजे तक के लिए नॉलेज सेंटर स्थित बस अड्डे, इतवार को दोपहर 12 बजे सेंट जॉर्ज चर्च, और रात 11 के बाद के लिए टेम्पल मीड्स स्टेशन के प्लेटफ़ॉर्म नंबर 9 के प्रतीक्षालय का चुनाव किया था। ये चुनाव भी एसओई को ठीक लगे थे।

नूर ने बाक़ी प्रोजेक्ट को पूरा करने के लिए अपने ब्यूली प्रशिक्षण और पर्यवेक्षण का इस्तेमाल किया। उन्हें तीन ऐसे कामकाजी स्थलों की तलाश करनी थी, जहाँ वायरलैस स्थापित किया जा सके और उसका इस्तेमाल किया जा सके। इसका मतलब था, खुद को किरायेदार के रूप में पेश करते हुए किराये के लिए उपलब्ध फ़्लैटों की तलाश करना। यह काम उन्होंने काफ़ी फुर्ती-से किया। जो पहला फ़्लैट उन्होंने चुना था, वह था 9/34 कॉर्नवालिस क्रेसेंट, जिसका किराया था 80 पाउंड और बिजली की आपूर्ति थी 210 वोल्ट। नूर ने ध्यान दिया था कि फ़्लैट के दो हिस्से किराये के लिए उपलब्ध थे : सबसे ऊपर का हिस्सा और बेसमेंट। उन्होंने सूचित किया कि बीच की दो मंज़िलें श्रीमती सटन (मकान मालकिन) के क़ब्ज़े में थीं, जो अकेली रहती थीं। वे पचहत्तर-अस्सी के आस-पास की थीं और बधिर थीं। नूर को वे एक भली बुज़ुर्ग महिला लगी थीं, जो बहुत मददगार और किंचित 'मंदबुद्धि' थीं। नूर ने ग़ौर किया कि यह स्थिति उनके काम के लिहाज़ से काफ़ी उपयुक्त थी, क्योंकि वह महिला जान ही नहीं पाती कि उसके फ़्लैट का इस्तेमाल किस काम के लिए हो रहा था। अगला क़दम था, एरियल के लिए जगह की तलाश। नूर ने किसी तरह का संदेह जगाए बिना फुर्ती-से मकान का चक्कर लगाया और पाया कि ऊपर की मंज़िल की बनावट काफ़ी पेचीदा क़िस्म की थी, जिसमें छिपाने की कई जगह थीं।

बाहर निकलने के लिए एक ही दरवाज़ा था। पीछे की खिड़की एक लंबे छज्जे पर खुलती थी, जिसके सहारे छत पर जाया जा सकता था।

बेसमेंट का फ़्लैट बाक़ी मकान से अलग था। उसमें बाहर निकलने के दो रास्ते थे - एक क्रेसेंट की ओर खुलता था और दूसरा पिछवाड़े में एवेन्यू के सामने पेड़ों से भरे बग़ीचे की ओर। नूर ने ग़ौर किया कि दो मुख्य कमरे थे और एक छिपाने की जगह थी। कंज़र्वेटरी और बग़ीचे के बीच एक जगह थी, जहाँ फेंस के नीचे एक वायरलैस सैट को छिपाया जा सकता था। नूर के इस विस्तृत ब्योरे की एसओई ने सराहना की।

नूर द्वारा चुना गया, दूसरा फ़्लैट 99 पेम्ब्रोक रोड पर था, जिसका किराया था 120 पाउंड सालाना, जो कुछ ज़्यादा था। नूर ने ग़ौर किया कि उसमें एक मचान था, जिसमें इतनी पर्याप्त जगह थी कि वहाँ एक वायरलैस सैट छिपाया जा सकता था और एरियल लगाया जा सकता था। वहाँ सुने जाने का कोई ख़तरा नहीं था और पुलिस की चेतावनी को जानने तथा भागने के अच्छे साधन थे।

तीसरा पता था, 10 ह्वाइटलेडीज़ रोड, जिसका किराया था 75 पाउंड और बिजली की आपूर्ति थी 210 वोल्ट। यह पहली मंज़िल का फ़्लैट था, जिसमें सिर्फ़ एक दरवाज़ा था। एसओई को यह बहुत उपयुक्त प्रतीत हुआ था।

अब नूर को कुछ ऐसे विश्वसनीय सहकर्मियों की ज़रूरत थी, जो कट-आउट के रूप में काम कर सकें। ये वे लोग थे, जो संदेश भेजते थे और गुप्तचर की मदद करते थे। नूर ने इसके लिए विक्टोरिया रूम्स में ब्रिस्टल यूनिवर्सिटी यूनियन के सचिव मिस्टर टीए लीच की पहचान की। नूर ने उनका चुनाव इसलिए किया था, क्योंकि वे ब्रिस्टल के छात्रों के बीच अत्यंत लोकप्रिय थे और बहुत उदार और ख़ुशनुमा व्यक्ति थे। बोट क्लब के साथ उनके क़रीबी ताल्लुक़ात थे। नूर ने उनका वर्णन करते हुए, उन्हें कुशल संगठनकर्ता की संज्ञा भी दी थी।

उनके दूसरे संपर्क-सूत्र थे डॉ. होप स्कॉट, जो एक सर्जन थे और ब्रिस्टल में क्लिफ़्टन डाउन रोड पर रहते थे। वे डॉ. कार्टर के साथ प्रैक्टिस करते थे, जो 55 ओल्ड मार्केट स्ट्रीट, ब्रिस्टल में रहते थे।

डॉ. कार्टर नूर को साहसी और 'अत्यंत ज़िम्मेदार' व्यक्ति लगे। उन्होंने यह भी पाया कि वे अमीर और ग़रीब, दोनों तरह के लोगों के बीच लोकप्रिय थे। नूर ने उनके बारे में कहा था कि वे 'बेहद सक्रिय, सच्चे अँग्रेज़' हैं। और 'संभावित कट-आउट के तौर पर अत्यंत मूल्यवान' थे।[17]

नूर ने लिखा था कि "ब्रिस्टल का इलाक़ा कुल मिलाकर मुहिमों के लिहाज़ से उपयुक्त था। सुरक्षापरक सावधानियाँ और मज़बूत छद्मावरण बहुत ज़रूरी हैं, क्योंकि तटवर्ती इलाक़ा होने के नाते पुलिस की व्यवस्था अत्यंत प्रभावशाली है।"[18]

मुहिम का हिस्सा होने के नाते नूर को बुलरिंग को ख़त भेजना ज़रूरी था (बुलरिंग संभवतः बर्मिंघम का कोई गुप्त पता था, जहाँ एसओई ख़त प्राप्त करती थी)। नूर ने अपना ख़त सफलतापूर्वक एक कमांडो के हाथों भिजवा दिया। यह ख़त को पहुँचाने का सबसे विश्वसनीय तरीक़ा रहा होगा - ऐसा तरीक़ा, जिससे कोई यह भी पता न लगा सके कि वह ख़त उन्होंने भेजा था। ख़त लंदन जा रही ट्रेन में सौंपा गया था, लेकिन एसओई की टिप्पणी थी कि यह भला आदमी, बदक़िस्मती से, ख़त को पोस्ट करने के पहले ही ब्रिस्टल लौट गया था। दरअसल, ख़त की क़वायद पूरी होने के दो दिन बाद वेस्टन-सुपर-मेयर से भेजा गया था।

ब्रिस्टल योजना का सबसे मुश्किल हिस्सा था, पूछताछ। एसओई द्वारा बिछाए गए जाल के तहत नूर को गिरफ़्तार करके पुलिस स्टेशन ले जाया गया था। इस स्वाँग का उद्देश्य यह जाँचना था कि नूर में तत्काल बहाने गढ़ने और अपने छद्म क़िस्से पर अडिग रहने की कितनी क़ाबिलियत थी। एसओई ने पाया कि नूर ने 'मूर्खतापूर्ण' ग़लतियाँ की थीं। अगर उन्होंने पहले से थोड़ा भी सोच-विचार किया होता, तो वे इन ग़लतियों को आसानी-से टाल सकती थीं। उनकी रिपार्ट में यह भी कहा गया था कि नूर 'से जब भी सवाल किए जाते थे, वे बिन माँगी जानकारियाँ देती थीं'।[19]

एसओई के अधिकारियों ने निष्कर्ष निकाला कि नूर ने बहुत कड़ी मेहनत की थी और 'क़वायद में रुचि ली थी, लेकिन उसे और ज़्यादा चौकसी सीखने की ज़रूरत है'। पुलिसिया पूछताछ को छोड़कर, "मैं इसे एक अच्छी युक्ति के रूप में देखता हूँ।" यह टिप्पणी नूर की रिपोर्टों में उनके ख़िलाफ़ जाने वाली थी, जिसके नतीजे में उनके प्रशिक्षकों के बीच इस बात को लेकर मतभेद पैदा होने वाले थे कि वे गुप्तचर बनने में सक्षम थीं या नहीं।

ब्यूली की यह क़वायद पूरी कर लेने के बाद नूर को फ़्रांस की उड़ान भरने के लिए अगली पूर्णिमा तक इंतज़ार करना ज़रूरी था। गुप्तचर पूर्णिमा की रात को उड़ान भरते थे, ताकि पायलट को वह इलाक़ा ज़्यादा-से-ज़्यादा दिखाई दे सके। जहाँ ज़्यादातर गुप्तचर ब्यूली के बाद विशेष प्रशिक्षण - पैराशूट, ताले खोलने और तिजोरियाँ तोड़ने के अभ्यास, या टेम पार्क में गुप्त वायरलैस तकनीक का अभ्यास - के लिए जाते थे, वहीं नूर का युद्ध-क्षेत्र में तत्काल पहुँचना ज़रूरी था और इसीलिए उन्हें अपनी अंतिम तैयारियाँ करनी पड़ीं। इस बीच, उनकी क्षमता को लेकर मतभेद पैदा हो चुके थे। उनकी घबराहट (नर्वसनेस) स्पष्ट तौर पर उनके ख़िलाफ़ जाती थी। उनके कुछ प्रशिक्षक इस बात को लेकर चिंतित थे कि उनमें सुरक्षा के प्रति सजगता की कमी थी और वे ज़रूरत से ज़्यादा जज़्बाती थीं। ये लोग उनके इस जज़्बाती स्वभाव के लिए उनके वालिद को ज़िम्मेदार मानते थे, जिनके

बारे में ख़बर फैल चुकी थी कि वे सूफ़ी प्रचारक थे। नूर ब्यूली की सबसे ज़्यादा विवादास्पद गुप्तचर बन गई थीं, क्योंकि उनके बारे में आकलन को लेकर प्रशिक्षकों में टकराव था। कुछ उन्हें बहुत ज़्यादा सुंदर और अजूबा मानते थे। उनका मानना था कि इस वजह से वे आस-पास के वातावरण और लोगों के बीच घुल-मिल जाने की बजाय अपनी ओर ध्यान खींचती थीं। कुछ का ख़याल था कि वे सुरक्षा के लिए जोखिम साबित होंगी, तो कुछ उन्हें अत्यंत सक्षम संभावनाशील गुप्तचर और कमाल की रेडियो ऑपरेटर मानते थे।

यहाँ तक कि ब्यूली में नूर की साथी रहीं इवॉन कॉर्म्यू ने नूर के बारे में कहा था कि वे 'शानदार, अस्पष्ट-सी स्वप्निल, ज़रूरत से ज़्यादा ध्यान खींचने वाली थीं' - जिन्हें 'दो बार देखने के बाद कभी भुलाया नहीं जा सकता था।' उन्हें फ़्रांस भेजा ही नहीं जाना चाहिए था।[20] इवॉन खुद एक सफल गुप्तचर थीं और युद्ध से जीवित बच निकली थीं।

लेकिन प्रशिक्षण स्कूलों की रिपोर्टें प्रायः ऐसी होती थीं, जो युद्ध-क्षेत्र में गुप्तचरों के वास्तविक काम से मेल नहीं खाती थीं। एसओई के एक अत्यंत सफल गुप्तचर फ़्रांसिस कैमेएर्ट्स के बारे में ब्यूली की रिपोर्ट उनमें 'आत्मविश्वास और उत्साह की किंचित कमी' देखती थी और उन्हें 'नेतृत्व के लिए उपयुक्त नहीं' मानती थी।[21] 1944 तक आते-आते कैमेएर्ट्स ने लगभग 10,000 आदमियों को प्रशिक्षित कर हथियारबंद कर दिया था, जो डी-डे आते-आते अतिरिक्त जर्मन सैनिकों के आगमन को रोकने के लिए अपनी-अपनी जगह तैनात हो चुके थे। जूलेत सबू को बाद में उनकी बहादुरी के लिए जॉर्ज क्रॉस से नवाज़ा गया था और वे पक्की निशानेबाज़ थी, लेकिन उनकी रिपोर्ट में कहा गया था : "मैं सचमुच सोचता हूँ कि क्या यह छात्रा वाक़ई हमारे काम की है। उसमें ज़िम्मेदारी की कमी प्रतीत होती है...और ऐसा नहीं लगता कि उसमें पहल करने की क्षमता है या उसके कोई आदर्श हैं।" सबू के बारे में यह भी कहा गया था कि वह 'अस्थिर चित्त हैं और उसका कोई निश्चित उद्देश्य नहीं है'। यहाँ तक कि उसकी अंतिम रिपोर्ट तक उन्हें 'इस काम के लिए स्वभावतः अनुपयुक्त' बताती थी।[22] लेकिन इन और दूसरे मामलों में मॉरिस बकमास्टर और सेल्विन जेप्सन गुप्तचर के बारे में, प्रशिक्षण स्कूलों की रिपोर्टों की बजाय, अपनी सहज बुद्धि पर भरोसा करते हुए अंतिम निर्णय लेते थे।

नूर आकस्मिक ज़रूरत के लिए मौजूद बनी रहीं। उन्हें ब्यूली से हर्टफ़ोर्डशर में चॉर्लेवुड भेजा जाना था, जहाँ से गुप्तचर युद्ध-क्षेत्र में भेजे जाते थे। वास्तविक मकान तो बकिंघमशर में चालफ़ोंट सेंट ज़ाइल्स में था, लेकिन चॉर्लेवुड निकटतम रेलवे स्टेशन का नाम था। यह एक विशाल देहाती मकान था। यह उन गुप्तचरों से भरा होता था, जो विभिन्न मुहिमों पर रवाना होने वाले होते थे और, स्वाभाविक ही, थोड़े-से घबराए हुए होते थे। यहाँ प्रशिक्षण जारी रहता था, जिसके तहत संकेताक्षरों,

नक़्शों की व्याख्या और गढ़े गए क़िस्से से अच्छी तरह परिचित होने का अभ्यास कराया जाता था। अब नूर से अपेक्षा थी कि वे अपना प्रशिक्षण जून के अंत तक पूरा कर लेंगी, लेकिन वे जानती थीं कि वे उसके पहले, शायद मध्य जून तक ही चली जाएँगी।

चॉर्लेवुड छोड़ने से पहले नूर को अपनी माँ और बहन से विदा लेनी थी। वे नहीं जानती थीं कि उनसे दोबारा मुलाक़ात कब हो पाएगी। वे लंदन गईं, जहाँ उन्होंने घर के आर्थिक पक्ष के मद्देनज़र काग़ज़ी कार्रवाई करने की हताश कोशिश की, ताकि उनके जाने के बाद क्लेयर उनकी माँ की देखभाल कर पातीं। उन्होंने उनसे कहा कि वे लंबे समय के लिए जा रही हैं और ख़त भी नहीं लिख पाएँगी। उनकी माँ को लगा कि वे अफ़्रीका जा रही थीं। क्लेयर को लग रहा था कि वे किसी द्वीप पर जा रही थीं। उन्हें यह ज़रा भी इल्म नहीं था कि वे फ़्रांस की ओर रुख़ कर रही थीं।

लगभग आख़िरी दिन नूर ने अपने परिवार को एक और ख़बर देकर चौंका दिया। उन्होंने कहा, "मैंने सगाई कर ली है।"[23] उन्होंने बताया कि वे अपने होने वाले पति से युद्ध कार्यालय में मिली थीं और यात्रा से लौटने के बाद विवाह कर लेंगी। परिवार के पास प्रतिक्रिया करने का समय ही नहीं था। उन्होंने ग़ौर किया था कि नूर जब लंदन में थीं, तो कोई आदमी उन्हें फ़ोन किया करता था, लेकिन उन लोगों ने इसकी ओर ख़ास ध्यान नहीं दिया था।

नूर ने उन्हें संक्षेप में बताया कि वह एक ब्रिटिश अधिकारी है। उसके पिता अँग्रेज़ थे। नूर ने बताया कि उन्हें उम्मीद थी कि वे जाने के पहले शादी कर लेंगे, लेकिन यह संभव नहीं हो सका। उन्होंने कहा कि तब भी वे सगाई को औपचारिकता मानती हैं। नूर अपने परिवार को उस युवक का नाम-पता बताने को तैयार नहीं हुईं, लेकिन बाद में क्लेयर को लगा था कि उन्होंने यह बताया था कि लड़के की माँ नॉर्वे की रहने वाली थी और वह लड़का भी कुछ समय नॉर्वे में रहा था।

नूर ने क्लेयर से यह भी कहा कि अगर उनसे कभी 'संपर्क संबंधी कार्य' (लिएज़ान वर्क) करने को कहा जाए, तो वे मना कर दें। जब क्लेयर ने पूछा कि क्यों, तो नूर ने समझाया कि अगर फ़्रांसीसी के उनके ज्ञान और फ़्रांस में उनके पले-बढ़े होने की वजह से उन्हें युद्ध कार्यालय से नौकरी के लिए कोई बुलावा आए, तो वे उसे स्वीकार न करें। यह अनुरोध क्लेयर को समझ में तो नहीं आया, लेकिन तब भी उन्होंने नूर से उनकी सलाह मानने का वादा किया, क्योंकि उन्हें अपनी बहन इस बारे में संजीदा दिखाई दे रही थीं। क्लेयर को यह सूझा ही नहीं कि स्वयं नूर ऐसी ही ज़िम्मेदारी के तहत बाहर जा रही थीं।

नूर चाहते हुए भी विलायत से विदा नहीं ले सकीं, जो उस वक़्त लांसिंग कॉलेज में थे। वे हमेशा से नूर के सबसे क़रीबी दोस्त और हमसफ़र रहे थे। नूर

अभी उनको और नौसेना की नौकरी छोड़ने की उनकी धमकी को लेकर चिंतित थीं। उन्होंने क्लेयर को एक बंद लिफ़ाफ़ा सौंपते हुए कहा कि अगर वे (विलायत) अपने कमीशन में फ़ेल हो जाएँ और गफ़लत में कोई क़दम उठाने लगें, तो क्लेयर उन्हें वह लिफ़ाफ़ा दे दें और उनसे कहें कि वे ख़त में सुझाए गए विकल्प को आज़माएँ। बाद में विलायत को पता चला था कि नूर ने उस लिफ़ाफ़े में फ़्रेंच सेक्शन के एक अधिकारी का नाम और पता लिखा था।

अब अंतिम विदाई का वक़्त आ गया था। अपनी माँ और बहन को चूमने के बाद नूर चल पड़ीं, लेकिन क्लेयर उनसे कुछ और मिनट चिपकी रहीं। उन्होंने नूर का हाथ थामा और उनके साथ-साथ चलने लगीं। नूर ने उनसे वापस जाने को नहीं कहा। दोनों लड़कियों ने यूस्टन स्क्वेयर से बेकर स्ट्रीट तक के लिए ट्यूब पकड़ी। बेकर स्ट्रीट पर उन्होंने क्लेयर को एक बार फिर गले लगाया और कहा : "यहाँ अब हम विदा लेंगे।"

क्लेयर से कहे गए उनके आख़िरी शब्द थे : 'अलविदा।' क्लेयर उन्हें आख़िर क्षण तक, उनकी दुबली आकृति को बेकर स्ट्रीट की भीड़ में गुम होने तक, देखती रहीं।

6

इंग्लैंड से विदाई

चॉर्लेवुड जाने से पहले नूर को बेकर स्ट्रीट में अपने सेक्शन प्रमुखों से मिलना ज़रूरी था, जो संकट में थे। पेरिस की उनकी टीम के वायरलैस ऑपरेटर ने आकस्मिक मदद की गुहार लगाई थी, क्योंकि उसके काम का बोझ इतना ज़्यादा बढ़ गया था कि वह उसे अकेले नहीं झेल सकता था। उसे तत्काल राहत की ज़रूरत थी, हालाँकि नूर का प्रशिक्षण अभी पूरा नहीं हुआ था, लेकिन वे एकमात्र थीं, जो उपलब्ध थीं, और वे जानती थीं कि उन्हें अगली ही उड़ान पकड़नी होगी। यह उड़ान अगली पूर्णिमा, 16 जून के लिए निर्धारित थी।

परिवार से विदा लेने के बाद हल्का-सा अवसाद महसूस करती हुई वे चार्लेवुड पहुँचीं और अपने मार्गदर्शक अधिकारी और सहकर्मियों से मिलीं। यहाँ उस विशाल देहाती मकान में नूर का प्रशिक्षण जारी रहा। अन्य गुप्तचरों के साथ वे नक़्शों की जाँच-पड़ताल करने लगीं, अपने छद्म क़िस्से का अभ्यास करने लगीं और सांकेतिक भाषा तथा वायरलैस प्रशिक्षण से संबंधित अगले निर्देश प्राप्त करने लगीं। नूर को इनसन्ट लैटर कॅन्वेन्शन्स (सांकेतिक ज़ुबान में लिखी गई लंबी रिपोर्टें, जिन्हें रेडियो से प्रसारित करने की बजाय विमान से ले जाया जाता था) का रिवीज़न कराया गया, प्रैक्टिस पत्रों, वर्डिंग संदेशों को लिखने का प्रशिक्षण दिया गया, डबल ट्रांसपोज़ीशन्स तथा लिफ़ाफ़े खोलने की प्रक्रिया का रिवीज़न कराया गया, लेकिन बावजूद इसके कि वे जाने की तैयारियाँ कर चुकी थीं, आख़िरी-आख़िरी में कुछ रुकावटें आ गईं। उनकी अंतिम रिपोर्टें नकारात्मक थीं और युद्ध-क्षेत्र में उनकी क़ाबिलियत पर सवाल उठाती थीं। 21 मई की एक रिपोर्ट में कर्नल फ्रेंक स्पूनर ने लिखा था : "दिमाग़ से बहुत ज़्यादा कुशाग्र तो नहीं हैं, लेकिन कड़ी मेहनत की है और उत्सुकता दिखाई है, इसके अलावा कोर्स के सुरक्षात्मक पहलू के प्रति कुछ अरुचि है। वह अस्थिर-चित्त और तुनकमिज़ाज हैं और इसमें बहुत संदेह है कि वह वाक़ई युद्ध-क्षेत्र में काम करने लायक हैं।"[1]

इस विवादास्पद टिप्पणी को जगह-जगह रेखांकित किया गया था और 'दिमाग़ बहुत ज़्यादा कुशाग्र तो नहीं हैं' पर हाशिये में बकमास्टर की टिप्पणी दर्ज थी, जिसमें कहा गया था कि "हम चाहते भी नहीं कि वे दिमाग़ से बहुत ज़्यादा तेज़ हों।" 'व्यक्तित्व तुनकमिज़ाज' भी रेखांकित था, जिस पर हाशिये में टिप्पणी करते हुए 'मूर्खतापूर्ण' कहा गया था। हाशिये पर बकमास्टर की और भी टिप्पणियाँ थीं : 'गुस्सा दिलाने वाली बात', और अंत में : 'उसे एस2 के रूप में काम करना चाहिए'।

जहाँ बकमास्टर की इस टिप्पणी में कि हम चाहते भी नहीं कि हमारे गुप्तचरों का 'दिमाग़ का बहुत ज़्यादा तेज़ हो' में अहंकार की बू आती है, क्योंकि उसका मतलब यह निकलता था कि दिमाग़ की ज़रूरत तो सिर्फ़ उच्च अधिकारियों को ही होती है, वहीं यह टिप्पणी एसओई की हताशाजनक स्थिति को भी दर्शाती थी। मुमकिन है कि बकमास्टर ने यह लापरवाहीपूर्ण टिप्पणी इसलिए की हो कि वे नूर को जल्दी-से-जल्दी युद्ध-क्षेत्र में भेजने को बेताब रहे हों। एफ़-सेक्शन पर ज़बरदस्त दबाव था। एक प्रशिक्षित वायरलैस ऑपरेटर हासिल करना ही अपने में मुश्किल काम था - फिर इतने कम समय में एक ऐसा ऑपरेटर हासिल करना तो लगभग असंभव ही था, जो धाराप्रवाह फ़्रांसीसी भी बोल सकता हो। नूर उनके लिए लगभग तैयार थीं और उनके मुख्य अधिकारियों को उनकी क़ाबिलियत पर पूरा भरोसा था।

कर्नल फ़्रैंक स्पूनर ने बाद में नूर की दोस्त जीन ओवरटन फुलर से कहा था कि उन्होंने वह कठोर रिपोर्ट इसलिए तैयार की थी, क्योंकि वे नूर की हिफ़ाज़त करना चाहते थे और उन्हें युद्ध-क्षेत्र में जाने से रोकना चाहते थे। वे सिद्धांततः महिलाओं से इस तरह का काम कराने के ख़िलाफ़ थे और उन्हें नूर के मामले में ख़ास तौर पर यह लगता था कि वे वहाँ की परिस्थितियों का सामना नहीं कर पाएँगी। ब्यूली में यह ख़बर फैल चुकी थी कि नूर रहस्यवादी सूफ़ी परिवार से ताल्लुक़ रखती थीं और इस बारे में बहुत-से संदेह थे कि उनमें वह अंदरूनी ताक़त है या नहीं, जिसकी उम्मीद एक गुप्तचर से की जाती थी।

ये चिंताएँ 24 मई, 1943 के एक अन्य नोट में भी व्यक्त की गई थीं : "लड़की के बारे में प्राप्त रिपोर्टों के आधार पर मेरा सुझाव है कि उसे कोई भी ऐसी ज़िम्मेदारी न सौंपी जाए, जिसके दिमाग़ी तौर पर उसके आदर्शवाद के साथ टकराने की संभावना हो। अगर ऐसा हुआ, तो वह हमारे नज़रिये से अस्थिर-चित्त होगी।"

प्रशिक्षण अवधि के अंत में नूर की जो छद्म गिस्तापो पूछताछ की गई थी, उसमें वे भयानक रूप से कमज़ोर साबित हुई थीं। परस्पर विरोधी रिपोर्टों की वजह से एसओई को उन पर कड़ी निगाह रखनी पड़ी थी। एक चीज़ ऐसी थी, जिस पर सारे प्रशिक्षक एकमत थे : उनकी रेडियो संबंधी दक्षताएँ कमाल की थीं। इसके

अलावा, वे एकमात्र थीं, जो जा सकती थीं, क्योंकि उनके बैच के बाक़ी लोग रफ़्तार और वायरलैस प्रशिक्षण के मामले में उनसे बहुत पीछे थे। नूर अब तक ए. मार्क II ट्रांसमीटर का कोर्स पूरा कर चुकी थीं और उसके कंट्रोलों को पूरी दक्षता के साथ सँभाल सकती थीं। सिस्टम की गड़बड़ियों का पता लगाने और तकनीकी सूक्ष्मताओं के मामले में उन्हें कुछ समस्याएँ थीं, लेकिन वे अपनी कोड थ्योरी को अच्छी तरह समझती थीं। उनके प्रशिक्षकों ने देखा था कि पूरी तरह कुशल होने के लिए उन्हें और अधिक व्यावहारिक अनुभव की ज़रूरत थी।

एसओई के लोगों के मन में सिर्फ़ स्पूनर की रिपोर्ट ने ही संदेह नहीं जगाया था, बल्कि चॉर्लेवुड में नूर के साथ रहीं दो महिला गुप्तचरों ने भी वेरा एटकिंस को ख़त लिखते हुए युद्ध-क्षेत्र में नूर की उपयुक्तता को लेकर संदेह जताया था। उन रिपोर्टों से परेशान होकर वेरा नूर को क्लर्जेज़ स्ट्रीट पर मनेटा रेस्तराँ में लंच के लिए ले गई थीं। वे कोने की एक मेज़ पर बैठीं, ताकि उनकी बातचीत दूसरे लोगों के कान में न पड़े। वेरा ने उस ख़त की चर्चा करते हुए नूर से उन महिलाओं की टिप्पणी के बारे में पूछा। इससे नूर को काफ़ी झटका लगा था और उन्हें भावनात्मक चोट पहुँची थी।[2]

वेरा ने उन्हें सुझाव दिया कि अगर उनके मन में कोई संदेह हों, तो वे अभी भी जाने से मना कर सकती हैं और इससे उनकी ज़िंदगी पर कोई बुरा प्रभाव नहीं पड़ेगा। उन्होंने उन्हें समझाया कि इस बात को स्वीकार करने में कोई बुराई नहीं है। उन्होंने कहा कि युद्ध-क्षेत्र में जाकर अपने साथियों को निराश करना ज़्यादा बुरा होगा, लेकिन नूर अडिग थीं। उन्होंने कहा, "मैं जानती हूँ कि मैं इस मुहिम के लिए एकदम सही व्यक्ति हूँ और इसको लेकर मेरे मन में कभी संदेह पैदा नहीं हुए हैं।" उन्होंने वेरा से कहा कि लंदन में अपनी माँ और बहन को अलविदा कहना उनकी ज़िंदगी का सबसे पीड़ादायक अनुभव रहा था। उन्होंने यह भी स्वीकार किया कि उन्हें विलायत के परीक्षा-परिणामों को लेकर चिंता बनी हुई थी।

वेरा ने नूर से कहा कि विलायत के परीक्षा परिणामों के बारे में वे उन्हें पेरिस में ख़बर कर देंगी। भोजन समाप्त होते-होते वेरा को यक़ीन हो गया था कि परिवार से अलग होने की तकलीफ़ ने ही नूर को हतोत्साहित कर दिया था। मॉरिस बकमास्टर के साथ-साथ उन्हें भी नूर को लेकर पूरा भरोसा था।

नूर ने वेरा से कहा, "तुम माँ को मेरे सकुशल होने की नियमित सूचना देती रहना। अगर मैं लापता हो जाऊँ, तो यह सूचना उन्हें मत देना।" नूर चाहती थीं कि वेरा उनका समाचार तब तक देती रहें, जब तक कि उनके बारे में उन्हें पक्की जानकारी हो (युद्ध के समाप्त हो जाने के बाद भी)। वेरा ने पूछा, "क्या इससे तुम्हें ख़ुशी होगी?" नूर ने कहा, "हाँ।"

4 जून को सेल्विन जेप्सन ने एफ़-सेक्शन से एक नोट भेजकर पूछा कि क्या नूर को वाफ़ से कार्यमुक्त कर उसी सर्विस में मानद कमीशन दिया जा सकता है। “वह जल्दी ही युद्ध-क्षेत्र के लिए रवाना होंगी और मुझे ख़ुशी होगी, अगर ज़रूरी कार्रवाई शुरू कर दी जाए,” उन्होंने लिखा।

नूर अभी भी चॉर्लेवुड में थीं और अपने बारे में मनगढ़ंत क़िस्से को तैयार करने, कुछ महत्त्वपूर्ण नक़्शों की जाँच-पड़ताल करने में और आगे का वायरलैस प्रशिक्षण प्राप्त करने में लगी थीं। 5 जून, 1943 की उनकी प्रगति रिपोर्ट में कहा गया था : “कंट्री सेक्शन के आग्रह पर एक संक्षिप्त कोर्स पूरा कर लिया है। उसकी स्कीम (प्रशिक्षण अभ्यास) को एक तकनीकी चूक के माध्यम से कम कर दिया गया था, लेकिन उन्होंने कुछ उपयोगी अनुभव हासिल कर लिया है और अपनी मुहिम को लेकर वह अधिक आत्मविश्वास से भरी हैं।” टेम पार्क की उनकी अंतिम रिपोर्ट ने इस बात की पुष्टि की कि उनके प्रशिक्षण को बीच में रोक दिया गया था और अब उन्हें युद्ध-क्षेत्र में भेजा जा रहा था।

> इस छात्रा को उनके कंट्री सेक्शन के अनुरोध पर महीने के दौरान वापस ले लिया गया था, हालाँकि उनके कोर्स को संक्षिप्त कर दिए जाने की वजह से उन्हें पूरी तरह प्रशिक्षित ऑपरेटर नहीं कहा जा सकता, तब भी वह अपने (वायरलैस) सैट को सँभालने में पूरी तरह सक्षम हैं। समय बीतने के साथ वह और अधिक आत्मविश्वास अर्जित करेंगी। वैसे इस स्कूल में मुश्किलें पेश आने पर उन्होंने आसानी-से घबरा जाने के संकेत दिए थे, ख़ास तौर से तब जबकि ये मुश्किलें तकनीकी क़िस्म की होती थीं, और इसमें संदेह है कि वह इस चीज़ से कभी भी पूरी तरह उबर पाएँगी।[3]

नूर जानती थीं कि वे अपना प्रशिक्षण पूरा नहीं कर पाएँगी, और इसलिए वे ज़ोआन सेंडरसन से विदा लेने चली गईं। उन्होंने सेंडरसन को वे एक जोड़ी कफ़लिंक भेंट कर दिए, जिन्हें वे निशानी के तौर पर पहना करती थीं।

जाने से पहले, 7 जून को नूर को अपना सांकेतिक लेखन (कोड्स) पेश करने के लिए आख़िरी मुलाक़ात का समय दिया गया। इसके लिए उन्हें लंदन जाकर कूट लेखन के उस्ताद और एसओई के संप्रेषण विभाग के प्रमुख लियो मार्क्स से मिलना था। वे 84 चेयरिंग क्रॉस रोड स्थित सुविख्यात लंदन बुकशॉप के मालिक बेंजामिन मार्क्स के बेटे थे। वे छब्बीस वर्ष की उम्र में 1942 में एसओई में शामिल हुए थे। वे सांकेतिक लेखन (क्रिप्टोग्राफ़ी) क्षेत्र के असाधारण प्रतिभाशाली व्यक्ति थे और उन्होंने युद्ध-क्षेत्र में गुप्तचरों के इस्तेमाल के लिए संकेत तैयार किए थे।

वर्षों बाद मार्क्स ने नूर के साथ हुई इस मुलाक़ात और उसके पहले बकमास्टर के साथ हुई तात्कालिक मुलाक़ात का दिलचस्प ब्योरा दिया था।[4] एक दिन देर रात

को भूखे, थके हुए और कैंटीन के बंद होने की शिकायत करते हुए बकमास्टर ने उनका दरवाज़ा खटखटाया।

जब मार्क्स ने उन्हें अपनी माँ के हाथ के बने सैंडविच पेश कर दिए, तो बकमास्टर ने तपाक-से एक नाम का उच्चारण किया : "नूर इनायत ख़ान।"

मार्क्स उनकी ओर भौंचक्के होकर देख रहे थे, तभी उन्होंने कहा कि नूर एक वायरलैस ऑपरेटर है, जिसने ब्यूली का अपना कोर्स पूरा कर लिया है और लगभग 10 दिन बाद उसे फ़्रांस में छोड़ा जाने वाला है। बकमास्टर ने मार्क्स से कहा कि समस्या यह है कि 'उस हरामज़ादे स्पूनर ने उसे नकार दिया है' और एक ऐसी रिपोर्ट लिख दी है, जिसमें कहा गया है कि वह गुप्तचर होने के लिए 'स्वभावतः ही नाक़ाबिल' है और अगर उसे युद्ध-क्षेत्र में भेज दिया गया, तो यह सुरक्षा के लिए बहुत बड़ा जोखिम होगा। "जो कि निहायत ही बेवक़ूफ़ी की बात है," बॅकमास्टर ने कहा। हालाँकि उन्होंने यह स्वीकार किया कि नूर के दूसरे प्रशिक्षक भी स्पूनर से सहमत हैं।

"उन औसत दर्ज़े के लोगों की भीड़ से और क्या उम्मीद की जा सकती है?" वे फट पड़े। उन्होंने यह भी बताया कि 'दूसरों के काम में टाँग अड़ाने वाले उस बेवक़ूफ़ ने' अपनी रिपोर्ट की कॉपी बेकर स्ट्रीट को भी भेज दी है और अब यह सवाल अनिश्चय की स्थिति में है कि नूर को फ़्रांस भेजा जाना चाहिए या नहीं।

दरअसल, स्पूनर ने रिपोर्ट की एक कॉपी फ़्रांसीसी, बेल्जियाई और डच निदेशालयों के नियंत्रक रॉबिन ब्रुक और एक कॉपी पश्चिमी यूरोप में अभियानों के प्रभारी निदेशक एरिक मॉक्लर-फ़ेरीमैन को भी भेज दी थी। स्पूनर को उम्मीद थी कि मॉक्लर-फ़ेरीमैन वह रिपोर्ट एसओई के प्रमुख कॉलिन गबिन्स को भेज देंगे। मार्क्स को मालूम था कि नूर को पेरिस भेजने की एक कोशिश पहले ही की जा चुकी थी। एसओई की हालत इस क़दर हताशा की थी कि उस मौक़े पर नूर उनसे आवश्यक फ़ाइनल कोड ब्रीफ़िंग हासिल किए बिना ही चली गई थीं। उन्हें तो यह सब बाद में ही पता चला था। मॉरिस बकमास्टर ने अपनी पुस्तक *स्पेशली एम्प्लॉयड* में स्वीकार किया था कि कभी-कभी किसी गुप्तचर के बारे में प्रशिक्षण स्कूल के कमांडेंट की रिपोर्ट उनकी अपनी रिपोर्ट के विपरीत होती थी, लेकिन विशेषज्ञों - ख़ास तौर से वायरलैस ऑपरेटरों - की कमी की अत्यंत महत्त्वपूर्ण वजह से किसी रंगरूट के पक्ष में ढिलाई बरतना 'ज़रूरी हो जाता था'।[5] नूर का मामला साफ़ तौर पर ऐसा ही था।

बकमास्टर ने मार्क्स से कहा कि नूर की शख़्सियत उससे ज़्यादा समझदारी की माँग करती थी, जितनी समझदारी स्पूनर ऐंड कंपनी में थी। उन्होंने नूर को एक ऐसी 'संवेदनशील स्वप्निल लड़की' के रूप में चित्रित किया, जिसके वालिद ने उसका पालन-पोषण आध्यात्मिक ढंग से किया था, जो एक हिंदुस्तानी राजकुमार थे। उनका

बचपन फ़्रांस में बीता था और फ़्रांसीसी का उनका ज्ञान आरएएफ़ की बजाय प्रतिरोध के लिए ज़्यादा उपयोगी हो सकता था। उन्होंने मार्क्स से पितृसुलभ गर्व के साथ यह भी कहा कि नूर की एक पुस्तक भी प्रकाशित हो चुकी है।

बकमास्टर ने मार्क्स से एक अनुग्रह करने का आग्रह किया : नूर को ऐसी 'विस्तृत ब्रीफ़िंग' दें, जिससे उन्हें अपने कोड कन्वेन्शन्स को पूरी तरह याद करने में मदद मिल सके, ताकि फ़्रांस पहुँचने पर वह उन्हें भूले नहीं। उन्होंने मार्क्स से आग्रह किया कि वे उन्हें अपना कोई नया सिल्क कोड न दें, क्योंकि इससे वह पूरी तरह भ्रमित हो जाएँगी और वह उन्हें कहीं भी पड़ा छोड़ देगी। "मैं स्वीकार करता हूँ कि नूर में अन्यमनस्क होने की प्रवृत्ति है," बकमास्टर ने कहा।

उन्होंने मार्क्स से कहा कि वे ब्रीफ़िंग के बाद उन्हें एक लिखित रिपोर्ट भेज दें। मार्क्स जहाँ आम तौर से एक घंटे का समय देते थे, वहीं उन्होंने नूर के लिए अपनी डायरी में तीन घंटे का समय निर्धारित किया। "इससे ज़्यादा समय देता, तो मैं हिंदुस्तानी रहस्यवादी बनकर निकल सकता था," उन्होंने लिखा था। उन्होंने नूर की पुस्तक *ट्वेंटी जातक टेल्स* की एक प्रति ख़रीदने का ऑर्डर भी भेज दिया।

नूर की फ़ाइलें पढ़ते हुए मार्क्स ने पाया कि ब्यूली के उनके प्रशिक्षक ने उनसे कहा था कि संकेत-रचना (कोडिंग) 'पूरी तरह अनुमान से परे होती है'। उन्होंने उस प्रशिक्षक से बात करने के लिए उसे फ़ोन लगाया। उस प्रशिक्षक ने मार्क्स को गोपनीय सूचना देते हुए कहा कि इस 'पगली शहज़ादी' ने इतने मतभेद पैदा कर दिए थे, जितने ब्यूली के इतिहास में किसी छात्र/छात्रा ने नहीं किए थे। तब भी इससे कोई मना नहीं कर सकता था कि वह कमाल की रेडियो ऑपरेटर है।

मार्क्स के और ज़्यादा आग्रह करने पर प्रशिक्षक ने कहा, "उसका वालिद एक 'पागल' था और उस रहस्यवादी पंथ का मुखिया था, जिसने पेरिस में हाउस ऑफ़ ब्लेसिंग की स्थापना की थी, जहाँ नूर का बचपन बीता था। ब्यूली के सारे लोग इस बात पर सहमत थे कि उसका 'पागल वालिद' ही उसकी सनकों के लिए ज़िम्मेदार था।"

प्रशिक्षक ने मदद के भाव से कहा, "क्या आप जानते हैं, उस हरामज़ादे ने उसे क्या सिखाया था? किसी भी चीज़ के बारे में झूठ बोलने से बड़ा पाप कोई दूसरा नहीं है।" उसने मार्क्स को उस घटना के बारे में भी बताया, जो इस बात को रेखांकित करती थी कि नूर कितनी अप्रत्याशित और भोली-भाली हो सकती थी। एक बार जब ब्यूली ने उसे एक रेडियो अभ्यास के लिए भेजा था, और वह ट्रांसमिटिंग के अभ्यास के लिए साइकिल से अपने सेफ हाउस की ओर चली जा रही थी, तो एक पुलिस वाले ने उसे रोककर पूछा, "तुम यहाँ क्या कर रही हो?" "मैं जासूस बनने का प्रशिक्षण ले रही हूँ," उसने कहा। "यहाँ मेरा रेडियो है - क्या आप चाहते हैं

कि मैं आपको दिखाऊँ?" इसके बाद उसने रेडियो को उसकी गुप्त जगह से निकाला और पुलिस वाले को आज़माकर देखने के लिए आमंत्रित किया।

प्रशिक्षक ने वह क़िस्सा भी सुनाया कि किस तरह ब्रिस्टल पुलिस द्वारा की गई नक़ली पूछताछ के बाद पुलिस के सुपरिंटेंडेंट ने स्पूनर से कहा था कि वे उस पर अपना वक़्त बर्बाद न करें 'क्योंकि अगर यह लड़की जासूस है, तो मैं विन्स्टन चर्चिल हूँ'।

मार्क्स ने खुद को इस हिंदुस्तानी शहज़ादी के साथ एक चुनौतीपूर्ण मुलाक़ात के लिए तैयार कर लिया। इस बीच, उन्होंने *जातक टेल्स* की बीस-की-बीस कहानियाँ दो बार पढ़कर उन्हें अपने दिमाग़ में अच्छी तरह बैठा लिया। यह बंदरों के एक सरदार का क़िस्सा था, जिसने अपनी बलि देकर और अपने शरीर को एक पुल के रूप में पेश करते हुए 80,000 बंदरों का नेतृत्व उनकी आज़ादी के लिए किया था। वे बंदर दुष्ट राजा ब्रह्मदत्त से बचकर भागने की कोशिश कर रहे थे, लेकिन उनमें से एक बंदर इतनी ज़ोर-से कूदा कि उसने बंदरों के उस सरदार की पीठ तोड़ दी। वह क़िस्सा बलिदान और इस बारे में था कि किस तरह वह बंदर दूसरों की रक्षा की ख़ातिर खुद का बलिदान कर खुश था। यहाँ तक कि उस दुष्ट राजा को भी सीख मिली कि अंततः प्रेम की ही जीत होती है।

'ओह, नूर। तुम एसओई में क्या कर रही हो?' मार्क्स ने सोचा।

मार्क्स ने सोच रखा था कि वे तटस्थ (डिटेच्ड) भाव से ब्रीफ़िंग करेंगे (निर्देश देंगे), लेकिन जब नूर कमरे में दाख़िल हुईं, तो वे हक्का-बक्का रह गए। मार्क्स ने लिखा था, "जैसे ही मेरी नज़र ऑर्चर्ड कोर्ट के ब्रीफ़िंग रूम में मेज़ के सामने बैठी उस छरहरी आकृति पर पड़ी, मैं तुरंत समझ गया कि जिस एकमात्र चीज़ के बाहर आने (डिटेच होने) की संभावना है, वह मेरी (अगर दोनों नहीं तो) एक आँख होगी। किसी ने भी नूर की असाधारण सुंदरता का ज़िक्र नहीं किया था।"

मार्क्स ने उनसे कम-से-कम 250 अक्षरों का एक संदेश लिखने और फिर उसे भेजने के लिए उसको सांकेतिक ज़ुबान में बदलने (एनकोड करने) को कहा। नूर तुरंत काम में लग गईं और फ़्रांसीसी में संदेश लिखने लगीं, लेकिन फिर उसे बदलने में उन्होंने पाँच मिनट लगाए। अंत में वे संतुष्ट भाव से मुस्करा दीं और उसे सांकेतिक भाषा में बदलना पूरी तरह भूल गईं। मार्क्स ने उन्हें नरम स्वर में याद दिलाया कि लंदन प्रसारण का इंतज़ार कर रहा है। उन्होंने बेहद माफ़ी माँगते हुए अपने हैंडबैग से एक कविता निकाली। उन्होंने मार्क्स से कहा, "यह मेरी अपनी कविता है।" इसके बाद उन्होंने उसे सांकेतिक भाषा में बदलना शुरू कर दिया। शुरुआत तो उनकी ढीली-ढाली थी, लेकिन अचानक उन्होंने गियर बदला और अपना पहला रूपांतरण (ट्रांसपोज़ीशन) इतनी तेज़ी-से कर दिया, जितना मार्क्स द्वारा ब्रीफ़ किए गए किसी भी

गुप्तचर ने कभी नहीं किया था। उन्होंने प्रसन्न ढंग से मुस्कराते हुए वह रूपांतरण मार्क्स को सौंप दिया, लेकिन वे यह भूल गईं कि उन्होंने बाक़ी संदेश को संकेत भाषा में बदलने का काम पूरा नहीं किया था। उन्होंने एक बार फिर माफ़ी माँगी, लेकिन बाक़ी काम दस मिनट से भी कम समय में पूरा कर दिया (यह एक बार फिर मार्क्स की जानकारी में सबसे तेज़ रफ़्तार थी)।

फिर मार्क्स ने उनसे कहा कि वे ख़ुद ही उसे डिकोड करें। इस काम में उन्होंने बीस मिनट लिए। जब मार्क्स ने वर्कशीट की जाँच की, तो उन्होंने पाया कि नूर ने उसमें कई ग़लतियाँ की थीं। नूर को देखकर लगता था कि वे रो पड़ेंगी। "तुमने ज़्यादातर लोगों के मुक़ाबले में थोड़ी-सी ग़लतियाँ की हैं," उन्होंने उनसे कहा, "लेकिन जो ग़लतियाँ तुमने की हैं, वे बहुत ही मौलिक क़िस्म की हैं।" यह सुनकर उन्हें कुछ बेहतर लगा।

इसके बाद मार्क्स ने 'शहज़ादी' से उसकी अपनी शैली में निपटने का फ़ैसला किया। उन्होंने नूर की कहानी को अपने शब्दों का आधार बनाते हुए कहा : "सांकेतिक ज़ुबान में लिखे गए संदेश एक मामले में बंदरों से मिलते-जुलते हैं। अगर आप उन पर बहुत ज़ोर-से कूदेंगे, तो आप उनकी पीठ तोड़ देंगे - और इसके साथ तुमने यही किया है। मुझे संदेह है कि अगर ख़ुद ब्रह्मदत्त भी इस गूढ़लिपि को समझ लेता, तब भी कोड रूम के मेरे बंदर न समझ पाते," मार्क्स ने नूर से कहा।

नूर ने सिर उठाकर आश्चर्य से देखा। "आपने मेरी पुस्तक पढ़ी है," वे बोलीं।

मार्क्स ने याद करते हुए कहा था कि "उनकी निगाह में जो तीखापन था, उसने मेरी चटनी बनाकर रख दी थी।" उन्होंने उनसे कहा कि उन्हें वह पुस्तक पढ़कर बहुत मज़ा आया और बहुत कुछ सीखने को मिला। और फिर उन्होंने नूर से कहा : "तुमने मुझसे एक झूठ बोला है, और कोड से झूठ बुलवाया है।"

नूर उछलकर खड़ी हो गईं और बोलीं, 'मैंने *क्या किया है*? 'झूठ' शब्द का वही असर हुआ था, जो वे चाहते थे। ब्यूली के प्रशिक्षक का कहना अंततः सही था। 'तुमने ग़लत इंडीकेटर-ग्रुप पेश किया है। यह झूठ नहीं तो और क्या है?'

'मैंने इस तरह सोचा ही नहीं था,' नूर ने जवाब दिया।

मार्क्स ने उनके काम को देखा और कहा, "इसमें छह झूठ हैं और एक आधा सच है।" उन्होंने कहा, "कर्नल बकमास्टर को यह संदेश पढ़ने के लिए 10,000 कोशिशें करनी पड़ेंगी।" इस पर नूर ने फुसफुसाते हुए कहा, "ओह नहीं।"

फिर मार्क्स ने इस हताश होती गुप्तचर से कहा, "मुझे विश्वास है कि तुम्हारी जातक कथा एक बहुत अच्छी कूट-लेखक (कोडर) बनने में तुम्हारी मदद कर सकती है।"

नूर ने आश्चर्य से देखा। "कैसे?"

उन्होंने जवाब दिया :

> जब भी तुम किसी संदेश को संकेत में बदलती हो, तब हर बार संदेश के शब्दों के बारे में इस तरह सोचो, जैसे वे पेरिस और लंदन के बीच का पुल पार करने की कोशिश करते बंदर हैं। अगर वे गिर जाते हैं, तो पकड़े जाएँगे और गोली से उड़ा दिए जाएँगे... लेकिन वे अपने दम पर पुल पार नहीं कर पाएँगे, और अगर तुम धीरे-धीरे और सिल-सिलेवार ढंग से उन्हें रास्ता दिखाते हुए, एक बार में एक क़दम रखते हुए, उन पर पूरा ध्यान केंद्रित करते हुए और उनकी पूरी तरह रक्षा करते हुए उनकी मदद नहीं करतीं, तो वे कभी उस पार नहीं पहुँच पाएँगे। जब कोई सच्चाई पहुँचानी हो, तो अपने संकेत को झूठ मत बोलने दो।

नूर ने पूछा, "क्या मैं एक बार और कोशिश कर सकती हूँ।" इस बार उन्होंने अपनी पिछली से आधी रफ़्तार से संदेश को संकेत में बदला (जो तब भी ज़्यादातर लोगों के मुक़ाबले तेज़ रफ़्तार थी) और संकेत-समूहों को सावधानीपूर्वक कॉपी किया। वे कुछ इस तरह संदेशों पर अपनी अँगुलियाँ फिरा रही थीं, जैसे उन्हें मार्क्स को सौंपने से पहले, उनके ज़ख़्मों को खोज रही हों। दोनों एकदम सही थे।

"थैंक यू, थैंक यू - लेकिन अगर मैं कभी-कभी सूअरों के बारे में सोचूँ, तो चलेगा?" उन्होंने मार्क्स से पूछा। (उनकी एक कहानी महातुंदिला और कुलातिंदिला नामक सूअर के दो बच्चों के बारे में थी।) मार्क्स ने कहा कि पुल पार करने में जिस भी चीज़ से मदद मिले, वह करो। फिर उन्होंने पूछा, "क्या तुम कर पाओगी।"

"मिस्टर मार्क्स, मैं वादा करती हूँ कि मैं करूँगी," उन्होंने कहा।

नूर ने मार्क्स से पूछा कि वह युद्ध के बाद क्या करना चाहते हैं। मार्क्स ने कहा कि वह एक नाटक लिखना चाहता है। इस पर नूर ने इस क़दर दिलचस्पी दिखाई कि मार्क्स उसके बारे में नूर से चर्चा करने लग गए, हालाँकि उसका उनकी उस मुलाक़ात के उद्देश्य से कोई लेना-देना नहीं था। यह नाटक एक ऐसी लड़की के बारे में था, जो हँस नहीं पाती थी। उसने पाँच साल की उम्र में हँसना बंद कर दिया था और अब वह अठारह साल की थी। उसे हँसाने की बहुत कोशिशें की गईं, लेकिन कोई युक्ति काम न आई, फिर एक दिन उसने एक गंदे बूढ़े भिखमंगे को देखा और बुरी तरह हँस पड़ी। उस भिखमंगे को घर लाया गया और लड़की को वह और भी मसख़रा लगने लगा, लेकिन उस भिखमंगे ने उस घर में रुकने से मना कर दिया, क्योंकि उसे अपने ऊपर हँसा जाना अच्छा नहीं लगा।

भिखमंगे ने यह पता लगाने का निश्चय किया कि वह क्या चीज़ थी, जिसकी वजह से लड़की ने हँसना बंद कर दिया था। उसने पाया कि किसी व्यक्ति ने उसे भीषण पीड़ा पहुँचाई थी, लेकिन जिस क्षण भिखमंगे को यह बात पता लगी, उसी पल से लड़की चंगी हो गई। विडंबना यह थी कि जैसे ही लड़की ठीक हुई, उसे भिखमंगे की असलियत दिखाई देने लगी - घिनौना, बूढ़ा, आवारा। नतीजतन, उसे वहाँ से चले जाना पड़ा।

नूर को वह क़िस्सा दुखद और कौतुकपूर्ण लग रहा था और वे चाहती थीं कि वह भिखमंगा चला जाए और लड़की को पता भी न लगने दे कि लड़की उसकी कितनी ऋणी है। उन्होंने मार्क्स से उस नाटक का नाम पूछा। मार्क्स को नूर की ओर देखते हुए तुरंत शीर्षक सूझ गया : "द गर्ल हू कुड नॉट क़्वाइट!"

नूर ने मार्क्स से कहा, "मुझे पूरा विश्वास है कि इस नाटक को देखने के लिए बहुत लोग आएँगे।" उन्होंने यह भी वादा किया कि अगर वे आ सकीं, तो ज़रूर आएँगी। यह सुनकर मार्क्स के मन में उम्मीद जागी कि अगर नूर परीक्षा में फेल हो जाएँ, तो उन्हें युद्ध-क्षेत्र में नहीं भेजा जाएगा।

इसके बाद नूर के लिए अपने सिक्युरिटी चैक्स को सीखने का समय आ गया - उन सारे महत्त्वपूर्ण उपायों को सीखने का समय, जिनकी मार्फ़त एसओई नूर के रेडियो-संदेशों की प्रामाणिकता का पता लगा पाती। मार्क्स समझ गए कि उन्हें 'झूठ न बोलने' के बारे में एक और मुश्किल लड़ाई लड़नी पड़ेगी। नूर ने अपने सिक्युरिटी चैक्स का इस्तेमाल ठीक ढंग से किया था, लेकिन उन्हें शायद इस बात का अहसास न रहा होगा कि पकड़े जाने पर उन्हें उनके बारे में झूठ बोलना होगा।

"मुझे ऐसा क्यों करना होगा?" नूर ने पूछा। मार्क्स ने समझाया, "अगर तुम जर्मनों को वास्तविक चैक के बारे में बता दोगी, तो वे लोग ढोंग करेंगे कि वे तुम हो और तुम्हारे नाम से इंग्लैंड को संदेश भेजने लगेंगे, और इस तरह इंग्लैंड से झूठ बोलेंगे।"

"लेकिन एक बेहतर तरीक़ा है। मान लीजिए कि मैं उन्हें कुछ भी नहीं बताती - भले वे कितना ही क्यों न पूछते रहें?" नूर ने कहा। मार्क्स समझ गए कि वे झूठ बोलने की बजाय मर जाना पसंद करेंगी। इस समस्या से निपटने के लिए उन्होंने नूर को एक पूरी तरह से नया सिक्युरिटी चैक देते हुए कहा, "तुम्हें झूठ बोलने की ज़रूरत नहीं पड़ेगी, क्योंकि इसके बारे में तुम्हारे और मेरे अलावा किसी को जानकारी नहीं होगी। तुम्हें सिर्फ़ एक चीज़ याद रखनी होगी। अठारह अक्षरों वाले किसी भी 'की फ़्रेज़' का इस्तेमाल कभी नहीं करना - कोई भी संख्या हो, लेकिन अठारह नहीं। अगर तुमने अठारह का इस्तेमाल किया, तो मैं समझ जाऊँगा कि तुम पकड़ी गई हो।"

"अठारह मेरा लकी नंबर है," नूर ने कहा। "हाँ, मैं यह कर सकती हूँ। और मैं वादा करती हूँ कि इसे भूलूँगी नहीं। मैं आपसे वादा करती हूँ, मिस्टर मार्क्स।"

लेकिन मार्क्स, नूर के मामले में कोई जोखिम नहीं उठाना चाहते थे। उन्होंने नूर से कम-से-कम 200 अक्षरों के तीन संदेशों का सांकेतिक लेखन कर उन्हें अगले दिन दोपहर तक तैयार करने को कहा। उन्हें इनमें अपने वास्तविक और दिखावे के चैक शामिल करने थे। जब मार्क्स कमरे से निकल रहे थे, तब नूर अपनी पेंसिल की ओर हाथ बढ़ाती हुई ख़ुद से कह रही थीं : "मुझे अठारह अक्षर लंबा कोई भी 'की फ़्रेज़' इस्तेमाल नहीं करना है।"

मार्क्स अभी भी चाह रहे थे कि वे परीक्षा में फेल हो जाएँ, ताकि वे उनके बारे में बुरी रिपोर्ट दे सकें। नूर की सुंदरता और संवेदनशीलता ने उन्हें मोहित कर लिया था। वे इस कोमल प्राणी को गिस्तापो के स्याह साये से, संभावित यातना और मौत से बचाना चाहते थे, लेकिन नूर ने छह नए संदेशों का सांकेतिक लेखन कर दिया और उनके हर बंदर ने सुरक्षित ढंग से पुल को पार कर लिया, जिनमें उनके सिक्युरिटी चैक्स भी शामिल थे। उन्होंने अठारह अक्षरों वाला एक की फ़्रेज तैयार कर गर्व के साथ मार्क्स को सौंप दिया।

10 जून को लियो मार्क्स ने बेमन से नूर को हरी झंडी दिखाते हुए अपनी रिपोर्ट मॉरिस बकमास्टर को भेज दी। उन्हें नूर के साथ हुई यह मुलाक़ात ज़िंदगी भर याद रही। *द गर्ल हू कुड नॉट क़्वाइट!* का प्रदर्शन 1948 में सेंट मार्टिन्स थिएटर में हुआ।

अगले कुछ दिन नूर के लिए भागमभाग से भरे थे। पेरिस को उनकी सख़्त ज़रूरत थी और अगली पूर्णिमा आने में कुछ ही दिन बाक़ी थे।

रवाना होने के एक सप्ताह पहले नूर को ऑर्चर्ड कोर्ट के फ़्लैट में लाया गया, जहाँ गुप्तचर मुहिम पर रवाना होने से पहले रहते थे। इस कोर्ट की ज़िम्मेदारी प्रसिद्ध बटलर पार्क्स सँभालते थे। इस फ़्लैट में काले रंग की टाइल्स का बाथरूम था, जो सैन्य काल में ख़ासा मशहूर हो गया था। गुप्तचर पीटर चर्चिल अक्सर वहाँ दिखाई देते थे, जो पूरी तरह सूट-बूट से लैस ख़ाली बाथ में नल की टोंटियों पर अपने पैर टिकाए बैठे रहते थे और *द टाइम्स* की क्रॉसवर्ड पहेलियाँ हल करते रहते थे। कभी-कभी कोई गुप्तचर बाथ से टिका अपनी छद्म पहचान के बारे में गढ़े गए क़िस्से की आख़िरी रिहर्सल करता दिखाई दे जाता था।

ऑर्चर्ड कोर्ट में गुप्तचर द्वारा बिताया गया समय युद्ध-क्षेत्र के दुष्कर और ख़तरनाक दौर में प्रवेश से पहले का संक्षिप्त-सा विलासितापूर्ण समय होता था। यहाँ अंतिम चैक्स तैयार किए जाते थे, छद्म पहचानों को ढकने के लिए गढ़े गए क़िस्सों की एक बार फिर से जाँच की जाती थी, बारीक मसलों पर सावधानीपूर्वक विचार

किया जाता था। यहाँ गुप्तचरों को फ्रांस और उनकी अपनी विशेष मुहिमों से संबंधित ताज़ातरीन ख़बरें दी जाती थीं। अगर किसी ऑपरेटर पर जर्मनों के लिए काम करने का संदेह होता था, तो उन्हें उसके ख़िलाफ़ उचित कार्रवाई करने को कहा जाता था।

पार्क्स पूरी दक्षता के साथ ऑर्चर्ड कोर्ट का संचालन करते थे। वे वेस्टमिंस्टर बैंक की पेरिस शाखा के पूर्व संदेशवाहक थे और उनकी स्मृति कमाल की थी। वे हर गुप्तचर को उसके प्रशिक्षण के दौरान दिए गए छद्म नाम से जानते थे और प्रशिक्षण से संबंधित आख़िरी निर्देशों के लिए आने वाले हर गुप्तचर को आत्मीयता का अहसास कराते थे। पार्क्स एकदम ठीक-ठीक ढंग से यह सुनिश्चित करना जानते थे कि फ़्लैट में अपना वक़्त गुज़ारने के दौरान गुप्तचर आकस्मिक तौर पर एक-दूसरे से न मिलने पाएँ। एसओई की नीति के तहत गुप्तचरों को युद्ध-क्षेत्र में मिलने से हतोत्साहित किया जाता था, और इसका सबसे अच्छा तरीक़ा यह समझा जाता था कि वे इंग्लैंड में भी आपस में बहुत न मिलें। गुप्तचरों के लिए यह बात विशेष महत्त्व रखती थी कि वे यह बात कभी किसी को न बताएँ कि वे फ्रांस के क़ब्ज़े वाले क्षेत्र में कहाँ जाने वाले थे। चूँकि इस बात की बहुत ज़्यादा संभावना होती थी कि युद्ध-क्षेत्र में जा रहे दो गुप्तचर फ़्लैट में मिलने पर आपस में इस बारे में चर्चा कर सकते थे, इसलिए पार्क्स के लिए यह सुनिश्चित करना ज़रूरी होता था कि उन्हें इसका मौक़ा ही न मिलने पाए।

पार्क्स लोगों को पूरा शिष्टाचार बरतते हुए गुपचुप तरीक़े से किसी तरह एक कमरे से दूसरे कमरे तक ले जाते थे। कभी-कभी तो वे उन्हें बाथरूम तक भी गुपचुप तरीक़े से ले जाते थे। मुमकिन है, यह चीज़ फ़्लैट के आगंतुकों के लिए किसी तरह असुविधाजनक रही हो, लेकिन गुप्तचर समझते थे कि पार्क्स को वैसा क्यों करना पड़ता था, और दोस्ताना तथा ख़ुशमिजाज़ बटलर एफ़-सेक्शन के लोगों द्वारा बहुत पसंद किए जाते थे।

ऑर्चर्ड कोर्ट की दीवारें फ्रांस और पेरिस के नक़्शों से ढकी हुई थीं। यहाँ गुप्तचरों को ऐसे कपड़े दिए जाते थे, जो उनकी पहचान को छिपाने के लिए गढ़े गए क़िस्से से मेल खाते थे। मॉरिस बकमास्टर इसके पक्ष में नहीं थे कि उनके गुप्तचर जासूसी से संबंधित किसी तरह के उपकरण रखें : कोई खोखले क़लम, नक़ली पेंदे वाले ब्रीफ़केस या अलग किए जा सकने वाले हील्स बिलकुल नहीं। उनका मानना था कि ये चीज़ें कुल मिलाकर बहुत जोखिमपूर्ण थीं, क्योंकि जर्मन अपवेआ को इनका मिलना जेल या मौत का कारण बन सकता था। अगर कोई गुप्तचर अपराध का संकेत देने वाले सबूतों और यंत्रों के बिना पकड़ा जाता, तो उसका चकमा देकर बच निकलना ज़्यादा आसान था। संदेश को लिपटे हुए अख़बार में ले जाना बेहतर समझा जाता था। मुश्किल परिस्थितियों में उसका तिरस्कार करना मुमकिन था। और, ज़ाहिर है, यह तो सबसे अच्छा था कि गुप्तचर संदेशों और निर्देशों को याद कर लेता।

बाहरी रूप-रंग और रंग-ढंग सबसे महत्त्वपूर्ण होता था और फ़्रांसीसी अंदाज़ और शैली का आमूलचूल परीक्षण अनिवार्य था। अगर बाल रखने की शैली सटीक रूप से फ़्रांसीसी नहीं होती थी, तो उसे बदलना ज़रूरी होता था। अगर गुप्तचर की दाँतों की फ़िलिंग अँग्रेज़ी स्टाइल की होती थी, तो उसकी जगह महँगा दिखने वाला गोल्ड प्लग इस्तेमाल किया जाता था, जैसा कि कॉन्टिनेंट (ग्रेट ब्रिटेन और आयरलैंड से इतर यूरोप के मुख्य भू-भाग) में चलन था।

सारे गुप्तचरों के कपड़े विशेष रूप से क्लॉडी पल्वर द्वारा सिले गए होते थे। क्लॉडी वियना से आई शरणार्थी थीं, जो डिज़ाइन संबंधी अपनी दक्षता का इस्तेमाल कर गुप्तचरों के लिए यूरोपीय शैली के कपड़े सिलती थीं। कमीज़, स्कर्ट, यहाँ तक कि अंडरवियर भी शरणार्थियों द्वारा लाए गए कपड़ों का सावधानीपूर्वक अध्ययन करके बहुत बारीकी के साथ कॉन्टिनेंटल शैली में सिले जाते थे। कभी-कभी शरणार्थियों और गुप्तचरों द्वारा लाए गए फ़्रांसीसी कपड़े भी बाँट दिए जाते थे। नूर को अपने कपड़ों के लिए मार्गरेट स्ट्रीट के शोरूम में जाना पड़ा था।

कॉलर, कॅफ़, और इन सबसे ज़्यादा महत्त्वपूर्ण लेबल थे, जिनका सावधानीपूर्वक परीक्षण किया जाता था। कपड़ों के साथ जुड़े धुलाई संबंधी सारे निर्देशों को हटाना होता था। अँग्रेज़ी लेबल भेद खोल सकता था, उसी तरह ग़लत ढंग से टाँका गया बटन, या कॉलर की शैली भी। इथ्वल प्रांत के टेलरों के नामों की चिप्पी कपड़े पर सिल दी जाती थी। नाज़ियों से बचकर भागे एक जर्मन यहूदी टेलर को भी काम पर रख लिया गया था। वह किसी भी सूट को देखकर बता सकता था कि वह चेकोस्लोवाकिया से आया था, इटली से आया था या स्पेन या जर्मनी से आया था। जो गुप्तचर जर्मनी जा रहे होते थे, उनके लिए वह जर्मन शैली के सूट सिल देता था और उन्हें कुछ इस तरह का रूप दे देता था कि वे पुराने दिखें, क्योंकि जर्मनी में बहुत कम लोग ही नए सूट पहनते थे। कपड़ों का गुप्तचरों की पहचान छिपाने के लिए गढ़े गए क़िस्से के मुताबिक़ होना भी ज़रूरी था। नूर नर्स की छद्म भूमिका निभाने जा रही थीं, उनको कुछ साधारण-से कपड़ों की ज़रूरत थी।

इस बारे में हर तरह की सावधानी बरतनी ज़रूरी होती थी कि पहचान छिपाने के लिए गढ़ा गया क़िस्सा एकदम पुख़्ता हो। अगर गुप्तचर के लहज़े में मामूली-सा भी विदेशी पुट होता था, तो क़िस्से को उसके मुताबिक़ गढ़ दिया जाता था। मसलन, अगर किसी व्यक्ति का लहज़ा हल्का-सा भी कनैडियन हुआ, तो उसकी पहचान छिपाने के लिए गढ़े गए क़िस्से में कनैडियन पृष्ठभूमि जोड़ दी जाती थी। कभी-कभी कोई बेल्जियाई लहज़ा माँग करता था कि गढ़े गए क़िस्से में बेल्जियाई शिक्षा या ब्रसल्स में बिताए गए बचपन को पृष्ठभूमि के तौर पर जोड़ा जाए।

गढ़े गए क़िस्सों की जाँच बहुत बारीकी-से और कई-कई बार की जाती थी। व्यक्तियों की पहचान उनके उन जगहों से संबंधित होने के आधार पर गढ़ी जाती थीं, जहाँ के टाउन हॉल बम गिराकर ध्वस्त कर दिए गए होते थे और जहाँ के दस्तावेज़ तितर-बितर हो गए होते थे। कभी-कभी जन्म-स्थान के तौर पर फ़्रांसीसी क़ब्ज़े वाले समुद्र-पार के किसी गुमनाम नगर का नाम दे दिया जाता था, जिससे उसके ब्योरों की जाँच करना लगभग असंभव हो जाता था। पारिवारिक पृष्ठभूमि को लेकर अच्छा ख़ासा शोध किया जाता था। गढ़े गए क़िस्से में चाचा-चाचियों समेत पूरे-के-पूरे कुनबे को शामिल कर दिया जाता था और उन्हें ऐसे इलाक़ों में बसा हुआ बताया जाता था, जिनकी खोज मुश्किल या असंभव हो। क़िस्से में इस्तेमाल की गई सड़कों के नाम और मकानों के नंबर हमेशा वास्तविक होते थे। इन्हें फ़्रांसीसी पोस्ट ऑफ़िस की मार्गदर्शिकाओं या टेलिफ़ोन पुस्तिकाओं से खोजा गया होता था।

एसेक्स के रॉयडन नामक गाँव में जालसाज़ी के काम में लगा एक पूर्णकालिक विभाग स्थापित था, जो जाली पासपोर्ट और दस्तावेज़ तैयार करता था। युद्ध-क्षेत्र में सक्रिय गुप्तचर ताज़ातरीन राशन कार्ड भिजवा देते थे, जिनकी प्रतियाँ तैयार कर ली जाती थीं। राशन कार्ड, पहचान-पत्र, जन्म-प्रमाण-पत्र - कोई भी चीज़ इन दक्ष जालसाज़ों के हाथ से बची नहीं थी। ये लोग गुप्तचरों को दस्तावेज़ उपलब्ध कराने रात-दिन काम में जुटे रहते थे।

नूर को उनकी पहचान छिपाने के लिए गढ़ा गया क़िस्सा वेरा एटकिंस द्वारा दिया जा चुका था। इस क़िस्से के मुताबिक़ वे बच्चों की नर्स जीन-मैरी रेनिया बनने जा रही थीं। सारे ब्योरों पर सावधानीपूर्वक विचार कर लिया गया था।[6] जीन-मैरी का जन्म 25 अप्रैल, 1918 को ब्लोआ में हुआ था। उसके पिता ऑग्यस्त प्रिंस्टन में दर्शनशास्त्र के प्रोफ़ेसर रहे थे और माँ रे बेकर का जन्म अमेरिका में हुआ था और विवाह के बाद वे फ़्रांसीसी नागरिक बन गई थीं। उसके पिता पहले विश्व युद्ध के दौरान माग्न के 1918 के रिट्रीट में मारे गए थे। उसकी माँ आर्मिस्टिस के बाद पेरिस लौट आई थी और 1940 में फ़्रांस की पराजय के ठीक पहले अमेरिका वापस चली गई थीं।

जीन-मैरी ने साँ क्लाउद में स्कूली शिक्षा प्राप्त की थी, जिसके बाद वह 1935 में साबोन में पढ़ने चली गईं। वहाँ उन्होंने 1938 तक पढ़ाई करते हुए बाल मनोविज्ञान का विशेष अध्ययन किया। उन्होंने कई परिवारों में बच्चों की देखभाल की, और युद्ध के भड़क उठने के बाद पेरिस में नर्स के रूप में काम किया। इनमें से कुछ तथ्य नूर के वास्तविक जीवन से लिए गए थे। नूर ने साँ क्लाउद में पढ़ाई की थी और साबोन से बाल मनोविज्ञान में डिग्री हासिल की थी।

जब जर्मनों ने हमला कर दिया, तो जीन-मैरी दक्षिण में चली गई और कुछ समय तक बोग्दू में रही। उसने वयूँ में ज़ोख़्दन नामक एक परिवार में गवर्नेस की नौकरी की। उसने 1941 का क्रिस्मस पेरिस में मनाया और 30 दिसंबर, 1941 को वहाँ से अपना नया राशन कार्ड प्राप्त किया। 1943 की शुरुआत में, जब वह बोग्दू में थी और गवर्नेस की नौकरी के लिए कोई परिवार ढूँढ रही थी, तब उन्होंने अपना नया पहचान-पत्र भी हासिल किया था। उन्होंने अपना टेक्स्टाइल कार्ड पेरिस से प्राप्त किया था। एसओई के दक्षतापूर्ण जालसाज़ी विभाग ने 'जीन-मैरी' को एक नक़ली पहचान-पत्र, राशन कार्ड और टेक्स्टाइल कार्ड जारी कर दिया था।

सारे सामाजिक अवसरों पर नूर को मेदमोज़ेल रेनिया के नाम से पुकारा जाना था। छद्म नाम के अलावा सारे गुप्तचरों को गोपनीय सांकेतिक नाम भी दिया जाता था और एसओई के उनके सहकर्मी उन्हें इन्हीं सांकेतिक नामों से पुकारते थे। नूर का गोपनीय सांकेतिक नाम था मेदलिन, जो उनकी कहानियों के एक चरित्र के नाम पर आधारित था। मेदलिन नाम का प्रयोग उन्हें फ़्रांसीसी सेक्शन के सदस्यों के साथ ही करना था और इसे कड़ाई से गोपनीय रखा जाता था। उनकी रेडियो पोस्ट का नाम पोस्ते मेदलिन रखा जाने वाला था।

नूर चूँकि पेरिस के इलाक़े से परिचित थीं, इसलिए उन्होंने मॉरिस बकमास्टर से पूछा था कि क्या वे उस इलाक़े में काम कर सकती हैं, हालाँकि इसमें उनके पहचान लिए जाने का ख़तरा था, तब भी नूर को विश्वास था कि वे उस इलाक़े में सबसे ज़्यादा कारगर होंगी। पेरिस के क़ब्ज़े वाले हिस्से गुप्तचर के काम के लिहाज़ से सबसे ज़्यादा ख़तरनाक भी थे, क्योंकि सारे शहर में गिस्तापो के लोग मँडरा रहे थे।

एक टेलिग्राफ़िस्ट के रूप में (या 'पियानिस्ट' के रूप में, जैसा कि एसओई ने इसे नाम दे रखा था) नूर को एक ट्रांसमीटर की ज़रूरत पड़ने वाली थी। चूँकि वे दुबली-पतली थीं, (क़द 5 फुट 3 इंच था और वज़न 50.8 किलोग्राम से कम) इसलिए उन्हें कम वज़नदार उपकरण की ज़रूरत थी। ट्रांसमीटरों की हमेशा कमी होती थी और उन्हें संयुक्त राज्य के निर्माताओं से आयात किया जाता था और फिर इस तरह ढाला जाता था कि उन्हें सूटकेस में संस्थापित किया जा सके।

अंत में गुप्तचरों को चार तरह की गोलियाँ दी जाती थीं। इनमें से एक को खाने से छह घंटे की नींद आती थी और ज़रूरत पड़ने पर उसे दुश्मन की चाय या कॉफ़ी में मिला दिया जाता था। दूसरी गोली, बेंज़ेड्राइन उत्तेजना भड़काती थी और ऐसी आकस्मिक ज़रूरत के समय गुप्तचर को जगाए रखती थी, जब वह थककर चूर हो चुका होता था, लेकिन उसे काम में लगे रहना ज़रूरी होता था। तीसरी गोली पेट में गड़बड़ी पैदा कर सकती थी। इसका इस्तेमाल गुप्तचर उस दशा में करता था, जब उसे बीमार होने का स्वांग करना होता था। चौथी थी एल. गोली, आत्महत्या

के लिए, जिसमें रबर की पतली-सी परत के भीतर साइनाइड भरा रहता था। अगर गुप्तचर पकड़ा जाता था और गिस्तापो की हिंसक पूछताछ से बचना चाहता था, तो वह इसका इस्तेमाल कर सकता था। एल. गोली केवल तभी असर करती थी, जब इसे कुतरा जाता। पूरी-की-पूरी निगल लेने पर वह बेअसर हो जाती थी। वेरा एटकिंस ने नूर को ये चारों गोलियाँ दे दीं।

जैसे ही गुप्तचर अपनी मुहिम की पृष्ठभूमि के बारे में पूरी तरह स्पष्ट हो जाता था, उसे एक अधिकारी के हवाले कर दिया जाता था, जो तब तक उसके साथ रहता था, जब तक कि गुप्तचर विमान में नहीं बैठ जाता था। इस अधिकारी की यह ज़िम्मेदारी होती थी कि वह गुप्तचर की जेबों की तलाशी लेकर यह सुनिश्चित करे कि कहीं उसने अंतिम क्षणों में अपनी जेब में अँग्रेज़ी सिगरेटें या पैसे तो नहीं डाल लिए हैं। इस तरह की एक मामूली-सी चूक भी जानलेवा साबित हो सकती थी और सावधानीपूर्वक बनाई गई हफ़्तों लंबी योजना पर पानी फेर सकती थी। नूर के साथ गई अधिकारी थीं, पेट्रीशिया स्टीवर्ट-बाम, जिन्हें वर्षों बाद तक इस युवती का साहस याद रहा था।[7]

मॉरिस बकमास्टर हर गुप्तचर से उसके युद्ध-क्षेत्र के लिए रवाना होने से पहले मिलते थे और हर एक को एक छोटा-सा उपहार दिया करते थे। पुरुषों के लिए उपहार था, सोने के कफ़लिंक या सिगरेट लाइटर, और महिलाओं के लिए सोने की छोटी-सी शृंगार पेटी। उद्देश्य यह होता था कि जब वे गुप्तचर फ़्रांस में अकेले हों, तो ये उपहार उन्हें याद दिलाएँ कि इंग्लैंड में उनके साथी उन्हें याद कर रहे हैं। अगर गुप्तचर भयानक आर्थिक तंगी की स्थिति में हो, तो वह उस उपहार को बेचकर पैसे भी प्राप्त कर सकता था। बकमास्टर ज़्यादा-से-ज़्यादा गुप्तचरों के साथ हवाई अड्डे तक जाने की भरसक कोशिश भी करते थे, क्योंकि मुल्क छोड़ने से पहले के कुछ आख़िरी पलों में गुप्तचर हमेशा घबराहट और कमज़ोरी महसूस करने लगते थे।[8]

रवाना होने के कुछ दिन पहले नूर अपनी सहेली जीन से अप्रत्याशित मुलाक़ात करने पहुँच गईं। यह संभवतः 10 जून के बाद की बात थी, जब उन्हें फ़्रांस जाने के लिए हरी झंडी दे दी गई थी और वे ऑर्चर्ड कोर्ट में रहने लगी थीं। वे देर रात जीन के फ़्लैट पर पहुँचीं और दोनों रात में लंबे समय तक बातचीत करती रहीं। फुलर ने याद किया कि नूर बहुत सुंदर दिख रही थीं, उनकी त्वचा चमक रही थी और आँखों में दीप्ति थी। नूर ने उनसे कहा कि वे बहुत ख़ुश हैं। जीन को लगा कि उन्हें किसी से इश्क़ हो गया है। "मेरी सारी कामनाएँ एक साथ पूरी हो गई हैं" उन्होंने जीन से कहा।[9] वे अपनी ख़ाकी फ़ैनी वर्दी पहने हुए थीं और काफ़ी तनाव की स्थिति में थीं। "वे असाधारण उत्साह से भरी हुई थीं," जीन ने कहा था।[10] "उनकी आँखों में तारे चमक रहे थे। वे जाना चाहती थीं।"

नूर, दरअसल, युद्ध कार्यालय में काम कर रहे एक व्यक्ति के प्रेम में गहराई से डूबी थीं और उसके साथ उनकी सगाई हो चुकी थी, जैसा कि उन्होंने अपने परिवार को बताया था। यह कुछ अजीब-सी बात थी कि उन्होंने जीन को अपने इस रोमांस के बारे में नहीं बताया था। शायद इसलिए कि उनके रिश्ते अक्सर टूटते रहे थे, और उनकी ज़िंदगी में उस समय इतनी अधिक अनिश्चतता थी कि अपने इस रिश्ते के बारे में बहुत सारे लोगों को बताने का आत्मविश्वास उनमें नहीं था। उन्होंने अपने परिवार को भी अपने मंगेतर के बारे में सरसरी जानकारी ही दी थी। उन्होंने संपर्क संबंधी कोई जानकारी नहीं दी थी। वह उन लोगों के लिए रहस्य ही बना रहा और उन्हें कभी पता नहीं चल सका कि वह कौन था।

उस रात नूर ने जीन को अपनी हस्तरेखाएँ दिखाकर अपने भविष्य के बारे में जिज्ञासा व्यक्त की थी। उस शाम बातचीत के दौरान एक अवसर पर उन्होंने कहा था कि उन्हें हमेशा यातना दिए जाने का भय सताता था। बचपन में उन्होंने शहीदों के बारे में पढ़ा था और वे उनकी चिंता में डूबी रातों-रात जागा करती थीं। उन्हें बुरे सपने आते थे कि कोई रहस्य उगलवाने के लिए उन्हें यातना दी जा रही है। वे सोचा करती थीं कि अगर उन्हें नाज़ियों के कान्सन्ट्रेशन कैंप में यातना दी गई, तो वे उससे कैसे निपटेंगी। “मैं नहीं समझती कोई कैसे जान सकता है...” उन्होंने कहा था, और फिर आगे यह भी जोड़ा था : “मैं नहीं समझती कि मैं कभी भी मुँह खोलूँगी।”

बातचीत के दौरान जीन नूर की शख़्सियत में आए बदलाव से चौंक गई थीं, हालाँकि नूर हमेशा से परेशान रहने वाली और जल्दी ही परेशान हो उठने वाली व्यक्ति रही थीं, लेकिन जीन ने उन्हें इस रूप में कभी नहीं देखा था। सुबह नाश्ते के बाद नूर उठ खड़ी हुईं और बोलीं, “मैं अब जा रही हूँ,” और इतना कहकर उन्होंने जीन को गले लगाकर चूम लिया। यह आख़िरी मौक़ा था, जब जीन ने अपनी इस दोस्त को देखा था। लंबे समय तक तो वे यही मानकर चलती रहीं कि जब नूर ने कहा था कि उन्हें 'समुद्र-पार' जाना होगा, तो इसका मतलब था कि उन्हें महासागर के पार किसी दूसरे महाद्वीप पर जाना था। उन्होंने नहीं सोचा था कि नूर महज़ चैनल के उस पार फ़्रांस जा रही थीं।

15 जून, 1943 को नूर को वाफ़ से मुक्त कर दिया गया और अगले दिन वाफ़ में असिस्टेंट सेक्शन ऑफ़िसर के रूप में मानद अधिकारी का पद प्रदान कर दिया गया। इसी सेवा में अधिकारी पद का इंटरव्यू दिए उन्हें लगभग एक साल हो चुका था - वही इंटरव्यू, जिसमें उन्होंने भाव-प्रवण ढंग से हिंदुस्तान की स्वाधीनता के बारे में बात की थी और उस पद को हासिल करने का अवसर लगभग गँवा दिया था, लेकिन ज़िंदगी ने एक अलग ही दिशा ले ली थी। अब उन्हें अधिकारी का मानद पद प्रदान किया गया था और राजा तथा देश की ख़ातिर एक ख़तरनाक मुहिम पर भेजा जा रहा था।

16 जून की दोपहर में वेरा एटकिंस ने नूर को ऑर्चर्ड कोर्ट में एक खुली कार में बैठाया। (एस्टेट की इस कार को एसओई 'मुर्दा गाड़ी' के नाम से पुकारती थी।) वे यात्रा करती हुईं ससेक्स के देहाती इलाक़े में पहुँचीं, जहाँ गर्मी का मौसम मधुमालती की लताओं तथा गुलबहार से अपने पूरे शबाब पर था। पूरी यात्रा के दौरान नूर लगभग चुप रहीं। वेरा एटकिंस ने देखा कि नूर के चेहरे पर शांति का भाव था और होंठों पर अधखिली मुस्कराहट तैर रही थी। उन्हें हमेशा लगता रहा था कि नूर बहुत आत्मनिर्भर थीं और उनमें अ-सांसारिक क़िस्म का आदर्शवाद था।

जब वे ससेक्स में टेंगमेयर पहुँचीं, तो लगभग शाम होने को थी। वे रैफ़ स्टेशन के मुख्य द्वार के सामने सजावटी आइवी लता से ढके एक छोटे-से बंगले के सामने रुक गईं। वह आंशिक रूप से ऊँची-ऊँची बाड़ों के पीछे छिपा था और सड़क से बमुश्किल ही दिखाई देता था, हालाँकि वह गर्मी की शाम थी, तब भी उसके सारे दरवाज़े और खिड़कियाँ बंद थे और वहाँ लगभग डरावनी ख़ामोशी छाई थी, लेकिन जब वे दोनों युवतियाँ अंदर दाख़िल हुईं, तो उन्होंने पाया कि हॉल धुएँ से भरा हुआ था और पुरुषों की आवाज़ सुनाई दे रही थी।

निचली दुछत्ती और मोटी दीवारों वाला टेंगमेयर का यह बंगला सत्रहवीं सदी का मकान था। उसकी निचली मंज़िल पर दो बैठक कक्ष थे और एक रसोई थी। इनमें से एक बैठक कक्ष का इस्तेमाल चालक दल के लिए ऑपरेशन्स रूम की तरह किया जाता था। कमरे में एक मेज़ और एक मैप चेस्ट रखे हुए थे और दीवार पर फ़्रांस का एक बड़ा नक़्शा टँगा हुआ था। एक साधारण टेलिफ़ोन लाइन भी थी और गोपनीय वार्तालाप के लिए एक 'स्क्रेम्बलर' फ़ोन था। दूसरे बैठक-कक्ष का इस्तेमाल डाइनिंग रूम की तरह किया जाता था और उसमें दो लंबी ट्रेसल टेबिलें थीं, जहाँ गुप्तचर और पायलट रवाना होने के पहले अक्सर रात का आख़िरी भोजन करते थे।

विदाई के मैत्रीपूर्ण रात्रिभोज के बाद वेरा एटकिंस नूर को ऊपर के कमरे में ले गईं। वहाँ एक कुर्सी पर *रिमार्केबल वीमन* नामक उपन्यास रखा था। नूर ने कहा, "मर्दों को शायद असाधारण (रिमार्केबल) स्त्रियों के बारे में पढ़ने में आनंद आता है।" वेरा एटकिंस ने जवाब दिया कि मुमकिन है एक दिन कोई 'सबसे ज़्यादा असाधारण स्त्री' के बारे में पुस्तक लिखे, फिर उन्होंने खुद को जवाब देते हुए कहा, "वह पुस्तक तब लिखनी होगी, जब ये लड़कियाँ अपना काम कर चुकी होंगी।"[11] नूर तैयार होने लगीं। उन्होंने अपना हरा ऑयलस्किन कोट पहन लिया। उनके हैंडबैग में एक फ़्रांसीसी पहचान-पत्र, राशन कार्ड और उनकी वेबले पिस्तौल थी। उनका बाक़ी सामान - रेडियो, कपड़े और निजी सामान - अलग से पैराशूट के माध्यम से उतारा जाने वाला था, ताकि वह सामान उन्हें ढोना न पड़े। पिस्तौल ले जाने की ज़रूरत उन्हें इसलिए थी, ताकि अगर उनके विमान से उतरते ही उन पर घात लगाकर हमला किया जाए, तो वे उसका इस्तेमाल कर सकें।

वेरा एटकिंस ने जेबों की आख़िरी मिनट की रस्मी तलाशी ली कि कहीं उनके पास कोई अँग्रेज़ी सिगरेट, अँग्रेज़ी बस टिकट या अँग्रेज़ी मुद्रा आदि ऐसी कोई चीज़ तो नहीं रह गई थी, जिसका भेद खुलने पर गुप्तचर का जीवन जोखिम में पड़ जाता। तैयार होते हुए नूर ने वेरा एटकिंस के सूट पर चाँदी के रंग का एक परिंदा देखा और कहा, "कितना सुंदर है और आप कैसे हमेशा स्मार्ट बनी रह पाती हैं।" उन्हें लगा कि वे ख़ुद निस्संदेह सादा दिखाई देती हैं। वेरा ने वह परिंदा निकाला और नूर के कोट के कॉलर पर टाँक दिया। जब नूर ने मना किया, तो उन्होंने कहा, "यह छोटा-सा परिंदा है, यह तुम्हारे सौभाग्य का कारण बनेगा।"[12]

जल्द ही दरवाज़े पर दस्तक हुई, जो इस बात का संकेत थी कि जाने का समय आ चुका था। आसमान में पूनम का चाँद जगमगा रहा था। उन्हें हवाई पट्टी तक ले जाने के लिए एक बड़ी फ़ोर्ड कार इंतज़ार कर रही थी। वहाँ रात के आसमान की पृष्ठभूमि में दो लाइसेंडर विमानों की छायाएँ दिखाई दे रही थीं, जो अपने यात्रियों का इंतज़ार कर रहे थे। नूर रात के अँधेरे में निकलीं और अँग्रेज़ों की ज़मीन पर आख़िरी बार चल पड़ीं। उन्हें लगा, जैसे वे फ़्रांसीसियों से किया गया अपना वादा निभा रही थीं। वे लौट रही थीं।

उस शाम फ़्रांस में, इंतज़ार करते गुप्तचरों को बीबीसी की फ़्रांसीसी सेवा के एक मनोरंजन-कार्यक्रम के बीच में संदेश प्राप्त हुआ। उसमें कहा गया था : "चमेली अपनी बाँसुरी बजा रही है।"[13] यह एक संकेत था, जो उन्हें वहाँ पहुँच रहे गुप्तचरों के लिए तैयार रहने को कह रहा था।

7

सर्किट में प्रवेश

16/17 जून की रात को दो लाइसेंडर विमान गुप्तचरों को लेकर टेंगमेयर से उड़ान भरकर फ़्रांस में उतरने वाले थे। पायलट युद्ध-क्षेत्र में जा रहे गुप्तचरों को 'जो' के नाम से और लाइसेंडरों को प्यार से 'लिज़्ज़ी' कहकर पुकार रहे थे।

उस रात पायलट बनी रायमिल्स और जेम्स मैक्केन्र्स, जिन्हें आम तौर से मैक के नाम से जाना जाता था, ड्यूटी पर थे। रायमिल्स नूर का लाइसेंडर उड़ा रहे थे। उनकी सहयात्री थीं सेसिली लेफ़र्त, जो फ़्रांस में कूरियर के रूप में उतरने वाली थीं। सेसिली और नूर, दोनों का प्रशिक्षण वानबरो मैनर में साथ-साथ हुआ था। दूसरा लाइसेंडर मैक द्वारा उड़ाया जा रहा था। उसमें डायना रोडिन (वे भी कूरियर थीं) और मोंक सर्किट के संयोजक चार्ल्स स्केपर सवार थे, जो दक्षिण फ़्रांस में मग्सेल के निकट सक्रिय थे।

नूर इस क़वायद का अभ्यास कई बार कर चुकी थीं। रायमिल्स के अति संक्षिप्त अभिवादन के बाद (पायलटों को गुप्तचरों के नाम नहीं बताए गए थे) वे छोटी-सी सीढ़ियाँ चढ़कर विमान में पहुँचीं। सेसिली उनके पीछे थीं। रायमिल्स ने उन्हें लकड़ी की कुर्सियों के नीचे उनके बैग रखने की जगह दिखाई, उन्हें उनके हेलमेट को इंटरकॉम में प्लग करने और माइक्रोफ़ोन को चालू और बंद करने के तरीक़े समझाए। इसके बाद वे अपने कॉकपिट में चले गए, उसकी रूफ को बंद किया, इंजन को चालू किया और चल पड़े।

फ़्रांस में एसओई के सर्किट तीन भूमिकाएँ निभाते थे - संयोजक, कूरियर और रेडियो ऑपरेटर। संयोजक सर्किट का मुखिया होता था, कूरियर का काम संयोजक और उसके संपर्क-सूत्रों के बीच संदेशों का आदान-प्रदान करना था, और रेडियो ऑपरेटर उनके संदेशों को प्रधान कार्यालय को भेजते थे। रेडियो ऑपरेटर बेकर

स्ट्रीट और सर्किट के बीच एकमात्र संपर्क-सूत्र था और सारी अहम सूचनाएँ उसी की मार्फ़त जाती थीं। जर्मन जानते थे कि अगर वे किसी सर्किट के रेडियो ऑपरेटर को पकड़ लें, तो बाक़ी सारे लोग आसानी-से उनके हाथ लग जाएँगे।

नूर पहली महिला रेडियो ऑपरेटर थीं, जिन्होंने क़ब्ज़े वाले फ़्रांस में उड़ान भरी थी। इसके पहले जिन महिलाओं को वहाँ पहुँचाया गया था, वे वहाँ कूरियर के रूप में गई थीं। रेडियो ऑपरेटरों की गंभीर कमी का ही नतीजा था कि महिलाओं को भी इस क्षेत्र में प्रशिक्षित किया जा रहा था। महिलाओं को दक्ष वायरलैस ऑपरेटर माना जाता था, क्योंकि वे बुनने (knitting) में निपुण होती थीं और संदेश भेजने (Keying) के मामले में पुरुषों के मुक़ाबले महारत हासिल कर सकती थीं, लेकिन रेडियो का गुप्त कार्य साधारण रेडियो प्रसारण से बहुत भिन्न था। युद्ध-क्षेत्र में रेडियो ऑपरेटरों का काम सबसे ज़्यादा ख़तरनाक होता था, क्योंकि इसमें पकड़े जाने की आशंका बहुत ज़्यादा थीं। 1943 तक, जब नूर को फ़्रांस भेजा गया था, एसओई ने मात्र मुट्ठी भर रेडियो ऑपरेटरों को प्रशिक्षित किया था। यहाँ तक कि अपनी पराकाष्ठा पर भी टेम पार्क का एसटीएस 52 महीने में मात्र 16 से 18 प्रशिक्षित ऑपरेटरों को तैयार कर पाता था।[1] रेडियो ऑपरेटरों के गिरफ़्तार होने की बहुत ज़्यादा आशंका होती थी, क्योंकि उन्हें ज़्यादातर समय अपने वायरलैस सैट साथ लिए रहने पड़ते थे और अगर उन्हें रोककर उनसे पूछताछ की जाती थी, तो उन्हें अपने इस आपराधिक सबूत की सफ़ाई देनी होती थी। पेरिस के इलाक़े में होने की वजह से नूर ख़ास तौर से जोखिम की स्थिति में पड़ने वाली थीं, क्योंकि उन्हें मैट्रो का इस्तेमाल करना पड़ता था और गिस्तापो हर बार स्टेशन बदलने पर अक्सर जाँच करती थी। एसओई के आकलन के मुताबिक़ युद्ध-क्षेत्र में रेडियो ऑपरेटर का औसत जीवन-काल छह सप्ताह का था। इसके बावजूद एसओई को उन्हें फ़्रांस भेजते रहना ज़रूरी था, क्योंकि उनके बिना गुप्तचर लंदन के साथ बातचीत जारी नहीं रख सकते थे।

उस रात उड़ान भर रहे सारे गुप्तचर अभिशप्त थे। डायना रोडिन नत्सवाइला कान्सन्ट्रेशन कैंप में मारी जाने वाली थीं। सेसिली लेफ़र्त रेवन्सब्रक कान्सन्ट्रेशन कैंप में मारी जाने वाली थीं और नूर दाख़उ में। चार्ल्स स्केपर की मृत्यु भी जर्मनी में होने वाली थी।

युद्ध के बाद, इन पायलटों को उस रात उनके विमानों में सवार इन तीनों महिलाओं की नियति के बारे में जानकर गहरा धक्का लगा था। उन्हें विश्वास नहीं हो पा रहा था कि उस दिन के भरपूर रात्रि-भोज के बाद जो प्रफ़ुल्लित पार्टी टेंगमेयर से रवाना हुई थी, उसके सारे लोग मौत की ओर उड़े जा रहे थे।[2] वेरा एटकिंस ने याद करते हुए कहा था कि वे सब साहसपूर्वक यात्रा पर निकली थीं और घबराहट का जो एकमात्र संकेत उन्हें मिला था, वह अँधेरे में हल्की-सी काँपती हुई एक सिगरेट

थी (जो तीनों में से किसी भी एक लड़की की हो सकती थी)।[3] लेकिन उस क्षण वे सब जोश से भरी थीं और अपनी आने वाली मुहिम का इंतज़ार कर रही थीं।

रायमिल्स को अपने यात्रियों की अच्छी तरह याद थी। उन्होंने कहा था कि सेसिली लेफ़र्त किसी विकर की पत्नी जैसी लग रही थीं, जिनकी फ्रांसीसी 'बहुत अच्छे स्तर की प्रतीत नहीं होती थी'। उन्हें नूर का ऑयलस्किन कोट भी याद था। उड़ान के दौरान वे अपना ट्रांसमीटर बंद करना भूल गए थे। मैक ने याद करते हुए कहा था कि जैसे ही लाइसेंडर ने चाँदनी से जगमगाते स्वच्छ आसमान में उड़ान भरी, अपने विमान में सवार यात्रियों से बतियाते रायमिल्स की आवाज़ अगले विमान में सुनाई दे रही थी।[4]

जैसे ही उन्होंने चैनल को पार किया, मैक को रायमिल्स की आवाज़ सुनाई दी, जो कह रहे थे : "अब मैडम, हम आपके ख़ूबसूरत मुल्क की ओर बढ़ रहे हैं"- "चाँदनी में वह ख़ूबसूरत दिख रहा है ना?" कोमल और एक-एक शब्द पर बल देते स्वर में जवाब आया : "हाँ, मुझे लगता है, यह अलौकिक है। वहाँ वह कौन-सा शहर दिख रहा है?" मैक सोच रहे थे कि वायुतरंगों पर नज़र रखने वाली जर्मनी की ख़ुफ़िया सेवा ने भी इस वार्तालाप को सुना होगा। "काला दाग़!," उन्होंने सोचा।

अपने लाइसेंडर के तंग दायरे में बंद नूर और सेसिली नीचे फैले नगर की ओर देख रही थीं। फ्रांस की उड़ान, दूरी के मुताबिक़, दो से छह घंटे तक का समय लेती थी। लाइसेंडर सबसे लोकप्रिय विमान थे, जिनसे गुप्तचरों को फ्रांस में उतारा जाता था। लाइसेंडर विमानों का प्रभार रैफ़ की 161 सैन्य टुकड़ी के पास था और युद्ध के दौरान यही विमान ज़्यादातर गुप्तचरों को फ्रांस ले जाया करते थे। एसओई के पास दो हवाई पट्टियाँ थीं। इनमें मुख्य था कैम्ब्रिज के पश्चिम में टेम्प्सफ़ोर्ड में स्थित स्पेशल ड्यूटी एयरफ़ील्ड, जिसे सावधानी के साथ छिपाकर रखा गया था। दूसरी हवाई पट्टी चिचेस्टर के क़रीब टेंगमेयर में थी, जो लाइसेंडर के पायलटों की पसंदीदा थी, क्योंकि वह इंग्लिश चैनल के ज़्यादा क़रीब थीं और वे यहाँ से फ्रांस में ज़्यादा बड़ी घुसपैठ कर सकते थे।

लाइसेंडर विमान ख़तरनाक मुहिमों के लिए आदर्श थे। एक इंजन वाला यह विमान 200 मील प्रति घंटे की रफ़्तार से धीरे-धीरे चलता था। यह जर्मन लड़ाकू विमान की रफ़्तार से आधी थी, जो इससे दोगुनी रफ़्तार से उड़ता था और लिज़्ज़ी को लक्ष्य नहीं करता था। वह उतरने से पहले ज़मीन के एकदम क़रीब भी उड़ता रह सकता था। लाइसेंडर 8,000 फुट की ऊँचाई पर उड़ते थे। चूँकि उन्हें दिन की रोशनी में उड़ाना ख़तरनाक था, क्योंकि उन्हें आसानी-से देखा जा सकता था, इसलिए वे आम तौर से पूर्णिमा की रात में उड़ाए जाते थे।[5] शुरू में ये विमान काले रंग से पुते होते थे, लेकिन पाया गया कि उन्हें चाँदनी में नहाए आकाश में आसानी-से

देखा जा सकता था। इसलिए बाद के विमानों के ऊपरी आधे हिस्से को नीले और हरे रंग से रंगा जाने लगा था। लाइसेंडर इसलिए भी उपयोगी थे कि वे कीचड़-भरे मैदानों और छोटी-से-छोटी हवाई पट्टियों पर भी उतर सकते थे। विमान द्वारा ज़मीन पर बिताए जाने वाले समय को कम करने के लिए लाइसेंडर की बग़ल में छोटी-सी सीढ़ी फिट होती थी, ताकि गुप्तचर कम-से-कम समय में विमान में आवाजाही कर सकें। लाइसेंडर पायलट के अलावा आसानी-से दो यात्रियों को, बहुत ज़रूरी होने पर तीन यात्रियों को और संकट की घड़ी में चार यात्रियों को ले जा सकते थे। अगर तीसरा यात्री होता था, तो उसे फ़र्श पर बैठना होता था। युद्ध के दौरान लाइसेंडर ने सौ से ज़्यादा उड़ानें भरी थीं, जिनमें वे 250 यात्रियों को ले गए थे और लगभग 450 यात्रियों को लेकर आए थे।

जल्दी ही उतरने का वक़्त आ गया। उल्टे L के जाने-पहचाने संकेत और कौंधते हुए मोर्स कोड ने पायलटों का हवाई पट्टी की ओर मार्गदर्शन किया। लाइसेंडर के लैंडिंग कोड का अच्छी तरह पूर्वाभ्यास कर लिया गया था : तीन टॉर्चें - जो हवा में L की उल्टी आकृति जैसी लगती थीं - प्रकाशित मार्ग की रचना करती थीं, जिससे विमान का मार्गदर्शन होता था। इसके बाद मोर्स कोड कौंधता था, जिसका विशिष्ट होना ज़रूरी होता था, जिसकी उम्मीद पायलट करता था। (अगर पूर्वनिर्धारित मोर्स कोड नहीं कौंधता था, तो पायलट को निर्देश थे कि वह तेज़ी-से मुड़े और लौट पड़े। उसे 'किसी भी परिस्थिति में'[6] उतरना नहीं होता था।)

ख़ास तौर से लुआख़ (Loir न कि Loire) घाटी में यह ख़ूबसूरत चाँदनी रात थी, जब नूर और उनके साथी वहाँ उतरे। जहाँ विमान उतरा था, वह हवाई क्षेत्र तियर्स के 5.25 किलोमीटर दक्षिण में आँज़ी के उत्तर-पूर्व में था। यह स्थल विलवेक़ से 3.5 किलोमीटर की दूरी पर साख़्त और लुआख़ नदियों के संगम से बहुत ऊपर नहीं था।[7] लाइसेंडर रुका और सेसिली उससे उतर गईं। नूर विमान में ही बनी रहीं। उन्हें सेसिली का सामान उतारने और फिर लौटने के इंतज़ार में खड़े दूसरे यात्रियों का सामान लेकर उसे यथा स्थान रखने की ज़िम्मेदारी सौंपी गई थी। उसके बाद ही, उन्हें विमान की छोटी-सी सीढ़ी के सहारे नीचे उतरना था। इस क़वायद का अच्छी तरह अभ्यास कर लिया गया था, जिसका उद्देश्य कम-से-कम समय ख़र्च करना था।

इस डबल लाइसेंडर ऑपरेशन में दोनों विमानों से यात्रियों को उतारने तथा उनमें दूसरे यात्रियों को सवार करने में बीस मिनट से ज़्यादा का वक़्त नहीं लगना था, ताकि जर्मनों को उनका सुराग़ न मिल पाए या वे उनका पीछा न कर पाए, लेकिन जर्मनों को संभवतः इस उड़ान की जानकारी थी। नूर और उनके साथियों की मुलाक़ात गुप्तचर आँग़ी देरिको से हुई, जो एफ़.-सेक्शन की हवाई गतिविधियों के अधिकारी थे, और बाद में जिनके डबल एजेंट होने की पुष्टि हुई थी। उनके

साथ पाँच यात्री थे, जो इंग्लैंड वापस ले जाए जाने का इंतज़ार कर रहे थे। उनमें तीन राजनीतिक शख़्सियतें - मेदम पिएख़ ब्लॉक, पीएख़ लेज़ेन और विक ज़ेक्साँ, और एफ़.-सेक्शन को संचालित करने वाले दो गुप्तचर - जैक एग्याज़ावियों और उनकी पत्नी फ्रांसीना शामिल थीं। ये लौटने वाले यात्री फ़ौरन विमान में सवार हुए, जिसके बाद लाइसेंडर मुड़ा और थोड़ी-सी देर दौड़ने के बाद उड़ गया। इंग्लैंड से जोड़ने वाला आख़िरी सूत्र टूट चुका था। नूर और उनके साथी दुश्मन के इलाक़े में अकेले खड़े थे।

जिस जगह विमान उतरा था, उस जगह को जल्दी-से-जल्दी ख़ाली करना ज़रूरी था। ऑग़ी देरिको और उनके असिस्टेंट गैमी क्लेमाँ आगंतुक गुप्तचरों के लिए साइकिलें लिए इंतज़ार कर रहे थे। स्केपर और सेसिली लेफ़र्त एक-साथ दक्षिण की ओर रवाना हो गए। डायना रोडिन, ज़्यूहा पर्वत के क़रीब डीज़ों के दक्षिण-पूर्व के अपने पते की ओर रवाना हो गईं। नूर ने जल्दी-से अपनी पिस्तौल वहीं मैदान में दफ़ना दी। चूँकि उनकी तलाशी लिए जाने की स्थिति में पिस्तौल उन्हें फँसा सकती थी, इसलिए उन्हें सामान्य तौर पर पिस्तौल रखने की इजाज़त नहीं थी। वे अपनी साइकिल पर सवार हुईं और सबसे क़रीब के रेलवे स्टेशन, आँज़े की दिशा में चल पड़ीं। उन्हें पेरिस जाना था, जो सबसे ज़्यादा ख़तरनाक इलाक़ा था। गैमी क्लेमाँ को स्वतंत्र रूप से रवाना होकर नूर से स्टेशन पर मिलना था, हालाँकि उन दोनों को सावधानी के तौर पर अलग-अलग कम्पार्टमेंटों में सफ़र करना था।

नूर ने लंदन से मिले निर्देशों को याद कर रखा था। उन्हें 40 गुई एग्लाँज़े, पेरिस 16ई (8वीं मंज़िल पर लिफ़्ट के दरवाज़े के सामने) एमील ऑग़ी गैग़ी के मकान में जाना था। उनका पासवर्ड था, *ज़े वियाँ दे ला पाह दे वॉत्ख़ एमी ऑन्त्वॉन पूग़ दे नूवेल ऑ सुज़े दे ला सोशिएते आँ बेतिमाँ* (मैं बिल्डिंग सोसायटी का समाचार जानने आपके दोस्त एंटनी की ओर से आई हूँ), जिसका जवाब था, *'एला पुस्तॉफ़ अफ़ेग ऐ आँ कूख़'*[8] (काम चालू है)।

नूर को मिले निर्देशों के मुताबिक़, उन्हें ले मों इलाक़े में वायरलैस ऑपरेटर के रूप में काम करना था। उनका सर्किट सिनेमा था, जो कि फ्रांसिस स्युटिल के निर्देशन में सक्रिय प्रॉस्पर सर्किट का सब सर्किट था। 1910 में लील में जन्मे बैरिस्टर स्युटिल अँग्रेज़ पिता और फ्रांसीसी माँ के बेटे थे। वे अच्छी फ्रांसीसी बोलते थे, और नेतृत्व की अच्छी क्षमताएँ रखने वाले एक आदर्शवादी थे। उनका काम पेरिस में और उसके आस-पास एक सक्रिय सर्किट तैयार करना था। स्युटिल (जिनका कूट नाम प्रॉस्पर था) को 1/2 अक्टूबर, 1942 की रात को पैराशूट की मदद से वाँदूम के क़रीब उतारा गया था। उनके पहले, उनका रास्ता तैयार करने के लिए, उनकी कूरियर अदम्य फ्रांसीसी युवती ऑँद्रे बोहेल (कूट नाम : डेनिस) पहुँची थी, जिसे 24/25 सितंबर को पेरिस के क़रीब पैराशूट से उतारा गया था। एक महीने बाद उनका वायरलैस

ऑपरेटर गिल्बर्ट नॉर्मन (कूट नाम : आर्ख़्शोम्बो) टूख़ के क़रीब पैराशूट से उतरा था। अब स्युटिल के प्रॉस्पर सर्किट में संयोजक के रूप में उनके अलावा उनकी कूरियर आँद्रे बोहेल, और उनके रेडियो ऑपरेटर गिल्बर्ट नॉर्मन शामिल थे। इस सर्किट का विस्तार इतनी तेज़ी से हुआ कि जल्दी ही उनकी मदद के लिए एक और रेडियो ऑपरेटर जैक एग्याज़ावियों (कूट नाम : मग्सेल) को बुलाया गया, जो सैन घाटी में पैराशूट से उतरे थे। एग्याज़ावियों की पत्नी फ्रांसीना (कूट नाम : मख़्देरितो) उनकी कूरियर की भूमिका निभाती थीं। स्युटिल के विस्तृत सर्किट में जीन एम्प्स (कूट नाम : टोमास) भी शामिल थे, जो उनके लेफ़्टिनेंट बन गए थे।

स्युटिल की पहली संपर्क-सूत्र थीं, ज़र्मेन तोम्बो (कूट नाम : अनेत), जो अपनी बहन मेदलिन के साथ-साथ कैख़्त सर्किट के लिए काम करती थीं। यह सर्किट कुख्यात रूप से असुरक्षित था। ज़र्मेन ने स्युटिल का परिचय कई लोगों से कराया था, जिनमें ग्रिन्यो स्थित कॉलेज ऑफ़ एग्रीकल्चर के प्रोफ़ेसर अल्फ्रेड बालाचोव्स्की[9] (कूट नाम : सेग्ज़), जो बाद में वेग्साइल/ग्रिन्यो क्षेत्र के अध्यक्ष बन गए थे, और अख़्मेल गेर्न (कूट नाम गास्पर्ड) शामिल थे (अख़्मेल गेर्न स्युटिल के लेफ़्टिनेंट भी बन गए थे। स्युटिल आँद्रे बोहेल पर बहुत निर्भर थे, जिन्होंने एफ़-सेक्शन से प्रशिक्षण प्राप्त करने के लिए इंग्लैंड आने और फिर सर्विस के लिए फ्रांस लौटने से पहले फ्रांसीसी प्रतिरोध आंदोलन के लिए काम किया था)। वे एक साहसी महिला थीं, जो शुरुआती महीनों में स्युटिल की मदद करते हुए उनके साथ, उनकी बहन बनकर, तमाम जगहों पर घूमी थीं। स्युटिल ने फ्रांस के कई वामपंथियों के साथ संपर्क विकसित किए और सर्किट को तेज़ी के साथ विस्तार देते हुए कई सब-सर्किट तैयार किए, लेकिन तोम्बो बहनों के साथ स्युटिल का संपर्क उनके लिए शुरू से ही ख़तरा बना रहा।

एफ़-सेक्शन के दक्ष गुप्तचर फ्रांस आँतेल्मे (कूट नाम : गेनो) प्रॉस्पर सर्किट के साथ कंधे-से-कंधा मिलाकर काम करते थे। आँतेल्मे को मुख्य भू-भाग पर आक्रमण से पहले अलाइड एक्सपीडीशॅनरी फ़ोर्स के लिए पैसे और भोजन की आपूर्ति का इंतज़ाम करने और फ्रांसीसियों के मनोबल तथा संगठनात्मक क्षमताओं के बारे में ख़ुफ़िया जानकारी भेजने की विशेष मुहिम पर फ्रांस भेजा गया था। आँतेल्मे को दिए गए निर्देशों का एक महत्त्वपूर्ण हिस्सा गॉलवादियों से इतर या उनके विरोधी प्रतिरोध आंदोलनकारियों के संपर्क में रहना और उनकी संभावित महत्त्वपूर्ण भूमिका का पता लगाना था। सारे प्रॉस्पर सर्किट और सब-सर्किट पैसों के लिए आँतेल्मे से संपर्क करते थे। यह वही थे, जिन्होंने प्रॉस्पर की मदद करने तथा सब-सर्किट सिनेमा, या फ़ोनो (जहाँ नूर को हाज़िरी देनी थी) स्थापित करने के लिए ऑगी गैरी को नियुक्त किया था।[10] आँतेल्मे प्रॉस्पर और सिनेमा मंडलियों के साथ और बाद में नूर के साथ काम करने वाले थे।

गैरी फ़्रांसीसी थे, जिन्हें इंग्लैंड में एफ़ -सेक्शन द्वारा प्रशिक्षित नहीं किया गया था। उन्हें सर्किट नाम सिनेमा स्युटिल ने दिया था, क्योंकि वे अभिनेता गैरी कूपर जैसे दिखते थे (एफ़-सेक्शन इस मज़ाक़ से ख़ुश नहीं था, इसलिए उन्होंने सर्किट का नाम बदलकर फ़ोनो कर दिया था)। गैरी प्रॉस्पर के लिए एग़-ए-लुआख़ और साख़्त (पेरिस के दक्षिण-पश्चिम में स्थित, जिसका मुख्यालय ले मों में था) विभागों में काम कर रहे थे। नूर को उनकी अति आवश्यक रेडियो ऑपरेटर के रूप में काम करने भेजा गया था।

प्रॉस्पर सर्किट के तीन सदस्य पेरिस में रहते थे, लेकिन वे ग्रिन्यो के इकॉल नेशनॉल दे' एग्रीकल्चर को अपने अड्डे के रूप में इस्तेमाल करते थे। यह वे्ग्साइल के उत्तर-पश्चिम में कृषि का प्रसिद्ध कॉलेज था। प्रॉस्पर के साथ घनिष्ठ रूप से मिलकर काम करने वाला एक और सर्किट था सैटरिस्ट, जिसके प्रमुख थे 29 वर्षीय मूर्तिकार ऑक्ताव सिमो, जो प्रतिरोध आंदोलन में सक्रिय रहे थे। सिमो को आँतेल्मे ने नौकरी पर रखा था और उन्होंने स्थानीय किसानों, उनके बेटों और गेमकीपर के साथ मिलकर एक रिसेप्शन कमेटी तैयार की थी। आँतेल्मे ने उनका परिचय आख़्यो दे मोंतालेंबेख़ से भी कराया था। मोंतालेंबेख़ काउंट थे, जिन्होंने अपनी जागीर में हथियार गिराए जाने की इजाज़त दी थी। ले मों के स्टेशन मास्टर दुतिएल को सर्किट में शामिल कर लिया गया था और वे तीनों ले मों क्षेत्र में रहकर काम करते थे, जहाँ वे अक्सर स्युटिल के लिए हथियारों के गिराए जाने में समन्वय करते थे।

प्रॉस्पर का एक और सब-सर्किट था जगलर, जिसके मुखिया थे ज़्याँ वॉर्म्स (कूट नाम : रॉबिन)। वह भी प्रतिरोध आंदोलन के साथ रहे थे। उनके सहयोगी थे ज़ैक वेल और गेस्तन कोएन, जो उनके वायरलैस ऑपरेटर थे। इन लोगों ने शेलों के आस-पास तोड़फोड़ करने वाले समूह संगठित किए थे और कुछ रेलगाड़ियों को पटरियों से उतारने में कामयाबी हासिल की थी। साख़्त में ही बटलर नामक सब-सर्किट भी था, जिसके मुखिया थे फ्रांसुआ बुगेनेक (कूट नाम : मैक्स)। उनके वायरलैस ऑपरेटर थे, मग्सेल रूसे (कूट नाम : लियोपॉल्ड) और कूरियर थे, मग्सेल फ़ॉक्स (कूट नाम : अर्नेस्ट)। प्रॉस्पर के साथ काम करने वाला एक और सर्किट था चेस्टनट, जिसमें तीन रेसिंग ड्राइवर शामिल थे : चार्ल्स ग्रोवर विलियम्स, रोबेख़ बेनुआ और ज़्याँ-पिएख़ विमील। 1920 के दशक के उत्तरार्द्ध में विश्व मोटर रेसिंग चैंपियन बेनुआ पेरिस में बुगेती के निदेशक थे। उनके पास ऑफ़ाग्जीस में एक बड़ी देहाती जागीर थी और वे फ़ोग़े दे हम्बुइए में पास के मैदानों में रिसेप्शन्स का आयोजन करते थे। ग़ोबेख़ बेनुआ के लिए बुगेती का एक ट्रक उपलब्ध था और रात के समय ट्रक चलाने की इजाज़त मिली हुई थी, जिससे उन्हें हथियारों को ढोने और फिर उन्हें अपनी देहाती जागीर में छिपाने में मदद मिलती थी। इनकी पत्नियाँ रिसेप्शन में मदद करती थीं। उनके रेडियो ऑपरेटर थे, गोबेख़ दाउलेन (कूट नाम : अशील), जो पोंतुआज़ के पास के एक बड़े मकान से प्रसारण करते थे।

प्रॉस्पर के साथ काम करने वाले अन्य सर्किट्स में ऑंजे इलाक़े में अर्नेस्ट विकिसन(अलेक्ज़ाँ) द्वारा संयोजित प्राइवेट नामक एक सब-सर्किट, वाज़ (पश्चिम)/एग़ (ईस्ट) इलाक़े में जॉर्ज डार्लिंग ऑफ़ गिसोर्स द्वारा संयोजित एक समूह, ऑग्न इलाक़े में ज़्याँ मिशेल कॉशी (पॉल) ऑफ़ फ़लेज़ द्वारा संयोजित एक समूह, आंद्र-ए-लुआख़ इलाक़े में पिएख़ किलिओली (अडोल्फ़) द्वारा संचालित एक समूह, जिसमें ईवानो हुदेला (ज़ैकलीन) कूरियर के रूप में काम करती थीं, और सैन/सैन-ए-वाज़ में अख़्मेल गेर्न (गेस्पाख़) द्वारा संयोजित एक समूह शामिल थे। ऑग़ी देरिको और उनके कूरियर जूलिएन ऐसनेख़ द्वारा संचालित फ़ारिअर, और बोग्दू क्षेत्र के क्लोद दे बेसाक (डेविड) द्वारा संचालित साइंटिस्ट भी प्रॉस्पर के निकट संपर्क में रहकर काम करती थीं।

जून, 1943 में नूर के वहाँ पहुँचने के समय तक प्रॉस्पर सर्किट और उसके सब-सर्किट पेरिस के आस-पास बहुत बड़ी शक्ति में बदल चुके थे, और उनका विस्तार ले मों, ऑग्लियाँ और बोवे तक हो चुका था। प्रॉस्पर ने मार्च 1943 में चेंजी पॉवर स्टेशन में तोड़फोड़ का षड्यंत्र रचा था, जिसमें इग्यूज़ाँ, शेविली, एपीन और फ़ाख़्त की पावर लाइनें निष्क्रिय हो गई थीं। इस सर्किट को 1,000 लीटर पेट्रोल को नष्ट करने तथा ऑग्लियाँ-पेरिस लाइन पर दुश्मन की मालगाड़ी पर कारगर हमला करने का श्रेय भी जाता है। अप्रैल, 1943 में स्युटिल और उनके समूह ने तोड़फोड़ की 63 कार्रवाइयाँ की थीं : ट्रेनों को पटरी से उतारना, 43 जर्मनों की हत्या करना और 110 जर्मनों को घायल करना।[11] जून, 1943 तक सर्किट ने 12 विभागों को अपने दायरे में ले लिया था, उसके पास 33 ड्रॉपिंग ग्राउंड (जहाँ पैराशूट से सामान और आदमियों को उतारा जाता है) थे, और उसने स्टोर्स के 254 कंटेनर प्राप्त किए थे।[12] अकेले जून में उसने 190 कंटेनर प्राप्त किए थे तथा अन्य भी हमले संभावित थे।[13]

प्रॉस्पर सर्किट के अपने शिखर पर होने का यही वह समय था, जब नूर से सिनेमा नामक सब-सर्किट में शामिल होने को कहा गया था। सिनेमा के साथ संपर्क स्थापित करते ही उन्हें बेकर स्ट्रीट को अपना डाक का पता भेजना ज़रूरी था, ताकि उनके साथ वायरलैस संपर्क विफल होने की स्थिति में संपर्क किया जा सके। उन्हें एसओई को अपने गुप्त अड्डे का पता भेजना भी ज़रूरी था। अगर वे मुश्किल में पड़ जातीं, तो उन्हें उस गुप्त अड्डे पर जाना होता और सांकेतिक ज़ुबान में लिखे गए ख़त या कार्ड की मार्फ़त लंदन को परिस्थितियों के बारे में सूचित करना होता। तब उन्हें वहाँ से उबारने के लिए उनके गुप्त अड्डे पर संपर्क किया जाता।

किसी मुश्किल स्थिति में पड़ जाने पर लंदन से संपर्क करने के सिलसिले में नूर को इंग्लैंड से रवाना होने से पहले विस्तारपूर्वक निर्देश दिए गए थे। अगर

अप्रत्याशित परिस्थितियों की वजह से उनका सर्किट - सिनेमा - नष्ट हो जाता, तो उन्हें इस बारे में लंदन को तत्काल सूचित करना और आगामी आदेशों की प्रतीक्षा करना ज़रूरी था।[14]

उन्हें अपने गुप्त अड्डे का पता प्लेफ़ेयर का इस्तेमाल करते हुए सांकेतिक ज़ुबान में लिखकर मुख्यालय को भेजना आवश्यक था।[15] अगर वे किसी वजह से अपने रेडियो का इस्तेमाल नहीं कर पातीं, तो उन्हें लिस्बन को एक पोस्टकार्ड भेजना ज़रूरी था, जिसकी इबारत में 'un' या 'une' शब्द का इस्तेमाल किया गया होता। उन्हें इबारत के अंदर किसी जगह अपना नाम - मेदलिन - का ज़िक्र करना और मेदलिन का हवाला कुछ इस तरह देना ज़रूरी था, जैसे वह फ़्रांस में न होकर पुर्तगाल में हो। पोस्टकार्ड पर गुप्त अड्डे पर रह रहे किसी व्यक्ति के दस्तख़त होना बेहतर होता। पोस्टकार्ड पर यह पता लिखा जाना था : मिस्टर लुइस अल्बर्तो पेरेस, ख़ोआ दा लिबेग़ीद 220/20, ओपख़्तो।

अगर नूर अपना गुप्त अड्डा बदलतीं, तो उन्हें फिर से लंदन को सूचित करना ज़रूरी था। अगर उन्हें यह सूचना पोस्टकार्ड की मार्फ़त देनी ज़रूरी होती, तो उन्हें उसमें 'deux' शब्द और सांकेतिक नाम मेदलिन का इस्तेमाल करना पड़ता। अगर उन्हें छिपने की ज़रूरत पड़ती, तो उन्हें 'गुप्त अड्डे पर गई हूँ' लिखकर संदेश भेजना होता। अगर उन्हें लिस्बन में पोस्टकार्ड भेजना होता, तो उन्हें इबारत में 'trois' शब्द, साथ ही सांकेतिक नाम मेदलिन का इस्तेमाल करना पड़ता।

अगर एसओई का कोई गुप्तचर उनसे मिलने उनके अड्डे पर जाता, उसे मकान मालिक से पूछना पड़ता : 'क्या मैं ऑरा की बेटी जीन-मैरी से मिल सकता हूँ?' मकान मालिक जवाब देता : 'क्या आपका मतलब बेब्स से है?'

नूर को संकट की परिस्थिति के लिए पेरिस का एक पता भी दिया गया था, जो एक पुस्तक-विक्रेता का था : मेदम ग़ोज़, 101 रू दे पास्सी, पेरिस 16ई। अगर उन्हें इस पते पर संपर्क करना होता, तो उन्हें पासवर्ड के तौर पर कहना होता : "क्या आपको नई प्रतियाँ मिल गई हैं?" जिसका जवाब होता, "नहीं, सिर्फ़ सेकेंड-हैंड।"

अगर नूर मुश्किल में पड़ जातीं और उससे बाहर निकलने को कोई और रास्ता न होता, तो उन्हें स्पेन के रास्ते भागना होता। उस सूरत में उन्हें एक पोस्टकार्ड लिस्बन भेजना होता, जिसमें 'quatre' शब्द का और सांकेतिक नाम मेदलिन का इस्तेमाल करना होता। स्पेन पहुँचने पर उन्हें बार्सिलोना स्थित ब्रिटिश दूतावास पहुँचना होता और अपना नाम इनायत ख़ान बताना होता। उनके बारे में गढ़ा गया क़िस्सा यह होता कि वे बीओएसी अधिकारी हैं, जो दिएप हमले में फँस गई थीं।

इन अत्यंत विस्तृत निर्देशों के साथ-साथ, नूर के रेडियो प्रसारण के अलग-अलग समय, दूसरे निर्देश और उनके कोड भी थे। कविता की बजाय उन्हें एक शब्द-योजना

दी गई थी और उनके लिए नंबरिंग कर दी गई थी। उन्हें एक हल की हुई कुंजी (वर्क्ड-आउट की) दी गई थी, जिसे उन्हें कुंजियों की अपनी सूची के सबसे ऊपर रखते हुए शुरुआत करनी थी और फिर आगे बढ़ते जाना था। उन्हें अपनी बाँईं ओर की कुंजी का इस्तेमाल पहले स्थानांतरण (ट्रांसपोज़ीशन) के लिए और दाँईं तरफ़ की कुंजी का इस्तेमाल दूसरे स्थानांतरण के लिए करना था। सांकेतिक भाषा से मूल भाषा में डिकोडिंग भी ठीक इसी तरह होनी थी। उनसे हर संकेत को क्रमबद्ध ढंग से याद रखने और संदेश को 100 प्रतिशत सुरक्षित रखने की दृष्टि से, हर कुंजी को इस्तेमाल करने के बाद उसे हटा देने को कहा गया था।[16]

फ़्रांस में बिताई गई अपनी पहली रात के दौरान नूर स्पष्ट तौर पर घबराई हुई थीं। उनके सहचर ग़ैमी क्लेमाँ, जिन्होंने उनके साथ उसी ट्रेन में, हालाँकि सुरक्षा कारणों से अलग कम्पार्टमेंट में, यात्रा की थी, ने उन्हें आँजे स्टेशन पर नक़्शे पर नज़रें गड़ाए हुए देखा था। वे पूरी तरह अपने में खोई हुई थीं। उनका कहना था कि वे नूर की घबराहट से परेशान थे। हालाँकि नूर पेरिस पहुँच गई थीं और उन्होंने उसी शाम 40 एग्लाँज़े स्ट्रीट पर संपर्क किया था।

किसी वजह से नूर का ख़याल था कि उनका संपर्क किसी बुज़ुर्ग महिला से होने जा रहा था, इसलिए वे उसके लिए फूल लेकर आई थीं, लेकिन जब फ़्लैट का दरवाज़ा युवा, आकर्षक गैरी ने खोला, तो वे आश्चर्य में पड़ गईं।[17]

आख़िरकार, उन्होंने किसी तरह हकलाते हुए कहा, "मेरा ख़याल है, आपको मेरे आने का इंतज़ार था।" गैरी, जो उनको पासवर्ड देने के लिए उनका इंतज़ार कर रहे थे, भी उतने ही अचरज में थे। उन्होंने नूर से अंदर आने को कहा। बैठक में गैरी की प्रेमिका मख़्देरितो नैदो बैठी हुई थीं। गैरी को कुछ नहीं सूझा, तो उन्होंने नूर से अपनी प्रेमिका का परिचय करा दिया। नूर ने अभी भी अपना परिचय नहीं दिया था, क्योंकि वे बुज़ुर्ग महिला का इंतज़ार कर रही थीं। इस बीच गैरी और उनकी प्रेमिका मन-ही-मन यह अटकलें लगा रहे थे कि क्या नूर ही लंदन से आई वह गुप्तचर है, जिसका उन्हें इंतज़ार था। उन्हें समझ में नहीं आ रहा था कि वे पासवर्ड का उच्चारण क्यों नहीं कर रही थीं। चूँकि गैरी का पासवर्ड नूर के पासवर्ड का जवाब था, इसलिए गैरी उसे नहीं बोल रहे थे।

यह प्रहसन कुछ देर जारी रहा। गैरी ने नूर से बैठने को कहा और उन्हें सिगरेट पेश की। नूर ने सिगरेट ले ली, फिर गैरी ने यूँ ही पूछ लिया : क्या आप लंदन से आई मेरी संपर्क-सूत्र हैं? नूर ने बहुत ही नपे-तुले ढंग से जवाब देते हुए गैरी को परखने की कोशिश की, लेकिन नूर अभी भी ख़ुद को पेश करने के लिए उस बुज़ुर्ग महिला का इंतज़ार कर रही थीं। उस युवा युगल को लेकर उनका ख़याल था कि वे शायद उस बुज़ुर्ग महिला के दोस्त होंगे और प्रतिरोध आंदोलन से संबंध रखते होंगे।

अंततः मख़्देरितो क्षमा माँगती हुई कॉफ़ी बनाने उठ गईं। उन्हें लगा कि हो सकता है कि उनकी मौजूदगी की वजह से नूर पासवर्ड देने में संकोच कर रही हों। जिस वक़्त वे किचिन में थीं, उन्हें हँसी की आवाज़ सुनाई दी, और तब वे समझ गईं कि पासवर्ड का आदान-प्रदान हो चुका था।

नूर ने कुछ क्षण गैरी को जाँचा-परखा, और फिर उन पर भरोसा करते हुए पासवर्ड बोल दिया। गैरी ने तुरंत जवाब दिया, जिसे सुनकर नूर को राहत मिली। इसके बाद नूर ने अपनी हिचकिचाहट की वजह बताई : "मैं दरअसल, यहाँ किसी बुज़ुर्ग महिला के मिलने की उम्मीद कर रही थी।" गैरी ज़ोर-से हँस पड़े, उन्होंने अपनी प्रेमिका को बताया और बोले, "ये फूल नूर मेरे जूड़े में बाँधने के लिए ख़रीद कर लाई हैं।"

यह मनोरंजक प्रसंग समाप्त हुआ, फूल मख़्देरितो को भेंट किए गए और नूर का तनाव कम हुआ। जल्दी ही मख़्देरितो को पता चला कि नूर ने लंदन से रवाना होने के बाद पिछले चौबीस घंटे से कुछ नहीं खाया था। उन्हें लंदन से एक राशन पुस्तिका मिली हुई थी, लेकिन उन्हें ठीक से पता नहीं था कि कूपनों का इस्तेमाल कैसे किया जाए, इसलिए किसी तरह का संदेह जगाने की बजाय उन्होंने खाना ही नहीं खाया। ज़ाहिर था कि ब्यूली के प्रशिक्षण ने इस बात पर ध्यान ही नहीं दिया था कि गुप्तचरों को यह बताने की भी ज़रूरत थी कि राशन पुस्तिकाओं का इस्तेमाल कैसे किया जाए। नूर ने रास्ते में केवल मिनरल वॉटर की एक बोतल और अपने संपर्क-सूत्र को भेंट करने फूल ही ख़रीदे थे।

मख़्देरितो तुरंत ही नूर के लिए खाने को कुछ तैयार करने में व्यस्त हो गईं। डिनर के दौरान गैरी ने नूर को सर्किट के बारे में बताया और यह भी कि वे कैसे उस पूरे क्षेत्र के मुखिया फ्रांसिस स्युटिल के लिए काम करते हैं। गैरी के दो आवासीय पते थे : एक पेरिस का और एक साख़्त, ले मों का। वे इन दोनों के बीच आते-जाते रहते थे और उनके पास एक झूठा पहचान-पत्र था, जिसमें उन्हें पेरिस की इलेक्ट्रो-कैमिकल कंपनी का इंजीनियर बताया गया था। मख़्देरितो भी प्रतिरोध आंदोलन में सक्रिय थीं और एफ़-सेक्शन के गुप्तचरों की मदद करती थीं। वे खाद्य और कृषि विभाग के मंत्री मैक्स बोनाफू की सचिव थीं और उन्होंने आँतेल्मे को अपने मंत्रालय की ओर से वह बेहद ज़रूरी अधिकृत 'मिशन ऑर्डर' उपलब्ध कराने में मदद की थी, जिसकी मदद से, एक ऐसे समय में जब रेल-यात्रा करना लगभग असंभव था, वे किसी भी ट्रेन से यात्रा कर सकते थे।[18]

नूर ने गैरी और मख़्देरितो को अपना गुप्त नाम - मेदलिन - बता दिया, जो उन्हें पहले-से मालूम था। उन्होंने उन्हें अपना छद्म नाम - जीन मैरी - भी बता दिया। फ़्रांस में वे इसी नाम का इस्तेमाल करने वाली थीं।

गैरी और उनकी प्रेयसी, दोनों को ही नूर तुरंत ही पसंद आ गईं, हालाँकि उन लोगों का मानना था कि नूर इस तरह की ख़तरनाक मुहिम के लिहाज़ से बहुत कम उम्र की थीं और जोखिम की स्थिति में थीं। उन्होंने उन लोगों को बताया कि उन्हें अपनी माँ से विदा लेने में कितनी तक़लीफ़ हुई थी। उन्होंने यह भी बताया कि उनकी माँ को मालूम नहीं कि वे कहाँ हैं। चूँकि उनके पास रहने की कोई जगह नहीं थी, इसलिए गैरी और उनकी प्रेमिका ने उन्हें अपने अपार्टमेंट में रहने को आमंत्रित कर लिया। नूर अब तक पूरी तरह थक चुकी थीं, इसलिए उन्होंने यह प्रस्ताव सहर्ष स्वीकार कर लिया।

अगले ही दिन नूर ब्रिकलेयर सर्किट के प्रमुख ऑंतेल्मे से मिलीं, जो प्रॉस्पर के निकट संपर्क में रहकर काम करते थे। उनका गुप्त नाम था, गेनो और छद्म नाम था, एंथुआन वाची। वे मॉरीशस के रहने वाले थे। इस अधिकारी की उम्र पैंतालीस के आस-पास थी। उनका कद लंबा और शरीर कसरती था। उनके मन में नूर के प्रति तुरंत ही पैतृक स्नेह का भाव जाग उठा। वे उन्हें दो दिन के लिए शहर से बाहर की सैर पर ले गए, ताकि वे नाज़ियों के क़ब्ज़े वाले फ़्रांस में अपने पैर टिका सकें, साथ ही उन्होंने लंदन को ख़बर कर दी कि 'मेदलिन सुरक्षित पहुँच गई हैं' और 'एकदम ठीक और प्रसन्न' हैं।[19]

फ़्रांसिस स्युटिल और उनके रेडियो ऑपरेटर गिल्बर्ट नॉर्मन ने भी नूर से संपर्क किया, और अब वे सर्किट के उन निकटतम सदस्यों से परिचित हो चुकी थीं, जिनके साथ उन्हें काम करना था। बाद में पता चला कि नॉर्मन उसी स्कूल में पढ़े थे, जिसमें नूर पढ़ी थीं और वे उनसे दो वर्ष जूनियर थे। पेरिस पहुँचने के दो दिन बाद, 20 जून को नॉर्मन उन्हें ग्रिन्यो ले गए और लब्धप्रतिष्ठ जीवविज्ञानी और नेशनल कॉलेज ऑफ़ एग्रीकल्चर के प्रोफ़ेसर अल्फ़्रेड बालाचोव्स्की तथा उनकी पत्नी एमिली बालाचोव्स्की, साथ ही नेशनल कॉलेज के निदेशक डॉ. यूजीन वेंडरविंक्त, उनकी पत्नी और बेटियों से मुलाक़ात कराई।

नूर का रेडियो सैट अभी तक पहुँचा नहीं था, इसलिए नॉर्मन उन्हें अपना ट्रांसमीटर दिखाने ले गए, जो ग्रिन्यो में परिसर के ग्रीनहाउस में छिपा हुआ था। नूर ने वहाँ से तुरंत ही लंदन के लिए अपना पहला संदेश भेजा। यह उनके रवाना होने के बहत्तर घंटे बाद भेजा गया था और यह किसी गुप्तचर द्वारा युद्ध-क्षेत्र में उतरने के बाद भेजा गया अब तक का सबसे फुर्तीला संदेश था। पोस्ते मेदलिन मुहिम पर थीं। यह संदेश मॉरिस बकमास्टर और वेरा एटकिंस ने प्राप्त किया और चैन की साँस ली। दोनों ही यह सोचकर घबराए हुए थे कि पता नहीं उस शर्मीली हिंदुस्तानी लड़की के क्या हाल थे।

चूँकि जर्मनों की सुनने की मशीनें (लिस्निंग मशीन्स) प्रसारणों को सुनने के लिए निरंतर सड़कों पर घूम रही थीं, इसलिए रेडियो ऑपरेटरों की सुरक्षा को देखते हुए उनसे कहा गया था कि वे बहुत ज़रूरी होने पर ही प्रसारण करें और अपने प्रसारणों को संक्षिप्त (अधिकतम 10-15 मिनट) रखें। दूसरे वायरलैस ऑपरेटरों की तरह नूर भी ए.मार्क II उपकरण का इस्तेमाल करती थीं, जिसमें एक साथ ट्रांसमीटर और रिसीवर दोनों मौजूद होते थे। उसका वज़न 30 पाउंड था और वह साधारण-से दिखने वाले दो फुट लंबे किसी भी सूटकेस में फ़िट हो जाता था। उसकी फ़्रिक्वेंसी का दायरा काफ़ी बड़ा था, लेकिन सिग्नल कमज़ोर (बहुत-से-बहुत 20 वॉट) था। इसके लिए 70 फुट लंबे एरियल की भी ज़रूरत पड़ती थी, जो इसलिए ख़तरनाक था, क्योंकि वह पुलिसवालों का ध्यान आकर्षित कर सकता था। जिस फ़्रिक्वेंसी पर सैट काम करता था, वह हटाए जा सकने योग्य स्फटिकों (क्रिस्टल्स) से तय होती थी, और ऑपरेटर को कम-से-कम दो स्फटिकों की ज़रूरत होती थी - एक रात के प्रसारण के लिए और एक दिन के प्रसारण के लिए।

ये स्फटिक बेहद नाज़ुक होते थे, गिरने पर टूट सकते थे। उनका रूप बदलकर उन्हें किसी दूसरी चीज़ की शक्ल देना भी असंभव था। उनका एकमात्र अच्छा पक्ष यह था कि वे इतने छोटे थे कि हथेली में समा जाते थे और उन्हें जेब में छिपाकर ले जाया जा सकता था। अगर कोई गुप्तचर स्फटिक लिए हुए पकड़ा जाता था, तो वह बुरी तरह फँस जाता था और उनकी मौजूदगी की सफ़ाई दे पाना बहुत बड़ी ख़ुशक़िस्मती की बात होती थी।

अगर वायरलैस ऑपरेटर अपने सैट को मेन्स (mains) से चला रहे होते थे, तो पकड़े जाने की और भी आशंका होती थी। जर्मन गुप्तचर सेवा के वायरलैस डायरेक्शन-फाइंडिंग (डी/एफ़) दल भयानक रूप से दक्ष थे (उससे कहीं बहुत ज़्यादा दक्ष, जितने ब्रिटेन की गुप्तचर सेवा के डी/एफ़ दल थे।)। ब्रिटेन में किसी प्रसारण के बारे में पता लगाने में एक घंटा लग जाता था, लेकिन फ़्रांस में वायरलैस ऑपरेटर पाते थे कि अगर वे किसी बड़े नगर से कोई लंबा प्रसारण कर रहे होते थे, तो आधे घंटे के भीतर ही डी/एफ़ की वैन उनके दरवाज़े पर दस्तक दे रही होती थी।[20] जर्मन डी/एफ़ वाहन बेकरी या लॉण्ड्री के वाहनों की शक्ल लिए होते थे, और सैनिक सादा वस्त्र पहने होते थे, जिससे वे पहचाने नहीं जा पाते थे। उन्होंने यह पता लगाने का तरीक़ा भी ढूँढ निकाला था कि शहर के किस हिस्से में कोई ऑपरेटर गुप्त रूप से काम कर रहा था। इसके लिए वे शहर के एक-एक हिस्से की बिजली काटते जाते थे और फिर देखते थे कि उससे कहाँ के प्रसारण में रुकावट पैदा हो रही होती थी। इसके बाद वे इस प्रकार अलग किए गए इलाक़े पर अपना ध्यान केंद्रित करते थे और फिर इलाक़े के उस ब्लॉक का पता लगाते थे, जहाँ से प्रसारण हो रहा होता था। जैसे ही वे उस जगह के क़रीब पहुँच जाते थे, कोई एक सैनिक वैन से उतरकर

आस-पास चक्कर लगाता हुआ एकदम सही पते को ढूँढ निकालता था। वह एक छिपा हुआ एंटिना लिए रहता था, जिसका तार उसकी कमीज़ की बाँह से गुज़रकर उसके कान तक जाता था, और वह प्रसारण की जगह ढूँढता हुआ उस इलाक़े में यूँ ही भटकता रहता था।[21]

गुप्तचर खुद को बचाने की भरसक कोशिश करते थे और जब वे प्रसारण कर रहे होते थे, तो उनका कोई साथी डी/एफ़ वाहनों पर नज़र रखता था। यहाँ तक कि गोल चपटी टोपी पहने और अपनी कॉलर ऊपर किए सड़क पर चहलक़दमी करता कोई आदमी भी अपने कान में सुनने का छोटा-सा उपकरण लगाए गिस्तापो अधिकारी हो सकता था, जिसे देखकर गुप्तचर को अपना वायरलैस छिपाकर इमारत से बाहर चले जाने की चेतावनी दे दी जाती थी। किसी मुल्क के अलग-थलग इलाक़े से प्रसारण करना आम तौर से ज़्यादा सुरक्षित होता था, नूर के काम का इलाक़ा पेरिस था, और इसीलिए उन्हें निरंतर सतर्क रहना होता था। अपने इर्द-गिर्द घटित होती घटनाओं के चलते वे दरअसल, कभी भी ले मों में काम करने नहीं गईं, जैसा कि एफ़-सेक्शन का मूल उद्देश्य था, बल्कि वे शहर में ही बनी रहीं।

बहुत कम समय के लिए प्रसारण करना और दुश्मन को भ्रमित करने के लिए बार बार स्फटिक बदलना - ये वे सावधानियाँ थीं, जो गुप्तचर बरत सकते थे। प्रसारण की जगह को लगातार बदलते रहना भी बचाव का एक और तरीक़ा था। ऑपरेटर मेन्स (mains) की बजाय अक्यूम्युलेटर का इस्तेमाल भी कर सकता था, लेकिन अक्यूम्युलेटर को चार्ज रखने की समस्या होती थी।

एसओई ने नूर समेत सभी ऑपरेटरों के लिए कुछ नियम बना रखे थे : 'डब्ल्यू/टी. (वायरलैस टेलिग्राफ़) के अलावा और कोई काम नहीं करना, अगर संयोजक से मिलना ज़रूरी हो, तो भी उससे कम-से-कम मिलना, और सर्किट के कम-से-कम लोगों से संपर्क रखना'।[22] लेकिन युद्ध-क्षेत्र में यह हमेशा कारगर नहीं होता था।

एसओई के शुरुआती दिनों में वायरलैस संदेश ब्लेचली पार्क में एमआई6 द्वारा प्राप्त किए जाते थे। वहाँ इनका मूल भाषा में अनुवाद कर इन्हें एसओई के कंट्री सेक्शन को भेज दिया जाता था। 1942 के मध्य से एसओई ने बकिंघमशर में एल्सबरी के उत्तर-पश्चिम में ग्रेंडन अंडरवुड में संदेशों को सुनने की अपनी खुद की चौकी स्थापित कर ली थी। इसे स्टेशन 53ए के नाम से जाना जाता था।

ऑपरेटरों द्वारा भेजे गए संदेश सीधे ग्रेंडन में प्राप्त किए जाते थे, जहाँ फैनी की 400 महिला ऑपरेटर रेडियो पर काम करती थीं। सारे ऑपरेटरों को युद्ध-क्षेत्र में जाने से पहले उनका रोज़मर्रा का कार्यक्रम - युद्ध-क्षेत्र से प्रसारण करने की फ़्रिक्वेंसी और समय का विस्तृत ब्योरा ('स्केड') दे दिया जाता था।

ग्रेंडन में ये 'स्केड', गुप्तचरों के गुप्त नामों के साथ, प्रसारण-कक्ष में बड़े-बड़े बोर्डों पर लगे रहते थे। नूर का पहला प्रसारण नॉर्मन के रेडियो और उनकी फ़्रिक्वेंसी पर आया था। चूँकि ग्रेंडन में संदेशों को प्राप्त कर रही ऑपरेटर जानती थीं कि गुप्तचर संदेशों का प्रसारण बहुत मुश्किल परिस्थितियों में कर रहे होते थे, क्योंकि जिस दौरान वे किसी गुप्त जगह में छिपकर वे प्रसारण कर रहे होते थे, डी/एफ के वाहन इलाक़े के आस-पास चक्कर लगा रहे होते थे, इसलिए वे ऑपरेटर भरसक फुर्ती-से काम लेती थीं और गुप्तचरों से संदेश को दोहराने का आग्रह किए बग़ैर उसे जल्दी-से-जल्दी लिख लेती थीं।

कभी-कभी ये ऑपरेटर गुप्तचर के लिए कोई निजी संदेश लिख भेजती थीं, जिसका उद्देश्य दूर देश में बैठे गुप्तचर को यह अहसास कराना होता था कि उसके अपने मुल्क में बैठे लोग, उसके बारे में सोच रहे हैं। नूर को इसी तरह वेरा एटकिंस द्वारा विलायत के कमीशन की ख़बर दी गई थी। उस वक़्त वे पेरिस में थीं। एक बार ऑपरेटर ने उन्हें संदेश भेजते हुए उसका अंत इन शब्दों के साथ किया था : 'परमेश्वर आपकी रक्षा करे'। उन्होंने महसूस किया था कि लाइन के उस पार कोई है, जो उन्हें महज़ ऑपरेटर से ज़्यादा कुछ समझता है, इसीलिए इसे पढ़कर वे काफ़ी द्रवित हो उठी थीं।[23]

जब सिग्नलर सांकेतिक ज़ुबान में लिखे गए संदेश को काग़ज़ पर उतार लेती थीं, वे उसे बग़ल की इमारत में भेज देती थीं, जहाँ उस सांकेतिक ज़ुबान को समझने में दक्ष लोग देवदार की लंबी मेज़ों पर जोड़ों में बैठे हुए उस संदेश को समझने में लगे होते थे। संदेश का गूढ़ अर्थ समझ लेने के बाद उसे बेकर स्ट्रीट भेज दिया जाता था। कई बार कोड्स बहुत ही अस्पष्ट होते थे और उन कोड्स को तोड़ना कोड ऑफ़िस का काम होता था। चूँकि युद्ध-क्षेत्र में सक्रिय गुप्तचर से अगले दिन संदेश को दोहराने को कहना उसे जोखिम में डालना होता, इसलिए लियो मार्क्स ने यह नीति बना रखी थी कि इसके पहले कि गुप्तचर अपने निर्धारित कार्यक्रम के मुताबिक़ अपना अगला संदेश भेजे (जो कि वह अगले 48 घंटे बाद भी भेज सकता था), उसके द्वारा भेजा गया पहले का कोई भी संदेश ब्रेक होने के लिए बाक़ी न रह जाए। संदेश को ब्रेक करने वालों की इससे बड़ी विफलता और कुछ नहीं हो सकती थी कि गुप्तचर संदेश भेजने के लिए अपनी जान जोखिम में डालता और वे उसका संदेश न पढ़ पाते। मार्क्स ने वायरलैस ऑपरेटरों के साथ निजी ताल्लुक़ात विकसित कर रखे थे। वे हरेक के जाने के पहले उससे मिलते थे, ताकि वे उस ऑपरेटर की निजी शैली को समझ पाते और यह देख पाते कि कहीं उसके प्रशिक्षण से संबंधित फ़ाइल से ग़लतियों का कोई ख़ास पैटर्न तो नहीं उभरता है। इससे उन्हें तदनुसार संदेश को समझने में मदद मिलती थी। मसलन, अगर कोई व्यक्ति ग़लत स्पेलिंग लिखता,

या कोई गुप्तचर असामान्य रूप से घबराया हुआ या धीमी गति से काम करने वाला होता, तो वे समझ जाते थे कि संदेश में क्या गड़बड़ी हुई है।

मार्क्स ने एक नियम बनाया था : 'किसी भी संदेश को समझ से परे नहीं माना जाना चाहिए' और उन्होंने ऑपरेटरों की एक पूरी टीम तैयार कर रखी थी, जो ज़रूरत पड़ने पर किसी गुप्तचर के अव्यवस्थित या उलझे हुए गुप्त संदेश को समझने के लिए दिन-रात काम करती थी और उसे अगले 'स्केड' के लिए तैयार रखती थी।[24]

युद्ध-क्षेत्र से आने वाले संदेशों का संक्षिप्त, अचूक और भरसक असंदिग्ध होना ज़रूरी था। संदेश को ग्रहण करने वाले इंग्लैंड में बैठे लोगों को गुप्तचरों द्वारा भेजे जाने वाले सिक्युरिटी चैक के प्रति चौकन्ना रहना भी महत्त्वपूर्ण था। गुप्तचर से अपेक्षा की जाती थी कि वह पकड़े जाने पर संदेश में अपना सिक्युरिटी चैक डालकर लंदन को चौकन्ना करे, लेकिन यह हमेशा हो नहीं पाता था, क्योंकि लंदन के जिस कक्ष में संदेशों को सुना जाता था, उसमें कई त्रुटियाँ थीं, जिसके विनाशकारी नतीजे होते थे।

गुप्तचर 'सेफ हाउसेज़' और 'कट आउट्स' की मार्फ़त भी काम करते थे। सेफ हाउस वह मकान होता था, जहाँ गुप्तचर रह सकते थे, क्योंकि सर्किट उस मकान के मालिक को पहचानता था। वे उस मकान का इस्तेमाल लेटर बॉक्स की तरह भी कर सकते थे, जहाँ वे दूसरे गुप्तचरों के संदेश प्राप्त कर सकते थे। 'सेफ हाउसेज़' का इस्तेमाल पलायनकर्ताओं (जिन्हें वापस इंग्लैंड की यात्रा करनी होती थी) द्वारा भी किया जा सकता था, जो वहाँ दो-दो या तीन-तीन के समूहों में छिप सकते थे। कट आउट दो गुप्तचरों के बीच संदेशों के आदान-प्रदान का साधन होता था, जो दुश्मन को कारगर ढंग से चकमा दे सकता था, ताकि एक गुप्तचर सांकेतिक ज़ुबान में लिखा गया अपना संदेश कट आउट तक पहुँचा सके। वह कट आउट कोई पुस्तक-विक्रेता हो सकता था और संदेश इस तरह हो सकता था : 'क्या आपके स्टॉक में अनातोले फ़्रांस की कोई पुस्तक है?' मुमकिन है, वह कट आउट जवाब देता : 'हाँ, दो पुस्तकें अभी-अभी आई हैं।' इससे गुप्तचर समझ जाता कि बुलवाख़ अनातोले फ़्रांस के गुप्त अड्डे से उन दो लोगों को लेना है, जिन्हें इंग्लैंड वापस जाना है। अगर जवाब हुआ, 'सॉरी मैडम, वह स्टॉक में नहीं है' तो मतलब होता, वापस जाने के लिए किसी व्यक्ति को नहीं लेना है। कट आउट्स को हमेशा सार्वजनिक टेलिफ़ोन बूथ से फ़ोन किया जाता था, ताकि फ़ोन का पता न लगाया जा सके। फ़ोन करने के बाद गुप्तचर को टेलिफ़ोन बूथ से बहुत तेज़ी-से दूर चले जाना होता था।

पासवर्ड हमेशा सरल रखे जाते थे, ताकि उन्हें याद रखा जा सके और बातचीत में सरलता से मिलाया जा सके। संदेश ले जाने को लेकर भी सख़्त निर्देश थे। नोट्स रखना, या संपर्क-सूत्र के पते आदि के ब्योरे रखना वर्जित था। मौखिक संदेश हमेशा

पोशीदा ज़ुबान में दिए जाते थे, जिसे कूरियर नहीं समझ सकता था। अगर कोई संदेश याद न किया जा सकता हो, तो उसे पतले-से टिश्यू पेपर पर लिखकर सिगरेट में घुसा दिया जाता था या इस तरह ले जाया जाता था कि ज़रूरत पड़ने पर उसे आसानी-से निगला जा सके या ज़मीन पर गिराया जा सके। सेफ हाउस में ठहरे लोगों को बाहर जाने की इजाज़त नहीं होती थी। किसी भी व्यक्ति को सेफ हाउस पर जाने से पहले टेलिफ़ोन की मार्फ़त अड्डे की सुरक्षा की जाँच करनी होती थी। गुप्तचरों को कुछ ख़ास जगहों पर मिलने की सख़्त मनाही थी। इनमें कुछ ख़ास मैट्रो स्टेशन, ब्लैक मार्केट रेस्तराँ या बार और सिनेमा शामिल थे।[25]

ब्यूली में सारे गुप्तचरों को निर्देश दिए गए होते थे कि अगर वे पकड़े जाएँ, तो पहले अड़तालीस घंटों तक कुछ न बोलने की ज़िद पर अड़े रहें। उस दौरान उनके सर्किट के लोग अपना मकान बदल लेंगे और अपने निशानात मिटा देंगे। दो दिन बीत जाने के बाद, अगर दबाव असहनीय हो उठे, तो वे जो चाहे कह सकते थे।

गुप्तचरों को दूसरे सर्किट के गुप्तचरों से वार्तालाप करने के लिए हतोत्साहित किया जाता था, लेकिन युद्ध-क्षेत्र में इस नियम का पालन भी अक्सर नहीं हो पाता था। प्रॉस्पर सर्किट ख़ासतौर पर बहुत विस्तृत हो गया था। इसके बहुत-से सब-सर्किट थे और इसके सिर पर तबाही की आशंकाएँ मँडरा रही थीं, क्योंकि इसमें आसानी-से सेंध लगाई जा सकती थी।

स्वयं नूर को दो दिन के भीतर उप गुप्तचरों से मिलने ग्रिन्यो ले जाया गया था। चूँकि उनका स्वभाव मैत्रीपूर्ण था, इसलिए उनकी हरेक के साथ अच्छी पटती थी और वे हर जगह आत्मीयता महसूस करती थीं। वे लोगों की रसोई तक में चली जाती थीं और वहाँ चाय बनाने में महिलाओं की मदद करती थीं और ट्रे में लेकर आ जाती थीं, लेकिन उनके सहकर्मियों ने उन्हें एक गंभीर क़िस्म की ग़लती करते देखा था। नूर ने हरेक के कपों में चाय उँडेली और ब्रेड के कुछ टुकड़े आग में भूनने लगीं। एक महिला ने ग़ौर किया कि उन्होंने कपों में चाय उँडेलने के पहले दूध डाला था। उस महिला ने मेदम बालाचोव्स्की का ध्यान इस ओर आकर्षित किया था। यह चाय बनाने का ख़ास अँग्रेज़ी ढंग था।

मेदम बालाचोव्स्की ने तुरंत नूर को बताया कि फ़्रांस में चाय में दूध हमेशा बाद में डाला जाता है और उन्हें चेतावनी दी कि उनकी यह ग़लती विशी के समर्थकों के सामने उनका भंडाफोड़ कर सकती है। नूर ने इस जानकारी के लिए उन्हें धन्यवाद दिया, लेकिन जल्दी ही एक और असावधानी की ओर उनका ध्यान खींचा गया। उन्होंने अपना पोर्टफ़ोलियो, जिसमें उनके सारे सुरक्षा संबंधी कोड थे, प्रवेश-कक्ष में पड़ा छोड़ दिया था। प्रोफ़ेसर बालाचोव्स्की उसे अंदर लेकर आए थे।[26] प्रोफ़ेसर ने उनसे कहा कि वह आसानी-से ग़लत हाथों में पड़ सकता था। स्पष्ट था कि नूर को

गिस्तापो के क़ब्ज़े वाले फ़्रांस के जीवन की वास्तविकता के बारे में बहुत कम अनुमान था। उनसे कहा गया कि वे अपने सर्किट के निकटतम लोगों के अलावा और किसी पर भी भरोसा न करें, और सावधान रहें कि गिस्तापो हर कहीं मौजूद है और उसने प्रतिरोध के अभेद्यतम सर्किट्स तक में सेंध लगाई है। प्रोफ़ेसर ने नूर से कहा कि वे इस तरह आचरण करें, जैसे वे हर वक़्त जासूसों से घिरी हों। उन्होंने उन्हें रोज़मर्रा जीवन में सुरक्षा सुनिश्चित करने के सिलसिले में कुछ टिप्स भी दिए।

नूर ने अपना ट्रांसमीटर आने तक ग्रिन्यो में ही काम किया। स्कूल में उन्होंने खुद को एक छात्रा के रूप में पेश किया। स्कूल में डॉ. वेंडरविंक्त अपनी पत्नी, दो बेटियों तथा अपने दामाद रोबेख़ दुइए के साथ रहते थे। उनके दामाद पैराशूट रिसेप्शन में (पैराशूट से गिराए गए सामान को प्राप्त करने में) उनकी मदद करते थे। बालाचोव्स्की पेरिस के एक उपनगर वीग़ोफ्ले में रहते थे, लेकिन वे ग्रिन्यो में ढेर सारा वक़्त बिताते थे। नूर ने उन्हें अपने परिवार के बारे में बताया : अपनी माँ और अपने भाई के बारे में, जो नौसेना में था। उन्होंने उन्हें बताया कि उनका असली नाम नोरा बेकर है। उन्हें यह तो पहले से ही मालूम था कि उनका गुप्त नाम मेदलिन था और उनका छद्म नाम जीन मैरी था। वेरा एटकिंस नूर से अक्सर कहा करती थीं कि वे ब्यूली में अपने हिंदुस्तानी मूल को छिपाने के लिए छद्म नाम के तौर पर नोरा बेकर नाम का इस्तेमाल किया करें। बेकर उनकी माँ का मायके का नाम था। नूर ने ब्यूली से ही अपने छद्म नाम के तौर पर यही सिलसिला जारी रखा था, और वे सर्किट के घनिष्ठतम सदस्यों के सामने भी अपनी पहचान उजागर नहीं करती थीं। शायद वे कुछ अतिरिक्त रूप से सजग थीं। वे नहीं चाहती थीं कि कोई यह जाने कि इनायत ख़ान उनके नाम का दूसरा हिस्सा था, क्योंकि उन्हें डर था कि अगर वे गिरफ़्तार हो गईं, तो जर्मन उनके भाई हिदायत का पता लगा लेंगे, जो कि अभी भी फ़्रांस में ही थे और उन्हें या उनके बच्चों को यातनाएँ देंगे। बालाचोव्स्की दंपती महसूस कर पा रहे थे कि नूर को अपनी माँ की बहुत याद सताती थी और उन्हें इस बात से भयानक तकलीफ़ पहुँची थी कि वे अपनी माँ को यह बताए बिना छोड़कर आ गई थीं कि वे कहाँ जा रही थीं। इस दंपती को लगता था कि जिस ख़तरनाक काम में वे लगी थीं, उसके लिहाज़ से वे बहुत कम उम्र वाली और अनुभवहीन थीं।

नूर अभी भी स्पष्ट तौर पर क़ब्ज़े वाले फ़्रांस के जीवन से तालमेल बैठाने में लगी थीं। यह फ़्रांस उस फ़्रांस से बहुत अलग था, जिसमें वे रही थीं। उन्हें धीरे-धीरे समझ में आ रहा था कि पराजय क्या होती है और लोगों के दैनिक जीवन पर उसका किस क़दर प्रभाव पड़ता है। बाहर से, पेरिस अभी भी पहले जैसा ही दिखता था : कैफ़े लोगों से भरे होते थे और स्थानीय लोग हमेशा की तरह अपने काम पर जा रहे होते थे। पेरिस के फ़ैशन हाउस अभी भी पेरिस के अभिजात वर्ग के लिए सुख-सुविधाएँ उपलब्ध कराने में लगे थे। वे अब जर्मनों को भी माल उपलब्ध कराते थे, क्योंकि

जर्मनों की बीवियाँ दिओख़ और शनेल की दुनिया के मज़े लूटना चाहती थीं। हालाँकि भोजन और वस्त्र राशन पर मिलते थे और पेट्रोल की कमी की वजह से सड़कों पर बहुत कम वाहन दिखाई देते थे, लेकिन अमीरों के लिए काला बाज़ारी करने वाली दुकानों की कमी नहीं थी। लोग वेलो-टैक्सियों में घूमते थे, जो एक तरह का रिक्शा था। काला बाज़ारी करने वाले रेस्टोरेंट्स का अंबार लगा हुआ था और मैट्रो, मध्य रात्रि में कर्फ़्यू लगने तक, समय से चला करती थीं, लेकिन नाज़ी अधिकारियों को लिए सड़कों पर भागती मर्सडीज़ उस शहर का असली हाल बयान करती थीं, जिस पर क़ब्ज़ा कर लिया गया था। शाम होते-होते सड़कें ख़ाली हो जाती थीं, क्योंकि ज़्यादातर लोग कर्फ़्यू शुरू होने से पर्याप्त पहले घर लौट जाना बेहतर समझते थे।

पेरिस संघर्ष किए बिना ही पराजित हो गया था। युद्ध-पूर्व की *साल बुश* (गंदे जर्मन) की बातों की जगह तेज़ी-से *साल ऑंग्लिआस* (गंदे अँग्रेज़) के जर्मन कुप्रचार ने ले ली थी। पेरिस को यहूदियों से भी ख़ाली करा लिया गया था। जून, 1942 से 6 वर्ष से ऊपर के सारे यहूदियों के लिए पीले रंग का स्टार पहनना ज़रूरी कर दिया गया था, और शुरू में उन्हें फ़्रांस में क़ैद करके रखा जाता था और बाद में जर्मनी और पोलैंड के कान्सन्ट्रेशन कैंपों में भेज दिया जाता था। उनके ख़ाली अपार्टमेंटों पर जर्मनों ने क़ब्ज़ा कर लिया था और स्थानीय लोगों ने उन्हें औने-पौने दामों पर ख़रीद लिया था। बहुत-से फ़्रांसीसियों ने जर्मनों से मिलीभगत कर ली थी। विशी सरकार इन घुसपैठियों को ख़ुश करने को लेकर इतनी उतावली थी कि उसने यहूदी बच्चों को जर्मनों द्वारा माँगे जाने से पहले ही सौंपना शुरू कर दिया था। जर्मनों के साथ मिलीभगत रखने वाले लोग यहूदी परिवारों की ओर इशारा कर देते थे। युद्ध के समाप्त होते-होते, 10,000 यहूदी बच्चों समेत लगभग 75,000 यहूदियों को कान्सन्ट्रेशन कैंपों में भेजकर मौत के हवाले कर दिया गया था। भय और अविश्वास का वातावरण व्याप्त था। सरकार द्वारा क़ब्ज़े में कर ली गई इमारतों पर फहराते स्वास्तिक और सड़कों पर अंकित जर्मन संकेत हालात की वास्तविकता को बयान कर रहे थे। यह लंदन और ब्यूली से बहुत भिन्न स्थिति थी।

जिस दिन नूर ग्रिन्यो गई थीं, उसी दिन अंततः उनका आमना-सामना स्युटिल से हुआ। वे 15 और 18 जून के बीच नॉर्मेंडी के दौरे पर थे, जहाँ हथियारों का जमावड़ा था, साथ ही वे आने वाले गुप्तचरों के लिए नए पहचान-पत्र तैयार करने के काम में व्यस्त थे। इसके पहले उन्होंने नूर से बहुत संक्षिप्त-सी बात की थी। स्युटिल दोपहर के भोजन के समय ग्रिन्यो पहुँचे। यह इतवार के दिन का ख़ुशनुमा लंच था, क्योंकि सर्किट और सब-सर्किट के लगभग सारे सदस्य उसमें मौजूद थे : बालाचोव्स्की, नॉर्मन, बोहेल, वेंडरविंक्त और उनके दामाद ग़ोबेख़ दुइए, और बेल्जियाई मंत्री का दामाद। प्रसन्न और तनावमुक्त नूर समेत, वहाँ एकत्र किसी भी व्यक्ति ने पास ही मँडराते ख़तरे को महसूस नहीं किया था।

8

प्रॉस्पर का पतन

नूर को अभी भी अपना वायरलैस सेट नहीं मिला था, इसलिए वे ग्रिन्यो में ट्रांसमीटर का ही इस्तेमाल कर रही थीं। वे नॉर्मन की बग़ल में बैठकर काम करती थीं, जो अपने पैरों पर खड़े होने में उनकी मदद कर रहे थे। नॉर्मन ने नूर को सुरक्षा को लेकर बहुत सतर्क रहने और अपने नक़्शों को याद करके उन्हें जला देने को कहा था, क्योंकि जर्मन वायरलैस ऑपरेटरों की हमेशा तलाश में रहते थे। वे ग्रीनहाउस में रहकर काम करते थे, और माली मारियस मिलिया पहरा देता था। मिलिया पैराशूट की मार्फ़त उतारे गए उपकरणों को प्राप्त करने में भी मदद करता था। नूर ने गैरी का संदेश ग्रिन्यो से भेजने के लिए ले लिया। आँतेल्मे ने उनका परिचय ग़ोबेख़ ज़िएल और पॉल अरिगी से भी करा दिया था। ग़ोबेख़ कंपेनी ज़ेनेग़ाल दे कॅन्सेव़ के प्रशासक थे। उन्हें एफ़-सेक्शन की मदद के लिए नियुक्त किया गया था। अरीगी वकील थे, उन्होंने फ़्रांसीसी प्रतिरोध में मदद की थी और नूर बाद के दिनों में उनके निकट संपर्क में रहकर काम करने वाली थीं। उनके सहकर्मियों के साथ उनका अच्छा तालमेल बैठ गया और अपनी नई भूमिका में वे जल्दी ही रच-बस गईं।

21 जून की सुबह स्युटिल मार्क्समैन सर्किट के एसओई गुप्तचर रिचर्ड हेस्लोप और वायुसेना के व्यक्ति टेलर की इंग्लैंड वापसी की योजना बनाने के सिलसिले में गारे डी ऑस्टरलिट्ज़ स्टेशन पर देरिको और ग़ैमी क्लेमाँ से मिले। इसके बाद वे नॉर्मन, बोहेल, गेर्न और मग्सेल शाबोनिए के साथ स्टेशन के कैफ़े में बैठकर सोलोन्य से आ रहे दो गुप्तचरों पिएख़ किलिओली और ईवान हुदेला का इंतज़ार करने लगे, जिन्हें हाल ही में कैनेडा से आए दो गुप्तचरों जॉन मेकालिस्टर और फ़्रेंक पिकर्सगिल को अपने साथ लेकर आना था, लेकिन इनमें से कोई भी नहीं आया, क्योंकि ये लोग जर्मनों के हाथ लग गए थे। बाद में स्युटिल ने अख़्मेल गेर्न के साथ लंच किया। स्युटिल को कोई अनुमान नहीं था कि प्रॉस्पर सर्किट के अंत की शुरुआत हो चुकी थी।

उसी रात (21/22 जून) स्युटिल, प्रोफ़ेसर बालाचोव्स्की और रिसेप्शन समिति के सदस्यों को पैराशूट से आया कुछ सामान (जिसमें नूर का ट्रांसमीटर और उनके निजी सामान का एक सूटकेस शामिल था) लेने ग्रिन्यो के क़रीब ग़ोंसे-ओ-एलुए जाना था। बदक़िस्मती से वह पैराशूट एक पेड़ पर उतरा, सूटकेस खुल गया और नूर के सारे कपड़े जहाँ-तहाँ पेड़ की शाखाओं में उलझ गए। इन सारे सबूतों को मिटाना अनिवार्य था, इसलिए आदमियों को सुबह तड़के एक-एक चीज़ को वहाँ से हटाकर वापस सूटकेस में बंद करना ज़रूरी था। कई और भी डिब्बे यहाँ-वहाँ फैल गए थे, जिनका पता नहीं लगाया जा सका। सामान समेटने आए लोग इसलिए भी चिंतित थे, क्योंकि उन्हें एफ़-सेक्शन के गुप्तचर जॉर्ज कोन्हार्ड (ज़ैको) कहीं दिखाई नहीं दे रहे थे, जिन्हें भी उसी रात पैराशूट से उतरना था। अख़्मेल गेर्न को उस समिति का प्रभार सौंप दिया गया, जिसे अगले दिन तलाश जारी रखनी थी, और नॉर्मन लंदन से तड़के सुबह आने वाले संदेश को प्राप्त करने ग्रिन्यो लौट आए।[1]

नॉर्मन को संदेश मिला, जिसमें भेजे गए पार्सलों की संख्या दर्ज थी और इस बात की पुष्टि की गई थी कि जॉर्ज कोन्हार्ड (ज़ैको) को पैराशूट से उतार दिया गया था। रिसेप्शन समिति तुरंत मैदानों में तलाश करने में जुट गई और सुबह 10 बजे गेर्न को कोन्हार्ड का पैराशूट अच्छी तरह तह किया हुआ मिला और और उससे कुछ ही दूरी पर उनका सूटकेस भी पड़ा मिला। दोपहर होते-होते नॉर्मन को नूर के दो रेडियो सैट भी मिल गए। सारी चीज़ें वहाँ तेज़ी से हटाकर ग्रिन्यो में छिपा दी गईं।

22 जून की शाम को नॉर्मन, आँतेल्मे, बोहेल और स्युटिल पैराशूट के उतारे जाने के अंतिम नतीजों पर चर्चा करने 12 लॅलाँद स्ट्रीट पर स्थित गेर्न के फ़्लैट पर एकत्र हुए। स्युटिल ने नॉर्मन से कहा कि वे इंग्लैंड को सूचित कर दें कि कोन्हार्ड नहीं मिले हैं और वहाँ से उनके संपर्क-सूत्र का पता प्राप्त करें। उन्होंने आँतेल्मे से नूर के वायरलैस सैट प्राप्त कर उन्हें ले मों पहुँचाने की व्यवस्था करने को कहा। आँतेल्मे ने ग़ेर्न के साथ बातचीत कर तय किया कि 29 जून को दोपहर 2.30 बजे वे एक आदमी को कार से ग्रिन्यो के पास के चौराहे (जिसे आँतेल्मे नक़्शे पर चिह्नित कर देंगे) पर भेजेंगे। एक पासवर्ड का इंतज़ाम किया गया और निर्णय लिया गया कि एक फ़्रांसीसी नवयुवक ईव, जो उनके साथ काम करता था, सैट लेकर वहाँ पर मौजूद होगा। बाद में उसी शाम स्युटिल आँतेल्मे के फ़्लैट पर रुके और उनसे उन्होंने दस लाख फ़्रेंक लिए। यह उनकी आख़िरी मुलाक़ात होने वाली थी।

सर्किट को यह जानकारी नहीं थी कि जिस दिन प्रॉस्पर के सर्किट के लोग पेरिस में दोपहर के भोजन के लिए मिले थे, उसके अगले ही दिन कैनेडा के दोनों गुप्तचरों जॉन मेकालिस्टर (वेलेंटिन) और फ़्रेंक पिकर्सगिल (बर्ट्रेंड) को गिस्तापो ने गिरफ़्तार कर लिया था। इन दोनों गुप्तचरों को आर्चडीकन नामक एक सब-सर्किट

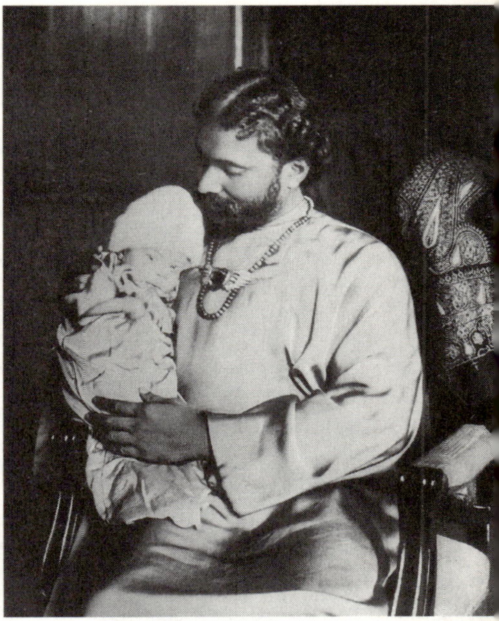

ऑरा रे बेकर के नाम से जन्मी, नूर की माँ, अमीना बेग़म (सबसे ऊपर बाएँ), शिशु नूर के साथ इनायत ख़ान (सबसे ऊपर दाएँ), इनायत ख़ान के बच्चे : बाएँ से, नूर, विलायत, हिदायत और क्लेयर (ऊपर)। *सौजन्य : म्यूज़ियम ऑफ़ द इंटरनेशनल सूफ़ी मूवमेंट, द हेग।*

फ़ज़ल मंज़िल, सुरेन में इनायत ख़ान का घर (सबसे ऊपर बाएँ), नूर अपनी माँ के साथ (सबसे ऊपर दाएँ), परिवार : पीछे दो चाचा खड़े हैं (ऊपर)।

सौजन्य : म्यूज़ियम ऑफ़ द इंटरनेशनल सूफ़ी मूवमेंट, द हेग।

नूर अपनी वीणा के साथ (ऊपर), फ़ज़ल मंज़िल में एक संगीत-सभा : बाएँ से, हिदायत, क्लेयर, नूर और विलायत (नीचे)।

सौजन्य : म्यूज़ियम ऑफ़ द इंटरनेशनल सूफ़ी मूवमेंट, द हेग।

हेग में नूर (नीचे बाएँ)। हाथ से निर्मित कार्ड के लिए नूर का एक शानदार चित्र (नीचे दाएँ), वयस्कों के रूप में इनायत ख़ान के बच्चे : बाएँ से, नूर, हिदायत, विलायत, क्लेयर (नीचे)।

सौजन्य : *म्यूज़ियम ऑफ़ द इंटरनेशनल सूफ़ी मूवमेंट, द हेग।*

नूर, वाफ़ (WAAF) की वर्दी में, 1940।
सौजन्य : *इम्पीरियल वार म्यूज़ियम, एचयू 74868*।

ब्यूली मैनर, गुप्तचरों के लिए प्रशिक्षण स्कूल (सबसे ऊपर, सौजन्य : *श्राबनी बसु*)। मार्क III ट्रांसमीटर *(ऊपर, सौजन्य : इम्पीरियल वार म्यूज़ियम, एचयू 61098)*

फ्रांस आँतेल्मे, सांकेतिक नाम रेनो, छद्म नाम एंथुआन वाची (दाएँ सबसे ऊपर, सौजन्य : अलाँ आँतेल्मे), फ्रांसिस स्युटिल, सांकेतिक नाम प्रॉस्पर, छद्म नाम फ़्रांसवा अल्फ्रेड डेस्प्रेज़ (दाएँ बीच में, सौजन्य फ़्रांसिस स्युटिल), नंबर 84, एवेन्यू फ़श, पेरिस में गिस्तापो के मुख्यालय का एक हिस्सा (नीचे, सौजन्य : श्राबनी बसु), अपने मानवद्वेषी संदेश के साथ दख़ाऊ का गेट (नीचे बाएँ, सौजन्य : श्राबनी बसु), दख़ाऊ का शवदाह-गृह (नीचे दाएँ, सौजन्य : श्राबनी बसु)।

शिविर में मारे गए हज़ारों लोगों के लिए समर्पित स्मारक (सबसे ऊपर, सौजन्य : श्राबनी बसु), दख़ाऊ में नूर की स्मृति में अंकित फलक (ऊपर, सौजन्य : श्राबनी बसु)।

तैयार करने 15/16 जून की रात को पैराशूट से शेख वैली में उतारा गया था। पाँच दिन पहले, 10/11 जून की रात को इसी इलाक़े में एक पैराशूट उतारे जाते समय, उसके एक बक्से में विस्फोट हो गया था। इसके नतीजे में जर्मनों ने इस इलाक़े में रास्ते बंद कर दिए थे। पिएख़ किलिओली इसी इलाक़े में रहते थे और पैराशूट से गिराया गया सामान प्राप्त करते थे। उन्होंने स्युटिल को सावधान कर दिया था और उनसे कहा था कि वे लंदन को कह दें कि वे उस इलाक़े में आगे से पैराशूट न उतारें, लेकिन स्युटिल ने हथियारों का गिराया जाना रोकने से इंकार कर दिया था, जिसके पीछे शायद उनका यह सोचना था कि जल्दी ही मित्र राष्ट्रों के आक्रमण की शुरुआत हो जाएगी और इसलिए सारी आपूर्तियाँ अनिवार्य हैं।[2]

नतीजतन, मेकालिस्टर और पिकर्सगिल को उतारा गया और उन्होंने किलिओली के साथ रात बिताई। 21 जून को जब ये दोनों आदमी पिएख़ किलिओली और ईवान हुदेला के साथ पेरिस के रास्ते पर थे, तब उन्हें रोड ब्लॉक (बैरियर) पर रोक लिया गया और पूछताछ के लिए टाउन हॉल ले जाया गया। किलिओली और हुदेला पूछताछ में बच निकले और बाहर आकर कार में इंतज़ार करने लगे, लेकिन कैनेडा के गुप्तचरों को जर्मनों को यह विश्वास दिलाने में काफ़ी मुश्किलें पेश आईं कि वे निर्दोष फ्रांसीसी थे। पिकर्सगिल की फ्रांसीसी बहुत अच्छी थी, लेकिन मेकालिस्टर स्पष्ट कैनेडाई लहज़े के साथ फ्रांसीसी बोल रहे थे। संदेह जगाने के लिए इतना काफ़ी था। पूछताछ कर रहे एसएस अधिकारी ने चिल्लाकर हुदेला और किलिओली को वापस बुलाने का आदेश दिया। किलिओली ने एक्सिलेटर पर दबाव डाला और तेज़ी-से भाग निकले। कार का पीछा किया गया, हुदेला को गोली लगी और वे घायल हो गए और अंततः चारों को गिरफ़्तार कर लिया गया।

कैनेडा वालों की गिरफ़्तारी गिस्तापो के लिए ज़बरदस्त और अप्रत्याशित कामयाबी थी। कार के बूट में मेकालिस्टर का वायरलैस सैट था। इसके अलावा उनके पास पेरिस के दूसरे गुप्तचरों के लिए लंदन से लाए गए कई संदेश भी थे, जिन्हें सांकेतिक ज़ुबान में बदले बिना ही भेज दिया गया था। वे हर गुप्तचर के लिए स्पष्ट तौर पर उनके गुप्त नामों से संबोधित थे, जिनमें 'प्रॉस्पर' और 'आख़्शाम्बो' नाम शामिल थे। उनके पास कुछ नए स्फटिक भी थे और उनके इस्तेमाल के सिलसिले में गिल्बर्ट नॉर्मन (आख़्शाम्बो) द्वारा दिए गए विस्तृत निर्देश भी थे। सारे ख़त कार ग्लोव कम्पार्टमेंट में ब्राउन पेपर की एक पार्सल में रखे थे, जिस पर जर्मनी की जेल में बंद एक काल्पनिक युद्ध-क़ैदी का नाम लिखा था। गिस्तापो के हाथ लगते ही ये दस्तावेज़ घातक साबित हुए। किलिओली के ब्रीफ़केस में नॉर्मन, बोहेल, और एम्प्स और सुफ्राँ एवेन्यू स्थित लेटर बॉक्स के पते दर्ज़ थे।[3] जर्मन प्रॉस्पर नेटवर्क को तोड़ने की कोशिश करते रहे थे और उनके पास संपर्क के लिए सारी जानकारियाँ थीं। उन्होंने घेरना शुरू कर दिया।

पेरिस लंच के दो दिन बाद, 23 जून की रात को, नॉर्मन और बोहेल ने अख़्मेल गेर्न और उनकी पत्नी के साथ लेलाँद स्ट्रीट स्थित उनके फ़्लैट पर रात का खाना खाया। वे वहाँ से अलग-अलग निकले - नॉर्मन बाइक से और बोहेल मैट्रो से - लेकिन दोनों ही 16 अरॉन्दिस्मा के सिरे पर पोख़्ते दे ला म्यूएट के पते पर पहुँचे। यह वह जगह थी, जहाँ नॉर्मन ने हाल ही में किराए से रहना शुरू किया था। इस मकान में वे पेरिस के स्कूल के ज़माने के अपने एक पुराने दोस्त निकोलस लोग़ाँ और उनकी पत्नी मोद के साथ रहते थे। ये दोनों सब-सर्किट के स्थानीय सदस्य थे। बोहेल भी उनके पास फ़्लैट में पहुँच गईं और वे संभवतः अपने सर्किट के लिए नए नक़ली पहचान-पत्र बनाने बैठ गईं। इस बार पहचान-पत्रों में परिवर्तन कर उनमें स्टेपल्स की बजाय रिवट की मदद से पूरे चेहरे की तसवीर की बजाय प्रोफ़ाइल फ़ोटो अटैच कर दिए गए थे, इसलिए उन सबको बदलना ज़रूरी था। मेज़ पर पहचान-पत्रों का अंबार लगा था। उसमें शायद स्युटिल के छद्म नाम फ्राँसुआ देख़ै का कार्ड भी था। उसमें उनकी तसवीर और पता भी रहा होगा।[4] आधी रात के बाद, 24 जून के शुरुआती घंटों में, दरवाज़े पर दस्तक हुई। वे गिस्तापो के लोग थे। समूचे घर को गिरफ़्तार कर लिया गया।

स्युटिल उस रात पेरिस से बाहर थे। नॉर्मैंडी के उप-संयोजक जॉर्ज डॉर्लिंग के साथ उनकी बैठक थी, जिसके लिए वे शाम 7.10 की ट्रेन से ज़िजॉख़ गए हुए थे। उन्होंने थिग्ए-शातो में मेदम गीपाँ के सेफ हाउस (गुप्त अड्डे) पर रात बिताई और अगली सुबह मेदम गीपाँ उन्हें सुबह 7 बजे की पेरिस की ट्रेन पकड़ने स्टेशन पर छोड़ आईं। सुबह 9 और 9.30 के बीच स्युटिल ने साँ लेजाख़ स्टेशन पर ओसीएम (सिविल ऑर्गनाइज़ेशन ऐंड मिलिट्री) नामक प्रतिरोध आंदोलन के ज़ीहोवादी धड़े के नेता मार्क ओ'नील के साथ मुलाक़ात की और वहाँ से पोख़्ते साँ देनीस नामक कामगारों के इलाक़े में स्थित अपने होटल के कमरे में लौट आए, लेकिन आधी रात को जर्मन माज़ागाँ स्ट्रीट स्थित होटल के उनके उस कमरे में घुस पड़े, जिसे उन्होंने अपने छद्म नाम इंजीनियर फ्राँसुआ देख़ै से बुक करा रखा था। वहाँ वे लोग पूरी रात उनका इंतज़ार करते रहे और जब 24 जून को सुबह 10.11 बजे वे ज़िजॉख़ से वहाँ लौटे, तो उन लोगों ने उन्हें गिरफ़्तार कर लिया। चूँकि उन्होंने हाल ही में मकान बदला था, इसलिए नॉर्मन और बोहेल के अलावा उनके पते की जानकारी और किसी को नहीं थी। हो सकता है, वह पता गिस्तापो को उन लोगों ने न दिया हो, लेकिन वह शायद उस नए पहचान-पत्र पर छपा हुआ था, जिसे वे लोग तैयार कर रहे थे। बाद में निकोलस लोग़ाँ ने बताया था कि उन्हें एवेन्यू फॉश़ में जर्मनों द्वारा दो तसवीरें दिखाकर पूछा गया था कि उनमें से 'फ्रांसवा' कौन है।[5]

24 जून की रात तक गिस्तापो पुलिस समूचे संगठन पर झाड़ू फेर चुकी थी। स्युटिल, नॉर्मन और बोहेल - प्रॉस्पर सर्किट के तीनों प्रमुख आदमी - उनकी हिरासत

में थे। जर्मन कुछ समय से प्रॉस्पर का पीछा कर रहे थे, क्योंकि यह एसओई का एक सबसे बड़ा, व्यस्ततम और सबसे ज़्यादा ख़तरनाक नेटवर्क था, लेकिन यह सर्किट अपनी ही सफलता का शिकार हुआ था। उसका आकार बहुत बढ़ गया था, और उसमें घुसपैठ अवश्यंभावी थी। स्युटिल, बोहेल और नॉर्मन सुरक्षा को लेकर लापरवाह थे और इस बुनियादी नियम की अवहेलना करने लगे थे कि उन्हें एक साथ नहीं देखा जाना चाहिए। बोहेल और नॉर्मन आपस में एक-दूसरे को प्रेम करते थे और अक्सर साथ-साथ बाहर जाया करते थे। तीनों ही इथ्वाल के नज़दीक ब्लैक मार्केट रेस्तराँ में साथ-साथ लंच किया करते थे और शाम को मोंमाख़्त के कैफ़े में मिला करते थे। यह एक मज़बूत तिकड़ी थी, जो अक्सर स्युटिल के दूसरे रेडियो ऑपरेटर जैक एग्याज़ावियों से मिला करते थे। वह वायुसेना में काम करने वाला एक सुंदर और उत्साही युवक था। एग्याज़ावियों को स्पष्ट आदेश दिए गए थे कि वे अपने सर्किट के अलावा किसी भी दूसरे सर्किट के लोगों से संपर्क न रखें, लेकिन प्रशिक्षित ऑपरेटरों की कमी की वजह से उन्होंने तेइस से ज़्यादा विभिन्न गुप्तचरों के लिए संदेशों का प्रसारण किया था। इसने उन्हें बेहद जोखिम की स्थिति में ला दिया था, जिसके चलते वे कभी भी हर कहीं चक्कर लगाते और झपट्टा मारने की ताक में बैठे जर्मनों के हाथ लग सकते थे। स्युटिल एग्याज़ावियों की सुरक्षा को लेकर चिंतित रहते थे और इसीलिए उन्होंने उन्हें उनकी पत्नी के साथ लंदन वापस भेज दिया था। वे लोग उसी लाइसेंडर से गए थे, जो 17 जून को नूर को लेकर आया था।

जिस एक और चीज़ ने सर्किट के गुप्तचरों की सुरक्षा को गंभीर ख़तरे की स्थिति में डाल रखा था, वह यह थी कि उन्होंने डबल एजेंट देरिको के हाथों एक लंबी रिपोर्ट लंदन भेजी थी, जो सांकेतिक ज़ुबान में या तो पर्याप्त रूप से नहीं बदली गई थी या बदली ही नहीं गई थी। जैसे ही कैनेडा के गुप्तचर गिरफ़्तार हुए, जर्मनों ने बहुत आसानी-से बाक़ी बचे प्रॉस्पर सर्किट को ढूँढ निकाला।

स्युटिल को ख़ुद इस बात का अहसास था कि उनका सर्किट बहुत फैल गया था। फ़्रांस की उनकी पहली संपर्क-सूत्र ज़ेमेन तम्बोख़ और उनकी बहन मेदलिन अप्रैल में गिरफ़्तार हो चुकी थीं। इसके बाद स्युटिल उन दोनों को फ़्रेन की जेल से आज़ाद कराने के लिए जर्मनों के साथ सौदेबाज़ी में व्यस्त हो गए थे। उन्होंने उन्हें आज़ाद कराने के बदले दस लाख फ़्रैंक देने का सौदा किया था। ख़तरनाक बात यह थी कि प्रॉस्पर सर्किट के कई आदमियों ने ज़ेमेन तम्बोख़ की दोस्त मेदम मोने के एक ही पोस्टबॉक्स का इस्तेमाल किया था, जो 38 एवेन्यू सुफ़्राँ, पेरिस XVe में स्थित था। इसका इस्तेमाल स्युटिल, बोहेल, एग्याज़ावियों, उनकी पत्नी फ़्रांसीन, दाउलेन, बिएले और उनके रडियो ऑपरेटर स्टेग्स द्वारा किया गया था।[6] उन्होंने तम्बोख़ की गिरफ़्तारी के बाद भी उसी पोस्टबॉक्स का इस्तेमाल जारी रखा। मेदम मोने की गिरफ़्तारी के बाद, गिस्तापो ने उस पते की मार्फ़त बीले को पकड़ने की कोशिश की

थी, लेकिन बीले को समय रहते चेतावनी मिल गई थी। इन तमाम ख़तरों के बावजूद स्युटिल ने आँतेल्मे से तम्बोख़ बहनों की रिहाई के लिए दस लाख फ़्रेंक की माँग की और मंगलवार 22 जून को वह रक़म उनके यहाँ से प्राप्त कर ली। उन्होंने उस रिहाई के सिलसिले में सौदा करने के लिए जगलर सर्किट के वॉर्म्स (गुप्त नामः रॉबिन) को पेरिस में जर्मन कर्नल के संपर्क में रहने के निर्देश दिए। स्युटिल ने नोटों के दो हिस्से किए और निर्देश दिए कि बाक़ी आधी रक़म उन्हें बहनों की रिहाई के बाद ही दी जाएगी, लेकिन जिन बहनों को रिहा किया गया, वे तम्बोख़ बहनें नहीं थीं, इसलिए वॉर्म्स ने आधे नोट वापस ले लिए। अब जर्मनों ने उन बहनों की रिहाई के पहले पाँच लाख फ़्रेंक की माँग की। तम्बोख़ बहनों की रिहाई के इस क़िस्से ने स्युटिल को क्रोधित और परेशान कर दिया, और आँतेल्मे ने उन्हें सौदेबाज़ी रोक देने की सलाह दी, क्योंकि वे इस प्रक्रिया में कई गुप्तचरों की ज़िंदगी को जोखिम में डाल रहे थे।[7]

प्रॉस्पर के ध्वस्त के पीछे लंदन की ओर से हुई लापरवाही भी थी। स्युटिल इस बात को लेकर चिंतित थे कि सुरक्षित लेटरबॉक्सों की हिफ़ाज़त कारगर नहीं थी। उन्हें यह जानकर झटका लगा था कि नूर को फ़्रांस के उस ख़तरनाक पते के साथ भेजा गया था, जिसे वे स्वयं रद्द कर चुके थे। लंदन भेजी गई अपनी आख़िरी रिपोर्ट में 19 जून को उन्होंने ग़ुस्से में लिखा था : "मेदलिन को ज़ाहिर तौर पर मोने के लेटरबॉक्स का पता दिया गया है, जबकि उसे फ़रवरी से ही रद्द किया जा चुका है (जब मैं मई में आया था, तब मैंने रद्द किए जाने की कार्रवाई की स्वयं पुष्टि की थी)। कृपया अनुशासनात्मक कार्रवाई करें। अगर मेदलिन कल दोपहर में वहाँ चली गई होती, तो उसकी मुलाक़ात गिस्तापो से हो गई होती, जो नियमित रूप से उस फ़्लैट का मुआयना करने आती है!"[8]

स्युटिल इस बात से भी भयभीत थे कि लेज़ेन (ये ज़ीहोदिस्ट उसी लाइसेंडर से लौटे थे, जो नूर को लेकर आया था) ने अपने एक दोस्त को वही पता दिया था, जबकि बोहेल ने उन्हें ख़ास तौर से उस पते का इस्तेमाल न करने और उसके स्थान पर मेदम ग़ोज़ का पता इस्तेमाल करने के निर्देश दिए थे। एसओई की इस ग़लती को लेकर वे बहुत नाराज़ थे और उन्होंने अपने सारे वर्तमान लेटर बॉक्स और पासवर्ड निरस्त कर दिए थे। वे साफ़ तौर पर बेहद नाराज़ थे, जिसका इज़हार उन्होंने बेकर स्ट्रीट के अपने प्रमुखों को लिखे एक ख़त में किया था : "मुझे उम्मीद है, मैंने अपनी बात स्पष्ट तौर पर रख दी है। इस वक़्त 19 जून का 0100 बज रहा है और मैं 15 जून के 0500 के बाद से 7 घंटे सोया हूँ।"[9] पाँच दिन बाद वे गिरफ़्तार कर लिए गए और नए लेटर बॉक्स नहीं बाँट सके।

यह स्पष्ट नहीं है कि स्युटिल द्वारा दिए गए निर्देशों की उपेक्षा क्यों की गई और नूर को वह लेटर बॉक्स क्यों आवंटित किया गया, जो सुरक्षित नहीं था। नूर की मुहिम को शुरुआत से ही अभिशप्त माना जा सकता है, क्योंकि उन्हें और

उनके साथियों की अगवानी ऑँग़ी देरिको, यानी उस आदमी ने की थी, जिस पर डबल एजेंट होने का आरोप था। युद्ध की अनिश्चयपूर्ण स्थिति में इन चूकों के घातक परिणाम होने वाले थे।

24 जून, 1943 की सुबह ऑँतेल्मे पोएती की यात्रा पर निकल गए थे। उसी दिन उन्होंने नूर के वायरलैस सैट को लाने ऑक्ताव सिमो को ले मों भेजा था। सिमो को ले मों के पोस्टमास्टर और रिसेप्शन कमेटी के सदस्य दुतिएल को 29 जून को उनकी कार के साथ ग्रिन्यो के नज़दीकी चौराहे तक आने के निर्देश देने थे, जहाँ वे दोपहर 2.30 बजे पहुँचने वाले थे। वहाँ उन्हें एक फ़्रांसीसी लड़का मिलने वाला था, जिसे वे पासवर्ड देते, जिसमें एक ख़ास सड़क के बारे में पूछा गया होता। उन्हें एक पार्सल दिया जाता, जो वे ले मों लेकर आते।

इस बीच, 24 जून को ग्रिन्यो में नूर की मुलाक़ात नॉर्मन से हुई। उन्होंने वहाँ 26 जून तक रुकने की योजना बनाई, ताकि नूर अपने प्रसारणों का अभ्यास कर पातीं और नॉर्मन के संदेश भेज पातीं।[10] वे नॉर्मन के दोस्त के अपार्टमेंट में गईं, जहाँ वे आम तौर से मिला करती थीं और प्रतीक्षा करने लगीं, लेकिन वे नहीं आए। वे अगले दिन तक ग्रिन्यो में बनी रहीं, लेकिन उनका कोई अता-पता नहीं था।

शुक्रवार (25 जून) की दोपहर, जब नूर नॉर्मन का इंतज़ार कर रही थीं, तब प्रोफ़ेसर बालाचोव्स्की ने आकर उन्हें सूचना दी कि उनकी पत्नी को अभी-अभी पेरिस से फ़ोन आया था - 'उस डॉक्टर की बीवी का फ़ोन, जिसके मकान में ज़ेमेन और उनकी बहन को फ़्ग़ेन से लाने के बाद हिफ़ाज़त में रखा जाना था'।[11] फ़ोन पर दिए गए संदेश में कहा गया था कि जब स्युटिल, वॉर्म्स, बोहेल और नॉर्मन उस जगह जा रहे थे, जहाँ ज़ेमेन और उनकी बहन उन्हें सौंपी जाने वाली थीं, तो रास्ते में ही इन्हें पंद्रह अन्य लोगों के साथ गिरफ़्तार कर लिया गया - नॉर्मन को छोड़कर, जो वहाँ से भागने में सफल रहे थे। महिला के मुताबिक़ यह घटना बुधवार रात की थी। दरअसल, स्युटिल अलग से गिरफ़्तार हुए थे और नॉर्मन भागे नहीं थे, लेकिन नूर को शुरुआती सूचना यही दी गई थी।

नूर तुरंत हरक़त में आ गईं और उन्होंने नॉर्मन के रेडियो सैट से छुटकारा पाते हुए, उसे प्रोफ़ेसर बालाचोव्स्की की मदद से बग़ीचे में सलाद पत्ती की क्यारी के नीचे गाड़ दिया। वे पेरिस लौट आईं, जहाँ उन्होंने गैरी से संपर्क किया।

इसके बाद गैरी और नूर ऑँतेल्मे के अपार्टमेंट में जाकर उनका इंतज़ार करने लगे और जब वे रात 9.15 बजे पोएती से ट्रेन से लौटे, तो उन्होंने उन दोनों को वहाँ पाया। उन्होंने ऑँतेल्मे को गिरफ़्तारियों की सूचना दी। ऑँतेल्मे ने गैरी को तुरंत छिप जाने और नूर के लिए उनके साथी रेमाँ ऑँद्रेस के साथ 1 स्क्वेयर मेलेग्ब, पेरिस में सेफ हाउस का इंतज़ाम करने के आदेश दिए।[12] वे ला सोसिएटी दे 'इलेक्त्रिसिते

चाइम दे' उजीन में इंजीनियर थे। आँतेल्मे ने भी अपना फ़्लैट छोड़ दिया और अपने दोस्त ज़ेमेन एग्हाँ के साथ उसके अपार्टमेंट में रहने चले गए। एग्हाँ की शाँज़ इल्यीज़े में दुकान थी और वे 1 स्क्वेयर मेलेग्ब में रहते थे। ज़ेमेन एग्हाँ रेमाँ आँद्रेस के दोस्त थे और वे दोनों एग्हाँ के फ़्लैट में रहते थे, लेकिन उसी इमारत में उनका एक कमरे का एक अलग फ़्लैट था, जिसमें नूर को ठहराया गया था।[13] यह फ़्लैट 4 एग्लाँज़े स्ट्रीट पर स्थित गैरी के फ़्लैट के काफ़ी क़रीब था। आँतेल्मे ने ग़ोबेग़ ज़िएल से भी संपर्क कर उन्हें गिरफ़्तारियों के बारे में बताया और सावधान रहने तथा सब-सर्किट के अन्य सदस्य विलियम सेवी को सचेत करने को कहा। आँतेल्मे जो अपने छिपने की जगहें लगातार बदलते रहते थे, ज़िएल के यहाँ एक-दो रात ही रुके।[14] उन्होंने सिमो से संपर्क किया, जिन्होंने पुष्टि की कि ले मों में सब कुछ ठीक है और बताया कि उन्होंने नूर के वायरलैस सैट के सिलसिले में दुतिएल से संपर्क किया था।

प्रॉस्पर सर्किट की दूसरी रिंग फ़िलहाल सुरक्षित थी, क्योंकि वे सब घर बदलते रहे थे और उन्होंने चेतावनियों पर ध्यान दिया था। इतने महत्त्वपूर्ण सर्किट के मुखिया की गिरफ़्तारी के बाद उनके लिए छिपकर अपनी संभावित कार्रवाई पर विचार करना आवश्यक हो गया था।

रविवार 27 जून को आँतेल्मे ने नूर को प्रोफ़ेसर बालाचोव्स्की और नॉर्मन के दोस्तों से संपर्क करने ग्रिन्यो भेजा। वे गिरफ़्तारियों के सिलसिले में टेलिफ़ोन पर आए संदेश के बारे में और ज़्यादा जानना चाहते थे। आँतेल्मे जानना चाहते थे कि मेदम बालाचोव्स्की को फ़ोन किसने किया था।[15] प्रोफ़ेसर बालाचोव्स्की ने नूर से कहा कि जो कुछ हुआ है, उसे देखते हुए उन्हें (नूर को) दोबारा ग्रिन्यो नहीं आना चाहिए और सुझाव दिया कि वे भविष्य में उन लोगों की अनदेखी किया करें।

ग्रिन्यो से कोई सूचना प्राप्त कर पाने में असमर्थ आँतेल्मे ने शे तूहे के मालिकों को फ़ोन किया। शे तूहे वही कैफ़े था, जहाँ स्युटिल और बोहेल नियमित रूप से खाना खाया करते थे, और जिसे वे पोस्टबॉक्स की तरह इस्तेमाल करते थे। कैफ़े के मालिकों की मार्फ़त उन्होंने अख़्मेल ग़ेर्न से संपर्क किया। ग़ेर्न को इन गिरफ़्तारियों को लेकर चौकन्ना कर दिया गया था और वे अपनी पत्नी के साथ एक स्थानीय रंगरूट तथा स्युटिल के दोस्त अलाँ बुस्सो के माता-पिता के सुरक्षित फ़्लैट में रहने चले गए थे। उन्होंने आँतेल्मे को बताया कि वह फ़ोन करने वाली रहस्यमय महिला ओताइल की रहने वाली एक बुज़ुर्ग स्त्री डॉक्टर मेदम एल्मे थी। आँतेल्मे ने उसे तम्बोख़ सिस्टर्स की रिहाई के गड़बड़झाले से जुड़ी एक और व्यक्ति कहकर ख़ारिज़ कर दिया। मेदम एल्मे दरअसल, बोहेल का लेटर बॉक्स थीं। गर्न ने आँतेल्मे को सूचित किया कि वे वॉर्म्स, बीले, वेइला और थ्रोतोबास तथा एफ़-सेक्शन के अन्य एजेंटों के संपर्क में हैं। उन्होंने आँतेल्मे को बताया कि बुधवार 23 जून को नॉर्मन और बोहेल ने उनके साथ भोजन किया था और फिर रात 11 बजे वहाँ से चले गए थे।

फिर आँतेल्मे ने बोहेल के फ़्लैट के केयर टेकर से संपर्क किया, जिसने उन्हें बताया कि वे बुधवार को लौटी नहीं थीं और शुक्रवार को दोपहर बाद दो आदमी सीधे उनके फ़्लैट में गए थे और वहाँ से एक रेडियो सैट और दो सूटकेस लेकर चले गए थे। इसके बाद उन्होंने अलाँ बुस्सो से नॉर्मन के फ़्लैट पर जाकर पता लगाने को कहा। यह फ़्लैट 75 बुलेवाख़ में स्थित था और इसमें नॉर्मन, निकोलस लोगाँ और उनकी बीवी मॉद के साथ रहते थे। उन्होंने नॉर्मन के कमरे को एकदम दुरुस्त हालत में पाया। चादरें तह करके रखी हुई थीं और टाई वार्डरोब में टँगी थी। बुधवार को उन्हें जो साइकिल दी गई थी, वह दीवार से टिकी थी। उनके कपड़े और दूसरी चीज़ें हटा दी गई थीं। लोगाँ दंपती के कमरे बहुत अस्त-व्यस्त थे। मेज़ की दराज़ें आधी खुली थीं, कपड़े हड़बड़ी में निकाले गए थे और चूल्हे पर अधपका खाना रखा था। लगता था कि वे लोग बहुत हड़बड़ी में भागे थे।[16]

जैसा कि तय हुआ था 29 जून को दुतिएल यथासमय नूर के वायरलैस सैट लाने की मुहिम पर निकल गए। ईव वहाँ थे, जिन्होंने उन्हें पार्सल दे दिया, जिसे वे सुरक्षित ढंग से ले मों लेकर आ गए। उसी दिन, हर तरफ़ फैली अव्यवस्था के बावजूद गैरी और उनकी प्रेयसी मख़्देरितो ने योजना के मुताबिक विवाह कर लिया। नूर इस विवाह-कार्यक्रम में शामिल हुईं, लेकिन आँतेल्मे उससे दूर रहे।

गर्मी में गिरफ़्तारियाँ जारी रहीं, हालाँकि मेदम गेर्न अपने परिवार सहित अपना अपार्टमेंट छोड़कर चली गई थीं, लेकिन वे आदतन हर रोज़ अपने पुराने फ़्लैट के केयरटेकर से समाचार जानने वहाँ चली जाती थीं। 1 जुलाई को जब वे बसोज़ के साथ फ़्लैट पर गईं, तो गिस्तापो ने उनका रास्ता रोक लिया। बसोज़ गिरफ़्तार हो गए, लेकिन मेदम गेर्न चमत्कारी ढंग से चौथी मंज़िल के फ़्लैट से भागने में कामयाब रहीं। उन्होंने वॉर्म्स को फ़ोन कर उनसे कहा कि गिस्तापो उनका ठिकाना ढूँढ रही है और वे उनके पति और आँतेल्मे को सचेत कर दें। उन्होंने उन्हें आँतेल्मे का पता दे दिया। वॉर्म्स दोपहर के भोजन के तुरंत बाद मेदम एग्हाँ के फ़्लैट पर आँतेल्मे से मिले। यह पहली बार था, जब आँतेल्मे जगलर सर्किट के मुखिया से मिल रहे थे। उन्होंने आँतेल्मे से कहा कि मेदम गेर्न ने कहा है कि आँतेल्मे का फूड कार्ड गिस्तापो के हाथ लग गया था और उन्होंने उनके नाम से छुटकारा पाने के लिए कार्ड का पहला पन्ना फाड़कर खा लिया था, लेकिन उनका पिछला पता कार्ड के पीछे अंकित था। वॉर्म्स, आँतेल्मे से बाद में मिलने की इच्छा ज़ाहिर करते हुए उन्हें एक नंबर दे गए, जिस पर आँतेल्मे फ़ोन करके 'ईवॉन' को बुला सकते थे।

शाम 6.30 बजे जब आँतेल्मे ने उस नंबर पर फ़ोन किया, तो ईवॉन ने फ़ोन उठाकर वेल को दे दिया, जिन्होंने उन्हें सूचित किया कि वॉर्म्स 'बीमार' है (सांकेतिक ज़ुबान में गिरफ़्तार है)। वेल उनसे मिलने को व्याकुल थे, लेकिन जब आँतेल्मे ने रात

8 बजे दोबारा फ़ोन किया, तो ईवॉन ने उनसे कहा कि वे वेल से नहीं मिल पाएँगे। 'एंथुआन' ने इसका मतलब निकाला कि वे (वेल) भी गिरफ़्तार हो चुके हैं। अब उनके पास सर्किट का नंबर मात्र रह गया था। बाद में आँतेल्मे को पता चला कि ईवॉन दरअसल कॉन्तेस ईवान दे ला ग़ोशेफूको है, जो 4 नेवा स्ट्रीट पर रहती है।[17]

उसी दिन, आँतेल्मे की इमारत की केयरटेकर ने उन्हें बताया कि गिस्तापो उनके पुराने फ़्लैट पर गई थी और उन्हें पूछती हुई वहाँ आई थी। पुलिस के पास उनका सही नाम नहीं था और वे उनके गुप्त नाम 'एंथुआन' से उनके बारे में पूछताछ कर रहे थे। पुलिस ने उनके हुलिये आदि का काफ़ी ठीक वर्णन किया था और कहा था कि वे लंबे हैं और अक्सर बस्क़ बेग़ै पहनते हैं। केयरटेकर ने उनसे कहा, "लंबे आदमी तो इमारत में कई हैं। मैं नहीं जानती, आप किसकी बात कर रहे हैं।" उन्होंने उसे गिस्तापो बैज दिखाते हुए धौंस दिखाने की कोशिश की और वापस आने की धमकी देकर चले गए। आँतेल्मे अदृश्य रहने लगे और यही सलाह उन्होंने नूर को भी दी।

बाद में उन्हें पता चला कि गिस्तापो थ्रिए-शातो के क़रीब ज़ीजॉख़ आर्म्स डिपो पहुँच गई थी और रिसेप्शन कमेटी ने जर्मनों के सामने घुटने टेक दिए थे। स्युटिल अपनी गिरफ़्तारी के पहले जिस जॉर्ज डार्लिंग नामक आदमी से मिलने गए थे, वह मारा गया था। बाक़ी लोग गिरफ़्तार कर लिए गए थे।

नूर के पेरिस पहुँचने के दस दिन के भीतर नेटवर्क पूरी तरह भंग हो चुका था। नूर इससे साफ़ तौर पर हिल गई थीं, लेकिन आँतेल्मे की सलाह पर वे अपने दोस्त के अपार्टमेंट में छिपी रहीं। गैरी ले मों चले गए। ज़ेमेन ऐग्हाँ पर नूर और आँतेल्मे, दोनों की देखभाल का ज़िम्मा था, जो एक ही इमारत में छिपे थे। हालात और भी ज़्यादा ख़तरनाक थे, क्योंकि यह बात साफ़ हो चुकी थी कि गिस्तापो के पास आँतेल्मे से संबंधित सारी जानकारी थी और वह उनकी तलाश में पूरी तरह सक्रिय थी। नूर की दोस्त और जीवनी-लेखक जीन ओवरटन फुलर ने संकेत किया था कि आँतेल्मे और नूर के बीच रोमानी लगाव विकसित हो गया था। उनके इर्द-गिर्द सर्किट के धराशायी हो जाने पर वे दोनों लंबे समय तक एक साथ छिपकर रहे थे और इसलिए इस तरह का लगाव लगभग अपरिहार्य था। इन दोनों के साझा दोस्तों ने फुलर को बताया था कि उन लोगों ने तो लंदन पहुँचते ही शादी करने तक की योजना बना ली थी। आँतेल्मे नूर के प्रति सराहना के भाव से भरे थे और उन्होंने अपने एक साथी गुप्तचर से कहा था कि उस जैसा दूसरा कोई नहीं है, लेकिन मेदम ऐग्हाँ ने संकेत किया था कि आँतेल्मे नूर के प्रति 'पितृवत' भाव रखते थे।[18] आँतेल्मे का तलाक़ हो चुका था और उनके दो बेटे थे, जो डरबन में रहते थे। लंदन में एफ़-सेक्शन की रिकॉर्ड ऑफ़िसर पेनेलोप टॉर के साथ उनका रोमानी संपर्क था। नूर की भी मँगनी हो चुकी थी और उन्होंने वापस लौटने पर शादी की योजना बना

रखी थी, इसलिए इस बात की कोई संभावना नहीं थी कि उनके बीच के रिश्ते में आगे कोई बढ़त होती।

इस बीच, ज़िएल ने 66 पोन्त्यू स्ट्रीट स्थित अपने फ़्लैट में आँतेल्मे, उनके दोस्त विलियम सेवी, पॉल अरिगी, आख़्त्यो दे मोंतालेंबेख़ और नूर के बीच एक बैठक आयोजित की। विलियम सेवी वकील थे, जिन्होंने पेरिस में एफ़-सेक्शन की गतिविधियों के लिए धन एकत्र करने में आँतेल्मे की मदद की थी। उनका एक हाथ कुम्हलाया हुआ और निष्क्रिय था और इसीलिए उनका प्रतिरोध आंदोलन में भाग लेना अतिरिक्त साहस की बात थी। सेवी ज़िएल के फ़्लैट में छिपे थे, क्योंकि गिस्तापो ने उनके अपार्टमेंट पर छापा मारा था। आँतेल्मे ने बैठक में कहा कि उनका पेरिस में रुकना ख़तरनाक है और वे सेवी को लेकर लंदन लौट जाएँगे।[19] उथल-पुथल से भरे इस समय के दौरान एक बार सेवी और आँतेल्मे ने गिस्तापो की निगाहों से बचने के लिए पूरी रात सेवी के ऑफ़िस की कुर्सियों पर बैठे-बैठे बिताई थी।[20]

1 जुलाई को जिस समय गिस्तापो द्वारा तलाशियाँ जारी थीं, नूर ग्रिन्यो लौट गईं। वे लंदन संदेश भेजने के लिए व्याकुल थीं और उन्हें लगा कि वे वहाँ से भेज सकेंगी, लेकिन स्कूल पहुँचते ही उन्हें समझ में आया कि इमारत पर क़ब्ज़ा किया जा चुका था। वे तुरंत चुपचाप वहाँ से खिसक लीं, अपनी साइकिल उन्होंने वहीं छोड़ दी और वापस पेरिस जाने के लिए बस में सवार हो गईं। कुछ रिपोर्टें कहती हैं कि ग्रिन्यो में गिस्तापो के साथ उनका टकराव हुआ था और नूर के सैन्य सम्मान के प्रशस्ति-पत्र में कहा गया है कि उन्होंने अपना पीछा कर रहे जर्मनों पर गोली चलाई थी और उनमें से कुछ को या तो मार डाला था या घायल कर दिया था, लेकिन इसकी पुष्टि नहीं होती। नूर ने इस घटना के बारे में लंदन को रिपोर्ट भेजी थी, लेकिन उसमें जर्मनों पर गोली चलाने के बारे में कोई ज़िक्र नहीं था। उन्होंने 19 सितंबर की रात को लौट रहे लाइसेंडर की मार्फ़त गिरफ़्तारियों के ब्योरे भेजे थे।[21] यह संभवतः वह विस्तृत रिपोर्ट थी, जो बाद में सौंपी गई थी, क्योंकि गिरफ़्तारियों के सिलसिले में उनका संदेश काफ़ी पहले प्रसारित हुआ था।

नूर ने रिपोर्ट में कहा था कि सादे वस्त्रों में जर्मन पुलिस के लगभग साठ लोग ग्रिन्यो पहुँचे थे और उन्होंने निदेशक को उनकी जर्मन-विरोधी भावनाओं के लिए बुरा-भला कहा था। उन्होंने उससे सवाल करते हुए ढेरों आरोप लगाए, जिनका उन्होंने खंडन किया। उसके दामाद गोबेख़ दुइए से भी पूछताछ की गई थी। इसके बाद गिस्तापो ने निदेशक, छह पुराने छात्रों और माली मया को गिरफ़्तार कर लिया।

इसके बाद जर्मनों ने कॉलेज के पास के जंगल में गोलीबारी का प्रदर्शन किया। उन्होंने छात्रों को एकत्र किया और उनसे सब कुछ बताने की माँग करते हुए, उन्हें सहयोग न करने पर गोली से उड़ा देने की धमकी दी। वे दस-दस छात्रों के समूह बनाकर हर समूह को दूर ले जाकर हवा में गोलियाँ चलाते, फिर दूसरे छात्रों के

पास जाकर उनसे कहते कि उन्हें भी उसी तरह गोली से उड़ा दिया जाएगा, लेकिन इसका कोई नतीजा नहीं निकला। गोली चलाने की वह कवायद एक ढोंग थी और अगले दिन वे निदेशक को वापस उसके कार्यालय में ले आए। जर्मनों ने उससे कहा, "हम जानते हैं कि तुम जर्मन समाज और संस्कृति की प्रशंसा करने वालों में से नहीं हो, लेकिन अगर चाहते हो कि तुम्हारे सामने कोई मुश्किलें खड़ी न हों, तो अपने विचारों का प्रचार मत करो।" जर्मनों ने दावा किया कि पेरिस में गिरफ़्तार किए गए अँग्रेज़ अधिकारियों ने अपना मुँह खोल दिया था।

2 जुलाई को, ग्रिन्यो वाली घटना के अगले दिन, प्रोफ़ेसर बालाचोव्स्की को वीग़ोफ्ले के उनके फ़्लैट से गिरफ़्तार कर लिया गया। नाश्ते के बाद दरवाज़े पर दस्तक हुई और नौकरानी ने दरवाज़ा खोला। मेदम बालाचोव्स्की ने एक लंबे और चौड़े कंधों वाले आदमी को अंदर दाख़िल होते और प्रोफ़ेसर के बारे में पूछते हुए देखा। प्रोफ़ेसर को तो गिस्तापो के लोग ले गए, लेकिन मेदम बालाचोव्स्की को आश्चर्य हुआ कि उन्हें गिरफ़्तार नहीं किया गया। वे और नौकरानी घर में अकेली रह गईं। मेदम बालाचोव्स्की ने तुरंत सर्किट के अन्य सदस्यों को सूचित करते हुए उनसे उनके फ़्लैट पर न आने को कहा। नूर ने जब सुबह 11 बजे वहाँ फ़ोन किया, तब नौकरानी ने उन्हें गिरफ़्तारी के बारे में बताया।

10 जुलाई को शाम 5 बजे जर्मन ग्रिन्यो लौटे और उन्होंने वेंडरविंक्त को दोबारा गिरफ़्तार कर लिया। गिस्तापो के साथ जाते हुए उन्होंने अपनी पत्नी से कहा, "मेरी नियति को लेकर परेशान मत होओ। मैं अपने देश की सेवा करना चाहता हूँ।"[22] इस बीच, शायद प्रोफ़ेसर बालाचोव्स्की ने जर्मनों को बता दिया था कि नूर ने वायरलैस कहाँ दबा दिया था, क्योंकि वे सीधे ज़मीन के उसी टुकड़े पर पहुँचे और उसे खोद निकाला।[23] यह जानकारी प्रोफ़ेसर को ही थी कि नूर ने उसे कहाँ दफ़नाया था, क्योंकि यह काम उन दोनों ने मिलकर किया था।

अगले सप्ताह के दौरान जर्मनों ने सर्किट में घुसपैठ कर सैकड़ों फ़्रांसीसी गुप्तचरों को ढूँढ-ढूँढ कर गिरफ़्तार कर लिया। आँतेल्मे के दोस्त आख़्यो दे मोंतालेंबेख़ को सर्किट के अन्य सदस्यों के साथ गिरफ़्तार कर लिया गया। उनकी मृत्यु जर्मनी में हुई। वे ऑक्ताव सिमो और सैटरिस्ट सर्किट के साथ काम करते थे।

जहाँ प्रॉस्पर सब-सर्किट के थोड़े-से बचे हुए लोग - आँतेल्मे, नूर और गैरी - दूसरों को चेतावनी देते हुए उनके अड्डे बदलने में लगे थे, वहीं जर्मन अपने क़ैदियों से भरसक ज़्यादा-से-ज़्यादा जानकारी उगवाने की कोशिश कर रहे थे। गिस्तापो ने सबसे ज़्यादा कठोर पूछताछ स्युटिल से की। उनसे लगातार तीन दिन तक सवाल किए जाते रहे, जिस दौरान उन्हें खाने, पीने, सोने, यहाँ तक बैठने की भी इजाज़त नहीं थी।[24] इसके बावजूद उन्होंने कुछ भी बताने से इंकार करते हुए जर्मनों को बौखला

दिया। सुना जाता है कि स्युटिल पूछताछ के दौरान 'बेहद 'अँग्रेज़' और 'अक्खड़' बने रहे, और कुर्सी पर बैठे महज़ सिगरेटें पीते रहे।[25] लेकिन इसका प्रमाण मिलता है कि नॉर्मन टूट गए थे और उन्होंने सब कुछ उगल दिया था। बाद में नॉर्मन ने 3 बिस प्लेस इतास उनी की जेल में अपने एक साथी गुप्तचर, मग्सेल गुसे से कहा था कि गिस्तापो को सारी जानकारी थी और स्युटिल तथा उन्होंने अपनी जान बचाने के लिए सब कुछ क़बूल कर लिया था।[26] नॉर्मन और उपलब्ध दस्तावेज़ों की मार्फ़त जर्मनों को फ़्रांसीसी सेक्शन की अंदरूनी दुनिया की स्पष्ट जानकारी मिल गई थी।[27] नॉर्मन की गिरफ़्तारी के बाद ही जर्मनों को 'मेदलिन' के वजूद के बारे में भी पता चला था।[28] अब उनके पास नूर से संबंधित सारी निजी जानकारी थी और वे जान गए थे कि नूर प्रॉस्पर सर्किट की रेडियो ऑपरेटर थीं। उन्होंने तुरंत ही फ़्रांसीसी सेक्शन के लिए आने वाले संदेशों पर नज़र रखने के वास्ते एक वायरलैस डिटेक्शन स्टेशन स्थापित कर दिया।

संभवतः नॉर्मन की मार्फ़त ही जर्मनों को जगलर सब-सर्किट के बारे में पता चला था और उन्होंने गिरफ़्तारियाँ की थीं। वॉर्म्स को 1 जुलाई को उस वक़्त गिरफ़्तार किया गया था, जब वे हमेशा की तरह पेख़्गोलेज़ स्ट्रीट पर शेज टुटुल नामक ब्लैक मार्केट रेस्तराँ में खाना खा रहे थे। वे आँतेल्मे के साथ अपनी तयशुदा मुलाक़ात नहीं कर पाए। गेर्न और उनकी पत्नी ज़ैनी को भी उन्हीं के साथ गिरफ़्तार कर लिया गया था। उनके सहायक कमांडर ज़ैक़ वेल ने उन्हें गिरफ़्तार होते देखा और वे स्विट्ज़रलैंड भाग गए। उनका रेडियो ऑपरेटर गेस्तन कोएन (जस्टिन) गाँव की ओर भाग गए थे और स्पेन के रास्ते इंग्लैंड चले गए थे। जगलर सर्किट की कूरियर सोनिया ओल्स्चेनेज़्की किसी तरह जनवरी तक टिकी रहीं, लेकिन उसके बाद गिरफ़्तार कर ली गईं और नत्सवाइला कान्सन्ट्रेशन कैंप में भेज दी गईं, जहाँ उन्हें और आंद्रे बोहेल, दोनों को जुलाई, 1944 में प्राणघातक इंजेक्शन देकर मार दिया गया।

कुछ दिनों की यंत्रणा के बाद, जिस दौरान उन लोगों ने उन्हें पीट-पीट कर बेहोश कर दिया था और उनका हाथ तोड़ दिया था, स्युटिल भी ढह गए और उन्होंने जर्मनों द्वारा पेश सौदे को स्वीकार कर लिया। सौदा यह था कि स्युटिल के लीडर्स अपने मातहतों को आदेश देंगे कि वे जर्मनों के सामने उन सारे हथियारों और विस्फोटकों के जमावड़े का खुलासा करें, जो पैराशूट की मार्फ़त गिराए गए थे, और बदले में उन्होंने वादा किया था कि उन लोगों के सिवाय किसी अन्य को नहीं मारा जाएगा। इस समझौते के ब्योरों का खुलासा जीन ओवर्टन फुलर के समक्ष फ़ोख़्त ने किया था,[29] लेकिन इसको लेकर कई हलकों में विवाद है। ये नॉर्मन थे, जो प्रतिरोधी कार्यकर्ताओं के मकान में गए थे, उन्हीं ने उप-गुप्तचरों के साथ ज़्यादातर सौदेबाज़ी की थी, उनसे हथियार समर्पित कर देने को कहा था। स्युटिल को अधिक पूछताछ के लिए बर्लिन ले जाया गया था और शुरुआत के तीन दिनों के बाद उन्हें किसी

क़ैदी ने नहीं देखा था। इसलिए इसकी कोई संभावना नहीं है कि उन्होंने समझौते पर हस्ताक्षर किए हों या उनको उसकी जानकारी भी रही हो। एसओई की फ़ाइलों से यह बात साफ़ ज़ाहिर होती है कि बेकर स्ट्रीट पर बैठे मुखिया, नॉर्मन को गद्दार मानते थे और इसमें कोई संदेह नहीं कि गिस्तापो की हिंसक पूछताछ के सामने उन्होंने घुटने टेक दिए थे।[30]

जब अख़्मेल गेर्न एवेन्यू फ़्श जेल में नॉर्मन से मिले थे, तो नॉर्मन ने उनसे कहा था कि गिस्तापो को शुरू से ही प्रॉस्पर संगठन की एक-एक चीज़ की जानकारी थी, लेकिन उन लोगों ने उसे जारी रहने दिया था।[31]

जेल में गेर्न को एसओई के उन आदेशों की फ़ोटोकॉपियाँ दिखाई गई थीं, जिनमें नान्त की उस वर्कशॉप में बमबारी के आदेश दिए गए थे, जहाँ इंजनों को सुधारा जाता था। उन्होंने 8-10 फ़ोटो भी देखे थे, जो उस आदेश के साथ संलग्न थे, जिसे 1943 में भेजा गया था। गेर्न ने कहा था कि उन्होंने प्रॉस्पर का उनकी पत्नी को भेजा गया ख़त और वे तीन रिपोर्टें देखी थीं, जिनमें से एक पर प्रॉस्पर के हस्ताक्षर थे। उन्होंने स्वयं आँतेल्मे की लिखावट में अँग्रेज़ी और जर्मन में सांकेतिक ढंग से लिखे गए संदेश देखे थे, जिन सबको देखकर उन्हें यह मानना पड़ा था कि जर्मनों को वाक़ई एसओई की गतिविधियों की काफ़ी जानकारी थी।

नॉर्मन ने गेर्न से यह भी कहा था कि वे पेरिस गिस्तापो के कमांडेंट के उस प्रस्ताव से सहमत हुए थे, जिसमें कहा गया था कि अगर नॉर्मन और गेर्न हथियारों के सारे भंडारों का समर्पण कर दें, तो जर्मन, समूह के मुखियाओं को छोड़कर उसके बाक़ी सारे सदस्यों की जान बख़्श देंगे, और उनकी फ़ाइलों को सैन्य कोर्ट भेजे जाने से रोक देंगे। गेर्न ने कुछ गुप्तचरों के नाम बताने तथा हथियारों के कुछ भंडारों की शिनाख़्त करने की बात भी क़बूल की थी।

जर्मन पुलिस अधिकारियों - अर्नेस्ट फ़ॉख्त और जोसेफ़ गट्ज़ - ने आत्मविश्वास को डिगा देने का जो दक्षतापूर्ण दिमाग़ी खेल खेला था, नॉर्मन के संकल्प का कमज़ोर होना संभवतः उसी का नतीजा था। इस कथित समझौते के बाद हुई गिरफ़्तारियाँ सैकड़ों की संख्या में पहुँच गई थीं। प्रतिरोध समूह के सदस्यों - मुख्यतः उन किसानों, जिनकी ज़मीनों पर पैराशूटों ने सामान गिराया था - से कहा गया था कि अगर उन्होंने सहयोग किया, तो उनसे सैनिकों की तरह व्यवहार किया जाएगा, न कि उन गद्दारों की तरह जिन्हें मौत की सज़ा दी जाती है। इस भ्रम की दशा में उन बहुत-से किसानों और मज़दूरों ने सहयोग किया था, जिन्हें लगता था कि उन्हें वैसे भी ढूँढ निकाला जाएगा। जब गिस्तापो को ज़रूरी जानकारी मिल गई, तो जैसा कि अनुमान लगाया जा सकता था, उन्होंने समझौता तोड़ दिया। अनुमान है कि 400 से 1,500 के बीच की किसी संख्या में प्रतिरोध आंदोलन के कार्यकर्ता गिरफ़्तार कर लिए गए थे। उनके साथ जैसा

व्यवहार किया गया था, उसने कई फ़्रांसीसी परिवारों को कड़वाहट से भर दिया था। एक नेटवर्क के टूटने से दूसरे नेटवर्क में घुसपैठ की गुंजाइश बनी। प्रॉस्पर सब-सर्किट के जेल में बंद एक नेता को एफ़ -सेक्शन का वह मिशलाँ नक़्शा दिखाया गया था, जिसमें पैराशूट से हथियार आदि गिराने के लिए इलाक़े चिह्नित थे (नक़्शे को देखकर वह नेता दहशत में आ गया था)। उसके सामने यह नक़्शा एसएस हॉप्सशाफ्यूहर कार्ल लेंगर ने पेश किया था। इसके बाद उन्होंने लंदन भेजी गई तोड़फोड़ की कार्रवाइयों से जुड़ी रिपोर्टों की फ़ोटोकॉपियों की फ़ाइल दिखाई थी। लेंगर ने पैराशूट से सामान गिराए जाने की तारीख़ें और स्थानों के नाम पढ़कर सुनाए थे और फिर कहा था : "हमें मालूम है कि तुम्हारे नेटवर्क में हाल ही में मेदलिन नामक कोई महिला शामिल की गई है। हम उसे अभी तक ढूँढ नहीं पाए हैं। ढूँढ लेंगे।[32]

जैसे ही गिस्तापो आँतेल्मे के फ़्लैट पर पहुँची थी, आँतेल्मे समझ गए थे कि वे ख़तरे में थे। उनके पास जो भी जोखिमपूर्ण काग़ज़ात थे, उन्होंने वे सब-के-सब जला डाले। उन्होने ग़ोबेख़ बेनुआ से संपर्क किया और जुलाई की शुरुआत में ग़ॉम्बुइए के क़रीब ऑफ़ाग्जीस में बेनुआ के बँगले में जाकर रहने लगे। यहाँ वे ग़ोबेख़ के भाई मॉग़ीस बेनुआ के घर में रहे। हमें ग़ोबेख़ बेनुआ की फ़ाइलों से पता चलता है[33] कि नूर भी उनके साथ ऑफ़ाग्जीस गई थीं, लेकिन निश्चित तिथियों की जानकारी नहीं मिलती। सिवाय इसके कि 17 और 18 जुलाई को वे वहाँ थीं। ऑफ़ाग्जीस में सर्किट के जो दूसरे सदस्य छिपे थे, उनमें मॉग़ीस बेनुआ, उनकी पत्नी सुज़ी बेनुआ और उनकी नौकरानी और ग्रोवर विलियम्स और उनकी पत्नी शामिल थे। यह मुमकिन है कि नूर वहाँ से संदेश भेजती रही हों और आँतेल्मे की लंदन वापसी की अंतिम व्यवस्थाएँ करती रही हों। आँतेल्मे पूरी जुलाई ऑफ़ाग्जीस में रहे और 19/20 जुलाई की रात को विलियम सेवी के साथ लाइसेंडर से चले गए थे। इस उड़ान की व्यवस्था देरिको और नूर ने कराई थी। आँतेल्मे ने रवाना होने से पहले यह सुनिश्चित कर लिया था कि नूर के पास सुरक्षित अड्डे का पता और पर्याप्त पैसा हो। जब वे पहली बार, 25 जून को छिपकर रहने गई थीं, तब भी आँतेल्मे ने उन्हें तात्कालिक ख़र्चों के लिए 6,000 फ़्रेंक दिए थे। उस समय उनका जो भी पैसा था, वह गैरी के पास था। रवाना होने से पहले आँतेल्मे ने उन्हें 40,000 फ़्रेंक दिए थे और फिर 1,000 फ़्रेंक देरिको की मार्फ़त भिजवाए थे।

वे रेमाँ आँद्रेस के पास भी 30,000 फ़्रेंक छोड़ गए थे, जिनके सेफ हाउस पर नूर रह रही थीं। उनका कहना था कि वह पैसा उनके रहने पर होने वाले ख़र्चों तथा उन दूसरे ख़र्चों के लिए था, जो आँद्रेस को सर्किट की ओर से करने पड़ सकते थे। आँतेल्मे ने बाद में लंदन को सूचित किया था कि "इस उथल-पुथल से भरे समय में मेदलिन मेरे लिए बहुत उपयोगी साबित हुई हैं।" [34] उन्होंने यह कहा था कि उन्होंने नूर को सुझाव दिया था कि उन्हें देरिको से संबद्ध हो जाना चाहिए, जिन्हें ख़ुद के

वायरलैस ऑपरेटर की ज़रूरत पड़ने वाली थी। उन्होंने ग्रोवर विलियम्स के वायरलैस ऑपरेटर गोबेख़ दाउलेन (जो पोंतुआज़ में रह रहे थे) से नूर के लिए एक वायरलैस सैट उधार दिला दिया था (क्योंकि नूर का अपना रेडियो सैट अभी भी ले मों में था) और उन्होंने नूर से कहा था कि वे लंदन से की जाने वाली पुष्टि का इंतज़ार करें।

ये पोस्ते मेदलिन के रूप में नूर ही थीं, जिन्होंने मॉरिस बकमास्टर तक प्रॉस्पर सर्किट की तबाही की दुर्भाग्यपूर्ण ख़बर पहुँचाई थी। उन्होंने दुतिएल और सिमो की मदद से ले मों से अपना रेडियो सैट मँगा लिया था और पेरिस के अपने सेफ हाउस पर लौट गई थीं। बकमास्टर को सर्किट के विनाश की रिपोर्ट कोएन और दाउलेन से भी मिल गई थी (कोएन के भागने से पहले और दाउलेन के गिरफ़्तार होने से पहले)। सारे नेता और उनके उपकरण धर लिए गए थे। ज़ीजॉख़, ग्रिन्यो, फेलेज़ के सर्किट और ले मों और लॉम्पाख़्स (मोंतालोंबेख़ की जागीर) के हिस्से उड़ा दिए गए थे। नूर के सर्किट के नेता गैरी ले मों चले गए थे। पेरिस में अब सिर्फ़ एक ट्रांसमीटर था यानी नूर का।

बकमास्टर ने जवाब भेजा था कि नूर के लिए वहाँ रहकर काम करना बहुत ख़तरनाक है और उन्हें इंग्लैंड वापस आ जाना चाहिए। उन्होंने कहा था कि वे उनके लिए विमान का इंतज़ाम कर देंगे, लेकिन नूर ने मना कर दिया था। उनका कहना था कि उन्हें जब तक रुकने दिया जाएगा, वे रुकेंगी। चूँकि वे पेरिस में बची अंतिम वायरलैस ऑपरेटर थीं, इसलिए उन्हें वहाँ बने रहना अनिवार्य लगता था, ताकि लंदन को पेरिस के घटनाक्रम की जानकारी मिलती रहे। उन्होंने कहा था कि वे धीरे-धीरे एक और सर्किट तैयार करने की कोशिश करेंगी और पुराने सर्किट को फिर खड़ा करेंगी।[35]

बकमास्टर दुविधा में थे। वे जानते थे कि नूर की ज़िंदगी ख़तरे में थी और आगे-पीछे उनका गिरफ़्तार होना तय था, लेकिन दूसरी ओर, मेदलिन पेरिस को लंदन से जोड़ने वाली आख़िरी कड़ी थीं और इस नाते उनकी भूमिका बहुत अहम थी। नूर ने एक सेनानी के रूप में बलिदान की जो पेशकश की थी, उसे उन्होंने स्वीकार कर लिया और नूर को पेरिस में बने रहने की इजाज़त दे दी। बकमास्टर ने नूर से कहा कि चूँकि जर्मनों के सुनने के सारे यंत्र उन पर केंद्रित होंगे, इसलिए उन्हें कुछ समय तक संदेशों का प्रसारण नहीं करना चाहिए। उन्होंने नूर को चेतावनी दी कि चूँकि पेरिस में सक्रिय एकमात्र वायरलैस उनका है, इसलिए जर्मनों के लिए दिशासूचक वाहनों की मदद से उन्हें ढूँढ निकालना आसान होगा।[36] हालाँकि वे संदेश प्राप्त कर सकती थीं, क्योंकि उसका पता नहीं लगाया जा सकता था।

नूर पेरिस में अब लगभग पूरी तरह अकेली थीं, इसलिए वे छिपकर रहने और अत्यंत सावधानीपूर्वक प्रसारण करने पर सहमत हो गईं। पोस्ते मेदलिन का ख़तरनाक खेल शुरू होने वाला था।

9

पोस्ते मेदलिन

आँतेल्मे के चले जाने पर नूर को पेरिस में भयानक अकेलापन लगने लगा। वे अभी भी 1 स्क्वेयर मेलेग्ब पर रेमाँ आँद्रेस के फ़्लैट में ज़ेमेन एग्हाँ की मातृवत छत्रछाया में रह रही थीं। नूर का अपना रेडियो सैट उनके पास था, लेकिन वे इस वक़्त अपने फ़्लैट से संदेशों का प्रसारण नहीं कर रही थीं। आँतेल्मे ने रवाना होने से पहले कुछ काम सौंपे थे और 20 जुलाई को आरएसी प्लास वॉन्दोम में ग़ोबेख़ ज़िएल के साथ उनकी मुलाक़ात हुई थी, जिसमें नूर ने उन्हें 400,000 फ़्रेंक सौंपे थे।[1] आँतेल्मे ने नूर से आक्रमणकारी सेना को वित्तीय सहायता पहुँचने की योजना की तरक़्क़ी के बारे में नियमित रिपोर्ट भेजते रहने को भी कहा था।

नूर की गुप्त गतिविधियों में अब तीन फ़्रांसीसी गुप्तचरों के संपर्क में रहना शामिल था। ये गुप्तचर थे - ग़ोबेख़ ज़िएल, पॉल अरिगी और शाल वॉदविए। ये चारों गर्मी भर ट्यूलरी गार्डन्स की बेंच पर कई बार मिलते रहे थे। इस सर्किल में वे रेमॉन्दे के सांकेतिक नाम से जानी जाती थीं। वॉदविए शांति-काल के दौरान फ़्रेंच सोसिएटी हाडिओ इलेक्ट्रिक़ के निदेशक रहे थे, जिन्होंने नूर का ट्रांसमीटर टूट जाने पर उसे सुधारा था। अरिगी बैरिस्टर थे, जो पेरिस में मीग़ोमेनील स्ट्रीट पर रहते थे। वॉदविए ने उनका परिचय विनो से भी कराया था। विनो पेरिस के एक कारोबारी थे, जिन्होंने प्रतिरोध आंदोलन के सदस्यों को छद्म आवरण उपलब्ध कराने के लिए उन्हें अपने कर्मचारियों के रूप में नियुक्त कर रखा था। विनो एक ख़तरनाक दोहरा गेम खेल रहे थे। बाहरी तौर पर जर्मनों के साथ उनका व्यवहार दोस्ताना था और वे एवेन्यू फ़श स्थित जर्मन मुख्यालय से जानकारियाँ हासिल करने की कोशिश करते थे। वे महत्त्वपूर्ण गुप्त जानकारियाँ हासिल करने की कोशिश में अक्सर चोरी छिपे जर्मन अधिकारियों तक आकर्षक स्त्रियाँ पहुँचाते थे। वे जर्मनों से टक्कर लेने के लिए बाकायदा अपराधियों के 'गिरोह' का इस्तेमाल भी करते थे। ये गिरोह ज़रूरत पड़ने पर बचाव के ख़तरनाक काम भी करते थे।

22/23 जुलाई की रात को लंदन ने यह पता लगाने कि प्रॉस्पर सर्किट की किस हद तक क्षति हुई थी, फ्रेंच सेक्शन के सहायक कमांडर मेज़र निकोलस बोडिंगटन को पेरिस भेजा। उनके साथ जैक एग्याज़ावियों भी आए थे। देरिको ने उन्हें लाने का इंतज़ाम किया और बोडिंगटन को प्लैस दे तेग्न में अपनी कूरियर जूलिएन ऐसनेख़ के फ़्लैट पर ठहरा दिया। एग्याज़ावियों एक सादे फ़्लैट में ठहराए गए, जो पेरिस के कामकाजी वर्ग के इलाक़े में स्थित था। इस समय नॉर्मन के वायरलैस का इस्तेमाल जर्मनों द्वारा लंदन को संदेश भेजने के लिए किया जा रहा था और एफ़-सेक्शन को उसके (नॉर्मन के) संदेशों की वास्तविकता को लेकर संदेह था। तब भी लंदन ने नॉर्मन से किसी सुरक्षित पते के बारे में पूछा, जहाँ वे बोडिंगटन और एग्याज़ावियों से मिल सकें। लंदन को वापस संदेश पहुँचा, जिसमें उनसे कहा गया कि वे दोनों नॉर्मन से रोम स्ट्रीट स्थित मेदम फ़िलिपोव्स्की के फ़्लैट में मिलें। उन दोनों को यक़ीन था कि वह संदेश उन्हें फँसाने के लिए फेंका गया जाल था, लेकिन उन्हें लगा कि संदेश की सच्चाई को जाँच लेना चाहिए। एग्याज़ावियों ने वहाँ जाने की पेशकश की। जैसा कि सहज ही अनुमान लगाया जा सकता था, उनके दरवाज़ा खटखटाते ही उन्हें गिरफ़्तार कर लिया गया (यह 30 जुलाई की घटना थी)।[2] उन्हें गिरफ़्तार करने वाले उन्हें देखकर पहचान गए। एग्याज़ावियों को क्रूरतापूर्ण यातनाएँ दी गईं, लेकिन उन्होंने कुछ भी बताने से इंकार कर दिया और नतीजतन, उन्हें युद्ध समाप्त होने से मात्र छह सप्ताह पहले फ्लॉसेंबर्ग में गोली से उड़ा दिया गया।

चूँकि बोडिंगटन के रेडियो ऑपरेटर को जर्मनों ने पकड़ लिया था, इसलिए वे अब पूरी तरह से नूर पर निर्भर थे। नूर अक्सर पूरी रात प्लैस दे तेग्न के फ़्लैट में रुकती थीं और उनके लिए संदेशों का प्रसारण करती थीं। उस समय नूर भी ग़ोबेख़ ज़िएल के साथ मिलकर काम करने के साथ-साथ देरिको के लिए भी काम कर रही थीं। नूर के मार्फ़त ही बोडिंगटन को पता चला था कि प्रॉस्पर सर्किट के समूह साबुत बचे हुए थे। इनमें से एक समूह था, गैरी का सिनेमा/फ़ोनो सर्किट, क्योंकि गैरी धरपकड़ से बच निकले थे; और दूसरा था, फ्रांसीसी प्रतिरोध आंदोलन का एक हिस्सा : गॉलवादियों की बजाय ज़ीहोवादियों का एक धड़ा, जिसे ओसीएम के नाम से जाना जाता था। यह एफ़-सेक्शन के गुप्तचर क्लॉद दे बेसाक के बोग्दू स्थित साइंटिस्ट सर्किट के घनिष्ठ संपर्क में रहकर काम करता था। क्लॉद दे बेसाक स्युटिल और आँतेल्मे को अच्छी तरह से जानते थे और उनसे मिलने अक्सर पेरिस आया करते थे। पेरिस में दे बेसाक के स्थायी संपर्कों में मुख्यतः ओसीएम के सदस्य शामिल थे, जो एक फ्रांसीसी मेजर मार्क ओ'नील (अविश्वसनीय-सा नाम) के नेतृत्व में काम करते थे। किन्हीं तर्कसंगत कारणों से इस समूह को प्रॉस्पर को स्थानांतरित करने का निश्चय किया गया था, और स्युटिल 24 जून को, अपनी गिरफ़्तारी वाले दिन, इस पर चर्चा करने ओ'नील से मिले थे। स्युटिल की गिरफ़्तारी के बाद क्लॉद दे

बेसाक को एक बार फिर इस समूह की ज़िम्मेदारी लेनी पड़ी थी और यह ज़िम्मेदारी बोडिंगटन ने उनको सौंप दी थी।

नूर ने ट्यूलरी में बोडिंगटन और गोबेख़ ज़िएल के बीच मुलाक़ात की व्यवस्था भी की थी।[3] आँतेल्मे ने ज़िएल से कहा था कि वे अख़्देन के उन संपर्क-सूत्रों की फ़ेहरिस्त तैयार करें, जो उस कार्यक्षेत्र में एसओई की मदद करेंगे, और ज़िएल ने यह फ़ेहरिस्त बोडिंगटन को सौंप दी थी।

बोडिंगटन ने नूर को बुलवाख़ रिचग्द वेलास, न्योली-सुख़-सैन में एक फ़्लैट किराये से दिलाने में मदद की थी।[4] यह फ़्लैट बुआ दे बोलान्य के सामने आधुनिक फ़्लैटों के एक ब्लॉक में था, और नूर ने ग्राउंड फ़्लोर का एक कमरा ले रखा था, हालाँकि इस अपार्टमेंट की उपयुक्तता संदेहास्पद थी, क्योंकि ज़्यादातर अपार्टमेंटों में एसएस अधिकारी रहते थे। और अब नूर सीधे उनके बीच रह रही थीं। बोडिंगटन स्वयं एवेन्यू मलाकोस में एक अन्य फ़्लैट में रहने चले गए थे, जिसका पता दूसरे संगठनों के लिए अज्ञात था।[5]

इस बीच, गिरफ़्तारियों की बुरी ख़बर जारी रही। 29 जुलाई को दो आदमी बेनुआ के रेडियो ऑपरेटर गोबेख़ दाउलेन को खोजते हुए पोंतुआज़ में मेदम लेथिया के मकान पर पहुँचे, लेकिन दाउलेन घर पर नहीं थे। 31 जुलाई को 18 आदमी दाउलेन को गिरफ़्तार करने पहुँच गए। उन्हें दिशाबोधक वाहनों द्वारा ढूँढ निकाला गया था। 2 अगस्त को गिस्तापो ने मेदम लेथिया को गिरफ़्तार कर लिया और उनकी मेज़ की दराज़ से एक 1.20 करोड़ फ़्रेंक ले गए। उसी दिन उन्होंने गोबेख़ बेनुआ के भाई मोग़ीस को 75 बुलेवाख़ बेख़्ति पेरिस के उनके घर से सुबह सात बजे गिरफ़्तार कर लिया।

आँतेल्मे को ऑफ़ाग्जीस छोड़े हुए अभी बमुश्किल दस दिन हुए थे कि गिस्तापो पुलिस वहाँ पहुँच गई। दो गिस्तापो अधिकारियों, फ़ोख़्त और पीटर्स के साथ मॉग़ीस बेनुआ को ऑफ़ाग्जीस में पारिवारिक जागीर पर ले जाया गया। पहले उनके पिता की ज़मीन पर और फिर खुद उनकी। ग्रोवर विलियम्स को मॉग़ीस बेनुआ के घर से गिरफ़्तार किया गया और पीटा गया। उनके साथ ही गिस्तापो ने मॉग़ीस की पत्नी सुज़ी बेनुआ और श्रीमती विलियम्स को भी गिरफ़्तार कर लिया। अगले दिन उन्हें गोबेख़ के फ़ॉर्म पर ले जाया गया, जहाँ उन्हें प्लास्टर की एक नक़ली दीवार के पीछे घास के गट्ठरों से छिपे हथियारों का अंबार मिला।[6] इन्हें आँतेल्मे की मदद से स्वयं मॉग़ीस ने छिपाया था। बेनुआ के पिता से आठ घंटे तक पूछताछ की गई और उनकी माँ को पीटा गया, और फिर उन दोनों को फ़ेन की जेल में ले जाया गया। गोबेख़ बेनुआ गिरफ़्तारी से बच गए, क्योंकि वे उस वक़्त पेरिस में थे। वे अब शहर में एक दोस्त के कमरे में छिप गए। 5 अगस्त को, जब बेनुआ अपने अभिभावकों के

बारे में पूछताछ करने के उद्देश्य से एक टेलिफ़ोन बूथ से फ़ोन करने कमरे से बाहर निकले, तो दो जर्मनों ने उन्हें अपनी कार में बैठा लिया। वे अचानक उस कार से भाग खड़े हुए, एक दोस्त के फ़्लैट में जाकर छिप गए, वहाँ से उन्होंने देरिको से संपर्क किया, फिर एक अन्य सेफ हाउस पर चले गए और अंततः 19/20 अगस्त को एक विमान से लंदन भाग गए। इस विमान का इंतज़ाम नूर ने किया था।

एफ़ -सेक्शन के रेडियो ऑपरेटरों - नॉर्मन, एग्याज़ावियों, ग़ोबेख़ दाउलेन, मेकालिस्टर, ड्युबुआ और कोएन - की गिरफ़्तारियों और उनके ग़ायब हो जाने की वजह से नूर पेरिस और उसके आस-पास एकमात्र रेडियो ऑपरेटर रह गई थीं और हालाँकि बकमास्टर ने उन्हें पुलिस की नज़रों के दायरे से दूर रहने की चेतावनी दी थी, तब भी उन्होंने सतर्कतापूर्वक संदेशों का प्रसारण आरंभ कर दिया। वे अकेली अपने दम पर छह रेडियो ऑपरेटरों का काम सँभाल रही थीं। वे आँतेल्मे (जो अब लंदन में थे) से संदेशों का आदान-प्रदान करती थीं। आँतेल्मे चाहते थे कि वे ऑक्ताव सिमो के संपर्क में रहें और आक्रमण के दौरान सैन्य बलों की वित्तीय व्यवस्था के बारे में उन्हें जानकारी भेजती रहें।[7] 28 जुलाई को उन्होंने एक संदेश भेजते हुए कहा कि नूर सिमो से संपर्क कर उनसे कहें कि वे अपने बहनोई से मामले के बारे में पूछें। नूर को सिमो की मार्फ़त उन लोगों से सीधे संपर्क की व्यवस्था करनी थी, जिन्हें योजना से जोड़ा जाना था। नूर ने उन्हें 31 जुलाई को संदेश भेजा कि आमियाँ में माल के भंडार तैयार हैं। उन्होंने अपनी रिपोर्ट में बताया कि वर्तमान में फ़ैक्टरी में टाइगर टैंक्स के लिए 3,000 गियरबॉक्स हैं, साथ ही उन्होंने फ़ैक्टरी का ठीक-ठीक पता भी बता दिया। 3 अगस्त को आँतेल्मे ने जवाब दिया : मेरा ख़याल है कि आमियाँ के माल भंडार दुतिएल (शैम्पेन) से जुड़े हैं। उन्होंने नूर से कहा कि वे गैरी से ताज़ा जानकारी प्राप्त करें और दुतिएल के लिए ग्रोवर विलियम्स के यहाँ से 150,000 फ़्रेंक प्राप्त कर लें। (उन्हें नहीं मालूम था कि ग्रोवर विलियम्स पहले ही गिरफ़्तार किए जा चुके थे।)

आँतेल्मे को नूर पर पूरा भरोसा था और वे जानते थे कि उस समय पेरिस में काम करने की मुश्किलों के बावजूद वे अपनी ज़िम्मेदारियाँ बेहतर ढंग से निभाएँगी। काम ख़तरनाक था, क्योंकि नूर को ज़्यादातर समय अपना वायरलैस सैट लेकर घूमना पड़ता था। शुरुआती दिनों में वह भारी-भरकम सूटकेस की शक्ल में होता थ, जिसका वज़न 30 पाउंड के आस-पास होता था, और इसलिए वह गिस्तापो का ध्यान खींच सकता था। बाद में, 1944 से, वायरलैस सैटों को अपेक्षाकृत छोटे ब्रीफ़केसों में छिपाया जाने लगा, जो वज़न में हल्के और कम ध्यान खींचने वाले होते थे। अगस्त की शुरुआत में कभी नूर गिस्तापो के साथ एक मुश्किल में फँस गई थीं, जब वे ऑक्ताव सिमो से मिलने गई थीं। लंच के बाद वे उनके साथ उनके घर चल पड़ीं, लेकिन गिस्तापो उनका पीछा कर रही थीं।[8] नूर दौड़ने में बहुत तेज़ थीं, और

इसलिए वे किसी तरह गिस्तापो से बचकर भाग गई थीं। बाद में वे मैट्रो के एक प्लेटफ़ॉर्म पर देरिको की कूरियर ज़ूलिएन से मिलीं और उन्हें सारा हाल बयान किया।

बकमास्टर ने नूर को चेतावनी दी थी कि जर्मनों के सुनने के यंत्र उन पर केंद्रित होंगे। बचाव के तौर पर वे विभिन्न जगहों से और विभिन्न परिस्थितियों में प्रसारण किया करती थीं। कभी-कभी वे अरिगी या वॉदविए की कार से मोंगूज़, लेवालुआ और नॉइज़ी-ले-ग़्हाँ नामक उपनगरों में निकल जाती थीं और वहाँ से संदेशों का प्रसारण करती थीं। वे किसी शांत गली में कार रोक देते थे, जहाँ नूर एरियल को बाहर निकालकर प्रसारण कर सकें। अरिगी अपने दोनों वायरलैस ऑपरेटरों को गँवा चुके थे, इसलिए उन्होंने नूर से अपने संदेश भी भेज देने का आग्रह किया था। वे जनरल द गॉल के लिए काम करते थे और उन्हें लंदन के मुख्यालय में संदेश भेजना ज़रूरी होता था। नूर तत्काल तैयार हो गई थीं और अब वे सिर्फ़ फ्रेंच सेक्शन के लिए ही नहीं, बल्कि इंग्लैंड में सीधे द गॉल के कार्यालय में भी संदेश भेज रही थीं। वे हर बुधवार और शुक्रवार को शाम 5-5.30 बजे के बीच अरिगी के साथ जाती थीं। उन्होंने अरिगी के लिए पैराशूट से दस लाख फ़्रैंक गिराने और उन तक पहुँचाने का इंतज़ाम किया था। इस पूरे दौरान वे ज़िएल के संपर्क में बनी रही थीं, जो एफ़-सेक्शन और फ़्रांसीसी नागरिकों के बीच संपर्क-सूत्र का काम करते थे।

इस बीच, बोडिंगटन ने साँ मिशेल स्क्वेयर में एक कैफ़े ख़रीदने का निर्णय लिया, जिसे ज़ूलिएन संचालित करने वाली थीं। इस कैफ़े का उद्देश्य इसे फ़्रांस से भागने की कोशिश कर रहे गुप्तचरों तथा उन रैफ़ पायलटों या फ़्रांसीसी प्रतिरोध आंदोलन के कार्यकर्ताओं के लिए संपर्क-स्थल के रूप में इस्तेमाल करने का था, जिनका इंग्लैंड जाना ज़रूरी होता था। यह काम निपटाने के बाद बोडिंगटन 16-17 अगस्त को देरिको के विमान से लंदन लौट गए। नूर को बोडिंगटन की उड़ान के इंतज़ाम के सिलसिले में संदेश आया करते थे। बोडिंगटन के साथ एफ़-सेक्शन के गुप्तचर क्लोद और लीज़ दे बेसाक (दोनों भाई-बहन थे) भी थे। क्लोद बोग्दू में साइंटिस्ट सर्किट के नेता थे और और लीज़ अक्सर आँतेल्मे के लिए कूरियर का काम भी करती थी। 19-20 अगस्त को नूर ने लंदन लौट रहे 10 और लोगों के लिए उड़ानों और हडसन के रास्ते भागने का इंतज़ाम किया। इनमें ऑक्ताव सिमो, गोबेख़ बेनुआ और विक गेर्सन शामिल थे। अब नूर युद्ध-क्षेत्र में एकमात्र ब्रिटिश गुप्तचर थीं (अन्य मुख्यतः स्थानीय रंगरूट थे), और उन्हें निश्चय ही उत्तरोत्तर अकेले पड़ जाने का अहसास हो रहा होगा, लेकिन वे विचलित हुए बिना अपना काम करती रहीं।

नूर को संदेशों के प्रसारण के लिए सुरक्षित जगहों की ज़रूरत थी, इसलिए उन्होंने अपना ध्यान स्कूल के अपने पुराने दोस्तों की ओर मोड़ा। पेरिस में नूर

की ज़िंदगी के इस कालखंड के बिखराव को काफ़ी हद तक उनकी दोस्त जीन ओवर्टन फुलर ने समेटा, जिन्होंने युद्ध के बाद पेरिस जाकर नूर के दोस्तों और उनके सर्किट के बचे हुए लोगों को खोजा था। नूर ने सबसे पहले अपनी संगीत अध्यापिका ऑहियत वनी से संपर्क किया, जिनसे मिले हुए उन्हें नौ वर्ष हो चुके थे।[9] नूर ने उनसे पूछा कि क्या उन्हें किसी ऐसे कमरे की जानकारी है, जो किराये पर उपलब्ध हो।

ऑहियत वनी ने नूर से अपने साथ रहने का आग्रह किया, लेकिन नूर ने उनसे कहा कि यह मुमकिन नहीं है। नूर ने उनसे कहा कि वे इंग्लैंड के लिए प्रसारण करने एक वायरलैस पोस्ट स्थापित करने आई हैं। उन्हें अहसास था कि वे अपनी अध्यापिका की सुरक्षा को जोखिम में नहीं डाल सकती थीं। नूर जो जोखिम उठा रही थीं, उससे ऑहियत वनी चिंतित हो उठीं। वे नूर को तब से जानती थीं, जब नूर महज़ एक लड़की थीं और वे नूर में आए बदलाव को देखकर विस्मित थीं, लेकिन एक स्तर पर नूर अभी भी काफ़ी कुछ वह थी, जिसे उनकी अध्यापिका जानती थीं : शर्मीली, संजीदा और दोस्ताना।

जब ऑहियत ने विस्मय के भाव से कहा कि अगर तुम्हारे बारे में पता चल गया, तो तुम्हें गोली मार दी जाएगी, तो नूर ने सिर्फ़ इतना कहा कि वह जानती है। उन्होंने कहा, "मुझसे पहले जो व्यक्ति यह काम करता था, उसे जर्मनों द्वारा गोली मार दी गई थी, और जब लंदन को इस काम के लिए भाषाई दक्षता रखने वाले व्यक्ति की ज़रूरत पड़ी, मैं स्वेच्छापूर्वक यहाँ आने को तैयार हो गई।" इसके बाद नूर वहाँ से तेज़ी-से चली गईं और वह आख़िरी बार था, जब उनकी उस अध्यापिका ने उन्हें देखा था।

नूर अब ज़्यादातर समय अपना रेडियो सैट लेकर घूमती थीं। उन्हें विभिन्न क़िस्म के मकानों की बेहद ज़रूरत थी, ख़ास तौर से ऐसे मकानों की, जिनके बाहर पेड़ हों, ताकि वे एरियल को टाँग सकें, जो कि प्रसारण के लिए ज़रूरी था। अब तक उन्होंने अरिगी और वॉदविए के साथ मुख्यतः देहाती सड़कों से और कभी-कभी ज़ूलिएन के फ़्लैट से प्रसारण किए थे। उन्होंने अपना हुलिया बदलने की कोशिश में अपने बाल भी रंग डाले थे। जर्मनों ने उनके हुलिया का बयान करते पोस्टर सारे स्टेशनों पर चिपकाए हुए थे। वे उनके प्रसारणों का पता लगाने की कोशिश भी कर रहे थे। वायरलैस डिटेक्शन स्टेशन अक्सर उन्हें हवाई तरंगों (एयरवेव्ज़) पर पकड़ लेते थे, लेकिन वे उनके क़रीब तक नहीं पहुँच पाए थे, क्योंकि वे लगातार प्रसारण-स्थल बदलती रहती थीं।[10]

एक दिन, संभवतः अगस्त के अंत के आस-पास, जब नूर शाँज़ इलीज़ी में साइकिल पर चली जा रही थीं, उनकी फ़ज़ल मंज़िल की एक पड़ोसिन मेदम सलमोन ने उन्हें देख लिया।[11] मेदम सलमोन चिल्लाईं, 'नूर!' अपना असली नाम सुनकर

भौंचक नूर रुकीं और उस महिला को जल्दी-से बग़ल की एक गली में ले गईं। उन्होंने मेदम सलमोन को पेरिस में अपने होने की वजह बताई और कहा कि उन्हें यहाँ जीन मैरी के नाम से जाना जाता है और उनका असली नाम यहाँ कोई नहीं जानता।

नूर ने काला चश्मा लगा रखा था और अपने बाल लाल रंगे हुए थे, जिसकी वजह से वे बहुत अलग और कुछ विचित्र-सी दिख रहा थीं। वे गर्मियों का सादा-सा फ्रॉक पहने थीं। नूर को उम्मीद थी कि अगर जर्मन काले बालों वाली महिला की तलाश में घूम रहे हैं, तो वे इस तरह उन्हें गुमराह कर देंगी। मेदम सलमोन, जो उन्हें लंबे समय से जानती थीं, उनके उस छद्म वेश के बावजूद उन्हें पहचान ही लिया गया।

उन्होंने तय किया कि वे संपर्क बनाए रखेंगी और कैफ़े में मिला करेंगी। नूर अब सुरक्षा को लेकर काफ़ी चौकस हो चुकी थीं, और इसीलिए उन दोनों के बीच पतों का आदान-प्रदान नहीं हुआ। वे दोबारा एक कैफ़े में मिलीं और इस तरह हर मुलाक़ात के दौरान अगली मुलाक़ात की जगह तय कर लेतीं। जब अगली बार उनकी मुलाक़ात हुई, तो नूर ने अपने बाल रंगकर ब्लॉण्ड कर लिए थे, जिनके बारे में मेदम सलमोन का कहना था कि वे उन पर लाल बालों के मुक़ाबले ज़्यादा फब रहे थे।[12]

प्रसारण के लिए नूर की कमरे की तलाश अभी भी जारी थी, जिस सिलसिले में वे अपने परिवार के पुराने डॉक्टर जोग्दाँ और उनकी पत्नी से मिलने गईं।[13] इनायत ख़ान के ये पारिवारिक चिकित्सक नूर से बहुत स्नेह करते थे। उन्होंने बचपन में उनके अपेंडिक्स का ऑपरेशन किया था। स्वस्थ होने पर नूर ने ज़ोग्दाँ को गुलाब का एक छोटा-सा गमला भेंट किया था। उन्होंने उसे माग्ली-ले-गुआ के अपने देहाती मकान में उगा लिया था और उस पौधे को 'नूर इनायत' कहकर पुकारते थे।

नूर को अब एक इस क़दर ख़तरनाक मुहिम पर देखकर जोग्दाँ द्रवित हो उठे और उन्होंने नूर को कभी-कभार प्रसारण के लिए माग्ली-ले-गुआ के अपने बग़ीचे के इस्तेमाल की इजाज़त दे दी। यहाँ वे अपने एरियल को पेड़ों में रख सकती थीं। नूर माग्ली गईं, जहाँ उन्होंने पाया कि गुलाब का पेड़ अपने पूरे वैभव के साथ बड़ा हो चुका था और उसने मकान को गुलाबी फूलों से ढक रखा था। उसे देखकर उनके मन में अतीत के प्रति मोह जाग उठा। नूर ने माग्ली के इस मकान से चार-पाँच बार संदेशों का प्रसारण किया।

वे अक्सर जोग्दाँ के पेरिस के फ़्लैट में जाने लगीं। मेदम जोग्दाँ को लगता था कि नूर उन लोगों के साथ होने पर तनाव से मुक्त हो पाती थीं। गिस्तापो से लगातार बचकर भागते रहने और हर समय अपना वायरलैस लेकर घूमने का तनाव उन पर साफ़ तौर पर असर डाल रहा था। मेदम जोग्दाँ ने देखा था कि नूर अपने हेयर स्टाइल में लगातार परिवर्तन करती रहती थीं। काम के सारे तनाव के बावजूद, वे जब भी मेदम जोग्दाँ के घर जाती थीं, उनके लिए फूल लेकर जाती थीं।

नूर हालाँकि तनावग्रस्त और थकी रहती थीं, लेकिन उन्होंने अगस्त लाइसेंडर में जा रहे डाक के थैलों में अपने परिवार को प्रसन्नता से भरे ख़त भेजे। उन्होंने वेरा एटकिंस को लिखा कि आपका छोटा-सा परिंदा ख़ुश करता रहता है और यहाँ सब कुछ ठीक-ठाक है। उन्होंने जल्दी ही जश्न मनाने की उम्मीद भी जताई थी।[14] एक ख़त में उन्होंने विलायत को लिखा, "तुम्हारे जन्मदिन पर मुझे तुम्हारी याद आती रही और तुम्हें वर्दी में देखने का इंतज़ार है।" (उन्हें वेरा एटकिंस की मार्फ़त पता चला था कि विलायत को कमीशन मिल गया था।) उन्होंने लिखा कि पता नहीं हमारी मुलाक़ात कब होगी, हमारे पास एक-दूसरे से कहने के लिए बहुत-कुछ है।[15] नूर ने अपनी माँ को भी ख़त लिखा। देरिको उनके सारे ख़तों की फ़ोटो कॉपियाँ करा लेते थे और फिर वे जर्मनों को सौंप दी जाती थीं। जब वे गिरफ़्तार हुई थीं, तो ये फ़ोटो कॉपियाँ उनको दिखाई गई थीं।

नूर बुलवाख़ रिचर्ड वलास के अपने फ़्लैट का इस्तेमाल बड़े पैमाने पर लेटरबॉक्स के रूप में करती थीं, जिसमें वे संदेश छोड़ती थीं और प्राप्त करती थीं। कभी-कभी वे वहाँ से संदेशों का प्रसारण भी करती थीं। इमारत की केयरटेकर मेदम ज़ोग्दुआ ने बाद में जीन ओवर्टन फुलर से कहा था कि नूर हमेशा हड़बड़ी में दिखाई देती थीं। उन्हें और उनके पति को लगता था कि नूर दोहरी ज़िंदगी जी रही थीं, क्योंकि वे अपने फ़्लैट पर बमुश्किल ही थोड़ा-बहुत रुकती थीं और अजनबी क़िस्म के लोग उन्हें पार्सल देने या ले जाने आया करते थे, हालाँकि वे जानते थे कि नूर 'अच्छी लड़की' हैं, और उन्हें इस बात का भी अहसास था कि वे प्रतिरोध आंदोलन के लिए काम कर रही थीं।

ज़बरदस्त जोखिमों के बावजूद नूर पूरे अगस्त संदेश प्रसारित करती रहीं। एक रात तो वे ख़ास तौर से बाल-बाल बचीं। उन्हें एक बेहद ज़रूरी संदेश लंदन भेजना था और उन्होंने अपना एरियल अपने फ़्लैट के बाहर फ़र्श पर लगे पेड़ से लटकाने का निश्चय कर लिया। शाम का धुँधलका था और उन्हें उम्मीद थी कि किसी का ध्यान नहीं जाएगा। उन्होंने खिड़की के बाहर एरियल गिराया और उसे उठाने बाहर गईं। जब वे उसे पेड़ से लटकाने की कोशिश कर रही थीं, उन्हें एक आवाज़ सुनाई दी और उन्होंने पलट कर देखा।

वह वहीं के किसी फ़्लैट का जर्मन अधिकारी था। "क्या मैं आपकी मदद कर सकता हूँ?" उसने पूछा। नूर ने ठंडे ढंग से जवाब दिया कि अगर आप मदद कर सकेंगे, तो मैं आपकी कृतज्ञ होऊँगी। अधिकारी ने वह एरियल लटकाने में उनकी मदद की। बेशक, वह यही सोच रहा था कि वे कोई मासूम-सी फ़्रांसीसी युवती है, जो शायद वायरलैस पर कोई संगीत सुनना चाहती है![16]

नूर ने अब एक और जोखिम उठाया। संदेशों के प्रसारण के लिए नई जगहों की तलाश की हताश कोशिश में वे अपने पुराने दोस्तों से मिलने सुरेन चली गईं। यह जोखिम-भरा कृत्य था, क्योंकि उस उपनगर में वे तुरंत पहचान ली जाने वाली थीं, जहाँ वे बड़ी हुई थीं, लेकिन उन्हें अंदर से भरोसा था कि उनके बचपन के दोस्त और पड़ोसी उन्हें निराश नहीं करेंगे। वे सुरेन की पहाड़ी पर चढ़ गईं और पैदल चलती हुई लगभग फ़ज़ल मंज़िल के गेट तक पहुँच गईं, लेकिन उनकी बुद्धि ने साथ दिया और उन्होंने फ़ज़ल मंज़िल की बजाय, कुछ मकान दूर, मेदम पाँशों के घर का दरवाज़ा खटखटाया।

मेदम पाँशों नूर को बाहर खड़ी देख चकित रह गईं और जब उन्हें उनकी मुहिम के बारे में पता चला, तो और भी चकित रह गईं। नूर ने कहा, "मुझे एक ऐसे मकान की ज़रूरत है, जिसमें बग़ीचा हो, ताकि मैं वहाँ अपनी नियमित चौकी स्थापित कर सकूँ।" मेदम पाँशों ने उन्हें बताया कि उनका मकान जर्मनों से घिरा है। यहाँ तक कि फ़ज़ल मंज़िल भी जर्मन सैनिकों के क़ब्ज़े में था। इस ख़बर ने नूर को दहशत से भर दिया। वे मेदम पाँशों के घर से फ़ज़ल मंज़िल का बग़ीचा देख पा रही थीं और यह जानकर उनका दिल बुरी तरह टूट गया कि उनके बचपन के घर का इस्तेमाल जर्मनों द्वारा किया जा रहा था।

जो अगला दरवाज़ा उन्होंने खटखटाया, वह उनके बचपन की दोस्त रेमॉन्द प्रेनात का था। दूसरों की ही तरह मेदम प्रेनात को भी नूर को देखकर झटका लगा था, लेकिन उन्होंने नूर को उनके प्रसारणों के लिए मकान के एक कमरे के इस्तेमाल की सहमति दे दी। दोनों को लगा कि सामने वाला बैठक कक्ष सबसे ज़्यादा उपयुक्त होगा।[17] नूर एरियल खड़ा करने के लिए उपयुक्त जगह की तलाश में तुरंत छत पर चढ़ गईं। रेमॉन्द ने याद किया था कि नूर किसी बिल्ली की तरह पूरे आत्मविश्वास के साथ दबे पाँव चल रही थीं। अपनी सहज बुद्धि पर भरोसा करते हुए नूर को लगा कि सुरेन से प्रसारण करना सुरक्षित होगा। बैठक की खिड़की से वे मकान का गेट और अंदर आ रहे व्यक्ति को साफ़-साफ़ देख सकती थीं। मेदम प्रेनात ने उनसे कहा था कि किसी आकस्मिक परिस्थिति में नूर चुपचाप पीछे के दरवाज़े से भाग सकती हैं और उन्हें किसी चीज़ की चिंता करने की ज़रूरत नहीं है। उनका कहना था कि वे वायरलैस को कहीं छिपा देंगी, हालाँकि आस-पास जर्मन मौजूद थे, लेकिन नूर को ऐसा नहीं लगा कि वे रेमॉन्द के परिवार को किसी बहुत बड़े जोखिम में डाल रही थीं, और उन्होंने नियमित प्रसारण के लिए अपनी इस सहेली के घर अड्डा जमा लिया।

वे दोपहर के आस-पास प्रेनात के घर पहुँच जाती थीं और बाक़ी दिन वहीं बिताती थीं। एक तरह से उन्हें पुराने दिनों जैसा अहसास हो रहा था और वे वहाँ सबसे ज़्यादा सुखी थीं। उन्होंने रेमॉन्द को फ़ज़ल मंज़िल छोड़ने के बाद की अपनी

पिछली तीन वर्ष की ज़िंदगी के बारे में बताया। उन्होंने बताया कि किस तरह उन्होंने इंग्लैंड में प्रशिक्षण प्राप्त किया और वे किस तरह का काम करती हैं। उन्होंने मेदम प्रेनात को गिस्तापो और उसके हथकंडों के बारे में बताया। उन्होंने यह भी बताया कि अगर उन्हें गिरफ़्तार कर लिया जाएगा, तो क्या होगा। 'इसकी कोई चिंता नहीं! वे मेरे साथ जो मर्ज़ी आए, कर सकते हैं। मुझे कोई फ़र्क़ नहीं पड़ता। मैं उन्हें कुछ नहीं बताऊँगी,' उन्होंने कहा था।[18]

जहाँ ढेर सारे लोग उन्हें पहचान सकते थे, वहाँ अपना ट्रांसमीटर लेकर घूमना उनके लिए ख़तरनाक था, लेकिन नूर ने यह सिलसिला जारी रखा। इस बीच, लंदन को उनके ज़ोरदार और स्पष्ट संदेश मिलते रहे। वे उनके संदेश हर दिन 1500 बजे (जीएमटी) सुनते थे।[19] उन्हें लगभग 1730 बजे लंदन से संदेश मिलते थे। लियो मार्क्स ने संतोष और गर्व के भाव से दर्ज किया था कि जब दूसरे लोग गिरफ़्तार हो चुके थे, नूर ने पेरिस में जीवित बचे रहकर काम करते हुए 'उन सबको चमत्कृत कर दिया था, जो सोचते थे कि वे उन्हें जानते थे।[20] उन्होंने लिखा था कि उनके प्रसारण चूक-रहित होते थे और उनके सारे सिक्युरिटी चैक अक्षत होते थे।

नूर फ्रांसीसी प्रतिरोध के कार्यकर्ताओं और तोड़-फोड़ करने वालों के साथ मिलकर काम कर रही थीं और स्थानीय संपर्क-सूत्रों के साथ मिलकर प्रॉस्पर सर्किट को फिर खड़ा करने की कोशिश कर रही थीं। इस समूह ने ज़मीन के तले ऐसी नालियों का पता लगा लिया था, जहाँ जर्मनों ने टॉर्पीडो जमा कर रखे थे, जिन्हें ब्रेस्त में यू-बोट पेन्स में भेजा जाना था और नूर ने उन लोगों का यह अनुरोध लंदन भेज दिया था कि उन्हें 'मार्ज़ीपैन' (बादाम की मिठाई) नामक नया विस्फोटक भेजा जाए (इस विस्फोटक को 'मार्ज़ीपैन' इसलिए कहा जाता था, क्योंकि उसकी मीठी गंध बादाम की गंध से मिलती-जुलती थी)।

पोस्ते मेदलिन की ओर से उनकी अपनी हस्तलिपि में लंदन के ऑपरेटरों के लिए एक संदेश संभवतः अगस्त लाइसेंडर द्वारा ले जाया गया था। उसमें वे लिखती हैं :

> प्लीज़ अरेंज एवरीडे शेड्स, आलसो यूज़िंग 3407।
>
> इफ़ शेड इज़ मिस्ड, पॉज़िबल कांटेक्ट एट 1800 जीएमटी सेम डे।
>
> प्लीज़ सेंड एनअॅदर 3408 क्रिस्टल, वन ऑलरेडी यू/एस.
>
> सजेस्ट ह्वेन मैसेज़ इज़ सेंट ब्लाइंड, ए 1310 इज़ रिपिटेड ऑफ़्टर मैसेज।
>
> हैव नॉट यट फ़ाउंड सूटेबल ऑपरेशनल साइट फ़ॉर नाइट वर्क।
>
> समडे इफ़ पॉज़िबल, प्लीज़ सेंड ह्वाइट मैक, फ़ैनी स्टाइल।

थैंक अ लॉट, इट्स ग्रेंड वर्किंग विद, यू। द बेस्ट मोमेंट आइ हैव हैड यट।

काइंडली सेंड वन मोर मार्क II एज़ वन इज़ यू./एस. - एम ट्राइंग टु रिपेयर।

मेदलिन

स्पष्ट था कि नूर अपने हौसले को बुलंद रखना चाहती थीं और काम करती रहना चाहती थीं। शुरुआती हिचकिचाहट के बाद वे युद्ध-क्षेत्र में स्वाभाविक ढंग से काम करने लगी थीं। यहाँ तक कि वे गिस्तापो के साथ अपनी एक और क़रीबी मुठभेड़ के बारे में बात कर पाती थीं।[21] एक दिन जब वे अपना वायरलैस मैट्रो में लेकर जा रही थीं, तब उन्होंने दो जर्मन सैनिकों को अपनी ओर ताकते देखा। वहाँ से निकलने का कोई उपाय नहीं था, इसलिए इंतज़ार करने के अलावा उनके पास और कोई विकल्प नहीं था। वे उनके पास आए और उन्होंने पूछा, "यह क्या है?"

"सिनेमा बनाने से संबंधित उपकरण," नूर ने एकदम शांत और संयत स्वर में जवाब दिया। उन्होंने देखने का आग्रह किया और नूर ने ब्रीफ़केस को हल्का-सा खोल दिया। नूर ने पाया कि अंदर रखा उपकरण उनकी समझ से परे था, इसलिए वे उन्हें और भी बेवकूफ़ बनाती रहीं। "आप देख सकते हैं कि यह क्या है," उन्होंने उनसे कहा। "आप वे सारे छोटे-छोटे बल्ब देख सकते हैं।" ज़ाहिर तौर पर वे सैनिक सिनेमा के उपकरण को लेकर अपनी अज्ञानता का प्रदर्शन नहीं करना चाहते थे, इसलिए उन्होंने यह कहते हुए उन्हें जाने दिया कि "हमें लगा कि यह कुछ और है।"

मेदलिन अब युद्ध संबंधी उद्यमों के लिए अनिवार्य हो चुकी थीं। जुलाई और अक्टूबर के बीच नूर ने बेहद विषम परिस्थितियों में बीस से ज़्यादा संदेश भेजे। उन्होंने मित्र राष्ट्रों की सेना के उन तीस विमानकर्मियों का भागना संभव किया, जिनके विमान फ़्रांस में मार गिराए गए थे। उन्होंने फ़्रांसीसी प्रतिरोध के लिए हथियारों और पैसों की आपूर्ति को भी सुनिश्चित किया। उन्होंने पैराशूटों द्वारा हथियार गिराए जाने के लिए ठीक जगहों की स्पष्ट जानकारी दी और दूसरे गुप्तचरों के इंग्लैंड भागने के इंतज़ाम किए। सितंबर में उन्होंने चार गुप्तचरों के लिए जाली दस्तावेज़ों का इंतज़ाम किया और इंग्लैंड से उन दस्तावेज़ों का आना सुनिश्चित किया। इन गुप्तचरों को पहचान-पत्रों, राशन कार्डों, और टेक्सटाइल कार्डों की ज़रूरत थी। उनके प्रसारण पेरिस के आस-पास मौजूद गुप्तचरों और लंदन के बीच एकमात्र कड़ी बन गए।

नाज़ियों के क़ब्ज़े में आ चुका पेरिस गुप्तचरों के लिए हमेशा से ज़्यादा ख़तरनाक बन चुका था। गिस्तापो पुलिस शब्दशः हर कहीं मौजूद थी। चूँकि वे अक्सर वर्दी में नहीं होते थे, इसलिए उनको पहचान पाना मुश्किल होता था। नूर खुद को उनके रास्ते से दूर रखने के लिए महज़ अपनी सहज बुद्धि पर भरोसा करती थीं।

बाद में जर्मन अधिकारी यूज़स कीफ़ा ने इस बात को स्वीकार किया था कि नूर बच निकलने के लिए जिस सावधानी के साथ छल करती थीं, उसकी वजह से उनका पीछा करना बहुत मुश्किल हो गया था।[22]

अगस्त के अंत में किसी समय गैरी पेरिस वापस आ गए और नेली में फ़्लैट लेकर रहने लगे। इससे नूर का अकेले पड़ जाने का अहसास शायद कुछ कम हुआ होगा। गैरी की बहन ग़ैनी कभी-कभी उनके साथ रुक जाया करती थीं। नूर गैरी के संदेश लंदन भेजने लगीं। इनमें ज़्यादातर फ़्रांसीसी प्रतिरोध के लिए आवश्यक हथियार, विस्फोटक और दूसरी वस्तुएँ भेजने के अनुरोध होते थे। लंदन इस भेजी जाने वाली सामग्री के ब्योरे भेजता था। नूर कभी-कभी संदेश भेजने और प्राप्त करने के लिए नैली के उनके फ़्लैट का इस्तेमाल कर लेती थीं, लेकिन वे यह जानती थीं कि वे जर्मनों की सुनने की सारी मशीनों के निशाने पर हैं, उन्हें स्थान बदलते रहना ज़रूरी हो जाता था। वॉदाविए ने उनका परिचय मेदम पेनो से करा दिया, जिन्होंने नूर को पेरिस के औद्योगिक उपनगर बोंदी के अपने मकान से प्रसारण करने की सहमति दे दी। उन्होंने यह भी कहा कि नूर सामने वाले बेडरूम में सो सकती हैं।

नूर इस जगह से नियमित रूप से काम करने लगीं। वे वहाँ दोपहर में पहुँच जातीं और देर रात तक प्रसारण संबंधी अपने काम करती हुई अगले दिन सुबह वापस चली जातीं। एक दिन जब वे वहाँ पहुँची, तो मेदम पेनो ने उन्हें डाँट पिलाई, क्योंकि वे रसोई की मेज़ पर अपनी नोटबुक खुली छोड़ गई थीं, जिसमें उनके सारे संकेत (कोड) लिखे थे। एक बार फिर उन्हें समझाइश दी गई कि वे किसी पर भी भरोसा न किया करें, उन लोगों पर भी नहीं, जिनसे उनका परिचय सर्किट के लोगों ने कराया हो।[23]

अब नूर बुलवाख़ रिचग्द वलास के अपने फ़्लैट, नैली स्थित गैरी के फ़्लैट, बोंदी वाले मकान और सुरेन स्थित रेमॉन्द के मकान के बीच आवाजाही करती थीं, जिस दौरान वे सारे दिन अपना ट्रांसमीटर लिए घूमती रहती थीं। वे अब पेरिस और उसके आस-पास के कम-से-कम पाँच फ़्लैटों और मकानों से प्रसारण कर रही थीं। बीच के समय में उन्हें अपने संपर्क-सूत्रों से मिलना और संदेश एकत्र करना होता था। मेदम पेनो ने देखा कि वे थकान से चूर दिखाई देती थीं।

19 सितंबर को नूर की ओर से लाइसेंडर की मार्फ़त भेजे गए एक संदेश में बीएमडब्ल्यू और रेनो समेत कई मोटर कंपनियों के नाम दर्ज थे, जिनके बारे में लगता था कि वे युद्ध-विराम की शर्तों का उल्लंघन करती हुई जर्मनों के लिए काम कर रही थीं। उन्होंने अगले आठ दिनों के भीतर ऑर्ली (संभवतः हवाई हमले या तोड़फोड़ के लक्ष्य के लिए) के बारे में संपूर्ण जानकारी देने की बात भी कही थी। संदेश के अंत में जल्दबाज़ी में हाथ से लिखे गए एक नोट में कहा गया था कि

यह सूचना वे्ग्लेन द्वारा उपलब्ध कराई गई है और नूर ने यह भी जोड़ा था कि वे वायरलैस से पहचान की पुष्टि करेंगी। वे एसओई की सुरक्षा-पद्धतियों का पालन कर रही थीं, जिसके तहत उन्होंने संदेश को दो हिस्सों में बाँट दिया था, ताकि संदेश के पकड़े जाने की स्थिति में अनावश्यक ब्योरे उजागर न हों।

सितंबर के उसी लाइसेंडर से उन्हें उनकी माँ का एक ख़त और उनके द्वारा भेजा गया सार्डाइन (डिब्बाबंद मछली) का एक टिन प्राप्त हुआ। मेदम पेनो ने ग़ौर किया था कि नूर उस ख़त को बार-बार पढ़ रही थीं और आह्लादित थीं। वे सार्डाइन खाने की हिम्मत नहीं जुटा पा रही थीं, क्योंकि वे लंदन से भेजी गई थीं और उन्हें बेशक़ीमती लग रही थीं।

सितंबर में गैरी के संगठन के कई सदस्य गिरफ़्तार कर लिए गए। गैरी एक बार फिर नैली का अपना फ़्लैट छोड़कर चले गए और उन्होंने पोख़्त द ऑग्लियाँ में एक फ़्लैट किराये पर ले लिया, साथ ही उन्होंने कभी-कभार प्रसारण करने के उद्देश्य से नूर के लिए भी एक कमरा किराये पर ले लिया। वह कमरा उनकी एक दोस्त सोलाँज़ का था और 98 फ़ैज़ांदग़ी स्ट्रीट पर स्थित था। यह जगह एवेन्यू फ़श, जहाँ गिस्तापो का मुख्यालय था, से बहुत दूर नहीं थी। यह पता लेटरबॉक्स के रूप में भी काम आ सकता था।

मध्य सितंबर में नूर ने लंदन को उन गुप्तचरों के बारे में एक संक्षिप्त रिपोर्ट भेजी, जो प्रॉस्पर और चेस्टनट सर्किटों के पतन के बावजूद बचे रह गए थे और अभी काम के लिए उपलब्ध थे। वे लंदन के साथ वायरलैस के माध्यम से नियमित संपर्क में थीं और उन्होंने पैराशूट से हथियार गिराए जाने के लिए इंतज़ाम किए थे। उन्होंने गंभीर जोखिम उठाते हुए गुप्तचरों तथा प्रतिरोध-कर्मियों के साथ संपर्क क़ायम रखने में सफलता प्राप्त की थी और लंदन को अत्यंत महत्त्वपूर्ण सूचना भेजती रहती थीं। आख़्तयोग़ दे मोंतालेंबेख़, जिन्होंने ऑक्ताव सिमो के साथ काम किया था, गिरफ़्तार किए जा चुके थे। सिमो स्वयं अगस्त में लंदन लौट गए थे और इस तरह नूर के संपर्क धीरे-धीरे समाप्त होते जा रहे थे। अन्य लोगों के साथ-साथ ज़िएल और फ़्रांसीसी गुप्तचर वॉदविए तथा अरिगी के साथ संपर्क बनाए रखते हुए, वे लंदन की दिशा में सूचना का प्रवाह बनाए हुए थीं, जिसके लिए उन्होंने प्रशंसा हासिल की थी।

अब नूर को लंदन से आदेश प्राप्त हुआ कि वे शाँज़ इलीज़े में कोलीज़े नामक कैफ़े में जाकर वहाँ क्लॉक रूम अटेंडेंट से मिलें और उसे एक पासवर्ड दें। वह अटेंडेंट उनका संपर्क फ़्रेंच सेक्शन के दो कैनेडाई गुप्तचरों से कराएगा। नूर ने निर्देशानुसार काम किया और उन दो आदमियों से मिलीं, जिन्होंने अपने गुप्त नाम बर्ट्रेंड और वेलेंटाइन बताए। जो बात लंदन और नूर को नहीं मालूम थी, वह यह थी कि वास्तविक कैनेडाई गुप्तचर - पिकर्सगिल और मेकालिस्टर - गिरफ़्तार किए जा

चुके थे और ये दोनों आदमी जर्मन थे, जो कैनेडाई गुप्तचरों का स्वांग भर रहे थे। जर्मनों ने अपनी तैयारी अच्छे से की थी। उनमें से एक गुप्तचर कार्ल-हॉर्स्ट होल्डॉर्फ़ था, जो एक अमेरिकी मालवाहक जहाज़ का कारिंदा रह चुका था। वह अमेरिका में रहा था और अमेरिकी लहज़े के साथ धाराप्रवाह अँग्रेज़ी बोल लेता था। दूसरा था जोजेफ़ प्लेक, जो ख़राब फ़्रांसीसी भाषा बोलता था। कोई वजह नहीं थी कि नूर उन पर शक करतीं। जब जर्मनों ने पिकर्सगिल और मेकालिस्टर को गिरफ़्तार किया था, तो उन्होंने रेडियो और संकेत (कोड) भी ज़ब्त कर लिए थे और नियमित रूप से उनके नाम से लंदन संदेश भेज रहे थे। लंदन को इस छल का अहसास नहीं था, इसलिए जब उन्होंने एक संपर्क की जानकारी माँगी, तो लंदन ने ख़ुशी-ख़ुशी वह जानकारी उन्हें उपलब्ध करा दी। उन्होंने नूर को सीधे जर्मनों के पास भेज दिया।

लेकिन जर्मन पूरे नेटवर्क पर झाड़ू फेर देना चाहते थे और नूर की मार्फ़त ज़्यादा-से-ज़्यादा जानकारी हासिल करना चाहते थे। उन दोनों आदमियों ने नूर से कहा कि वे उत्तरी फ़्रांस में एक नेटवर्क खड़ा करना चाहते हैं, लेकिन उन्हें मिस्टर डेस्प्रेज़ के पते की ज़रूरत है, क्योंकि लंदन चाहता है कि हम उनके साथ काम करें। नूर जानती थीं कि ज़िएल उत्तर की मुहिम के लिए डेस्प्रेज़ के संपर्क में हैं।[24] इस पर आँतेल्मे, ज़िएल और बाद में बोडिंगटन चर्चा कर चुके थे। डेस्प्रेज़ साँ मिशेल, हिक्साँ में एक फ़ैक्टरी के निदेशक थे। नूर ने उन जर्मन गुप्तचरों से कहा कि वह उन लोगों को एक ऐसे व्यक्ति से मिला सकती हैं, जो मदद कर सकेगा।

20 सितंबर को नूर ने ज़िएल को फ़ोन कर उनसे कहा कि लंदन चाहता है कि वह एक गुप्तचर का संपर्क डेस्प्रेज़ से करा दें।[25] उन्होंने 25 सितंबर को दोपहर 2.30 बजे प्लेस देल इथ्वल में संपर्क की व्यवस्था की और फिर दोपहर बाद 3 बजे कॉम्बेसेगे़स स्ट्रीट, पेरिस स्थित जनरल सोसायटी ऑफ़ फाउंड्रीज़ में बैठक रख ली। नूर ने इथ्वल में उन दोनों गुप्तचरों से ज़िएल का परिचय कराया और फिर ज़िएल उनके साथ पैदल चलते हुए जनरल सोसायटी ऑफ़ फाउंड्रीज़ पहुँचे, जहाँ उनकी एक संक्षिप्त बैठक हुई। उन दोनों गुप्तचरों ने अगले सप्ताह फिर मिलने का आश्वासन दिया। ज़िएल ने ग़ौर किया था कि उनमें से एक फ़्रांसीसी बोलता था और दूसरा 'सिर्फ़ कनैडियन'। दूसरे गुप्तचर के बाल सुनहरे और आँखें नीली थीं और उसने बड़ा-सा टोप पहन रखा था। बाद में ज़िएल ने नूर से पूछा था कि क्या तुम उन दोनों आदमियों को जानती हो और नूर ने कहा था कि उनके साथ उनका संपर्क लंदन ने कराया है।

जर्मन गुप्तचरों के साथ बैठक के एक दिन पहले ज़िएल को दुएतिल का फ़ोन आया था। दुएतिल ले मों से पेरिस आए थे। दुएतिल ने ज़िएल से कहा था कि वे उत्तर के मामलों के सिलसिले में आँतेल्मे के संपर्क में रहना चाहता है। उन्होंने ज़िएल

से यह भी पूछा था कि क्या तुम्हें 'ट्रेवलर' (लंदन से आ रहे गुप्तचर का गुप्त नाम) के बारे में कोई ख़बर सुनने मिली है। इस बीच, 25 सितंबर की उस बैठक में जर्मन गुप्तचरों ने ज़िएल से कहा था कि जैक़ नामक एक अँग्रेज गुप्तचर लंदन से आया है और वह जानना चाहता है कि क्या ज़िएल उससे मिलना चाहेंगे। ज़िएल ने इसे तुरंत उस 'ट्रेवलर' से जोड़कर देखा, जिसके बारे में दुएतिल ने बात की थी और जर्मन गुप्तचरों से कहा कि क्या आप अगली बैठक में उस गुप्तचर को ला सकेंगे। दरअसल, जैक़ मिशेल 23 सितंबर को लंदन से आते ही गिस्तापो द्वारा गिरफ़्तार किए जा चुके थे। उन्हें ईस्ट रेलवे स्टेशन के पास के एक कैफ़े का एक संपर्क दिया गया था और एक पासवर्ड दिया गया था और वे एक 'गुप्तचर' तक से मिले थे। लंच के बाद उन्हें एवेन्यू द ला ग्रोंद आग़्मी के एक होटल ले जाया गया, और उन्हें कोई संदेह भी नहीं हो पाया और तुरंत गिरफ़्तार कर लिया गया। उन्हें जर्मनों द्वारा जोड़-तोड़ कर तैयार किए गए एक वायरलैस सैट पर संदेश भी भेजा गया था।

इस सब से बेख़बर नूर ने ब्रिटिश अधिकारी के साथ बैठक की व्यवस्था करने के सिलसिले में 28 सितंबर को ज़िएल को फ़ोन कर दिया। उन्हें मेदलिन चर्च के पीछे त्ग़ोंसे के मध्य में पहुँचना था। वहाँ ज़िएल की मुलाक़ात एक गुप्तचर से हुई और उन्होंने पैले द शैयू के क़रीब प्लेस दु थोकेदवो में दोपहर 2 बजे एक बैठक रख ली। उसने कहा, "मैं टेलकोट, बैगी ख़ाकी रेनकोट और मैरून ट्रिबली हैट पहने रहूँगा और मेरे हाथ में सुबह का अख़बार होगा।"

ज़िएल ने दुएतिल को दोपहर 2 बजे थोकेदवो के सामने इंतज़ार करते पाया। उन्होंने कुछ देर पैले द शैयू के क़रीब इंतज़ार किया, जिसके बाद उन्हें अपनी ओर आता वह आदमी दिखाई दिया, जिसका हुलिया उस वर्णन से मिलता था। उसने आते ही पूछा कि क्या आपमें से कोई दुएतिल है? उनके बीच बमुश्किल कुछ ही शब्दों का आदान-प्रदान हुआ होगा कि रिवॉल्वरों से लैस पुलिस के आठ आदमियों ने उन्हें घेर लिया। पुलिस ने उन्हें हथकड़ियाँ पहनाईं और दो अलग-अलग कारों में एवेन्यू फ़श ले गई।

एवेन्यू फ़श में ज़िएल ने पूछताछ करने वालों से कहा कि वे तो विलियम सेवी के महज़ एक दोस्त हैं और जिस दौरान वे लंदन गए हुए हैं, वे उनके रोज़मर्रा के कुछ काम कर रहे हैं। वे इससे ज़्यादा कुछ नहीं जानते। जर्मनों ने उन पर नूर का नंबर देने का दबाव डाला, लेकिन बावजूद इसके कि ज़िएल को नूर के दोनों नंबरों और पते की जानकारी थी, उन्होंने ज़ोर देकर कहा कि नूर ही उनसे हमेशा फ़ोन करती रही हैं। उन्होंने नूर का नंबर नहीं दिया।

अब गिस्तापो ने 30 सितंबर को नूर को फाँसने के लिए जाल बिछाने के उद्देश्य से ज़िएल का इस्तेमाल किया। नूर को 28 सितंबर से ज़िएल की कोई ख़बर

नहीं मिली थी, जिसकी वजह से वे चिंतित थीं। उन्होंने विनो से अपनी चिंता का इज़हार करते हुए कहा कि उन्हें शक हो रहा है कि कहीं ज़िएल को गिरफ़्तार तो नहीं कर लिया गया है। उन्होंने उन्हें ज़िएल के घर फ़ोन कर पता लगाने की सलाह दी। जिस वक़्त नूर ने ज़िएल को फ़ोन किया, उस वक़्त नूर को मालूम नहीं था ज़िएल गिस्तापो के दो हथियारबंद आदमियों के सामने बैठे थे। उन्होंने जानबूझकर डावाँडोल-सा रवैया अपनाया, लेकिन नूर से 1 अक्टूबर को सुबह 10 बजे इथ्वाल में मैक मोहन एवेन्यू और तिलसित स्ट्रीट के मोड़ पर मिलने को कहा।

नूर की अपनी आशंकाएँ तो थी हीं, विनो ने भी उन्हें सलाह दी कि वे मुलाक़ात के लिए तयशुदा जगह पर इंतज़ार न करें। उन्होंने नूर को आ्रक द त्रिओम्फ़ पर छोड़ा और खुद इथ्वाल के क़रीब की उस जगह की जाँच करने चले गए। जैसी कि उम्मीद थी, उन्हें वहाँ ज़िएल दिख गए, लेकिन पर्याप्त दूरी पर छह लंबे तगड़े आदमी उन पर हर कोण से निगाह रखे थे। उन्होंने लौटकर नूर को बताया कि निश्चय ही एक जाल बिछाया गया था। सुबह 10.40 बजे नूर और विनो ने देखा कि वे छहों एजेंट ज़िएल को एक कार में बैठाकर ले गए। नूर बाल-बाल बचीं। ज़िएल समझ गए कि नूर को इस फंदे का अहसास हो गया था और इसीलिए वे उनसे मिलने नहीं आई थीं।[26]

विनो समझ गए कि नूर अब अत्यंत वास्तविक ख़तरे में थीं, क्योंकि गिस्तापो ने उन्हें देख लिया था और उनसे बात की थी। वे उन्हें पेरिस की एक अच्छी हेयरड्रेसर के यहाँ ले गए और उससे उनके बाल गहरे बादामी रंग में रँगने को कहा। नूर अपने बाल इतनी ज़्यादा बार रंग चुकी थीं कि वे खुरदुरे और रूखे हो गए थे। विनो ने उन्हें उनके अँग्रेज़ी स्टाइल के लबादे और स्लेटी ड्रेस से भी छुटकारा दिलाया और उनके लिए नीला सूट, स्लेटी रंग का पोलो-नेक्ड जम्पर और गहरे नीले रंग का टॉप ख़रीद दिया। उन्होंने टिप्पणी की कि इस पोशाक में तुम ज़्यादा फ़्रांसीसी लग रही हो।

विनो का ध्यान इस ओर भी गया कि नूर हमेशा अपनी नोटबुक साथ लिए रहती थीं, जिसमें उनके संकेत और लंदन भेजे गए सारे संदेशों का पूरा रिकॉर्ड अंकित होता था। उन्होंने उन्हें याद दिलाई कि वह ख़तरनाक दस्तावेज़ है, जो अगर उनके पास पाया गया, तो उन्हें तुरंत ही अपराधी साबित कर देगा। उससे दुश्मन के सामने बहुत-सी उपयोगी चीज़ों के उजागर हो जाने का भी ख़तरा था। नूर का कहना था कि वे उसे लिए ही इसलिए रहती हैं, क्योंकि वह बहुत महत्त्वपूर्ण है, और वे उसे कहीं भी नहीं छोड़ना चाहतीं। विनो ने उनसे यह भी पूछा कि वे अपने पुराने संदेश नष्ट क्यों नहीं कर देतीं, क्योंकि वे भी ख़तरनाक थे, लेकिन नूर ने उन्हें बताया कि लंदन की ओर से उनसे कहा गया था कि वे अपने संदेशों की 'फ़ाइलिंग' के मामले में ख़ास तौर से सावधानी बरतें।[27]

लंदन ने वाक़ई यह कह रखा था कि सारे गुप्तचरों को अपने संदेशों को फ़ाइल करने के मामले में बहुत सावधान रहना होगा, हालाँकि 'फ़ाइलिंग' शब्द का इस्तेमाल उन्होंने इस शब्द के पत्रकारीय अर्थ में किया था (समाचार भेजने के अर्थ में), लेकिन नूर ने उसे उसके नौकरशाही में इस्तेमाल किए जाने वाले अर्थ में ले लिया था और संदेशों को सुव्यवस्थित ढंग से सुरक्षित रख रही थीं। इस साधारण-से घपले को टाला जा सकता था, अगर गुप्तचरों को साफ़-साफ़ शब्दों में कह दिया गया होता कि वे संदेशों को भेजने के बाद तुरंत नष्ट कर दिया करें।

विनो ने पाया कि नूर उनकी बात नहीं सुनेंगी, और उनके हिसाब से उन्हें लंदन से जो आदेश मिला था, उसी को मानती रहेंगी, भले ही वह नोटबुक ग़लत हाथों में पड़ने पर जर्मनों के सामने बहुत कुछ उजागर क्यों न कर दे।

ज़िएल ने नूर को जिस तरह धोखा दिया था, उससे नूर को बहुत आघात पहुँचा था, क्योंकि वे पिछले कुछ महीनों से ज़िएल के साथ बहुत घनिष्ठ संपर्क में रहकर काम करती रही थीं। अब वे जान चुकी थीं कि जर्मन उनके क़रीब पहुँचते जा रहे हैं। वे दरअसल, उन्हें आमने-सामने देख चुके थे। इस सबका तनाव उन पर बहुत भारी पड़ रहा था। इसी वजह से वे मेदम प्रेनात के घर फूट पड़ी थीं, और उनकी हथेलियों में अपना सिर रखकर रो पड़ी थीं : "काश! मैं अपनी माँ के साथ होती।"[28]

सितंबर के अंत के आस-पास पेरिस में नूर को उनके एक पुराने दोस्त अलेक्सी दनो ने देख लिया। दनो पत्रकार थे और *पेरिस सुआख़* नामक अख़बार में काम करते थे। एक ज़माने में नूर ने उनके साथ मिलकर बच्चों का अख़बार निकालने की योजना बनाई थी।[29] दनो ने उन्हें उस सड़क पर देखा था, जो इथ्वाल में जाकर मिल जाती थी। उनकी नज़रें एक-दूसरे से टकराईं और नूर के चेहरे पर विस्मय और पहचान का भाव उभरा। वे सहज ही एक-दूसरे की ओर बढ़ने लगे, तभी दनो ने देखा कि नूर कुछ हिचकिचा रही थीं। उनकी काली आँखें दनो से कह रही थीं : मुझसे दूर रहो। नूर के हाथ में काले रंग का ब्रीफ़केस (शायद उनका ट्रांसमीटर) था। दनो टहलते हुए पुस्तकों की एक दुकान की खिड़की के सामने खड़े हो गए। वे नूर को मौक़ा देना चाहते थे कि अगर वे चाहें, तो उनके पास चली आएँ। साफ़ लग रहा था कि नूर अपने इस पुराने दोस्त से बात करना चाहती थीं, लेकिन उन्होंने ख़ुद को रोक लिया। वे दो बार पुस्तक की दुकान तक आईं और दनो के क़रीब पहुँच गईं। दनो ने उनकी 'विस्मय से भरी अद्भुत आँखों' को देखा, लेकिन वे उनकी ओर देखकर मुस्कराई नहीं। उनकी नज़रें उनका क़िस्सा बयान कर रही थीं। यह उनकी आख़िरी मुलाक़ात थी।

गिस्तापो जुलाई की शुरुआत से ही नूर की तलाश में थी। वायरलैस का पता लगाने का उनका तंत्र नूर पर केंद्रित था और वे अक्सर उनके प्रसारणों को

सुना करते थे, लेकिन अपनी भरसक कोशिशों के बावजूद वे उन्हें अभी तक पकड़ नहीं सके थे, क्योंकि नूर विभिन्न जगहों से संक्षिप्त प्रसारण करने के एसओई के दिशा-निर्देशों का सख़्ती के साथ पालन कर रही थीं।

एक बार जर्मनों की सुनने की मशीन ने सेबलॉन्स 88.04 से आती फ़ोन की आवाज़ सुनी, जिससे उन्हें पता चल गया कि कोई गुप्तचर सक्रिय है। यह टेलिफ़ोन नंबर नूर के बुलवाख़ रिचग्द वलास के पते का था। उन्होंने अक्टूबर की शुरुआत में कभी यहाँ पर छापा मारा था, लेकिन यहाँ भी उन्हें कुछ भी हाथ नहीं लगा। जैसे ही गिस्तापो ने उन्हें पकड़ने की कोशिश की थी, वैसे ही नूर ने अपना सामान समेटा, मेदम ज़ोग्दुआ का किराया चुकता किया और फ़्लैट छोड़ दिया था। उन्होंने मेदम ज़ोग्दुआ से कह दिया था कि वहाँ रहना अब सुरक्षित नहीं है।

पूरे सितंबर नूर शिकार किए जा रहे जानवर जैसी बनकर रह गई थीं और दो ऐसे अवसर आए थे, जब उन्होंने मेदम ज़ोग्दाँ से कहा था कि गिस्तापो उनका पीछा कर रही थी और उसने उन्हें क़रीब-क़रीब पकड़ ही लिया था। एक रात वे नौ बजे उनके घर पहुँचीं, तो पत्ते की तरह काँप रही थीं। वे बोली कि उन्होंने अपना काम कर लिया है, लेकिन इस बार उन्हें लग रहा था कि वे कर नहीं पाएँगी।[30] ज़ोग्दाँ दंपती जानते थे कि उस रात नूर कोई असामान्य रूप से ख़तरनाक काम कर रही थीं। काम पर जाने से पहले उन्होंने बुलाया, अपना ट्रांसमीटर सौंपा और बोलीं कि अगर वे वापस न आएँ, तो इसे दफ़ना देना। वे तनाव से भरे उनके लौटने का इंतज़ार कर रहे थे, और जब वे आ गईं, तो उन्हें बहुत राहत मिली। नूर के दिन पूरे हो चुके थे।

नूर जिस हालत में थीं, उसे देखते हुए मेदम ज़ोग्दाँ ने उनसे अपने पास रुकने का अनुरोध किया, लेकिन नूर पर इसका कोई असर होने वाला नहीं था। उन्होंने मेदम ज़ोग्दाँ से कहा कि पेरिस में उनकी कुछ ज़िम्मेदारियाँ हैं और कुछ लोग हैं, जिनसे नोट्स के आदान-प्रदान के लिए उन्हें हर रोज़ मिलना ज़रूरी होता है। और वे रात में फिर चली गईं।

विनो और वॉदविए ने तय किया कि नूर को अब कुछ समय के लिए छिप जाना चाहिए और उन्होंने नोर्मंडी क्षेत्र में लो आव्ग में उनके जाने की व्यवस्था कर दी। उन्होंने पूरी ज़िद करते हुए इसका विरोध किया, लेकिन उन लोगों ने कहा तुम्हारी गिरफ़्तारी दूसरे लोगों को जोखिम में डाल देगी, इसलिए नूर को विवश होकर सहमति देनी पड़ी। वॉदविए खुद ही उन्हें लज़ाख़्र स्टेशन ले गए और ट्रेन में बैठाकर लौटे। यह 5 अक्टूबर के आस-पास की बात है।

लेकिन वे दो दिन में ही यह कहते हुए लौट आईं कि जिस वक़्त पेरिस में उनकी ज़रूरत है, वे नोर्मंडी के एक फ़ार्म में निष्क्रिय नहीं पड़ी रह सकतीं, लेकिन

गैरी बाहर गए हुए थे और नूर ने ख़ुद को फिर अलग-थलग पाया, क्योंकि अरिगी और वॉदविए दोनों ने उनसे कह दिया कि अब तुम पेरिस से काम नहीं कर सकतीं। उन्होंने उन्हें इंग्लैंड लौट जाने की सलाह दी और कहा कि यहाँ रुकना तुम्हारे लिए क़तई सुरक्षित नहीं है।

इस बीच, नूर ने लंदन से कह दिया था कि वे फ़िलहाल कुछ समय प्रसारण नहीं करेंगी। चूँकि अपनी जगह पर किसी नए व्यक्ति के आ जाने तक उन्होंने अपनी पोस्ट को छोड़ने से इंकार कर दिया था, तो बकमास्टर ने नूर से कहा कि उन्होंने उनकी जगह भरने के लिए किसी व्यक्ति की व्यवस्था कर ली है और उन्हें मध्य अक्टूबर के लाइसेंडर से लौट आना चाहिए। नूर इसके लिए राज़ी हो गई थीं।[31]

नूर रेमॉन्द और मैदम प्रेनात को गुडबाई कहने जल्दी-से सुरेन चली गईं। उन्होंने रेमॉन्द से कहा कि वे इंग्लैंड जा रही हैं और युद्ध के बाद उनसे फिर मिलेंगी। उन्होंने रेमॉन्द को तोहफ़े के रूप में सोने की बनी पाउडर की डिब्बी दी (यह शायद वही डिब्बी थी, जो उन्हें उनके युद्ध-क्षेत्र के लिए रवाना होने से पहले मॉरिस बकमास्टर ने दी थी)।

वॉदोविए नूर के साथ उस व्यक्ति से मिलने पोख़्ते मैयू गए, जो नूर की इंग्लैंड जाने की व्यवस्था करने वाला था। जब वे वहाँ पहुँचे, तो उन्होंने उस गुप्तचर को तो वहाँ देखा, लेकिन उन्हें कुछ गड़बड़ी-सी महसूस हुई और इसलिए वे वहाँ से दूर चले गए। दरअसल, वे गिस्तापो द्वारा बिछाए गए एक और जाल से बच निकले थे।

9 अक्टूबर को विनो को नूर का उत्तेजना से भरा फ़ोन मिला, जिसमें नूर ने उन्हें पों लिवालुआ में मिलने बुलाया था। उन्हें इस फ़ोन की सच्चाई के बारे में पक्का यक़ीन नहीं था, तब भी वे चले गए। नूर वहाँ नहीं थीं। न ही वे उस रात आयोजित उस महत्त्वपूर्ण बैठक के लिए आईं। बैठक में प्रतिरोध आंदोलनकारी इस मुद्दे पर चर्चा करने वाले थे कि उस इमारत को कैसे उड़ाया जाए, जिसमें पनडुब्बी युद्ध के उपकरण रखे थे। उन्हें लगा कि नूर को गिरफ़्तार कर लिया गया है।

लेकिन नूर अभी भी सुरक्षित थीं। वे ज़ोग्दाँ दंपती से मिलने गईं और उन्होंने उनसे कहा कि वे 14 अक्टूबर को इंग्लैंड जा रही हैं और उन लोगों से उसी दिन मिलेंगी। उन लोगों ने उनसे रुकने का अनुरोध किया, लेकिन एक बार फिर नूर ने कह दिया कि उन्हें दूसरे काम निपटाने थे।

10 अक्टूबर को वे हर रोज़ की तरह अपने प्रसारण के लिए मेदम पेनो के फ़्लैट पर नहीं गईं, लेकिन उन्होंने अगले दिन उन्हें फ़ोन किया। 11 अक्टूबर को वे मेदम एग्हाँ से मिलने गईं और उन्हें बताया कि वे 14 अक्टूबर को जा रही हैं। अगले दिन, उन्होंने मेदम एग्हाँ को फ़ोन कर पूछा कि क्या वे मिलने आ सकती हैं? वे व्यग्र लग रही थीं।

मेदम एग्हाँ के यहाँ कुछ मेहमान आए हुए थे, जो प्रतिरोध आंदोलन से सहानुभूति नहीं रखते थे, इसलिए उन्होंने उस वक़्त के लिए नूर को आने से मना कर दिया। यह आख़िरी बार था, जब मेदम एग्हाँ ने नूर की आवाज़ सुनी थी। आधा घंटे के भीतर गिस्तापो 1 मेलेग्ब स्क़्वेयर पर मेदम एग्हाँ के फ़्लैट में दाख़िल हुई और उन्हें तथा उनके दोस्त रेमाँ आँद्रेस को गिरफ़्तार कर लिया।

नूर ने हर किसी को अपनी रवानगी संबंधी योजना के बारे में बता दिया था। लगता है, अगर ग़ेनी नामक एक व्यक्ति ने उनके साथ विश्वासघात न किया होता, तो उन्होंने जर्मनों को सफलतापूर्वक चकमा दे दिया होता, जैसा वे पिछले तीन महीनों से करती आ रही थीं और इंग्लैंड लौट गई होतीं। वे संभवतः पेरिस की उनकी पहली संपर्क-सूत्र ऑगी गैरी की बहन ग़ेनी गैरी थी। नूर ग़ेनी को अच्छी तरह जानती थीं और अक्सर उसके साथ गैरी के फ़्लैट में रुका करती थीं।

जो जर्मन अधिकारी ग़ेनी से मिला था, उसके मुताबिक़ वह 'काले बालों वाली और पर्याप्त मांसल, लगभग 30 वर्ष की' एक फ़्रांसीसी स्त्री थी। वह एवेन्यू फश़ में गिस्तापो के मुख्यालय में गई और वहाँ के प्रमुख अधिकारी योज़ेफ़ कीफ़ा से उसने कहा कि अगर उसे कुछ धन दे दिया जाए तो वे एक ब्रिटिश जासूस का भंडाफोड़ करने को तैयार हैं। तय किया गया कि गिरफ़्तारी फ़्लैट में नहीं की जाएगी और दूसरे गुप्तचर (गैरी की दोस्त सोलाँज़) को गिरफ़्तार नहीं किया जाएगा। उसने नूर के हुलिये आदि का वर्णन किया और उस घर का पूरा पता दिया, जिसमें वे रह रही थीं।[32] यह नूर के उस वर्णन से मिलता था, जो जर्मनों के पास था, और अब उनके पास वह पता भी था, जिसकी उन्हें बेहद ज़रूरत थी। ग़ेनी को नूर के बारे में जानकारी उपलब्ध कराने के बदले में 100,000 फ़्रेंक देने का वादा किया गया (यह उस राशि का दसवाँ हिस्सा था, जो जर्मन ब्रिटिश गुप्तचरों को पकड़वाने के बदले में आम तौर से दिया करते थे)।

जिस मकान में नूर रह रही थीं, वह फ़ेज़ाँदग़ी स्ट्रीट पर था, एवेन्यू द ज़ेनेग़ल सेहाई के समानान्तर एवेन्यू फश से शुरू होती सड़क के कोने वाला मकान। यह सड़क 84 एवेन्यू फश, यानी गिस्तापो के मुख्यालय, के एकदम सामने थी। नूर के मकान पर निगरानी रखने के लिए गिस्तापो के लोग छोटे-छोटे समूहों में बँट गए थे। 13 अक्टूबर की सुबह नूर मुख्य प्रवेश-द्वार से बाहर निकलीं और बेकर की दुकान में चली गईं, जो उसी इमारत में थी। कुछ ही मिनटों में वे बाहर निकलीं और चल पड़ीं।

उन्हें गिरफ़्तार करने के लिए जिन जर्मन अधिकारियों वेहाना रूएल और हॉग, को भेजा गया था, उन्हें पक्का यक़ीन था कि वे नूर ही थीं। उन्होंने सफ़ेद झालरों वाली नीले रंग की पोशाक पहन रखी थी और सिर पर काला टोप था। यह वही पोशाक थी, जो कुछ दिन पहले विनो ने उनके लिए ख़रीदी थी। वे लोग उनका पीछा

करने लगे। सहसा नूर ने मुड़कर उनकी ओर देखा। उन्हें अंदर से यह महसूस हो गया था कि उनका पीछा किया जा रहा था और वे तेज़ी-से एक मोड़ पर ग़ायब हो गईं। वे उन्हें दोबारा दिखाई नहीं दीं, हालाँकि उन लोगों ने उस इलाक़े को अच्छी तरह छान मारा था। नूर का ब्यूली का प्रशिक्षण एक बार फिर काम आया, क्योंकि वे अपना पीछा करने वालों से बच निकलने और ग़ायब हो जाने में कामयाब रही थीं।

देर तक तलाश करने के बाद आख़िरकार वेहाना रूएल और हॉग पुलिस स्टेशन लौट आए। दो घंटे बाद उन्होंने सुना कि मेदलिन गिरफ़्तार कर ली गई है। जिस आदमी ने यह गिरफ़्तारी की थी, वह गिस्तापो के लिए काम कर रहा एक फ़्रांसीसी अधिकारी पिएख़ काख़्तो था।

जर्मन अधिकारियों से बच निकलने के बाद, नूर कुछ देर बाद फ़ेज़ाँदग़ी स्ट्रीट के अपने फ़्लैट पर लौट आईं थीं। उन्होंने ताला खोला और अंदर चली गईं। दरवाज़े के पीछे पिएख़ काख़्तो खड़ा था। वह फ़्लैट में घुस चुका था और उनका इंतज़ार कर रहा था। इसके बाद हिंसक हाथापाई हुई। काख़्तो ने नूर का हाथ कसकर पकड़ लिया, लेकिन नूर ने पूरी निर्ममता के साथ टक्कर दी और उसकी कलाई में काट लिया। काख़्तो ख़ुद को नूर की पकड़ से आज़ाद करने की कोशिश कर रहा था और वे निरंतर जूझ रही थीं और उसे और भी ज़ोर-से काटे जा रही थीं। उसकी कलाई से ख़ून बहने लगा। अंततः उसे नूर का हाथ छोड़ देना पड़ा। काख़्तो ने उन्हें सोफ़े पर धकेलकर हथकड़ी पहनाने की कोशिश की, लेकिन वह नूर को क़ाबू में नहीं कर सका। नूर उस पर वहशियों की तरह हमला किए जा रही थीं। अंततः उसने अपनी जेब से पिस्तौल निकाली और नूर को धमकाता हुआ बोला, हिलना-डुलना भी मत नहीं तो गोली मार दूँगा। इसके बाद एक हाथ से बंदूक तानते हुए उसने दूसरे हाथ से एवेन्यू फ़श में कीफ़ा को फ़ोन लगाया और उससे मदद की माँग की।

कीफ़ा ने तुरंत ही अर्नेस्त फोख़्त को भेजा और उससे कहा कि अपने साथ दो-तीन और आदमियों को ले जाए। फोख़्त ने बाद में उस दृश्य का वर्णन करते हुए कहा था : "पिएख़ कमरे में मेदलिन से जितनी दूर खड़े हो सकते थे, उतनी दूर खड़े होकर उन पर बंदूक ताने हुए थे और मेदलिन काउच पर तनकर बैठी हुई, उस पर झपटने की हताश कोशिश में हवा में पंजे मार रही थी और एकदम किसी बाघिन की तरह दिख रही थी।"[33]

नूर की आँखें आग उगल रही थीं और वे उन्हें पकड़ने आए लोगों पर गालियों की बौछार कर रही थीं, उन्हें *नीच जर्मन* कह रही थीं। फोख़्त का कहना था कि उन्होंने ऐसा कोप कभी नहीं देखा था। नूर अपने भाग्य को भी कोस रही थीं। वे कह रही थीं, यह सब अभी होना था, ठीक तब जब वे इंग्लैंड के लिए निकल रही थी। गिस्तापो के लोगों के सामने निहत्थी वे काउच में धँस गईं।

काख़्तो की कलाई से लगातार ख़ून बह रहा था। फ़ोख़्त और दूसरे अधिकारी नूर को सीढ़ियों से नीचे लेकर आए। इमारत के दूसरे बाशिंदों का ध्यान आकर्षित न करने की कोशिश में उन्होंने जल्दी-से नूर को बाहर इंतज़ार करती कार में धकेला और पास ही 84 एवेन्यू फ़श की ओर चल पड़े।

गिस्तापो अंततः नूर तक पहुँच गई थी। एवेन्यू फ़श में कीफ़ा उनकी गिरफ़्तारी की ख़बर से आह्लादित था। रूएल ने बाद में याद करते हुए कहा था कि वे सोच रहे थे कि वह निश्चय ही कोई महत्त्वपूर्ण गुप्तचर होगी।[34]

10

गिस्तापो की क़ैदी

दोनों ओर से पेड़ों की कतार से घिरी एवेन्यू फश पेरिस की अद्वितीय सड़क है, जो आर्क़ दे थ्रिओस से शुरू होकर बुआ दे बुलान्य तक जाती है। इसका नामकरण फ्रांसीसी जनरल मार्शल फश के नाम पर हुआ था, जिनके समक्ष 1918 में जर्मनों ने समर्पण कर दिया था। इसलिए यह विडंबना ही थी कि गिस्तापो ने इसका चुनाव अपने मुख्यालय के लिए किया था। यह प्रतीकात्मकता अनायास नहीं थी। प्रथम विश्व युद्ध के बाद मार्शल फश के सामने जिस जगह जर्मनों ने समर्पण किया था, वह पेरिस के ठीक बाहर रेतोंद नामक जंगल था। 21 जून, 1940 को, मार्शल पेताँ द्वारा युद्धविराम संधि पर सहमति के हस्ताक्षर किए जाने के चार दिन बाद, इस तथ्य पर ज़ोर देने के लिए कि युद्धविराम कोई कूटनीतिक समझौता नहीं, बल्कि एक सख़्त *आदेश* है, हिटलर ने ठीक इसी जगह का चुनाव किया था।

गोएरिंग, रिबेंथ्रॉफ़ और हेस के साथ फ़्यूहर ने इस जंगल का नज़ारा देखा था। उस नज़ारे में जो चीज़ें शामिल थीं, वे थीं : मार्शल फश की मूर्ति, एक शयन-यान जो जर्मनों के समर्पण के समय वहाँ मौजूद था, और एक शिलालेख, जिसमें 'जर्मन साम्राज्य के आपराधिक अहंकार' की निंदा की गई थी। इन चीज़ों की ओर हिटलर ने 'घृणा, तिरस्कार, प्रतिशोध और विजय' के भाव से देखा था।[1] वह वहाँ कुछ ही मिनट रुका था, जिस दौरान उसने पेताँ की युद्धविराम संधि की भूमिका सुनी थी और विजयी भाव से बजाई गई जर्मन राष्ट्रगान की धुन सुनने के बाद वहाँ से चला गया था। उसके बाद उसकी सेना ने उस शिलालेख को उड़ा दिया, उस स्मारक-स्थल को पूरी तरह नष्ट कर दिया और उस शयन-यान को वहाँ से हटाकर बर्लिन भेज दिया।[2] हिटलर के लिए यह थर्ड राइख़ की विजय और 1918 की पराजय के प्रतिशोध का प्रतीक था। इसके बाद गिस्तापो ने घाव पर और नमक रगड़ते हुए अपने मुख्यालय के लिए एवेन्यू फश का चुनाव किया।

जर्मन शब्द Gestapo' Geheime Staats Polizei (सीक्रेट स्टेट पुलिस : खुफ़िया पुलिस) का संक्षिप्त रूप था। इस संगठन की स्थापना 1933 में गोएरिंग ने की थी और यह हिमलर के नियंत्रण में काम करती थी। गिस्तापो जर्मन सेना की सबसे ज़्यादा घृणित शाखा थी, जो इसके लिए कुख्यात थी कि उसके द्वारा गिरफ़्तार किए गए लोग दोबारा दिखाई नहीं देते थे। गिस्तापो का आतंक ऐसा था कि अगर किसी व्यक्ति को गिस्तापो उठा ले जाती थी, तो पेरिस के लोग यह कहने की बजाय कि अमुक व्यक्ति को गिस्तापो उठा ले गई है, यह कहते थे कि अमुक व्यक्ति को एवेन्यू फश ले जाया गया है। गुप्तचरों को गिरफ़्तार करना गिस्तापो की ज़िम्मेदारी थी। वह आंशिक रूप से वही काम सँभालती थी, जो पार्टी सुरक्षा सेवा, Sicherheitsdienst (एसडी) करती थी। ये दोनों ही एसएस-नियंत्रित सुरक्षा सेवा हाइसिचर-हाइट्रशहॉप्टेम्ट या आरएचएसए के प्रभाग थे। दोनों विभागों के काम में मामूली फ़र्क़ था और मित्र राष्ट्रों की निगाहों में वे एक ही थे।[3] दोनों के अधिकारी और नॉन-कमीशंड अधिकारी एसएस के सदस्य थे, जो हिटलर के अत्यंत प्रशिक्षित अंगरक्षक थे। नूरेम्बर्ग के मुक़दमे में दोनों संस्थाओं पर संयुक्त रूप से अभियोग लगाया गया था।

एवेन्यू फश की 82, 84 और 86 नंबर की तीनों इमारतों पर एसडी और गिस्तापो का क़ब्ज़ा था। यह 84 नंबर की इमारत थी, जहाँ एफ़-सेक्शन के पकड़े गए गुप्तचरों को भेजा जाता था। 84 नंबर में गिस्तापो टीम का प्रमुख अधिकारी था स्टर्मबेनफ़्यूहर जोसेफ़ कीफ़ा।

84 नंबर की इमारत भव्य थी। उसकी छत काफ़ी ऊँची थी और संगमरमर की चौड़ी सीढ़ियाँ ऊपर की मंज़िलों तक जाती थीं। चौथी मंज़िल पर कीफ़ा का ऑफ़िस और आवासीय क्वार्टर थे। झाड़फानूस से युक्त एक बड़े कमरे का इस्तेमाल कार्यालय के रूप में किया जाता था और मकान के पीछे के हिस्से में शयन-कक्ष और रसोई और एक हॉल था। लकड़ी की एक सफ़ेद सीढ़ी हॉल से पाँचवीं मंज़िल तक जाती थी। पाँचवीं मंज़िल पर कुछ छोटे अँधेरे कमरे थे, जो मूलतः तो नौकरों के रहने के लिए थे, लेकिन गिस्तापो ने इन कमरों को सात छोटी जेल की कोठरियों में बदल दिया था। मकान की इस मंज़िल के सामने के हिस्से के दो किंचित बड़े कमरे गार्ड और दुभाषिया अर्नेस्त फोख़्त द्वारा इस्तेमाल किए जाते थे। यहाँ एक स्नान-कक्ष और दो शौचालय थे, जिनमें से एक का इस्तेमाल क़ैदियों द्वारा किया जाता था।

नूर को चार गार्ड सीधे पाँचवीं मंज़िल पर अर्नेस्त फोख़्त के कार्यालय में ले गए। जब उन्हें गिरफ़्तार किया गया था, तब काख़्तो और फोख़्त ने उनके बिस्तर की बग़ल की मेज़ से एक नोटबुक ज़ब्त की थी, जिसमें उनके संकेत और संदेश लिखे थे। यह वही नोटबुक थी, जिसे विनो ने उनसे नष्ट करने का आग्रह किया था। उन्होंने उनका रेडियो सैट भी ज़ब्त कर लिया था। यह गिस्तापो के हाथ लगा बेशक़ीमती उपहार था।

जब नूर को उनके कमरे में ले जाया जा रहा था, तब भी वे ग़ुस्से से भरी थीं। उन्होंने फोख़्त के सवालों के जवाब में उग्र रुख अपनाया हुआ था और बार-बार केवल एक ही बात कह रही थीं कि कुछ भी क्यों न हो, वे कुछ नहीं बताएँगी। लेकिन फोख़्त तब भी लगातार सवालों की बौछार करता रहा। तुम किसके साथ काम कर रही थीं? वे कौन लोग थे, जिनसे तुम हर रोज़ मिलती थीं? वे कौन लोग थे, जिन्होंने तुम्हें गुप्त अड्डे उपलब्ध कराए थे? नूर ज़िदपूर्वक ख़ामोश बनी रहीं और अंत में फोख़्त ने उन्हें उनके कमरे में भेजने का फ़ैसला किया। नूर ने पूछा कि क्या वे नहा सकती हैं?

यह असामान्य-सा आग्रह था, लेकिन उन्होंने उनके साथ समझौते का रुख़ अपनाना बेहतर समझा और इसलिए उनका आग्रह मान लिया, लेकिन पहरेदारों ने दरवाज़े को हल्का-सा खुला रहने दिया, ताकि वे उन पर नज़र रख सकें। इस पर नूर ने एक बार फिर बुरी तरह झल्लाते हुए कहा कि वे कपड़े उतारना चाहती हैं और पूरी तरह नहाना चाहती हैं और यह बर्दाश्त नहीं कर सकतीं कि पहरेदार उन्होंने देखते रहें। फोख़्त ने सोचा कि ऐसी ज़बरदस्त क़ैदी को संतुष्ट रखने में ही भलाई है, इसलिए वह इस पर भी राज़ी हो गया और उसने पहरेदारों से दरवाज़ा बंद कर देने को कह दिया।

कुछ ही सेकंड में नूर बाथरूम की खिड़की के सहारे बाहर निकलकर उस पतले-से गटर पर खड़ी हो गईं, जो खिड़कियों की बग़ल से नीचे की ओर चला गया था। वे सहारे के लिए टाइल्स को थामे हुए किसी बिल्ली की तरह चल रही थीं। नूर कभी गिरती नहीं थीं। वे पहले भी अपना एरियल लटकाने के लिए छप्परों पर चढ़ जाया करती थीं। उन्होंने भागने की कोशिश करने में ज़रा भी वक़्त ज़ाया नहीं किया।

फोख़्त नूर को अकेला छोड़कर पूरी तरह सहज महसूस नहीं कर रहा था, इसलिए उसने बग़ल के शौचालय में जाकर, उसकी खिड़की से बाहर झाँककर देखा। वह नूर को गटर पर खड़ा देख हतप्रभ रह गया। नूर. फ़ोख़्त की मौजूदगी से बेख़बर, उसी की खिड़की की ओर बढ़ रही थीं।

फ़ोख़्त नहीं चाहता था कि उनका ध्यान भटके और वे डगमगा जाएँ। वहाँ से गिरने का मतलब था मौत। वह अपनी खिड़की पर पहुँचने तक उनका इंतज़ार करता रहा और फिर धीरे-से बोला, "मेदलिन, बेवकूफ़ी मत करो। तुम अपनी जान ले लोगी। अपनी माँ का ख़याल करो! अपना हाथ मुझे पकड़ाओ!"[4]

उसे देखकर नूर को झटका-सा लगा। वे पहले हिचकिचाईं और फिर उन्होंने उसके बढ़े हुए हाथ को ज़ोर-से पकड़ लिया। फोख़्त ने उन्हें उनके कंधे पकड़कर अंदर खींच लिया, और उनकी कोठरी की ओर ले गया। नूर पराजित होकर कोठरी के सँकरे-से बिस्तर पर बैठ गईं और फूट-फूट कर रोने लगीं। वे ख़ुद को कोस

रही थीं, गटर से नीचे गिरकर मर जाने की बजाय ख़ुद को पकड़ा देने की वजह से स्वयं को चीख-चीखकर कायर कह रही थीं। वे कुंठा और क्रोध से लगभग उन्मत्त हो उठी थीं। अंत में फ़ोख़्त ने नूर से मिलने, उनके साथी गिल्बर्ट नॉर्मन को ले आने का फ़ैसला किया। जून में आँद्रे बोहेल और लोरान्त्स के साथ गिरफ़्तार होने के समय से ही नॉर्मन को एवेन्यू फ़श की जेल में रखा गया था। नूर उन्हें देखकर आश्चर्य में पड़ गईं। फ़ोख़्त ने नॉर्मन से कहा कि वे नूर को शांत करें और उनसे कहें कि आत्महत्या करने की कोई ज़रूरत नहीं है। नॉर्मन ने अपनी ओर से कोशिश की। जिस तरह वे एवेन्यू फ़श में मिले, अपने दूसरे गुप्तचर साथियों से कहते आए थे, उसी तरह उन्होंने नूर से कहा कि जर्मनों को सब कुछ मालूम है, और कुछ भी छिपाने का कोई फ़ायदा नहीं है।[5] इससे ज़रा भी अंतर नहीं पड़ेगा।

एवेन्यू फ़श में नॉर्मन को अच्छी-ख़ासी सहज स्थिति में देखकर नूर का ग़ुस्सा और भी भड़क उठा। उन्होंने फ़ोख़्त के साथ सहयोग करने से इंकार कर दिया और ख़ामोश बनी रहीं। फ़ोख़्त उन्हें मनाने की भरसक कोशिश कर रहा था। उसने उन्हें डिनर के लिए अपने कमरे में आने का आदेश दिया और उनके सामने इंग्लिश टी और सिगरेटें पेश कीं। उन्होंने चाय ले ली और फुँफकारती हुई सिगरेटें पीती रहीं, लेकिन खाने को उन्होंने हाथ नहीं लगाया।

फ़ोख़्त ने अब दिमाग़ी खेल खेलने शुरू कर दिए, जो वह क़ैदियों का मनोबल गिराने के लिए किया करता था। उसने दिखाया कि उन लोगों ने नूर की नोटबुक के संकेतों को समझ लिया है। उसने उन्हें उन ख़तों की कॉपियाँ भी दिखाईं, जो नूर ने अगस्त लाइसेंडर के माध्यम से अपनी माँ को भेजे थे, साथ ही उसने एफ़-सेक्शन को भेजी गई रिपोर्टों और ख़तों की फ़ोटोकॉपियाँ भी दिखाई। फ़ोख़्त ने कुछ इस तरह का प्रभाव छोड़ने की कोशिश की कि जर्मनों को पहले से ही बहुत-सी चीज़ों की जानकारी है, इसलिए कुछ भी छिपाने का कोई अर्थ नहीं है। फ़ोख़्त ने नूर को और भी जोखिम की स्थिति में होने का अहसास कराने के उद्देश्य से, उन्हें यह विश्वास दिलाने की कोशिश की कि बेकर स्ट्रीट में जर्मनों का कोई मुखबिर बैठा हुआ है। उसने कहा कि "मुझे मालूम है कि मॉरिस बकमास्टर तुम लोगों का मुखिया है और तुम लोगों का प्रशिक्षण ब्यूली, हैम्पशर में होता है (उसने 'ब्यूली' का उच्चारण भी एकदम ठीक-ठीक किया) और यह कि तुमने अपना पैराशूट प्रशिक्षण मैनचेस्टर में रिंगवे में प्राप्त किया है।" उसने कुछ स्कूलों की आसमान से ली गईं तसवीरें भी दिखाईं। नूर ने पैराशूट प्रशिक्षण नहीं लिया था, इसलिए यह सूचना ग़लत थी। तब भी नूर को यह जानकर झटका लगा कि जर्मनों को उनके प्रशिक्षण स्कूलों के ब्योरों की जानकारी थी। इसका वही प्रभाव हुआ, जिसकी उम्मीद थी।

"निश्चय ही लंदन में तुम्हारा कोई गुप्तचर है!" नूर ने चकित होते हुए कहा।[6] फ़ोख़्त ने उन्हें सोचने का मौक़ा दिया। वह आधी रात तक उससे सवाल

करता रहा,लेकिन नूर से कुछ भी हासिल नहीं कर सका। अंततः उसने पूछताछ बंद कर दी।

अगली सुबह पूछताछ फिर शुरू हुई। फोख़्त ने नूर को उनके संदेशों की फ़ोटोकॉपियाँ दिखाते हुए पूछा कि वे कौन लोग थे, जिनका ज़िक्र उन संदेशों में है और वे क्या करते थे। नूर फिर चुप बनी रहीं। इसके बाद उसने नूर से कहा कि हो सकता है कि कुछ लोगों ने तुम्हें रात भर के लिए कमरा उपलब्ध कराते हुए छोटे-छोटे मामलों में तुम्हारी मदद की हो। अगर तुम नाम नहीं बताओगी, तो ये बेकुसूर लोग गिरफ़्तार कर लिए जाएँगे, क्योंकि अंततः हम हर किसी को गिरफ़्तार करेंगे। फोख़्त पूछताछ करने में बहुत दक्ष था और उसे तरह-तरह की युक्तियों में महारत हासिल थी। एवेन्यू फ़श में वह पुलिसिया वेशभूषा में नहीं होता था, ताकि वह डरावना दिखाई न दे, लेकिन उसकी एक तसवीर थी, जिसमें वह पूरी एसडी वर्दी पहने हुए बाक़ी पुलिसकर्मियों के साथ एवेन्यू फ़श में खड़ा दिखाई दे रहा था। एक ओर वह बहुत डरावने अंदाज़ में बात कर रहा था; दूसरी ओर वह नूर को भ्रमित करते हुए उम्मीद कर रहा था कि उसकी शालीनता से प्रभावित होकर नूर अपनी चुप्पी तोड़ दें, लेकिन नूर ने कुछ भी नहीं बताया। उनका अड़ियल रवैया फोख़्त की ज़िद से टक्कर ले रहा था और जर्मन के हाथ कुछ भी नहीं लग रहा था।[7]

कीफ़ा ने रेडियो विशेषज्ञ जोसेफ़ गोएट्ज़ की मदद ली। गोएट्ज़ ने लंदन के साथ *इंग्लैंडस्पील* नामक ख़तरनाक रेडियो छल किया था। जैसे ही जर्मन वायरलैस सैट ज़ब्त कर लेते थे, वे उनका इस्तेमाल बहुत आसानी-से लंदन के लिए प्रसारण करने में कर सकते थे। सारे सैटों में वे ख़ास क्रिस्टल होते थे, जो उस ख़ास फ्रिक्वेंसी पर ट्यून्ड होते थे, जिनका इस्तेमाल आने और जाने वाले संदेशों के सिलसिले में लंदन के साथ संपर्क के लिए किया जा सकता था। गोएट्ज़ ने ऑपरेटरों की प्रसारण शैली का अध्ययन कर लिया था और उस शैली की नक़ल करने में सफल रहा था। वह समान फ्रिक्वेंसी पर लंदन से संपर्क करके उसे इस भ्रम में डाल देता था कि उसी का गुप्तचर युद्ध-क्षेत्र से प्रसारण कर रहा है। शुरू में तो गोएट्ज़ अकेले ही काम करता था, लेकिन जैसे ही यह खेल बढ़ने लगा तो उसे जोसेफ़ प्लेक, फ़ोन कैप्री और वेर्नर गुइल का सहयोग मिलने लगा। रेडियो की इस चालबाज़ी के दौरान इन चारों में से हर व्यक्ति तीन-चार छलपूर्ण प्रसारण करता था।[8] ये आपस में मिलकर बेकर स्ट्रीट को झूठे संदेश भेजते थे और वहाँ से उपकरणों और अतिरिक्त बलों की माँग करते थे, जिन्हें जर्मन अपने क़ब्ज़े में ले लेते थे। वे इस रेडियो छल का इस्तेमाल एसओई गुप्तचरों के ठिकानों का पता लगाने और अन्य गुप्तचरों को अपने जाल में फाँसने के लिए भी कर सकते थे। गोएट्ज़ ने कैनेडाई गुप्तचरों, मेकालिस्टर और पिकर्सगिल के वायरलैस सैटों और बाद में नॉर्मन के वायरलैस सैट का इसी तरह सफलतापूर्वक इस्तेमाल किया था। इन प्रसारणों के नतीजे में जैक एग्याज़ावियों

और ग़ोबेख़ ज़िएल की गिरफ़्तारियाँ संभव हुई थीं। अब गोएट्ज़ ने नूर से निपटने की कोशिश की। वह नूर को अपने ऑफ़िस में ले गया, जहाँ उसने उनसे उनके सिक्युरिटी चैक और उनके काम के कुछ तकनीकी पहलुओं को उजागर कराने की चेष्टा की। उसे भी एक बार फिर ख़ामोशी की दीवार का सामना करना पड़ा। अपने वचन की पक्की नूर ने कुछ नहीं कहा।

लेकिन गोएट्ज़ के पास नूर की डायरी में दर्ज़ पुराने संकेत तो थे ही, और उनका रेडियो सैट और क्रिस्टल भी थे। उसने इन चीज़ों का इस्तेमाल करते हुए लंदन के लिए प्रसारण किया और ऑपरेशन डायना नामक रेडियो छल आरंभ कर दिया। यहाँ तक कि उसने उनकी ख़ास प्रसारण-शैली की नक़ल भी कर डाली। 17 अक्टूबर को जर्मनों ने पोस्ते मेदलिन पर संदेश भेजा : 'मेरे छिपने की जगह असुरक्षित। नया पता बेलियाख़्र। एक सौ सत्तावन ग्यू वेक्साँज़ितोग़िक्स स्ट्रीट, पेरिस, पासवर्ड द ला पाख़्त द मोस्यू द गुआल। यह पूरी तरह सुरक्षित। गुड बाई।'[9]

ग्रेंडन के रिसीविंग स्टेशन पर सिग्नल्स ऑपरेटर ने ध्यान दिया कि संदेश में सिक्युरिटी चैक तो मौजूद था, लेकिन ब्लफ़ चैक नहीं था। बावजूद इसके कि नूर मध्य अक्टूबर की पूर्णिमा की रात के लाइसेंडर से लौटी नहीं थीं, लंदन को कोई चेतावनी नहीं मिली। उन्होंने जवाब दिया कि नए गुप्त अड्डे का पता मिला। लियो मार्क्स नूर में हमेशा ख़ास दिलचस्पी लेते रहे थे, और उनके संदेशों को ग़ौर-से पढ़ते थे। उन्होंने ग़ौर किया था कि सितंबर के अंत तक के उनके संकेतों में कोई त्रुटियाँ नहीं होती थीं, उनके सारे सिक्युरिटी चैक अक्षुण्ण होते थे। वे मन-ही-मन उन पर गर्व करते थे। उन्होंने ग्रेंडन के ऑपरेटरों से कहा था कि उन्होंने नूर को एक विशेष सिक्युरिटी चैक दिया था। इसलिए उनके वायरलैस संदेशों को बारीकी-से देखो और उस सिक्युरिटी चैक पर नज़र रखो, लेकिन 53a स्टेशन पर बैठी लड़कियों ने ध्यान नहीं दिया था।

लेकिन नूर को लंदन में मार्क्स के साथ हुई लंबी चर्चा याद थी और उस बात की भी याद थी, जो उन्होंने उनके विशेष सिक्युरिटी चैक के बारे में कही थी। उन्होंने नूर से कहा था कि वे कभी भी अठारह अक्षरों के 'की फ्रेज़' का इस्तेमाल न करें। अगर उन्होंने कभी ऐसा किया, तो वे समझ जाएँगे कि वे पकड़ी गई हैं। गोएट्ज़ की मार्फ़त भेजे गए अपने पहले संदेश में नूर ने अठारह अक्षर लंबी एक ट्रांसपोज़ीशन 'की' भेजी थी। बाद में मार्क्स ने उस संदेश को देखा और नूर द्वारा लगाई गई मदद की गुहार पर उनका ध्यान गया। वे उसे तुरंत बकमास्टर के पास ले गए और उनसे बोले कि उन्हें लगता है नूर क़ैद में है, लेकिन बकमास्टर ने उनकी बात पर भरोसा नहीं किया। उन्होंने कहा कि वे दोतरफ़ा आदान-प्रदान को जारी रखने का इरादा रखता है।[10] इस फ़ैसले के नतीजे में एफ़-सेक्शन के गुप्तचरों की और भी मौतें हुई थीं। मार्क्स ने प्रार्थना की कि नूर की कोडिंग एक चूक हो

सकती है, लेकिन अपने दिल में वे जानते थे कि नूर ने उन्हें ख़ास सिक्युरिटी चैक भेजे हैं। और उन्हें सबसे ख़राब स्थिति की आशंका होने लगी।

लेकिन इसके बाद से लंदन हल्का-सा चौकन्ना हो गया था। गोएट्ज़ ने रसद के बारह कंटेनरों की माँग की थी, लेकिन उसे एक ही कंटेनर मिला था। जर्मन जानते थे कि सिक्युरिटी चैक के बिना संदेश विश्वसनीय नहीं होंगे और जल्दी ही उनका भाँडा फूट जाएगा।

फोख़्त ने अब एक अलग युक्ति अपनाई। उसने नूर को तनावमुक्त करने की कोशिश की। वह उनसे यहाँ-वहाँ की चीज़ों के बारे में बातें करता, कभी उनके परिवार के बारे में बात करता, लेकिन इस सारी कवायद के नतीजे में उसे सिर्फ़ इतना ही पता चल पाया कि उनका नाम नोरा बेकर है। नूर ने एक बार फिर वही नाम बताया, जो उन्होंने बालाचोव्स्की और प्रॉस्पर सर्किट के दूसरे लोगों को बताया था, जिनका ख़याल था कि नोरा बेकर उनका वास्तविक नाम है और जीन मैरी उनका छद्म नाम है। नूर ने अपनी वास्तविक पहचान सर्किट के उन लोगों तक से छिपा कर रखी थी, जिनके साथ उसकी अत्यंत घनिष्ठता थी। वे यह बात उजागर नहीं करना चाहती थीं कि उनका नाम इनायत ख़ान है, क्योंकि हिदायत अभी फ़्रांस में ही थे और वे नहीं चाहती थीं कि गिस्तापो हिदायत के लिए मुश्किलें खड़ी करे और उनको या उनके बच्चों को बंधक बनाकर उन्हें (नूर को) बोलने के लिए विवश कर दे।

चूँकि नूर को यातनाएँ नहीं दी जा रही थीं, इसलिए वक़्त के गुज़रने के साथ-साथ एवेन्यू फ़श की पुलिस के प्रति उनकी उग्रता धीरे-धीरे ठंडी पड़ती गई। फोख़्त ने विशेष रूप से ख़ुद को गिस्तापो के मैत्रीपूर्ण पक्ष के रूप में प्रस्तुत करते हुए उन्हें ख़ुश करने की कोशिश की थी। वह उनसे हर रोज़ बात किया करता था और जितना उससे बन पड़ता था, उनसे जानने की कोशिश करता था। नूर अपनी माँ के बारे में बात करती थीं, जिससे फोख़्त ने नतीजा निकाला कि वे अपनी माँ को बहुत प्यार करती थीं।

उनसे जानकारी उगलवाने के लिए कभी-कभी वह उन्हें अपने कमरे में डिनर के लिए बुला लेता था, लेकिन नूर ने कभी लापरवाही नहीं की, और हालाँकि वे कई चीज़ों पर चर्चा किया करते थे, लेकिन उन्होंने अपनी मुहिम के बारे में या उन आदमियों के बारे में, जिनके साथ वे काम करती रही थीं, अपनी ज़ुबान से एक भी बात फिसलने नहीं दी। कभी-कभी वे अपने शब्दों को बहुत सावधानीपूर्वक चुनते हुए जानबूझकर कोई ऐसा मामूली-सा तथ्य उजागर कर देती थीं, जिसकी जानकारी उसे पहले से ही होती थी और जो किसी के लिए भी किसी काम का नहीं होता था। बाद में, गोएट्ज़ और कीफ़ा ने अपने शपथ-पत्रों में कहा था कि नूर को पकड़े जाने के नतीजे में कोई गिरफ़्तारी नहीं की जा सकी, क्योंकि उन्होंने कुछ भी नहीं बताया।

फोख़्त ने बाद में जीन ओवरटन फुलर से कहा था कि वह नूर जैसे किसी व्यक्ति से कभी नहीं मिला। उसने नूर के साहस, बहादुरी और भलमनसाहत की बहुत सराहना की थी। एक बार उसने पूछा था कि क्या तुम्हें लगता है कि तुमने इस काम को अपनाकर अपनी ज़िंदगी बर्बाद कर दी है और तुम्हारी कुर्बानी बेकार गई, क्योंकि हम लोगों ने फ्रेंच सेक्शन के तीन-चौथाई हिस्से का सफ़ाया कर दिया है, लेकिन उन्होंने जवाब दिया कि इससे फ़र्क नहीं पड़ता। उन्होंने अपने देश की सेवा की है और यही मेरा इनाम या मुआवज़ा है।[11]

नूर आसान क़ैदी नहीं थीं। उनकी तरह-तरह की माँगें थीं। उन्होंने धुले हुए कपड़ों, गुसलखाने संबंधी चीज़ों, और काग़ज़ों की माँग की और अनुरोध किया कि किसी व्यक्ति को फ़ेज़ाँदग़ी स्ट्रीट स्थित उनके मकान पर भेजकर वह सामान मँगा लिया जाए। उनका ख़याल था कि इससे सोलाँज को पता चल जाएगा कि उन्हें गिरफ़्तार कर लिया गया है। उन्होंने सामान लेने जा रहे व्यक्ति के हाथों एक संक्षिप्त पत्र भेजा था, जिसमें कहा गया था कि 'पत्रवाहक' को अमुक-अमुक चीज़ें दे दी जाएँ, लेकिन सोलाँज को मालूम नहीं था कि नूर क़ैद की जा चुकी हैं। इसका फ़ायदा उठाते हुए फोख़्त ने वह सामान लेने पिएख़ काख़्तो को भेजा। उसका ख़याल था कि वे लोग उसे फ़्रांसीसी प्रतिरोध आंदोलन का सदस्य समझेंगे और इस तरह वह कुछ और जानकारी जुटा लेगा और संभव है, दूसरे गुप्तचरों का भी पता लगा ले। जैसी कि उम्मीद थी, जब 17 अक्टूबर को काख़्तो सोलाँज के फ़्लैट पर गया, तो वहाँ उसे गैरी और उसकी पत्नी मिली। उसने वापस आकर फोख़्त को इसकी सूचना दी। गैरी दंपती ने मेदम ऐग्हाँ की गिरफ़्तारी के बारे में सुनने के बाद अपना फ़्लैट छोड़ दिया था और अब लंदन के लिए कोई विमान प्राप्त करने की कोशिश में लगे थे। वे 16 अक्टूबर को सोलाँज के फ़्लैट में इस उम्मीद में रहने आ गए थे कि उन्हें वहाँ उड़ान के बारे में कोई संदेश मिल जाएगा। अगले ही दिन उन्हें काख़्तो ने वहाँ देख लिया। अब काख़्तो, फोख़्त और तीन अन्य अधिकारी उस अपार्टमेंट में पहुँच गए, जहाँ गैरी दंपती ने अभी-अभी अपना नाश्ता समाप्त किया था। उन्होंने गैरी दंपती को गिरफ़्तार कर लिया। उन्हें एवेन्यू फ़श ले जाया गया। नूर को इन गिरफ़्तारियों के बारे में कोई जानकारी नहीं थी। न ही सोलाँज को थी, क्योंकि वे पहले ही फ़्लैट से जा चुकी थीं। उन्हें लगा था कि गैरी दंपती अचानक चले गए हैं, जैसा कि वे अक्सर किया करते थे।

30 अक्टूबर को चार्ल्स वॉदविए, पॉल अरिगी और उनके सहयोगी इमेन्युएल द सीयेस को भी गिरफ़्तार कर लिया गया, लेकिन फोख़्त और कीफ़ा को इसकी कोई जानकारी नहीं थी कि नूर इन लोगों को जानती थीं और उन्होंने इनके साथ काम किया था, क्योंकि उन्होंने किसी के भी बारे में कुछ नहीं बताया था। अब 84 एवेन्यू फ़श में वे बहुत-से गुप्तचर बंद थे, जिन्होंने साथ मिलकर काम किया था।

नूर नॉर्मन से पहले ही दिन मिल चुकी थीं। ऑगी गैरी भी वहीं थे। उन्हें दो अन्य लोगों से संपर्क स्थापित करना था।

एक रात, नूर ने अपनी कोठरी की दीवार पर ध्वनि-संकेतों (मार्स कोड) का इस्तेमाल करते हुए पड़ोसी क़ैदी के लिए एक संदेश भेजा। उन्हें लगभग तुरंत ही जवाब मिल गया। उस क़ैदी ने कर्नल लियोन फ़ेय के रूप में अपनी पहचान बताई। उसने बताया कि वह उस अलायंस सर्किट का पूर्व प्रमुख था, जिसने एमआई6 के साथ काम किया था। नूर ने उसे बताया कि वे एक ब्रिटिश गुप्तचर हैं। उन्होंने कहा कि हमें एक-दूसरे की मदद करनी चाहिए और भागने की कोशिश करनी चाहिए।

जिस दूसरे गुप्तचर से नूर ने संपर्क स्थापित किया, वह थे कैप्टन जॉन एआर स्टार (गुप्त नाम बॉब)। ये डीज़ों इलाक़े में सक्रिय रहे एक्रोबेट सर्किट के एफ़-सेक्शन गुप्तचर थे। इन्हें एक डबल एजेंट द्वारा धोखा दिए जाने की वजह से 18 जुलाई को गिरफ़्तार किया गया था। स्टार को पहले डीज़ों की जेल में भेजा गया था, फिर फ़ेन की जेल में और अंत में एवेन्यू फ़श ले आया गया था। इन तीनों ने मिलकर भागने की साहसिक योजना बनाई। अगर यह योजना सफल रही होती, तो वह इतिहास की पुस्तकों में द्वितीय विश्व युद्ध के सबसे दुस्साहसिक और नाटकीय पलायन के रूप में दर्ज हुई होती।

स्टार पेशे से पोस्टर आर्टिस्ट था। कीफ़ा ने पाया कि वह अच्छा नक़्शानवीस है और उसमें रेखांकन तैयार करने की कमाल की प्रतिभा है। कीफ़ा ने उससे बहुत-सा काम कराया था।[12] डीज़ों और फ़ेन की जेलों का स्टार का अनुभव बहुत डरावना रहा था और एवेन्यू फ़श उसे काफ़ी सौहार्दपूर्ण लगा था। उसने जर्मनों के साथ सहयोग करने का निश्चय किया और वे जो भी करने को कहते थे, वह करता था : नक़्शों की प्रतियाँ तैयार करना, यहाँ तक कि छवि-चित्र और ग्रीटिंग कार्ड तैयार करना। वह जिस कोठरी में था, वह पहरेदारों के कमरे से लगी थी, जिसमें एक फ़ोर-मेन गार्ड स्थायी रूप से मौजूद रहता था। कीफ़ा जल्दी ही उससे ऐसे विषयों के रेखांकन तैयार करवाने लगा, जिन्हें गोपनीय रखा जाना ज़रूरी था। अगर वह भाग जाता, तो कीफ़ा का ऑफ़िस जोखिम में पड़ जाता, इसलिए उसने पहरेदारों से स्टार के मामले में ज़्यादा सतर्क रहने को कह रखा था।

स्टार का इस्तेमाल जर्मन अपने रेडियो षड्यंत्रों में भी करते थे। उसे नीचे उस कमरे में ले जाया जाता था, जहाँ प्लेक ज़ब्त किए गए वायरलैस सैट्स से लंदन को संदेश भेजता था और जर्मनों द्वारा भेजे जाने वाले जाली संदेशों की शब्दावली की स्टार से जाँच कराता था कि वे संदेश ख़ास अँग्रेज़ी शैली में लिखे गए हैं या नहीं। स्टार सहयोग करता था और इसलिए उसे जल्दी ही जर्मनों के गुप्तचरों-की-गुप्तचरी संबंधी काम के बारे में, उनके वायरलैस ऑपरेटरों के बारे में, गिरफ़्तार गुप्तचरों

के बारे में और दुश्मन की ख़ुफ़िया सेवाओं के संगठनकर्ताओं के बारे में बहुत-सी जानकारी हासिल करने का मौक़ा मिला। यही वह समय था, जब नूर को गिरफ़्तार कर एवेन्यू फ़श लाश गया था।

स्टार ने नूर के बारे में उन जर्मन अधिकारियों से सुन रखा था, जिन्होंने उसे बताया था कि नूर ने बहुत उग्र विरोध किया था और उनकी गिरफ़्तारी बहुत मुश्किल रही थी। एक अधिकारी ने तो स्टार को अपनी अँगुली पर नूर के दाँतों के निशान तक दिखाए थे। स्टार को बताया गया था कि नूर ने एवेन्यू फ़श लाए जाने के कुछ ही मिनटों के भीतर भागने की कोशिश की थी।

चूँकि स्टार को नक़्शों और रेखांकन संबंधी कामों के लिए आम-तौर से पहरेदारों के कक्ष में ले जाया जाता था, वह नूर को कीफ़ा के ऑफ़िस में ले जाए जाते देख सकता था। वे आम-तौर से पोलो-नेक्ड जंपर, नैवी ब्ल्यू स्लेक्स और प्लिमसोल्स पहना करती थीं। ये वे कपड़े थे, जिन्हें पहने हुए उन्हें गिरफ़्तार किया गया था। एक बार उन्होंने सोलाँज के यहाँ से धुले कपड़े लाने का आदेश तो दिया था, लेकिन उन्हें और भी चीज़ें बदलनी ज़रूरी थीं। एवेन्यू फ़श के क़ैदियों को पहरेदारों के कमरे के पुस्तकालय से कोई पुस्तक चुनने की छूट थी और जब स्टार अपने लिए पुस्तक लाने वहाँ गया था, तो उसने नूर को बहुत क़रीब से देखा था। नूर ने पहरेदारों से पहले ही अपने लिए काग़ज़ मँगा लिए थे, और जिस दौरान उनसे पूछताछ नहीं की जा रही होती थी, वे अपनी कोठरी में बैठकर लिखती रहती थीं।

रात के समय स्टार को उनके कमरे से रोने की आवाज़ सुनाई दी। उनकी कोठरी स्टार की कोठरी के सामने थी। वह उन्हें साँत्वना देना चाहता था, लेकिन उन्हें समझ में नहीं आ रहा था कि कैसे दे। जिस एकमात्र जगह का इस्तेमाल सभी लोग करते थे, वह शौचालय था। एक दिन उसने अपने हाथ से पेंसिल छूट जाने का नाटक किया और उसे उठाने के लिए झुकते समय नूर के दरवाज़े के अंदर एक नोट सरका दिया। उसमें नूर से कहा गया था कि ख़ुश रहें, आप अकेली नहीं हैं, और हो सकता है हम भागने का कोई उपाय निकाल लें। उसने नूर से कहा कि मेरे और नोट तुम्हें शौचालय के बेसिन के नीचे मिलेंगे।

अगले दिन नूर का जवाब मौजूद था। उन्होंने बताया कि वे एक और क़ैदी (जिसकी कोठरी उनकी कोठरी से लगी है) कर्नल फ़ेय के साथ पहले ही संपर्क स्थापित कर चुकी हैं। अब तीनों मिलकर भागने की योजना बनाएँगे। बहुत छोटे-छोटे-से नोट्स पर, जिनका तीनों क़ैदियों के बीच आदान-प्रदान होता रहा, एक दुस्साहसिक योजना तैयार हुई। स्टार ने बताया कि उनके कमरे की छत (सीलिंग) में एक छोटी-सी खिड़की है, जिसमें लोहे की तीन छड़ें लगी हैं। ये छड़ें लकड़ी के चौखटे (फ़्रेम) में फँसी हैं। इस चौखटे को खोलने के लिए मामूली-सा स्क्रूड्राइवर

काफ़ी होगा। उन्हें एक स्क्रूड्राइवर और एक स्टूल की ज़रूरत होगी, जिस पर खड़े होकर वे चौखटे को खोलेंगे।

बाक़ी दोनों क़ैदियों ने बताया कि उनकी छत की खिड़कियों की लोहे की छड़ें छत की दीवार में ही कसी हैं, जिन्हें हटाना थोड़ा मुश्किल होगा। यह समस्या अप्रत्याशित रूप से सुलझ गई। एक दिन सफ़ाई करने वाली स्त्री यह शिकायत करती हुई गार्ड के कमरे में दाख़िल हुई कि कार्पेट स्वीपर काम नहीं कर रहा है। स्टार उछल पड़ा और उसने मदद की पेशकश करते हुए कहा कि उसे कार्पेट स्वीपर्स के बारे में सब कुछ आता है। उसने स्वीपर को ठीक करने के लिए औज़ारों की माँग की, लेकिन जर्मन उस पर क़रीब से निगाह रखे थे और इसलिए वह उनकी मौजूदगी में स्क्रूड्राइवर छिपा नहीं सका। इसलिए उसने कार्पेट स्वीपर को बुरे ढंग से सुधारा। वह जानता था कि वह जल्दी ही फिर से ख़राब हो जाएगा।

जैसी कि उम्मीद थी, सफ़ाई कर्मचारी एक बार फिर उसके पास वह बिगड़ी हुई मशीन लेकर आ गई, और उसने एक बार फिर उसे औज़ारों का बक्सा पकड़ा दिया। इस बार जर्मन उतने क़रीब से नहीं देख रहे थे, इसलिए वह एक स्क्रूड्राइवर छिपा लेने में कामयाब रहा। उसने वह स्क्रूड्राइवर नूर और फ़ेय के लिए शौचालय में छिपा दिया। उन्हें उसका आपस में आदान-प्रदान करते हुए तब तक बारी-बारी से इस्तेमाल करना था, जब तक कि उनकी खिड़कियों की छड़ें ढीली नहीं हो जातीं। चूँकि स्टार की खिड़की की छड़ों को हटाना ज़्यादा आसान था, इसलिए स्क्रूड्राइवर उसे तब दिया जाना था, जब बाक़ी दोनों अपना काम पूरा कर लेते।

स्टार को खिड़की तक पहुँचने का कोई तरीक़ा निकालना ज़रूरी था। अगर वह अपने पलंग को कमरे के बीच तक खिसकाता, तो गार्ड को तुरंत शक हो जाता। इसलिए एक दिन उसने अपना पलंग कमरे के दूसरे सिरे तक सरका लिया। जब गार्ड ने उससे इसकी वजह पूछी, तो कहा कि वह दृश्य को बदलना चाहता है, हालाँकि वे इस स्पष्टीकरण से ख़ुश नहीं थे, लेकिन उन्होंने बात को आगे नहीं बढ़ाया। इसके बाद स्टार कुछ दिनों तक पलंग को नई-नई जगहों पर सरकाता रहा। जब गार्ड ने उस सिलसिले को निरंतर जारी रहते देखा, तो उसने इसमें दिलचस्पी लेना बंद कर दिया। तब उसने पलंग को कमरे के बीच में सरका लिया। इसके बावजूद खिड़की तक पहुँचने के लिए उसे एक कुर्सी की ज़रूरत थी, इसलिए वह गार्ड के कमरे से कुर्सी ले आया। इसके बारे में भी उससे सवाल हुए, जिनके जवाब में उसने कहा कि उन्हें अपने कपड़े रखने के लिए किसी चीज़ की ज़रूरत है, इसलिए वे यह कुर्सी ले रहे हैं। एक बार फिर गार्डों ने बात वहीं ख़त्म कर दी।

खिड़की तक पहुँचने की समस्या नूर के सामने भी थी। उनका पलंग दीवार से जुड़ा था, जिसे मोड़कर दीवार से सटा दिया जाता था। उसे सरकाकर कहीं ले

जाने का कोई उपाय नहीं था। वे खिड़की तक पहुँचने के लिए पलंग के सिरे पर खड़े होकर आगे की ओर झुकती थीं। उनका क़द भी छोटा था। एक रात स्टार ने धम्म की तेज़ आवाज़ सुनी। आवाज़ इसलिए आई थी, क्योंकि नूर पलंग से गिर पड़ी थीं - वे पलंग के सिरे पर खड़ीं झुककर खिड़की की छड़ों को खोलने की कोशिश कर रही थीं। गार्ड कमरे की ओर भागे, लेकिन घबराई हुई नूर ने कहा कि वह छड़ों से लटककर आत्महत्या करने की कोशिश कर रही थी। गार्डों ने नूर पर संदेह नहीं किया और नूर ने जल्दी ही उनसे छुटकारा पा लिया। उन लोगों ने अध-लटकी छड़ों या स्क्रूड्राइवर की ओर ध्यान ही नहीं दिया।

चूँकि फ़ेय और नूर लोहे की छड़ों को हटाने के काम में लगातार लगे थे, इसलिए छतों के छेद उजागर होते जा रहे थे। नूर ने स्टार से पूछा कि क्या आप छेदों को ढकने के लिए किसी चीज़ का इंतज़ाम कर सकते हैं। उसने चेहरे के पाउडर की सलाह दी। इसलिए नूर ने सोलाँज़ से अपनी एक और प्रसिद्ध पार्सल मँगाने के लिए आदमी भिजवाया। इस बार उन्होंने ओ द कोलोन और सेंट की माँग की। जब वह आ गया, तो उन्होंने उसका कुछ हिस्सा फ़ेय को दिया, जिसके लिए उन्होंने शौचालय के उसी लेटरबॉक्स का इस्तेमाल किया। सोलाँज़ को अभी भी यह जानकारी नहीं थी कि नूर जेल में हैं। वे काख़्तो को उनके द्वारा माँगी गई चीज़ें सौंपती रहीं। काख़्तो नूर का दोस्त होने का स्वाँग भरता रहा।

नूर ने और भी कपड़ों की माँग की थी। उनके पास उनकी जेब में कुछ मैट्रो टिकट थे, जो गार्डों के हाथ नहीं लग पाए थे। इनमें से कुछ टिकट उन्होंने अपने साथियों को दे दिए थे, क्योंकि ये उन्हें फुर्ती-से भागने में मदद करने वाले थे। सबसे पहले फ़ेय ने अपनी खिड़की की छड़ें खोलीं। इसके बाद स्क्रूड्राइवर स्टार को दे दिया गया और उसने भी अपनी छड़ें खोल लीं। नूर को कुछ और वक़्त लगने वाला था। अंत में उन्होंने तैयार होने का संकेत दे दिया।

उन्होंने तय किया कि वे खिड़की से बाहर कूदने के पहले अपने जूते गले में लटका लेंगे, और अपने-अपने कंबल अपने साथ लिए रहेंगे, ताकि छत पर पहुँचने के बाद वे कंबलों को आपस में बाँधकर उनके सहारे ज़मीन पर उतर सकें।

25 नवंबर की रात को स्टार गार्ड के कमरे में देर तक बैठकर कीफ़ा का पोर्ट्रेट पूरा करने में लगा रहा। आधी रात के आस-पास गार्ड दूसरे कमरों में चले गए और उन्होंने बत्तियाँ बुझा दीं। स्टार जानता था कि नूर और फ़ेय जब अपनी खिड़कियों की छड़ें निकालेंगे, तो कुछ आवाज़ होगी। गार्डों का ध्यान बँटाने के उद्देश्य से वह ज़ोर-ज़ोर-से सीटियाँ बजाते हुए बाथरूम गया। अंत में उसने गार्डों से कहा कि अब वह सोने जा रहा है, इसलिए एक गार्ड ने आकर उसे उसके कमरे में बंद कर दिया। वह खिड़की से निकलकर छत पर खड़ा हो गया। फ़ेय वहाँ पहले से ही

मौजूद था, लेकिन नूर नहीं थीं। वे अभी भी अपनी आख़िरी छड़ को निकालने में लगी थीं। उन लोगों ने उनकी मदद करने की कोशिश की, लेकिन यह मुश्किल काम था। वे इस बात के प्रति दर्दनाक ढंग से जागरूक थे कि समय गुज़रता जा रहा था और छड़ को निकालने से होने वाली आवाज़ गार्डों के कान में पड़ सकती थी। अंत में फ़ेय ने उस छड़ को हटा दिया। उसने नूर को बाहर खींच लिया और आनंद से भरकर उन्हें चूम लिया।

वे धीरे-धीरे छत की लंबाई को पार करने लगे। वह ठंडी रात थी और वे हवा की चुभन को महसूस कर रहे थे। उन्हें 84 नंबर की इमारत के पिछले हिस्से में पड़ोस के मकान की सपाट छत पर पहुँचने की कोशिश करनी थी। वे अपने-अपने कंबल लिए ख़तरनाक ढंग से चलने लगे। तीनों में सबसे ज़्यादा आत्मविश्वास-भरी चाल नूर की थी। अंततः वे दूसरी ओर के मकान की छत पर पहुँच गए और कंबलों को जल्दी-जल्दी फाड़ने लगे, ताकि उनकी रस्सी बनाकर पहली छलांग लगा सकें, लेकिन क़िस्मत उनके ख़िलाफ़ थी। वे रस्सी पर बमुश्किल पहला क़दम बढ़ा पाए थे कि हवाई हमले का सायरन बज उठा। रैफ़ हमला कर रही थी!

फ़र्श पर अटके तीनों क़ैदी हताश थे। उन्हें मालूम था कि उनकी ग़ैरमौजूदगी के बारे में तत्काल पता चल जाएगा, क्योंकि जब भी कभी हवाई हमले की चेतावनी दी जाती थी, गार्ड कोठरियों की जाँच करने पहुँच जाते थे। उनकी एकमात्र उम्मीद इसमें थी कि वे तेज़ी-से आगे बढ़ने की कोशिश करते, लेकिन आसमान में विमान-भेदी गोलाबारी चालू हो चुकी थी और छतों पर सर्चलाइट की रोशनी घूम रही थी। वे छायाओं में छिपने की कोशिश करते हुए छत पर चित्त होकर लेट गए।

नीचे गार्डों ने अलार्म बजा दिया था। सुबह 3 बजे हवाई हमले की चेतावनी के तुरंत बाद, कीफ़ा को क़ैदियों के भाग जाने की ख़बर के साथ जगाया गया। उसने तुरंत उस इलाक़े में पुलिस का घेरा डालने का आदेश दे दिया।

अब इन तीनों भगोड़ों को एक मंज़िल नीचे की छत पर उतरना ज़रूरी था, लेकिन नीचे की वह छत ढलुवाँ थी, उसमें ऐसी कोई समतल जगह नहीं थी, जिस पर वे खड़े हो सकें।

उन्होंने एक और कंबल को फाड़कर रस्सी बनाई और एक बार और अपनी क़िस्मत आज़माने का फ़ैसला किया। वे लटक गए, उन्होंने नीचे के मकान की खिड़की तोड़ दी और उसके अंदर चले गए। वे सीढ़ियों पर रेंगते हुए सामने के दरवाज़े तक पहुँचे, और दरवाज़े को खोलकर बाहर झाँककर देखा। उन्हें यह देखकर घोर निराशा हुई कि वह बंद था और सड़क का एक हिस्सा अवरुद्ध था। जो हिस्सा सड़क की ओर खुलता था, उसे घेरा जा चुका था। उन्हें गिस्तापो के लोग टहलते हुए दिखाई दे रहे थे। वे फँस चुके थे।

फ़ेय ने तेज़ी-से भागने का सुझाव दिया। विकल्प किसी भी सूरत में फिर से पकड़ लिए जाने का था। नूर सहमत हो गईं। वे मोड़ पर पहुँचे और फ़ेय ने दौड़ लगा दी। तुरंत ही बंदूक़ें दनदना उठीं और गार्डों ने उस पर झपट्टा मारकर उसे दबोच लिया।

स्टार ने नूर को वापस मकान की ओर खींच लिया। वे लगभग निरुद्देश्य-से ढंग से चले गए, सीढ़ियाँ चढ़े और बैठक कक्ष में पहुँच गए। उन्होंने देखा कि सीढ़ियों के ऊपर से एक स्त्री उनकी ओर देख रही थी, लेकिन इसके पहले कि उनमें से कोई भी प्रतिक्रिया करता, गिस्तापो घुस पड़ी और उसने नूर और स्टार को पकड़ लिया। दोनों पर लातों-घूँसों की बौछार हुई और उन्हें पैदल चलाते हुए वापस 84 नंबर में ले जाया गया।

कीफ़ा बहुत ज़्यादा नाराज़ था। उसने तीनों को दीवार के सहारे खड़ा कर दिया और गोली मारने की धमकी दी, लेकिन उनके चेहरों को देखकर उसके भीतर कुछ घटित हुआ और उसने उन्हें ले जाने का आदेश दिया।

बाद में उस रात कीफ़ा नूर की कोठरी में गया। नूर ने अपने कमरे में दीवार पर V का संकेत और रैफ़ का प्रतीक-चिह्न उकेरा हुआ था। उसने जानबूझकर उनकी उपेक्षा की। कीफ़ा ने नूर से एक घोषणा-पत्र पर हस्ताक्षर करने को कहा, जिसमें कहा गया था कि वे अब दोबारा कभी भागने की कोशिश नहीं करेंगी। उसने कहा कि वह इसी शर्त पर उन्हें एवेन्यू फ़श में पहले की तरह रख पाएगा, लेकिन नूर ने इंकार करते हुए कहा कि यह उनका परम कर्तव्य है कि अगर उनके लिए संभव होगा, तो वे भागने की कोशिश ज़रूर करेंगी। एक बार फिर, नूर झूठ नहीं बोल सकीं। फ़ेय ने भी घोषणा-पत्र पर हस्ताक्षर करने से इंकार कर दिया। सिर्फ़ स्टार ने घोषणा-पत्र पर हस्ताक्षर किए और उसे वहाँ रुकने की इजाज़त मिल गई।

कीफ़ा ने बर्लिन तार भेजकर कहा कि वे एवेन्यू फ़श में इन ख़तरनाक क़ैदियों की ज़िम्मेदारी नहीं ले सकता, क्योंकि यहाँ जेल जैसी नियमित सुरक्षा-व्यवस्था नहीं है। वह उन्हें जर्मनी भेजना चाहता था।

तुरंत ही वापसी के तार से बर्लिन गिस्तापो के प्रमुख अधिकारी हॉर्स्ट कॉपकॉफ़ ने अपनी सहमति भेज दी। कीफ़ा कार्ल्सरुहे का रहने वाला था और उसकी माँ और भाई अभी भी वहीं रहते थे। उसने नूर को कार्ल्सरुहे भेजने का फ़ैसला किया, इस उम्मीद में कि उसका भाई उसे नूर के बारे में ताज़ा जानकारी देता रहेगा और अगर वह उनसे कभी फिर से पूछताछ करना चाहेगा, तो उसे कार्ल्सरुहे जाने का बहाना मिल सकेगा, लेकिन कार्ल्सरुहे की जेल में क्षमता से अधिक क़ैदी भरे थे और इसलिए नूर को वहाँ से लगभग 20 मील दूर फोर्ट्सहाइम की जेल में भेज दिया गया।

नूर और फ़ेय को एवेन्यू फ़श से उसी दिन स्थानांतरित कर दिया गया था, जिस दिन उन्हें भागते हुए पकड़ा गया था, यानी 26 नवंबर, 1943 को। नूर जर्मनी भेजी जाने वाली ब्रिटेन की पहली महिला गुप्तचर थीं। जीन ओवरटन फुलर का ख़याल था कि जब उन्हें फोट्सहाइम जेल के लिए स्टेशन ले जाया जा रहा था, तब उन्होंने शायद भागने की एक और कोशिश की थी, क्योंकि उनकी दोस्त रेमॉन्द प्रेनात का दावा था कि उन्होंने उन्हें नवंबर में एक बार फिर से देखा था। उनकी साँस फूली हुई थी और वे काफ़ी परेशान थीं और पूछ रही थीं कि क्या वे रात में आकर संदेशों का प्रसारण कर सकती हैं। नूर कभी नहीं लौटी थीं और ज़ाहिर है कि उन्हें भागते हुए पकड़ लिया गया था। बाद में नूर ने फोट्सहाइम जेल के गवर्नर से कहा था कि वे तीसरी बार गिस्तापो से बचकर क़रीब-क़रीब भाग चुकी थी, लेकिन पकड़ ली गई थी। मुमकिन है कि गिस्तापो ने भागने की इस कोशिश को शर्मिंदगी की वजह से रिपोर्ट न किया हो, क्योंकि उन्होंने उन्हें तेज़ी-से पकड़ लिया था और योजना के मुताबिक़ वे जल्दी ही जर्मनी के रास्ते पर चल पड़े थे।[13]

फ़ेय को ब्रोक्शाल की जेल में भेजा गया था (उन्हें 30 जनवरी, 1945 को सोननबर्ग में मौत की सज़ा दी गई थी)। युद्ध के बाद अदालत में दी गई अपनी गवाही में कीफ़ा ने कहा था कि स्टार ने जर्मनों के मन में जो भरोसा पैदा कर दिया था, उस घटना के बाद वही भरोसा फिर जगाना बहुत मुश्किल था। स्टार ने कीफ़ा को जिस तरह निराश कर दिया था, उसकी वजह से वह कुछ समय तक स्टार की मदद लेने से इंकार करता रहा था। कीफ़ा ने उससे उसके भागने की वजह पूछी थी, जिसके जवाब में उसने कहा था कि नूर ने उनसे भागने की योजना के साथ संपर्क किया था, और अगर वह एक महिला होते हुए भी भागने का साहस दिखा सकती थी और मान लीजिए कि वह भागने में सफल हो गई होती, तो इंग्लैंड में उसका जीवन उस सूरत में असंभव हो गया होता, अगर उसने भी उसी के जैसे साहस का परिचय न दिया होता।[14]

जब उसने न भागने के घोषणा-पत्र पर हस्ताक्षर कर दिए, तो कीफ़ा ने कहा कि स्टार ने असामान्य रूप से सही व्यवहार का परिचय दिया, और इसके बाद कीफ़ा ने उसे एक बार फिर वायरलैस संदेशों के निरीक्षण के काम पर लगा लिया। उसकी पिछली ज़िम्मेदारियों के मुक़ाबले निरीक्षण का यह काम कम ख़तरनाक था, क्योंकि उस पर निरंतर निगाह रखी जाती थी। उसने जर्मन को दोबारा धोखा नहीं दिया और वह 84 एवेन्यू फ़श में रखा गया आख़िरी क़ैदी था, जहाँ वह जुलाई 1944 तक रहा। जर्मनों के फ़्रांस से हट जाने के कुछ ही पहले उसे सेक्सनहाउज़न के कान्सन्ट्रेशन कैंप और फिर माउथहाउज़न कान्सन्ट्रेशन कैंप में भेज दिया गया, जहाँ जब मित्र राष्ट्रों की बढ़ती हुई सेनाओं ने कैंप पर क़ब्ज़ा किया, तो उसे मुक्त करा लिया गया।

जेल के दस्तावेज़ों के मुताबिक़, नूर ने 26 नवंबर की रात कार्ल्सरुहे में बिताई और अगले दिन वे फ़ोट्सहाइम जेल में पहुँच गईं। एवेन्यू फ़ॉश में उन्होंने लगभग डेढ़ महीना बिताया था। ब्लैक फ़ॉरेस्ट के उत्तर में, कार्ल्सरुहे से क़रीब 20 किलोमीटर दूर, फ़ोट्सहाइम जेल एक असैनिक जेल थी। फ़ोट्सहाइम जेल के क़ैदियों के रजिस्टर में नूर के दाख़िल होने की सूचना दर्ज है। उन्हें वहाँ दोपहर 2.30 बजे लाया गया था और उनकी हिरासत को 'रक्षात्मक हिरासत' कहा गया था। नूर फ़ोट्सहाइम जेल में जाने वाली पहली राजनीतिक क़ैदी भी थीं।

सीधे बर्लिन से मिले निर्देशों पर नूर को 'अत्यंत ख़तरनाक क़ैदी' के रूप में वर्गीकृत किया गया था और कहा गया था कि उनके साथ *'नफ़्त उंड नेबल'* क़ैदियों के लिए निर्धारित नियमों के मुताबिक़ व्यवहार किया जाए'।[15] पूरा वाक्य था *नफ़्त उंड - नेबल रुत्क्येयर उनएर्वुन्श्ट* जिसका मतलब था 'रात और धुंध - वापसी की ज़रूरत नहीं'। इस पदावली का इस्तेमाल उन लोगों के लिए किया जाता था, जो 'ग़ायब' हो चुके होते थे। इस कोटि के अंतर्गत गिरफ़्तार व्यक्ति के बारे में उसके दोस्तों या रिश्तेदारों द्वारा की गई पूछताछ का कभी कोई जवाब नहीं दिया जाता था।

नूर को सबसे कम राशन पर कालकोठरी में हथकड़ियों और बेड़ियों से जकड़कर रखा जाना ज़रूरी था। एक और ज़ंजीर का एक सिरा हाथों से और दूसरा सिरा पैरों से जुड़ा हुआ था। उनसे किसी को भी बातचीत करने की इजाज़त नहीं थी। उन्हें ग्राउंड फ़्लोर की कोठरी में रखा गया था, जिसे दूसरी कोठरियों से तारों की दो बाड़ों से अलग किया गया था और इन बाड़ों के द्वारों पर भारी-भरकम ताले पड़े थे। कोठरियों की दो कतारों के बीच, तारों की बाड़ों के बाद, एक गलियारा था, जो एक छोटे-से अंदरूनी आँगन तक जाता था। चूँकि उन्हें हथकड़ियाँ पड़ी हुई थीं, इसलिए वे अपने हाथों से न तो खा-पी सकती थीं, न अपनी साफ़-सफ़ाई कर सकती थीं। ये काम एक चपरासिन किया करती थी और उसे भी नूर से बात न करने के निर्देश मिले हुए थे। अपनी कोठरी में अलग-थलग पड़ी नूर को समय का कोई अंदाज़ा नहीं होता था और वे ब्रेकफ़ास्ट, लंच और डिनर से समय का अनुमान लगाया करती थीं। जेल के पहरेदार बाहर के गलियारे में रात-दिन टहलते हुए कोठरियों पर नज़र रखते थे।[16] नूर की कोठरी का दरवाज़ा वॉर्डन के दौरे के समय को छोड़कर कभी नहीं खुलता था।

नूर की कोठरी के दोनों ओर की कोठरियों को ख़ाली रखा गया था। कुछ हफ़्ते गुज़र जाने के बाद जेल के गवर्नर, 72 वर्षीय विल्हेम क्राउस ने इस अँग्रेज़ लड़की पर तरस खाकर उसके हाथ में पड़ी ज़ंजीरें हटा देने का फ़ैसला किया, लेकिन कुछ ही समय बाद कार्ल्सरुहे गिस्तापो के प्रमुख अधिकारी ने गवर्नर को फ़ोन कर उन्हें ज़ंजीरों से संबंधित नियमों का पालन न करने के लिए फटकार लगाई और कहा कि इन नियमों का कड़ाई से पालन अनिवार्य है। नूर को एक बार फिर जकड़ दिया गया।

नूर से केवल दो ही लोग मिल सकते थे : एक, चीफ़ वार्डन एंटन गिलिएर, और दूसरी, वह चपरासिन, जो उनकी साफ़-सफ़ाई करती थी और हफ़्ते में एक बार बदलने के लिए कपड़े लाती थी। गिलिएर उनके लिए पीने का पानी और खाना लाता था। चपरासिन हर शनिवार को उनके कपड़े बदलती थी और उनकी कंघी आदि करती थी। उनके इस्तेमाल कपड़े ले जाए जाते थे, हालाँकि नूर को आलू के चिप्स और पत्तागोभी के सूप की अत्यंत कम ख़ुराक पर रखा जाता था, वे कमज़ोर तथा भूखी बनी रहती थीं, लेकिन नूर ने उन लोगों की सारी कोशिशों के बावजूद अपनी हिम्मत नहीं हारी। वे अपनी कोठरी में व्यायाम करती थीं, ज़ंजीरों में जकड़ी हुई धीरे-धीरे टहलती थीं, और अपने दिमाग़ को सक्रिय रखने की कोशिश करती थीं।

बुज़ुर्ग क्राउस के मन में नूर को लेकर दुःख था। उन्होंने ऐसा क़ैदी कभी नहीं देखा था, जिसको इतनी कठोर परिस्थितियों में रखा गया हो। वह कभी-कभी उनकी कोठरी में जाता था और उनके बिस्तर पर बैठकर उनसे बातचीत करता था। नूर ने उसे बताया था कि वे आधी हिंदुस्तानी हैं, उनके वालिद पीर रहे हैं और उन्होंने (नूर ने) हिंदुस्तानी साहित्य और दर्शन का अध्ययन किया है। क्राउस समझ गया था कि वे एक सुसंस्कृत महिला हैं और उसके मन में उनके प्रति बहुत इज़्ज़त का भाव था।[18] नूर फोट्ज़हाइम के अपने इस एकांत कारावास के दौरान पूरे वक़्त अपने वालिद के बारे में सोचती रहती थीं और उनके सूफ़ी फ़लसफ़े से शक्ति हासिल करती थीं। इससे उन्हें ध्यान करने और इस कठिन परीक्षा से गुज़रने में मदद मिलती थी। उन्हें लिखने-पढ़ने से संबंधित कोई सामग्री रखने की इजाज़त नहीं थी और उनके पास ऐसा कुछ भी नहीं था, जिससे उन्हें समय काटने में मदद मिल पाती। उनकी कोठरी की छोटी-सी खिड़की बहुत ऊँचाई पर थी, जिससे वे बाहर नहीं देख सकती थीं। शाम सात बजे बत्तियाँ बुझा दी जाती थीं और उनके पास दो ही विकल्प होते थे : वे या तो अँधेरे में बैठी रहतीं या सो जातीं।

उधर, इंग्लैंड में उनके परिवार को इस बात का तनिक भी अंदाज़ा नहीं था कि वे क़ैद में हैं। कुछ शुरुआती संदेहों के बावजूद एफ़-सेक्शन को अभी भी विश्वास था कि वे आज़ाद हैं और उन संदेशों का जवाब दे रही हैं, जो उनके वायरलैस पर गोएट्ज़ और प्लेक द्वारा भेजे जाते रहे थे। अक्टूबर, 1943 में एफ़.-सेक्शन को रिपोर्टें मिलीं कि नूर और गैरी को गिरफ़्तार कर लिया गया है,[19] लेकिन जब जर्मन नूर के रेडियो का इस्तेमाल करते हुए संदेशों का आदान-प्रदान करते, तो उन्हें लगता कि वे आज़ाद हैं। क्रिस्मस आते-आते उन्होंने नूर के संदेशों की सच्चाई जानने के उद्देश्य से उनसे त्योहार संबंधी संदेशों की ओट में कुछ ऐसे चकमा देने वाले सवाल पूछे, जिनका जवाब, वे जानते थे, जो केवल नूर ही दे सकती थीं, लेकिन कुछ विलंब के बाद उन्हें उन सवालों के जवाब मिल गए। एवेन्यू फश में नूर से बातचीत के दौरान फोख़्त ने उनके परिवार से संबंधित कुछ तथ्य जान लिए थे। उसने नूर का

वह ख़त देखा था, जो उन्होंने अपनी माँ को लिखा था और यह नतीजा निकाला था कि वे अपनी माँ को बहुत प्यार करती हैं। नूर ने अपनी माँ का ज़िक्र यूँ ही कर दिया था, बिना यह सोचे कि यह जानकारी गिस्तापो के लिए किसी महत्त्व की हो सकती है, लेकिन फोख़्त ने इन तथ्यों का इस्तेमाल एफ़-सेक्शन को भेजे गए जवाबों में किया और लंदन के लोगों को जल्दी ही विश्वास हो गया कि नूर अभी भी प्रसारण कर रही थी। यहाँ तक कि आँतेल्मे, जिन्हें नूर को पेरिस में भली-भाँति जानने का अवसर मिला था, को एसओई के मुख्य अधिकारियों ने विश्वास में लेकर उन्हें वे सारे संदेश दिखाते हुए उनसे पूछा कि क्या आपको लगता है कि ये संदेश जर्मनों ने भेजे होंगे। मार्क्स ने उन्हें नूर के विशेष सिक्योरिटी चैक के बारे में बताया और कहा कि उन्हें पक्का यक़ीन है कि नूर ने उन्हें चेतावनी भेजी थी, लेकिन आँतेल्मे ने भी इस पर विश्वास नहीं किया और कहा कि मुमकिन है, उन्होंने उसका इस्तेमाल ग़लती से कर दिया हो।[20] लंदन निरंतर जर्मनों के हाथों में खेलते हुए उन्हें हथियार और धन ऑपरेशन नर्स के आग्रह पर भेजता रहा।

उस ठंडी जर्मन कोठरी में हफ़्तों बीत गए। नूर को नए साल के शुरू हो चुकने का अहसास था। उन्होंने अपनी कोठरी में अकेले अपना जन्मदिन बिताया और उम्मीद करती रहीं कि नया साल (1944) मित्र राष्ट्रों के हमले और विजय की ख़ुशख़बरी लेकर आएगा। उन्हें जानकारी ही नहीं थी कि बेकर स्ट्रीट ने उन्हें 1 जनवरी, 1944 से पदोन्नत कर एन्साइन का पद दे दिया था।

उसी महीने फोट्ज़हाइम की जेल में फ़्रांस की कुछ राजनीतिक क़ैदी स्त्रियों को भेजा गया था। उनमें से एक थी, बोग्दू की रहने वाली योलांद लेग्हाव। उसे 1 मई, 1945 को उसके देश वापस भेज दिया गया था। बाक़ी महिलाओं की हत्या कर दी गई थी। युद्ध के बाद योलांद ने नूर की तलाश की। यह जानने के लिए कि क्या नूर को फ़्रांस वापस भेज दिया गया था, उसने सर्विस ऑफ़िसर्स के कमांडिंग अधिकारी को ख़त लिखा था, लेकिन यह ख़त लौट आया था और उस पर लिखा था, इस पते पर ज्ञात नहीं। इसके बाद उसने ब्रिटेन के युद्ध विभाग (वॉर ऑफ़िस) से संपर्क किया और उन्हें फोट्ज़हाइम की जेल में नूर के साथ अपने परिचय के बारे में जानकारी दी।

योलांद दो अन्य क़ैदियों, ग़ोज़ी स्टॉग्क और सूज़ी शिग़ेइज़ के साथ 12 नंबर कोठरी में थीं। नूर 1 नंबर कोठरी में थीं, जो गलियारे के दूसरी तरफ़ थी और बीच में तारों की बाड़ें थीं। योलांद ने वर्णन किया था कि उन्होंने किस तरह उस 'इंग्लिश पैराशूट' के साथ संपर्क स्थापित किया था, 'जो नज़रबंद थी और बहुत दुःखी थी'।[21]

फोट्ज़हाइम की जेल में फ़्रांसीसी महिला क़ैदियों को बहुत ही कठोर अनुशासन में रखा जाता था। उन्हें सुबह 6.30 बजे जगा दिया जाता था, जिसके बाद उन्हें

गार्ड के आने के पहले अपनी कोठरी की सफ़ाई करनी होती थी। 7.30 बजे उन्हें थोड़ा-सा नाश्ता दिया जाता था, जिसमें पनियल-सी कॉफ़ी और ब्रेड शामिल होती थी। इसके बाद उन्हें गार्डों की निगरानी में आँगन में चक्कर लगाने की इजाज़त होती थी। दोपहर के भोजन के समय उन्हें एक कटोरा सूप और खट्टे पत्तागोभी, कुचले हुए मटर और शलगम की सब्ज़ी दी जाती थी, जिसे निगलना बहुत मुश्किल होता था। शाम के खाने में फिर से वही सूप। उन्हें शाम 7 बजे तक बिस्तर में चले जाना होता था, उसके बाद कोठरी में अँधेरा हो जाता था। नूर की हालत और भी बुरी थी, क्योंकि उन्हें ज़ंजीरों में जकड़कर रखा गया था और खाने को बहुत कम दिया जाता था।

योलांद और उनकी सहेलियों ने ग़ौर किया कि 1 नंबर कोठरी का ताला कभी नहीं खुलता था, हालाँकि उन्हें उसके अंदर एक क़ैदी के होने की जानकारी थी। एक दिन योलांद की कोठरी में उनके साथ रहने वाली क़ैदी, 27 वर्षीय रोज़ी स्टॉर्के को कुछ सूझा। क़ैदियों को व्यस्त रखने के लिए बुनने-पिरोने का काम दिया जाता था। रोज़ी के मन में ख़याल आया कि खाने की कटोरियों पर बुनने की सलाइयों से संदेश उकेरकर दूसरे क़ैदियों के साथ संपर्क स्थापित किया जा सकता है। इसलिए उन्होंने अपनी कटोरियों पर उकेरा - 'यहाँ तीन फ़्रांसीसी लड़कियाँ हैं'।[22]

लंच के बाद वे कटोरियाँ धोने के लिए ले जाई गईं और शाम 5 बजे शाम के खाने के साथ वापस लौट आईं। लड़कियों ने जवाब की उम्मीद में कटोरियों को उत्सुकता के साथ देखा। उन्हें निराशा नहीं हुई। कटोरी के पीछे नूर का लिखा जवाब था : तुम अकेली नहीं हो, 1 नंबर कोठरी में तुम्हारी एक दोस्त है। यह उनके बीच लिखित वार्तालाप की शुरुआत थी।

इन संवादों की मार्फ़त उन्हें पता चला कि नूर बेहद दुःखी थीं, वे कभी कोठरी से बाहर नहीं निकली थीं और उनके हाथ और पैर ज़ंजीरों से जकड़े थे। उनकी कोठरी का दरवाज़ा दूसरे क़ैदियों की भाँति कभी नहीं खोला जाता था, न ही उन्हें उनका खाना दूसरे क़ैदियों के खाने के समय दरवाज़े के छोटे-से छेद के रास्ते दिया जाता था। इसकी बजाय उन्हें उनका खाना तभी दिया जाता था, जब गलियारे में कोई और नहीं होता था और डेगचियाँ ढोने वाले लोग वहाँ से जा चुके होते थे। जहाँ दूसरे क़ैदियों को हल्की-फुल्की चहलक़दमी के लिए बाहर ले जाया जाता था, वहीं नूर को कभी भी बाहर निकलने की इजाज़त नहीं होती थी।

उन्होंने नूर से उनका नाम पूछा, लेकिन नूर ने जवाब दिया : "मैं नहीं बता सकती, यह बहुत ख़तरनाक होगा।" लेकिन फिर वे नरम पड़ीं और उन्होंने अपनी कटोरी पर उकेरा :

नोरा बेकर,
रेडियो सेंटर ऑफ़िसर,
सर्विस आरएएफ,
4 टेविटन स्ट्रीट, लंदन

यह वही नाम था, जिसका इस्तेमाल नूर पेरिस में करती थीं। योलांद ने वह पता लिख लिया और उसे सावधानीपूर्वक अपने स्कर्ट की झालर में सिल लिया। उन्होंने मन-ही-मन खुद से कहा कि युद्ध के बाद वे नूर की तलाश करेंगी। नूर ने अपनी एक दोस्त, पोख़्ते द लीला स्थित स्कूल की प्रमुख का पता भी दिया। यही पता था, जिसके सहारे योलांद ने उनके परिवार का पता लगाया था। ये संदेश बाहर की दुनिया के साथ नूर के संपर्क के अकेले साधन थे। उनकी कोठरी की बग़ल में और किसी क़ैदी की कोठरी नहीं थी कि वे दीवार पर ध्वनि संकेत का इस्तेमाल कर संदेश भेज सकें, जैसा कि उन्होंने एवेन्यू फ़श में किया था। उन्हें ख़त लिखने की इजाज़त नहीं थी, इसलिए वे और भी पूरी तरह अकेली थीं। दूसरे क़ैदियों के उन संदेशों ने उन्हें ख़ुश कर दिया और वे मुश्किलों को पार करती रह सकीं।

कटोरियाँ आम वस्तुएँ थीं और इस वजह से वे दूसरे क़ैदियों के पास चली जाती थीं, इसलिए संदेशों के आदान-प्रदान में कई-कई दिन लग जाते थे, लेकिन धीमी गति के बावजूद सूचनाओं का आदान-प्रदान होता रहता था। नूर ने अपनी इन दोस्तों से पूछा कि उनका संबंध किससे था - मित्र राष्ट्रों से या फ्रेंच सेक्शन से। अपने बारे में उन्होंने बताया कि वे अँग्रेज़ गुप्तचर हैं। "मुझे याद करती रहना, मैं बहुत दुखी हूँ," नूर ने उन लड़कियों को लिखा था।

एक दिन दोपहर बाद योलांद और उनकी दोस्तों को बाहर आँगन में कुछ आवाज़ें सुनाई दीं। उन लोगों ने सोचा, हो सकता है, नूर बाहर आ रही हों। वे अपने पलंगों पर चढ़कर खिड़की के बाहर देखने लगीं। नूर ने नज़रें उठाकर उनकी कोठरी की ओर देखा और लड़कियों के बीच मुस्कराहट का आदान-प्रदान हुआ। वे जेल के कपड़े नहीं पहने हुए थीं। यह पहली बार था, जब उन्होंने नूर को देखा था। जब यह बात स्पष्ट हो गई कि नूर वहाँ कुछ समय रहने वाली हैं, तो फ़रवरी से गिलिएर ने उन्हें 45 मिनट तक निरीक्षण के अधीन आँगन में टहलने की इजाज़त दे दी थी। नूर व्यायाम करती हुई टहलती थीं। वे अच्छी जर्मन बोलती थीं और उस अधिकारी के प्रति विनम्र थीं, जिसने उन्हें बाहर निकलने की इजाज़त दी थी।[23]

नूर युद्ध की स्थिति के बारे में जानने को उत्सुक थीं। उन्होंने अपनी कटोरी पर उकेरा था, "अगर तुम्हें जानकारी हो, तो मुझे समाचार दो।" उन लड़कियों ने जितना सुन रखा था, उतना बताते हुए उनका मनोबल बढ़ाया।

जेल में नूर की दशा के बारे में युद्ध के बाद मग्सेल शूबर्ट ने भी रिपार्ट पेश की थी। शूबर्ट फोट्सहाइम का क़ैदी था और जर्मन लोग उसका इस्तेमाल दुभाषिये के रूप में करते थे। उसने बताया था कि नूर के हाथ और पैर लगभग सारे समय, यहाँ तक कि खाते समय भी, बँधे रहते थे और यह स्थिति महीनों जारी रही थी। जहाँ दूसरे क़ैदी सुबह के वक़्त साथ-साथ बाहर टहल सकते थे, वहीं नूर को दोपहर बाद बहुत कम समय के लिए बाहर निकलने की इजाज़त थी और वह भी सख़्त पहरे में। शूबर्ट का कहना था कि क़ैदियों का मानना था कि नूर कोई रूसी काउंटेस थीं, लेकिन नूर ने उन्हें बताया था कि वे अँग्रेज़ थीं।[24]

कीफ़ा ने नूर को फोट्सहाइम इसलिए भेजा था, ताकि उसे अपने परिवार से मिलने के लिए उस इलाक़े का दौरा करने का बहाना मिल सके, लेकिन वह उनसे मिलने कभी नहीं आया। इस बीच, जर्मनों ने नूर के वायरलैस सैट की मार्फ़त जाली संदेश भेजने का षड्यंत्र जारी रखा और बेकर स्ट्रीट के साथ छल करते हुए वे पैसे और गुप्तचर ऐंठते रहे। गोएट्ज़, मॉस्क़ीटो के माध्यम से पाँच लाख फ़्रेंक प्राप्त कर बहुत ख़ुश था। यह पैसा सिनेमा सर्किट को भेजा गया था और सीधे जर्मनों के हाथ में आ पड़ा था। 1944 के शुरुआती महीनों में जर्मनों ने ज़्यादा पैसे और हथियार माँगने शुरू कर दिए थे।[25]

लंदन अभी भी नूर की गिरफ़्तारी से पूरी तरह बेख़बर था। 24 फ़रवरी 1944 को बकमास्टर ने नूर को जॉर्ज मैडल (शौर्य पुरस्कार) दिए जाने की व्यक्तिगत सिफ़ारिश की। उन्होंने लिखा :

> अपने कर्तव्य के प्रति इस अधिकारी की निष्ठा के चलते यह संभव हो पाया है कि यह देश अपने संपर्क को बरकरार रख सका है और इसके नतीजे में समूह को मज़बूत और पुनर्गठित करना संभव हुआ है। यह इस संगठन के इतिहास के संदर्भ में एक अनूठी घटना है कि जो सर्किट पूरी तरह टूट और बिखर चुका था, वह ख़ुद को फिर से खड़ा कर सका और इसका श्रेय इस युवती को जाता है, जो तमाम व्यक्तिगत जोखिमों और हर वक़्त सिर पर मँडराते गिरफ़्तारी के ख़तरे के बावजूद और अपने मोर्चे पर - और अक्सर अकेली - बनी रही।
>
> उस समय यह धारणा बनी थी कि उसके द्वारा उठाया जा रहा जोखिम अनुचित था, क्योंकि गिस्तापो को उसके बारे में इतनी पर्याप्त जानकारी थी कि उसकी गिरफ़्तारी कुछ ही दिनों का मसला थी। इसीलिए उसे इंग्लैंड लौट आने का आदेश दिया गया था, लेकिन उसने पुलिस की नज़रों से बचकर एक महीना और वहीं बने रहने की इजाज़त माँगी थी। इस पर सहमति दी गई थी और एक महीने बाद उसने रिपोर्ट दी थी कि

> उसने जो इंतज़ाम किए थे, उनकी वजह से, वह फिर से सुरक्षित महसूस कर रही थी। बाद के घटनाक्रम ने इस कार्रवाई को उचित साबित किया और तब के बाद से एन्साइन इनायत ख़ान ने अपने सर्किट का पुनर्गठन करते हुए जो उदाहरण पेश किया है, उसकी जितनी तारीफ़ की जाए, वह कम है।

अब तक नूर जेल में लगभग चार महीने बिता चुकी थीं, और उनका सर्किट ध्वस्त हो चुका था।

फ़रवरी, 1944 में एफ़-सेक्शन द्वारा सात गुप्तचरों को पैराशूट से दो उन स्थलों पर उतारा गया था, जहाँ उनके स्वागत के लिए गिस्तापो के लोग खड़े थे। चार गुप्तचरों को पोएती के क़रीब उतारा गया था। इनमें पहला था, आरईजे अलेक्जाँद। यह 22 वर्षीय फ्रांसीसी एयरक्राफ़्ट फ़िटर उन गैरी के लिए 300,000 फ्रेंक लेकर आया था, जिनके बारे में एफ़-सेक्शन को यह ख़बर ही नहीं थी कि वे काफ़ी पहले बंदी बनाए जा चुके थे, दूसरा था, अमेरिका की ख़ुफ़िया सेवा का आदमी रॉबर्ट बायर्ली, जो रेडियो ऑपरेटर के रूप में आया था, तीसरा एक कैनेडावासी फ्रेड डनिसेट था, जिसे गैरी के लिए हथियार चलाने की शिक्षा देने भेजा गया था; और चौथा था, एंग्लो-फ्रेंच ज़ैक़ लेदू, जो ले मों के आस-पास एक नया सर्किट शुरू करने जा रहा था। चारों गिरफ़्तार कर लिए गए। अगली उड़ान 28/29 फ़रवरी को थी। ख़राब मौसम के बावजूद आँतेल्मे ब्रिकलेयर नामक सर्किट स्थापित करने फ्रांस की अपनी दूसरी यात्रा के लिए निकल पड़े। उनके साथ कूरियर के रूप में मेदलिन देमरमेंत और रेडियो ऑपरेटर के रूप में लियोनेल ली थे। उनके उतरने के बारे में नूर को ऑपरेशन नर्स पर निर्देश प्रसारित कर दिए गए थे। एक बार फिर यह संदेश लंदन के अनजाने, सीधा जर्मनों के पास पहुँचा। पेरिस के निकट तीनों को गिरफ़्तार कर लिया गया और उन्हें एवेन्यू फश ले जाया गया। जब आँतेल्मे को इस छल का अहसास हुआ तो वे बौखला उठे। तब भी उन्होंने अपने छद्म क़िस्से पर अडिग बने रहते हुए कहा कि वे तो गैरी के साथ काम करने आए हैं और कुछ नहीं जानते। फ़ोर्ट्सहाइम की कोठरी में बंद नूर को अनुमान ही नहीं था कि आँतेल्मे लौट आए थे और गिरफ़्तार कर लिए गए थे। एवेन्यू फश से उन्हें ग्रॉस रोज़ेन कान्सन्ट्रेशन कैंप भेज दिया, जहाँ उनकी हत्या कर दी गई। मेदलिन देमरमेंत को कार्ल्सरुहे भेज दिया गया, जहाँ से वे दख़ाऊ की यात्रा में नूर की सहयात्री बनीं। लियोनिल ली की हत्या ग्रॉस रोज़ेन में कर दी गई। नूर नहीं जानती थीं कि उनके रेडियो का इस्तेमाल गुप्तचरों को बहकाकर, उनकी मौत की ओर ले जाने के लिए किया जा रहा था।

इन गिरफ़्तारियों के बाद जर्मनों ने लंदन को ऑपरेशन नर्स के बारे में संदेश भेजते हुए बताया कि उतरते समय आँतेल्मे का सिर एक कंटेनर से टकरा गया है,

जिससे उनकी खोपड़ी फूट गई है। वे लगातार उनके स्वास्थ्य से संबंधित समाचार भेजते रहे, जिनके अंत में उन्होंने अप्रैल के आख़िर में सूचना दी कि वे होश में आए बिना ही 'मर' गए हैं। जर्मनों ने ली के रेडियो सैट से भी लंदन को संदेश भेजे और बेकर स्ट्रीट तीन सप्ताह बाद इस तथ्य पर ग़ौर कर पाई कि संदेशों में इस्तेमाल सिक्युरिटी चैक ग़लत थे। आख़िरकार, मार्च में जाकर लंदन को अहसास हुआ कि वायरलैस संदेश जाली थे और नूर तथा आँतेल्मे समेत सारे गुप्तचर जर्मनों के हाथ लग चुके थे। लियो मार्क्स को यह ख़बर मेलवर्न कोर्ट के अपने ऑफ़िस में तब मिली, जब वे एक अन्य गुप्तचर को हिदायतें दे रहे थे। उनके लिए अपने जज़्बातों को क़ाबू में कर पाना मुश्किल हो गया और वे प्रार्थना गुनगुनाने लगे : "प्लीज़ गॉड, क्या कुछ किया जा सकता है नूर की मदद के लिए, जो तुझे दूसरे नाम से जानती है? मैं यहाँ बैठा उसके दर्द को महसूस कर सकता हूँ, और जानता हूँ कि तेरे लिए वह कितना बदतर होगा।"[26]

महीने धीरे-धीरे निकलते गए, 1943/4 की तीखी सर्दियाँ वसंत में बदल गईं। अपनी कोठरी में बंद नूर और भी कमज़ोर हो गईं, और पड़ोसी लड़कियों को वे बहुत कमज़ोर और उदास दिखाई देने लगीं। ख़ास तौर से मई और जून के महीनों में नूर ने बहुत अवसाद महसूस किया, जब उनकी माँ और विलायत के जन्मदिन गुज़र गए। अपनी माँ के हर जन्मदिन पर वे उनके लिए जिस तरह कविता लिखा करती थीं, वह न कर पाना उन्हें बहुत दुख देता रहा और वे अपनी कोठरी में चुपचाप रोती रहीं। उन्होंने वेरा एटकिंस से कह रखा था कि अगर वे ग़ायब हो जाएँ, तो उनके परिवार को न बताया जाए, इसलिए वे जानती थीं कि परिवार के लोगों को उनके जेल में होने के बारे में कोई जानकारी नहीं होगी। उन्हें उम्मीद थी कि क्लेयर घर की देखभाल ठीक से कर रही होगी। जब उनसे सहानुभूति रखने वाला क्राउस उनकी कोठरी में गया, तो उन्होंने उससे कहा था कि उन्हें अपनी माँ और परिवार की कितनी याद आती थी। एक बार फिर उन्होंने ध्यान किया और अपने वालिद के बारे में सोचते हुए उनके फ़लसफ़े से ऊर्जा प्राप्त की। योलांद और उनकी सहेलियों ने उनका मनोबल बनाए रखने की कोशिश की। ये लड़कियाँ जानती थीं कि नूर उन सबसे ज़्यादा मुश्किल वक़्त से गुज़र रही थीं। एक बार उन्होंने अपनी दोस्तों से कहा था कि उनकी माँ को कभी मत बताना कि वे जेल में थी और इतनी दुखी थी।

अगर वे लड़कियाँ उदास होती थीं, तो नूर उनके चेहरों पर मुस्कराहट लाने की कोशिश करती थीं। जब लड़कियों ने उन्हें युद्ध की ताज़ा स्थिति की जानकारी दी, तो उन्हें ख़ुशी हुई। 4 जुलाई को, अमेरिका के स्वाधीनता दिवस के अवसर पर नूर ने अपनी कटोरी पर उकेरा '4 जुलाई ज़िंदाबाद'। 14 जुलाई को बेस्टील डे पर उन्होंने मगों पर लिखा 'आज़ाद फ़्रांस ज़िंदाबाद' और इंग्लैंड तथा फ़्रांस के छोटे-छोटे झंडे उकेरे। इससे लड़कियों का मनोबल फिर बढ़ा और फ़ोर्ट्सहाइम में वक़्त गुज़रता गया।

उन्हें जेल के ऊपर से गुज़रते रैफ़ के जैट विमानों की घरघराहट और बमों के धमाके सुनाई देते थे। उन फ़्रांसीसी लड़कियों को ख़त लिखने या पार्सलें प्राप्त करने की छूट थीं और इसलिए वे बाहर की दुनिया की ताज़ा ख़बरों से लैस रह पाती थीं। वे मित्र राष्ट्रों की निरंतर जीत से संबंधित ताज़ा समाचार नूर को देती थीं। उन लड़कियों ने उनसे कहा कि वे हिम्मत बनाए रखें, क्योंकि युद्ध जल्दी ही समाप्त हो जाने वाला है और वे सब मिलकर जश्न मनाएँगी, शैम्पेन पिएँगी।

कोठरी नंबर 3 की क़ैदी महिलाएँ, एलिस कुडेल और क्लारा मश्टो भी नूर से संदेशों का आदान-प्रदान करती थीं। एक बार उन्होंने उनकी कोठरी के सामने से गुज़रते हुए गा-गा कर समाचार दिया। योलांद ने गाने की वह आवाज़ सुनी और फिर वॉर्डन ट्रोप को चिल्लाते हुए सुना। योलांद ने वार्डन द्वारा नूर की कोठरी का दरवाज़ा खोले जाने, उन पर प्रहार किए जाने, फिर उन्हें बेसमेंट में ले जाए जाने और वहाँ से आती नूर के रोने की आवाज़ें सुनीं। लड़कियाँ इस व्यवहार से भयभीत थीं, लेकिन असहाय थीं। नूर को पीटने के बाद ट्रोप उस कोठरी पर लौटा, जिसमें एलिस और क्लारा बंद थीं। वह उन पर जर्मन भाषा में कुछ चिल्लाया और फिर चला गया।[27] हर किसी ने ग़ौर किया था कि नूर के साथ जानबूझकर क्रूरतम व्यवहार किया जाता था।

एक दिन मुख्य वॉर्डन गिलिएर ने देखा कि नूर के दरवाज़े का ख़ुफ़िया छेद खुला था। वह कोठरी में जाकर नूर पर चिल्लाया। योलांद और दूसरी क़ैदियों ने उसे उन पर चीख़ते हुए सुना, और फिर नूर की आवाज़ सुनी, जो जर्मन में पूरी गरिमा के साथ जवाब दे रही थीं। रोज़ी स्टॉर्के ने उन्हें बताया कि नूर ने गिलिएर से बहुत अच्छी जर्मन में बात की थी और बोलते हुए वे अपना सिर ताने हुए थीं, तब भी वह उनका अपमान किए जा रहा था, फिर उन्होंने गिलिएर द्वारा नूर के गाल पर तमाचा मारे जाने की आवाज़ और नूर द्वारा अवज्ञापूर्वक जवाब दिए जाने की आवाज़ सुनी। बाद में उन्हें उनकी कोठरी से उनके सुबकने की आवाज़ें सुनाई दीं।

"उस दिन फिर हम सबको नोरा के प्रति गहरी सहानुभूति महसूस हुई," योलांद ने कहा था।[28] उन्हें इस बेहद कमज़ोर और सौम्य लड़की से गहरा लगाव हो गया था, जो सारी यातनाओं और अपमानों को ज़बरदस्त साहस के साथ सह रही थी।

उस घटना के कुछ दिन बाद, उन्होंने नूर को टाट के कपड़े पहने आँगन में टहलते देखा। उस रात उन्हें अपनी कटोरी पर नूर का एक संदेश प्राप्त हुआ कि जेल के वॉर्डन ने उनके कपड़े ले लिए हैं। मध्य दिसंबर में कमज़ोर, काँपते हाथ से लिखा गया उनका अंतिम संदेश प्राप्त हुआ, "मैं जा रही हूँ।" वह उनकी लिखी आख़िरी इबारत थी। उन लड़कियों को नहीं मालूम था कि वे चली गई थीं।

फ़ोर्ट्सहाइम जेल के रजिस्टर से पता चलता है कि नूर को 11 सितंबर को शाम 6.15 बजे जेल से बाहर कर दिया गया था और वहाँ से बीस मील दूर कार्ल्सरुहे ले जाया गया था। नूर को ले जाने के आदेश सीधे बर्लिन से आए थे। वहाँ उन्हें कार्ल्सरुहे गिस्तापो के प्रधान अधिकारी जोसेफ़ ग्माइना के कार्यालय में पेश किया गया।

रात 2 बजे के बाद ग्माइना के कार्यालय में नूर की मुलाक़ात एसओई के तीन अन्य गुप्तचरों से हुई : एलियान प्लूमन, मेदलिन देमरमेंत और योलांद बीकमन। योलांद को वे वैनबरो मैनर के अपने प्रशिक्षण के दिनों से जानती थीं। चारों गुप्तचरों को दख़ाऊ रवाना होने के आदेश दिए गए। गिस्तापो अधिकारी क्रिस्तियान ऑथ उनके साथ गया और उन्हें ग्माइना की कार में स्टेशन ले जाया गया। ब्रुख़्साल जंक्शन पर एक और जर्मन अधिकारी मैक्स वास्मर उनके साथ हो लिया। जंक्शन से वे सब स्तुतगार्त जाने वाली एक्सप्रेस ट्रेन में सवार हुए। स्तुतगार्त में उन्हें म्यूनिख़ जाने वाली ट्रेन के लिए क़रीब एक घंटे प्लेटफ़ॉर्म पर इंतज़ार करना पड़ा। वे युवतियाँ प्लेटफ़ॉर्म पर खड़ी-खड़ी बतियाती रहीं। म्यूनिख़ की ट्रेन में उन्हें खिड़की वाली सीटें दी गईं और आराम-से रहने की गुंजाइश दी गई। उन्होंने एक-दूसरे को बताया कि उनकी गिरफ़्तारियाँ कैसे हुई थीं और उनके साथियों का क्या हुआ था। 25 वर्षीय एलियान प्लूमन अल्बर्ट ब्राउन-बार्टोली नामक अँग्रेज़ और स्पेनिश-फ्रांसीसी माँ की बेटी थी। कई वर्षों तक मा्ग्सेइय में रहने के बाद यह परिवार 1930 के दशक में इंग्लैंड लौट आया, जहाँ एलियान ने 1942 में एक युवा इंजीनियर, टॉम प्लूमन से विवाह कर लिया। एलियान अपने भाई अल्बर्ट के साथ एसओई में शामिल हुईं। अल्बर्ट फ्रांस में रेसिंग-कार ड्राइवर गोबेख़ बेनुआ के साथ पैराशूट से उतरे थे। ये वही अल्बर्ट थे, जिनके महल में जुलाई में आँतेल्मे और नूर छिपकर रहे थे। अगस्त, 1943 में एलियान लाँस-ले-सोनिए के क़रीब पैराशूट से उतरी थीं और मग्सेई में सक्रिय चार्ल्स स्केपर के मंक नेटवर्क में शामिल होने दक्षिण की ओर रवाना हो गई थीं। वहाँ उन्होंने रेडियो ऑपरेटर के रूप में काम किया। अपना सर्किट शुरू करने के लिए स्केपर जून, 1943 में उसी दिन लाइसेंडर से आए थे, जिस दिन नूर आई थीं।

1944 के वसंत में स्केपर के मंक नेटवर्क में सेंध लगाई गई और वे गिरफ़्तार कर लिए गए। एलियान और उनके एक साथी, लंदन के बीस वर्षीय संगीत-छात्र आर्थर स्टील ने उन्हें आज़ाद कराने की कोशिश की, लेकिन वे भी गिरफ़्तार हो गए। स्केपर को हैम्बर्ग ले जाया गया, जहाँ उनको मौत की सज़ा दी गई। स्टील को बोखनवाइड में फाँसी दी गई और एलियान को फ़ेन की जेल भेज दिया गया, और फिर अन्य दो लड़कियों के साथ कार्ल्सरुहे भेज दिया गया।

मेदलिन देमरमेंत की नियति प्रॉस्पर और सिनेमा सर्किट के पतन के बाद क्रमशः घटित हुई घटनाओं के साथ ही तय हो गई थी। यह छब्बीस वर्षीय लड़की

लील के प्रधान पोस्टमास्टर की बेटी थी और युद्ध के ठीक पहले डाक विभाग में क्लर्क हो गई थी। फ़्रांस पर नाज़ियों के क़ब्ज़े के बाद देमरमेंत परिवार प्रतिरोध आंदोलन में शामिल हो गया और मेदलिन एक बेल्जियाई डॉक्टर अल्बेख़ गेग़ीस के साथ काम करने लगीं। अल्बेख़ गेग़ीस पैट ओ'लियरी के छद्म नाम से मित्र राष्ट्र के वायुसैनिकों और प्रतिरोध आंदोलन के कार्यकर्ताओं के लिए भागने के रास्तों का इंतज़ाम किया करते थे।[29] अंततः मेदलिन इंग्लैंड पहुँच गईं, जहाँ उन्हें एसओई द्वारा प्रशिक्षित किया गया। प्रशिक्षण के बाद वे 28/29 फ़रवरी, 1944 को आँतेल्मे और लियोनेल ली के साथ फ़्रांस लौट आईं। वे शाख़्तह के 31 किलोमीटर दक्षिण-पूर्व में साँवील के क़रीब पैराशूट से उतरे थे। तीनों को लगभग उतरते साथ ही गिरफ़्तार कर लिया गया और एवेन्यू फ़श ले जाया गया, जहाँ से मेदलिन को फ़ेन और फिर कार्ल्सरुहे ले जाया गया। आँतेल्मे और ली को यातनाएँ दी गईं और फिर ग्रॉस रोज़ेन ले जाकर मार डाला गया। अब जाकर नूर को पता चला था कि आँतेल्मे पेरिस लौट आए थे और गिरफ़्तार कर लिए गए थे।

योलांद बीकमन भी प्रॉस्पर और सिनेमा सर्किट के ध्वस्त होने के परिणामस्वरूप गिरफ़्तार हुई थीं। बीकमन रेडियो ऑपरेटर थीं और म्यूज़िशियन सर्किट के लिए काम करती थीं, जिसकी स्थापना उत्तरी फ़्रांस के साँ कोन्ताँ नामक इलाक़े में गुस्ताव बिएले द्वारा की गई थी। योलांद के पिता याकोब उंटरनेहर स्विस-फ़्रांसीसी मूल के थे। योलांद ने स्विट्ज़रलैंड में अपनी स्कूली शिक्षा पूरी की थी और वे धाराप्रवाह जर्मन और फ़्रांसीसी बोलती थीं। उन्होंने एक युवा अधिकारी से विवाह किया और वाफ़ में शामिल हुईं, जहाँ उन्हें नूर की ही भाँति प्रशिक्षण दिया गया। बाद में वे एसओई में शामिल हुईं और पैराशूट से तोख़ के क़रीब उतरीं और वहाँ से बीले के साथ काम करने साँ कोंताँ पहुँचीं। इस सर्किट ने सफलतापूर्वक साँ कोंताँ के बाँध को नष्ट किया था, जोकि उत्तर-पूर्वी फ़्रांस की उस नहर-प्रणाली का केंद्र था, जिसके रास्ते जर्मन हथियारों, सैनिकों और विभिन्न सामग्रियों का परिवहन करते थे।

13 दिसंबर, 1943 को जब बीले और योलांद साँ कोंताँ के एक कैफ़े में मुलाक़ात कर रहे थे, गिस्तापो ने उन्हें दबोच लिया। बीले को यातनाएँ दी गईं और कुछ ही हफ़्तों के भीतर फ़्लोसेंबर्ग में मार डाला गया और योलांद को पहले एवेन्यू फ़श ले जाया गया और फिर फ़ेन होते हुए कार्ल्सरुहे ले जाया गया। एलियान, योलांद, और मेदलिन, सभी को कीफ़ा ने मई, 1944 में कार्ल्सरुहे भेज दिया था। सितंबर, 1944 तक युद्ध के हालात बदल चुके थे। पेरिस आज़ाद हो चुका था, संयुक्त राज्य अमेरिका की पहली सेनाएँ जर्मनी की सीमा पर तैनात हो चुकी थीं, और पूर्वी रूस में नाज़ी सेनाएँ पराजित हो चुकी थीं। इन सारी घटनाओं ने स्पष्ट तौर पर नाज़ी जर्मनी के अंत को सुनिश्चित कर दिया था और नाज़ी नेताओं ने बौखलाकर अपना

क्रोध बंधकों पर निकालते हुए कान्सन्ट्रेशन कैंपों और लेबर कैंपों में लगभग 200,000 फ़्रांसीसियों की हत्याएँ कर दी थीं।

यूज़स ग्माइना ने बाद में बताया था कि नूर और उनकी साथियों को ले जाने के आदेश बर्लिन से टेलिप्रिंटर की मार्फ़त आए थे। एक आदेश कार्ल्सरुहे के उसके कार्यालय के नाम था और दूसरा कान्सन्ट्रेशन कैंप के कमांडेंट के नाम था। ग्माइना ने क़ैदियों को दख़ाऊ के कैंप में भेजने के निर्देश दिए थे। दख़ाऊ के कैंप कमांडेंट को निर्देश थे कि मौत की सज़ा का आदेश दे दें।[30]

हालाँकि यह बात इन चारों युवतियों को मालूम नहीं थी कि वे अपनी ज़िंदगी का आख़िरी सफ़र कर रही थीं। वास्मर और ऑथ, दोनों को उन आदेशों की जानकारी थी, लेकिन उन्होंने इस बारे में युवतियों को कुछ भी नहीं बताया था। वास्मर ने मेदलिन देमरमेंत से कहा था कि उन्हें ऐसे कैंप ले जाया जा रहा है, जहाँ खेती होती है। कुछ घंटों बाद उन्होंने दोपहर का भोजन किया। उन्होंने अँग्रेज़ी सिगरेटों से धूम्रपान भी किया। यह इन गुप्तचरों का सुखद पुनर्मिलन था और उन्हें जितनी भी आज़ादी दी जा रही थी, वे उसका भरपूर आनंद ले रही थीं। ट्रेन की यात्रा के दौरान उन्होंने बाहर के नज़ारों, विशेष रूप से ख़ूबसूरत स्वाबियन पहाड़ियों का, आनंद लिया। गाइसलिंगेन में हवाई हमला हुआ, जिसकी वजह से वे दो घंटे अटके रहे। युवतियाँ शांत बनी रहीं। म्यूनिख़ सेंट्रल में उन्होंने दख़ाऊ जाने के लिए एक बार फिर ट्रेन बदली। जब वे लोग दख़ाऊ पहुँचे, तब तक आधी रात हो चुकी थी। वे पैदल चलती हुई कान्सन्ट्रेशन कैंप पहुँचीं, जहाँ उन्हें अलग-अलग कोठरियों में बंद कर दिया गया।

अंत तड़के सुबह आया। मेदलिन देमरमेंत, एलियान प्लूमन और योलांद बीकमान को उनकी कोठरियों से घसीटते हुए बैरकों से आगे ले जाकर श्मशान के क़रीब गोलियाँ मार दी गईं।

नूर के लिए वह रात काफ़ी लंबी और यातनादायी रही। 1952 में जीन ओवरटन फुलर की पुस्तक के प्रकाशन के बाद उनके प्रकाशक को जो दो पत्र प्राप्त हुए थे, उनके मुताबिक़ नूर को निर्वस्त्र करके सारी रात उनके साथ कुकृत्य किया गया, और लातों से पीटा गया। इनमें से एक पत्र-लेखक था, लेफ़्टिनेंट कर्नल विकी, जिसने युद्ध के दौरान कैनेडा की ख़ुफ़िया सेवा के लिए काम किया था और जो युद्ध के बाद ब्रिटिश ज़ोन के वुपरटाल में मिल्ट्री गवर्नर रहा था। यहाँ उसकी मुलाक़ात एक जर्मन अधिकारी से हुई थी, जो दख़ाऊ में रहा था। इस अधिकारी को कैंप के कुछ अधिकारियों द्वारा बताया गया था कि चार युवतियों को कार्ल्सरुहे से दख़ाऊ लाया गया था। उसने इन युवतियों को फ़्रांसीसी बताया था, लेकिन साथ ही यह भी कहा था कि एक का रंग साँवला था और वह 'काफ़ी कुछ क्रिओल जैसी लगती थी'।

इन अधिकारियों ने उस जर्मन अधिकारी को बताया था कि उसे (नूर को) बहुत 'ख़तरनाक व्यक्ति' और 'पूरी सख़्ती से बरतने योग्य' अपराधी माना जाता था। इसके बाद विकी ने उस जर्मन कैंप अधिकारी का पता लगाया, जिसने यह ब्योरा दिया था और उसने बताया कि नूर को उनकी कोठरी में जर्मनों ने यातनाएँ दी थीं और उनके साथ कुकृत्य किया था। उन्हें निर्वस्त्र कर पैरों से ठोकरें मारी गई थीं और अंत में ज़ख़्मी और लहूलुहान हालत में फ़र्श पर पड़ा छोड़ दिया गया था। इसके बाद अगले दिन एकदम सुबह-सुबह उनकी कोठरी में ही उन्हें गोली मार दी गई थी।

विकी ने 'क्रिओल स्त्री' (यूरोपीय और अश्वेत मिश्रित वंशावली का व्यक्ति) का नाम नूर इनायत ख़ान बताया था।

जीन ओवरटन फुलर को उनके प्रकाशक के माध्यम से दूसरा ख़त जिब्राल्टर के एक आदमी की ओर से मिला था, जिसका कहना था कि वह दख़ाऊ में क़ैदी रहा था। उसके द्वारा दिया गया ब्योरा विकी के ब्योरे से मेल खाता है। उसका कहना था कि उसे कैंप के एक अन्य अधिकारी यूप ने बताया था कि नूर किस 'भयावह' ढंग से मारी गई थीं। उसने कहा था कि उन्हें ऑकार्ट नामक अधिकारी ने निर्वस्त्र कर सारी रात ठोकरें मारी थीं और उनके साथ कुकृत्य किया था। जब ऑकार्ट थक गया, और नूर रक्त से लथपथ हो चुकी थी, तो उसने नूर से कहा कि अब वह उन्हें गोली मारेगा। उसने उन्हें घुटनों के बल बैठने का आदेश दिया और उनके सिर पर पिस्तौल सटा दी। मरने से पहले उन्होंने जो एकमात्र शब्द कहा था, वह था : *लिबेख़्ते* (आज़ादी)। दोनों ही ब्योरे इस बात की पुष्टि करते हैं कि नूर को मृत्यु के पहले यातनाएँ दी गई थीं।

जब वेरा एटकिंस ने ऑथ से सवाल-जवाब किए, तब उसने उन्हें बताया कि उस समय वास्मर वहाँ मौजूद था और उसी ने मुझे बताया था कि 13 सितंबर, 1944 की सुबह आठ और दस के बीच किसी वक़्त चारों गुप्तचरों को श्मशान ले जाकर एक कतार में घुटनों के बल बैठाकर उनकी गर्दनों के पीछे गोलियाँ मारी गई थीं। ऑथ ने याद करते हुए बताया था कि वास्मर ने उसे बताया था कि गोली मारे जाने से पहले मेदलिन देमरमेंत (जो उसके मुताबिक़ जर्मन बोलती थी) ने पादरी को बुलाए जाने का आग्रह किया था, लेकिन कमांडेंट ने कहा कि यहाँ कैंप में कोई पादरी नहीं है। तीनों युवतियाँ एक-एक बार के शॉट से मर गई थीं, लेकिन देमरमेंत को दो बार गोली मारनी पड़ी थी, क्योंकि उन्हें लग रहा था कि शायद वे पहली गोली लगने से मरी नहीं थीं। इसके बाद सारे शवों को शवदाह-गृह की भट्टी में जला दिया गया था।[31] लेकिन ऑथ अपने बयान को निरंतर बदलता रहा था। जब उससे पहली बार पूछताछ की गई थी, तो उसने तिथियाँ ग़लत बताते हुए कहा था कि वह उन युवतियों को 23 अगस्त, 1944 को दख़ाऊ ले गया था। बाद के बयान में उसने

तिथियाँ बदल दी थीं, लेकिन वास्मर ने इस बात का खंडन किया था कि वह युवतियों को मारे जाते समय घटना-स्थल पर मौजूद था। उसका कहना था कि वह तो सारी रात कैंप में सोता रहा था और जब सुबह 10 बजे उसे उनकी मृत्यु की रसीद मिल गई, तो वह उसे लेकर कार्ल्सरुहे रवाना हो गया था।

इस पर जब ऑथ से वेरा एटकिंस द्वारा फिर से सवाल किए गए, तो उसने कहा कि वह वास्मर के क़िस्से पर विश्वास नहीं करता, और, जहाँ तक ज्ञात है, स्वयं एटकिंस ने भी उस क़िस्से को अमान्य कर दिया था।[32] वेरा मन-ही-मन यह मानती आई थीं और उन्होंने अपनी भतीजी ज़ेना एटकिंस से भी कहा था कि मारे जाने के पहले नूर के साथ बलात्कार किया गया था और उन्हें यातनाएँ दी गई थीं, लेकिन नूर की निजी फ़ाइल में वही सरकारी बयान दर्ज हैं, जो वास्मर और ऑथ ने दिए थे। चश्मदीद गवाहों के ख़त परिवार के पास और हेग में जीन ओवरटॅन फुलर के प्रकाशक के पास हैं।

वास्मर ने झूठ बोला था, इसका एक और साक्ष्य युद्ध अपराधों के जाँचकर्ता अलेक्ज़ेंडर निकोल्सन ने दर्ज किया है। निकोल्सन ने कार्ल्सरुहे की तहक़ीक़ात की ज़िम्मेदारी वेरा एटकिंस की जगह सँभाली थी। जब निकोल्सन ने ऑथ से प्रति प्रश्न किए थे, तो उसे बताया गया था कि जब ऑथ ने वास्मर से घटना की हकीक़त के बारे में पूछा था, तो उसने जवाब दिया था : 'क्या तुम जानना चाहते हो कि वास्तव में क्या हुआ था?'[33] और इतना कहकर वह चुप हो गया था। ऑथ के मुताबिक़, इसका मतलब था कि वास्मर मौत की सज़ा के वास्तविक ब्योरों का ख़ुलासा नहीं करना चाहता था, और उसका सारा क़िस्सा मनगढ़ंत था। ऑथ ने यह भी कहा कि उसने मई 1946 में अपने इंटरव्यू के दौरान इस तथ्य का उल्लेख किया था, लेकिन सचिव हिर्थ ने कहा कि इसमें उनकी कोई दिलचस्पी नहीं है और उन्होंने इसे रिकॉर्ड में दर्ज नहीं किया।

"मैं छह महीने तक दख़ाऊ की जेल में था और मुझे पूरा यक़ीन था कि वास्मर का क़िस्सा सही नहीं था," ऑथ ने कहा। 12/13 सितंबर की रात जो कुछ भी हुआ हो, सच्चाई यही थी कि दख़ाऊ में नूर और उनके साथियों की मौत भयावह ढंग से हुई थी।

बर्लिन किसी भी गुप्तचर को युद्ध में जीवित नहीं रहने देना चाहता था और नहीं चाहता था कि नाज़ियों की अंदरूनी कार्यप्रणाली उजागर हो। न ही वे मित्र राष्ट्रों को यह पता लगने देना चाहते थे कि उनके गुप्तचरों का दुश्मन के हाथ में पड़ने के बाद क्या हुआ था। वे डबल एजेंटों, नाज़ी हथकंडों और रेडियो षड्यंत्रों के बारे में बहुत ज़्यादा जानते थे। उन्होंने अपनी ख़ुफ़िया नीति के चलते, उन तमाम गुप्तचरों की जानबूझकर हत्याएँ कर दी थीं, जो पकड़े गए थे।

ऐसा करने के आदेश सीधे बर्लिन से हिमलर की ओर से आए थे। हिमलर का फ़रमान यह था कि फ़्यूहर (हिटलर) के दुश्मनों का मरना अनिवार्य है, लेकिन तभी जब 'यातना, अपमान और हिंसक पूछताछ ने उनके भीतर से वे राई-रत्ती साक्ष्य निचोड़ लिए हों, जिनकी मदद से वे दूसरों को गिरफ़्तार कर सकें'। एसओई के दो फ़्रेंच सेक्शन्स के जिन 200 गुप्तचरों को पकड़ा गया था, उनमें केवल 26 गुप्तचर ही अपनी आप बीती सुनाने को ज़िंदा बच पाए थे। रेडियो ऑपरेटर विशेष रूप से नाज़ियों के निशाने पर थे और बहुत थोड़े-से ऑपरेटर ही ज़िंदा बच पाए थे। जो दो बचे रह गए थे, उनमें से एक थे जैक स्टार, जिन्हें माउथहाउज़ेन में मित्र राष्ट्र की फ़ौजों ने बचाया था, और दूसरे थे मग्सेल ग़ूसे, जो पेरिस की गिस्तापो जेल से भाग गए थे।

नूर और उनके साथियों के मारे जाने के बमुश्किल सात महीने बाद अप्रैल, 1945 में दख़ाऊ आज़ाद हो गया था।

उपसंहार

युद्ध समाप्त हो जाने के बाद वेरा एटकिंस ने यह पता लगाने का निश्चय किया कि जिन महिला गुप्तचरों को उन्होंने युद्ध-क्षेत्र में भेजा था, उनका क्या हुआ था। चूँकि वे इन गुप्तचरों की निजी ज़िंदगी, उनके परिवारों और उनकी कर्तव्यनिष्ठा से वाकिफ़ थीं, इसलिए उनमें से हर एक के साथ उनका रिश्ता बन गया था। जो गुप्तचर लापता हो चुकी थीं, उनके क़िस्सों को सामने लाने और उन्हें गिरफ़्तार करने वाले जर्मन अधिकारियों से इंटरव्यू लेने उन्होंने यूरोप की यात्रा की थी।

जुलाई, 1944 तक नूर एसओई के बैटल कैज़ुअल्टी फ़ॉर्म (युद्ध दुर्घटना फ़ॉर्म) में 'बंदी बनाई गई' के रूप में दर्ज थीं।[1] उस समय तक निश्चित तौर पर कुछ भी ज्ञात नहीं था, सिवाय इसके कि उनका सर्किट ध्वस्त हो चुका था और उनके बारे में रिपोर्ट थी कि वे 3 बिज़ प्लास दे इताज़ यूनी, पेरिस में बंदी थीं। वस्तुतः नूर 84 एवेन्यू फ़श में क़ैद थीं और नवंबर में उन्हें फ़ोर्ट्सहाइम भेज दिया गया था।

15 अक्टूबर, 1944 को युद्ध विभाग ने नूर की माँ ओ.आर. बेकर-इनायत को 4 टेविटन स्ट्रीट, लंदन के पते पर ख़त लिखकर सूचित किया था कि आपकी बेटी से हाल ही में हमारा संपर्क टूट गया है और उन्हें 'गुमशुदा' मान लेना चाहिए। उन्होंने उम्मीद जताई थी कि हम जल्दी ही उनका पता-ठिकाना खोज लेंगे और हमें उम्मीद है कि वे युद्ध-बंदी हैं।[2]

इस ख़बर ने इनायत ख़ान के कुनबे में तबाही का आलम पैदा कर दिया। हमेशा से कमज़ोर अमीना बेग़म की तो रो-रोकर हालत ही ख़राब हो चुकी थी। उन्हें तो पता ही नहीं था कि उनकी बेटी एक ख़तरनाक मुहिम पर गई हुई थी। ले-देकर विलायत और क्लेयर ही थे, जो उन्हें ढाँढस बँधाने की भरसक कोशिश कर रहे थे।

नौ महीने बाद जुलाई, 1945 तक परिवार को कुछ भी जानकारी नहीं थी। विलायत ने अपनी बहन की ख़बर के बारे में परेशान करने के लिए क्षमा माँगते हुए वेरा एटकिंस को लिखा : "अब तो जर्मनी को ध्वस्त हुए इतना अधिक वक़्त बीत चुका है कि मैं अपनी बहन को देख पाने की उम्मीद ही त्याग चुका हूँ। क्या सचमुच ही अब तक उनका कोई अता-पता नहीं है? मुझे नहीं लगता कि इस बात

की कोई संभावना है कि वे डीपी (डिस्प्लेस्ड पर्सन्स/विस्थापित व्यक्तियों के) शिविर में होंगी, क्योंकि जहाँ तक मेरी जानकारी है, ब्रिटेन के सारे नागरिकों को वापस लाया जा चुका है।"

विलायत से, सुरक्षा की वजहों का हवाला देते हुए, अपनी बहन के बारे में पूछताछ न करने को कहा गया था। अब उन्होंने पूछा : "क्या अभी भी यह जानना मुमकिन नहीं है कि वे किन परिस्थितियों में बंदी बनाई गई थीं और वे किस तरह का काम करती थीं?"[3] वेरा एटकिंस ने तुरंत जवाब देते हुए कहा कि हम अभी भी ख़बर मिलने का इंतज़ार कर रहे हैं और आपका परिवार खुद भी अपने स्तर पर पूछताछ करने के लिए स्वतंत्र है।

4 अक्टूबर, 1945 को एसओई के प्रमुख, मेज़र जनरल कॉलिन गबिन्स ने सिफ़ारिश की कि नूर इनायत ख़ान ने अपने सर्किट के ध्वस्त हो जाने और उसके संयोजक के गिरफ़्तार हो जाने के बावजूद जिस तरह बहादुरी और कर्तव्य के प्रति निष्ठा का परिचय दिया है, उसके लिए उन्हें ऑर्डर ऑफ़ द ब्रिटिश एंपायर (एमबीई) का सदस्य नियुक्त किया जाना चाहिए। इस मक़ाम पर एसओई को इस बात की भी जानकारी थी कि नूर गिस्तापो की पकड़ से बाल-बाल बचकर निकली थीं।

उक्त सिफ़ारिश में उल्लेख किया गया था कि उन्होंने मित्र राष्ट्रों के उन 35 वायुसैनिकों के निकलने में केंद्रीय भूमिका निभाई थी, जिनके विमान फ़्रांस में मार गिराए गए थे। उन्हें इंग्लैंड लौटने के निर्देश दिए गए थे, इसके बावजूद वे नहीं लौटीं और उन्होंने वहीं बने रहने का अनुरोध किया। उन्होंने अक्टूबर में गिरफ़्तार होने और जर्मनी ले जाए जाने के पहले तक लंदन के साथ संदेशों का आदान-प्रदान जारी रखा। इस सिफ़ारिश के समय तक एसओई की फ़ाइल में नूर का नाम 'गुमशुदा' के रूप में दर्ज था।

इस बीच 20 दिसंबर, 1945 को एसओई के कार्यालय बंद कर दिए गए। 22 दिसंबर को वेरा एटकिंस ने अमीना बेग़म को ख़त लिखकर बताया कि नूर युद्ध के दौरान क्या करती थीं।

उन्होंने अमीना बेग़म को बताया कि नूर जून, 1943 में वायरलैस ऑपरेटर के रूप में फ़्रांस गई थीं और वहाँ वे पेरिस के इलाक़े में प्रतिरोध आंदोलन के लिए काम कर रहे एक ब्रिटिश अधिकारी से संबद्ध थीं। उन्होंने कहा कि नूर अपने काम को लेकर बहुत उत्सुक रही थीं और उन्होंने युद्ध-क्षेत्र से एक निजी पत्र भेजा था। वेरा एटकिंस ने अमीना बेग़म से कहा, "पेरिस के लिए प्रस्थान करते समय उन्हें एक ही चीज़ सता रहा थी और वह यह थी कि आपको लंबे समय तक उनकी ओर से कोई ख़बर नहीं मिल सकेगी और उन्होंने ज़ोर देकर कहा था कि हम लोग आपको लगातार चिट्ठियाँ लिखते रहें, भले ही उनके साथ हमारा संपर्क क्यों न टूट गया हो।"

"दुर्भाग्य से महीनों तक अद्भुत काम करने के बाद वे गिरफ़्तार कर ली गई थीं। यह बात हमें 1944 के वसंत में ही पता चल सकी थी, लेकिन उनके विशेष अनुरोध और आसन्न हमले को देखते हुए हम आपको पहले की तरह ख़त लिखते रहे। हमें उम्मीद थी कि हम उन्हें फ़्रांस के आज़ाद होने के बाद वहाँ ढूँढ लेंगे।"

वेरा एटकिंस ने अमीना बेग़म से कहा कि क़ैद किए जाने के बाद नूर ने जर्मनों के चंगुल से भाग निकलने का वीरतापूर्ण प्रयत्न किया था, लेकिन वे उसमें कामयाब नहीं हो सकी थीं। उन्होंने उन्हें बंधक बनाने वाले जर्मनों तक की सराहना हासिल की थी और उन लोगों ने उनके साथ बुरा व्यवहार नहीं किया।

दिसंबर, 1945 में एटकिंस को लग रहा था कि नूर को मई, 1944 में ब्रिटेन की दूसरी महिलाओं के साथ कार्ल्सरुहे की जेल में भेज दिया गया था, जहाँ वे 25 जुलाई, 1944 तक रही थीं, जिसके बाद उन्हें किसी अन्य जेल में भेज दिया गया था। इस समय तक भी उन्हें यह नहीं मालूम था कि नूर के साथ क्या हुआ था, लेकिन युद्ध विभाग ने उन्हें जीवित हासिल करने की उम्मीदें लगभग खो दी थीं।

युद्ध समाप्त होने के लगभग एक वर्ष बाद अप्रैल, 1946 में जाकर वेरा एटकिंस को ब्रिटेन की उन चार गुप्तचरों की नियति के बारे में पता चल पाया, जिन्हें जून, 1944 में नत्सवाइला के कान्सन्ट्रेशन कैंप में मारा गया था। उनका विश्वास था कि नूर उन चार युवतियों में से एक थीं, जिन्हें कैंप में घातक इंजेक्शन देकर मारा गया था। बाक़ी तीन थीं, आँद्रे बोहेल, वेहा ली और डायना रोडिन। चौथी रहस्यमय लड़की की पहचान उसके काले बालों, ठिगनी-दुबली क़द-काठी और रूस में जन्मे होने (जैसे कि नूर थीं) से की गई थी, और एसओई को लगा था कि वह लड़की नूर ही थी। वास्तव में वह रूसी यहूदी और पेशेवर नर्तकी सोनिया ओल्स्चेनेज़्की थी जो ज़ैक वेल की कूरियर रही थी और प्रॉस्पर के एक सब-सर्किट जगलर के लिए काम करती रही थी।

वेरा एटकिंस ने युद्ध मंत्रालय को रिपोर्ट भेजी कि उन चारों युवतियों को मई, 1944 तक पेरिस की जेल में रखा गया था। 12 मई को आठ महिला गुप्तचर पेरिस के पास के फ़ेन जेल से रवाना हुईं और कार्ल्सरुहे पहुँचीं, जहाँ उन्हें महिलाओं की असैनिक जेल में रखा गया। ये थीं आँद्रे बोहेल, वेहा ली, डायना रोडिन, ऑदेत सेन्सॅम, मेदलिन देमरमेंत, योलांद बीकमान, एलियान प्लूमन और सोनिया ओल्स्चेनेज़्की, हालाँकि मानकर यह चला जा रहा था कि आठवीं लड़की नूर थीं।

ये ऑदेत सेन्सम थीं, एसओई की आठ में से वह एकमात्र गुप्तचर, जो जीवित बचकर युद्ध के बाद रावेन्स्ब्रुक कान्सन्ट्रेशन कैंप से वापस आ गई थीं, जिन्होंने एटकिंस से कहा था कि आठवीं लड़की नूर थीं। लगता था कि जब ऑदेत को नूर

के फ़ोटो दिखाए गए, तो उन्हें नूर से मिलती-जुलती उस लड़की की याद हो आई जो उनके साथ ट्रेन में सवार थी। वे पहले कभी मिली नहीं थीं, इसलिए वह उन्हें व्यक्तिगत रूप से नहीं जानती थीं। अब वेरा एटकिंस ने फ़ेन जेल से रवाना हुईं आठ युवतियों की फ़ेहरिस्त इस प्रकार तैयार की : ऑदेत सेन्सम, डायना रोडिन, नूर इनायत ख़ान, वेहा ली, ऑँद्रे बोहेल, एलियान प्लूमन, मेदलिन देमरमेंत और योलांद उंटरनाहर। इनमें अंतिम तीन का अभी भी कुछ अता-पता नहीं था, क्योंकि वे 12/13 सितंबर, 1944 की रात को कार्ल्सरुहे से रवाना हो गई थीं।

कार्ल्सरुहे में इन युवतियों को अलग-अलग कोठरियों में रखा गया था और हर एक की कोठरी में जर्मन महिलाएँ होती थीं, जो या तो राजनीतिक क़ैदी थीं या अपराधी। उनके साथ बुरा बर्ताव नहीं होता था और वे किसी तरह एक-दूसरे के साथ संवाद स्थापित कर लेती थीं, हालाँकि उन्हें आपस में मिलने की इजाज़त नहीं थी। महिला वॉर्डनों ने उन्हें उनके फ़ोटोग्राफ़ देखकर पहचाना था।

कार्ल्सरुहे के एक और जर्मन राजनीतिक क़ैदी ने जुलाई, 1944 के एक दिन सुबह 4 और 5 के बीच गलियारे से गुज़रती सात महिलाओं को याद करते हुए, उनके बारे में वेरा एटकिंस को बताया था। इनमें वे ब्रिटिश गुप्तचर शामिल थीं, जिन्हें उसने पहले देखा था। गिस्तापो का अधिकारी उन्हें एक विचित्र-सी दिखती स्लेटी कार में बैठाकर ले गया था।

वेरा एटकिंस का ख़याल था कि इनमें से चार युवतियाँ नत्सवाइला में ले जाई गई थीं। यह कार्ल्सरुहे से लगभग 100 मील दूर फ़्रांस का एक शिविर था। जब ये युवतियाँ 6 जुलाई को शिविर में पहुँची थीं, तो इन्हें शिविर के कई क़ैदियों ने देखा था। उनकी पहचान एसओई गुप्तचर ब्रायन स्टोनहाउस, आर.एम. शेपार्ड और बेल्जियाई डॉक्टर अल्बेख़ गेग़ीज़ द्वारा की गई थी। यह डॉक्टर गुप्तचरों के पलायन के रास्ते की योजना बनाया करता था। स्टोनहाउस ने चौथी लड़की का वर्णन करते हुए उसे, काले बालों वाली, पच्चीस से तीस वर्ष की ठिगने क़द की लड़की के रूप में पहचाना था। इस लड़की को नूर समझा गया था।

साथी क़ैदियों ने ऑँद्रे बोहेल, वेहा ली और नूर इनायत ख़ान की तसवीरों की पहचान की थी और चश्मदीद गवाहों के बयानों के मुताबिक क़िस्से के विभिन्न हिस्सों को आपस में जोड़ा गया था।

इन युवतियों को रात 1 से 3 के बीच कैंप में लाया गया था और अलग-अलग कोठरियों में ले जाया गया था। ऑँद्रे बोहेल ने किसी तरह डॉ. जॉर्जे बूगेख़्त से संपर्क किया, जो उनकी बग़ल की कोठरी में थे। डॉक्टर ने उन्हें कुछ सिगरेटें फेंककर दीं और ऑँद्रे बोहेल ने उनकी ओर अपना पैसों का बटुआ फेंका। वेहा ली ने एक क़ैदी से वार्तालाप शुरू कर दिया और उससे एक तकिया माँगा। यह क़ैदी ज़ेलनबाउ

(शवदाह-गृह के क़रीब स्थित कोठरियाँ) में काम कर रहा था। ग़ेग़ीज़ ने डायना रोडिन या नूर इनायत ख़ान से कुछ शब्दों का आदान-प्रदान किया।

उस रात 8 बजे जेल में कर्फ़्यू का ऐलान कर दिया गया था और अँधेरा कर दिया गया था। एक क़ैदी ने देखा कि रात 9 और 10 के बीच एसएस के दो आदमी ज़ेलनबाउ गए और उनमें से एक युवती को लेकर लौटे और उसे शवदाह-गृह की ओर ले गए। एक-एक कर वही आदमी वापस लौटे और दूसरी युवतियों को ले गए। अगले दिन क़ैदी शवदाह-गृह गए और वहाँ उन्होंने युवतियों के जले हुए शव देखे और एक युवती का बिना जला जूता देखा।

शवदाह-गृह की ज़िम्मेदारी सँभालने वाले एक क़ैदी, जो कि एक अपराधी था, ने बताया कि उसे भट्टी को सुलगाने और रात 9.30 तक उसे अधिकतम तापमान तक पहुँचाने के निर्देश दिए गए थे। उसी समय एसएस का प्रभारी अधिकारी, एसएस डॉक्टर और कैंप के पूर्व डॉक्टर के साथ शवदाह-गृह पहुँचा। शवदाह-गृह में काम करने वाले क़ैदियों को उनकी कोठरियों में बंद कर दिया गया। कोठरी में सबसे ऊपर की बर्थ का क़ैदी फ़ैन विंडो के छेद से बग़ल के कमरे में देख पा रहा था। उसने महिला क़ैदियों को एक-एक करके डॉक्टर के उस कमरे में ले जाए जाते देखा, जिसके साथ पुरुषों की डॉर्मेट्री लगी थी। कुछ मिनट बाद उन्हें बेहोशी की हालत में घसीटते हुए शवदाह-गृह ले जाया गया।

चौथी महिला ने गलियारे में विरोध जताते हुए चीख़ना शुरू कर दिया। उस पर क़ाबू पा लिया गया और कुछ मिनट बाद उसे भी बेहोशी की हालत में घसीटते हुए ले जाया गया। क़ैदियों ने शवदाह-गृह के दरवाज़े खुलने की आवाज़ सुनी और उन महिलाओं को तुरंत ही जला दिए जाने का अनुमान लगाया।[4]

युद्ध विभाग ने अब इनायत ख़ान के परिवार को, जो पहले ही टूट चुका था, एक औपचारिक ख़त भेजते हुए, उसमें उन परिस्थितियों का बयान किया जिनमें, उनके अनुमान के मुताबिक़, नूर इनायत ख़ान की मौत हुई थी। विलायत को जब यह ख़बर मिली, तो वे आवेश से भरकर जीन ओवर्टन फुलर के घर की ओर भागे। उन्होंने सफ़ेद पड़ गए चेहरे के साथ फुलर से कहा, “मुझे पता चल गया है कि मेरी बहन के साथ क्या हुआ था। उसे ज़िंदा जलाया गया था...।”[5]

चूँकि उनकी माँ की सेहत पहले से ख़राब थी और वे नूर के लापता होने, उन्हें मृत मान लिए होने की ख़बर से टूट चुकी थीं, इसलिए विलायत और क्लेयर ने उन्हें नूर की मृत्यु से संबंधित उस ताज़ा ख़त के बारे में कुछ नहीं बताया। उन्होंने पॉवर ऑफ़ अटार्नी भी हासिल करने की कोशिश की, जिसके पीछे उनका तर्क था कि वे खुद ही नूर के प्रकरण को सँभालना चाहते थे, क्योंकि उनकी माँ अंदर से टूट चुकी थीं और डॉक्टर ने चेतावनी दी थी कि कोई भी आघात उनके

लिए घातक हो सकता है। उन्होंने ये सारी बातें युद्ध विभाग को लिखते हुए उनसे कहा कि "भविष्य में सारा पत्र-व्यवहार मेरे साथ किया जाए, मेरी माँ के साथ नहीं, जो मेरी बहन का नाम सुनने मात्र से पागलों की तरह व्यवहार करने लगती हैं। वे बहुत ज़्यादा शोक में डूबी हैं।"

24 मई, 1946 को युद्ध विभाग ने अमीना बेग़म को सूचित किया कि नत्सवाइला के अधिकारियों पर युद्ध-अपराधियों के रूप में मुक़दमा चलाया जा रहा है। मुक़दमे की शुरुआत 26 मई, 1946 को वुपरटाल में हुई। यद्यपि नूर का नाम मारे गए लोगों में शामिल था, लेकिन वे उन बदक़िस्मत लड़कियों में नहीं थीं, जो नत्सवाइला में मारी गई थीं।

लेकिन जल्दी ही, विलायत को और भी जानकारी मिलने वाली थी। उन्हें योलांद लेगार्व का ख़त मिला। योलांद एक फ़्रांसीसी महिला थीं, जिन्होंने विलायत को बताया कि वे जर्मनी की फ़ोर्ट्रसहाइम जेल में उनकी बहन के साथ थीं। विलायत ने एक बार फिर 12 फ़रवरी, 1947 को युद्ध विभाग को ख़त लिखकर कहा कि विभाग का यह कहना कि नूर की मृत्यु 6 जुलाई, 944 को नत्सवाइला में हुई थी, उस जानकारी से मेल नहीं खाता, जो उस फ़्रांसीसी महिला ने दी है। उन्होंने बताया कि लेगार्व ने नूर को फ़ोर्ट्रसहाइम में देखा था। उन्होंने अपने नाम बताए बिना खाने के कटोरों पर अपने पते उकेरते हुए, उन पतों का आदान-प्रदान किया था। लेगार्व ने उसी पते के आधार पर परिवार से संपर्क किया। उस लड़की ने बताया कि नूर ने सितंबर, 1944 में फ़ोर्ट्रसहाइम छोड़ दिया था और वे किसी अज्ञात गंतव्य की ओर ले जाई गई थीं।

सूचना देने वाली एक और महिला जर्मन थी, जिसका नाम एल्ज़ा फिंडलिंग था। उसने यूनाइटेड नेशन्स रिफ़्यूजी असोसिएशन के डी. मैक्फ़ार्लिन की मार्फ़त संदेश भेजा था। वे फ़ोर्ट्रसहाइम में रहे थे।

इस स्रोत से विलायत को पता चला था कि जिस समय स्ट्रॉसबर्ग पर मित्र राष्ट्रों ने क़ब्ज़ा किया था, उस समय सारे नज़रबंद लोगों को मौत की सज़ा देने के लिए ले जाया गया था। विलायत ने स्पष्ट तौर पर हताशा से भरकर लिखा था कि "मेरी बहन स्थानीय क़ब्रिस्तान में दफ़न है। जिस जेलर ने मेरी बहन को पीटा था (जैसा कि बताया गया है), वह आज तक अपने पद पर बना हुआ है।"[6]

युद्ध कार्यालय को लिखे गए विलायत के वे सारे ख़त जो नूर की निजी फ़ाइल में रखे हैं, उस गहन वेदना को दर्शाते हैं, जिससे विलायत गुज़र रहे थे। एक ओर उन्हें अपनी बहन की मृत्यु की सच्चाई को स्वीकार करना ज़रूरी था, जिसके ब्योरे निरंतर बदलते लग रहे थे, वहीं दूसरी ओर उन्हें मज़बूत बने रहना ज़रूरी था, ताकि वे अपनी माँ को सहारा दे सकें, जो बेहद सदमे की हालत में थीं। वॉर क्राइम ग्रुप ऑफ़ नॉर्थवेस्ट यूरोप के कैप्टन ए. निकॉल्सन को फ़ोर्ट्रसहाइम जेल के रजिस्टर की

फ़ोटोकॉपियाँ प्राप्त करने की ज़िम्मेदारी सौंपी गई थी। उन्होंने युद्ध विभाग के मेज़र एन.जी. मॉट को रिपोर्ट पेश की थी। जेल के डायरेक्टर के हलफ़िया बयान से उन्हें पता चला कि नूर को सितंबर में फ़ोर्ट्सहाइम से दख़ाऊ ले जाया गया था। मेजर मॉट ने तब वेरा एटकिंस को बताया कि नूर को तीन अन्य महिलाओं के साथ दख़ाऊ ले जाया गया था, जहाँ उन्हें अगली सुबह, 13 सितंबर को मार डाला गया था। इस तरह नूर की मौत की पड़ताल का लंबा और यातनादायी सिलसिला समाप्त हुआ।

यह ख़बर सदमे में डूबे विलायत तक पहुँची। उनसे कहा गया कि इसमें संदेह की लगभग कोई गुंजाइश नहीं है कि आपकी बहन की मृत्यु दख़ाऊ में हुई थी। उनकी नियति के सामने आने में युद्ध के समाप्त होने के बाद दो वर्ष लग गए।

16 नवंबर, 1949 को विलायत को उस आदमी का सामना करने के दर्दनाक अनुभव से गुज़रना पड़ा, जिसने उनकी बहन के साथ विश्वासघात कर उन्हें जर्मनों के हाथों में सौंप दिया था। ग़ेने गैरी पर ग़्यूली बैरक्स में फ़्रांसीसी सैन्य अदालत में विश्वासघात के आरोप में मुक़दमा चलाया गया। उसे अभियोजन पक्ष के एक गवाह के रूप में पेश होना था। दूसरे गवाहों में फ़ोख़्त (जो उस समय फ़्रांसीसियों का क़ैदी था), मेदम गैरी और मेदम एग्हाँ शामिल थीं।

फ़ोख़्त से उस स्त्री को पहचानने को कहा गया, जो अदालत में उसके समक्ष उस 'ग़ेने' के रूप में खड़ी थी, जिसका उल्लेख उसने अपने हलफ़िया बयान में किया था। उसने स्वीकार किया कि वह अब थोड़ी अलग दिखती है और कुछ मोटी हो गई है। उसने कहा कि वह उससे नूर की गिरफ़्तारी के बाद एक बार और मिला था क्योंकि उसने ऑफ़िस आकर अपने बकाया भुगतान की माँग की थी। उसने बताया कि उसने उससे कहा था कि उसे अपना भुगतान लेने खजांची के ऑफ़िस में आना होगा और उसे अपना पहचान-पत्र दिखाना होगा। वह हालाँकि इन औपचारिकताओं को लेकर अनिच्छुक दिखती थी, लेकिन उसे वे करनी पड़ीं और इसीलिए उसे उसके पहचान-पत्र में उसका नाम पढ़ने को मिला। उसमें लिखा हुआ था 'ग़ेने गैरी'।[7]

ग़ेने गैरी ने खंडन करते हुए कहा कि नूर के साथ विश्वासघात करने वाला फ़ोन मैंने नहीं किया था। मख़्दोरिते गैरी, जो नूर को भली-भाँति जानती थी, और जो अब विधवा हो चुकी थी, ने कहा कि ग़ेने स्वभाव से ही अपना हक़ जताने वाली बहन थी और उसे नूर के प्रति बहुत ध्यान दिया जाना अच्छा नहीं लगता था। उसने कहा कि ग़ेने नूर के प्रति इसलिए भी ईर्ष्यालु थी, क्योंकि वह (ग़ेने) आँतेल्मे से इश्क़ करती थी, लेकिन नूर से मिलने के बाद आँतेल्मे के पास उसके लिए समय ही नहीं था।

ग़ेने गैरी से पूछा गया कि अगर उसके भाई को मौत के हवाले कर दिया गया होता, तो क्या उसे यह अच्छा लगता। उसने जवाब दिया, 'नहीं'।

बचाव पक्ष के पास एकमात्र गवाह था ज़िएल, जिसे नूर ने अनजाने में लंदन के आदेश पर गिस्तापो से मिलने भेज दिया था। यद्यपि नूर की उसमें कोई ग़लती नहीं थी, तब भी उसने उनके ख़िलाफ़ वैर पाल रखा था। उसने कहा कि नूर डबल एजेंटों के संपर्क में थीं और सुरक्षा को लेकर सचेत नहीं थीं। बचाव पक्ष ने ग़ेने गैरी को मॉरिस बकमास्टर द्वारा लिखा गया वह पत्र भी अदालत में पेश किया, जिसमें बकमास्टर ने उसे संगठन के सदस्यों को सहयोग देने के लिए धन्यवाद दिया था।

इस आधार पर कि नूर की गिरफ़्तारी के बाद ग़ेने का भाई भी गिस्तापो द्वारा पकड़ा गया था, और उसके ख़िलाफ़ एकमात्र गवाह एक नाज़ी था, ग़ेने को बरी कर दिया गया। विलायत ने कहा कि हालाँकि उसकी सूफ़ी आस्था का तकाज़ा है कि वह उसे माफ़ कर दें, लेकिन वे कभी ऐसा नहीं कर पाएँगे। उन्होंने कहा कि वे उन जर्मनों को तो माफ़ कर सकते हैं, जिन्होंने आदेशों का पालन किया, लेकिन उस व्यक्ति को माफ़ नहीं कर सकते, जिसने उसकी बहन के साथ विश्वासघात किया। यह संघर्ष उनके अंदर हमेशा बना रहा।[8]

उधर, जर्मन पक्ष से स्टर्म्बानफ़्यूहर हांस यूज़स कीफ़ा पर वुपरटाल में ब्रिटिश मिलिटेरी कोर्ट में मुक़दमा चलाया गया। उस पर आरोप था कि उसने अगस्त, 1944 में नार्मेंडी में वर्दीधारी सैनिकों के एक दल को मौत की सज़ा दिए जाने के आदेश (जो बर्लिन से आए थे) अग्रेषित किए थे। कीफ़ा ने जॉन स्टार को गवाही के लिए पेश करते हुए उससे पूछा कि क्या उसने एवेन्यू फ़श में किसी भी क़ैदी को यातना दिए जाते देखा था। स्टार ने कहा कि उन्होंने स्वयं किसी को यातना दिए जाते नहीं देखा, लेकिन जब उससे पूछा गया कि क्या उसने एवेन्यू फ़श लाए गए सारे क़ैदियों को देखा था, तो स्टार को इंकार करना पड़ा। वह अन्यत्र रखे गए अन्य क़ैदियों के पक्ष से भी नहीं बोल सका। कीफ़ा को मृत्युदंड दिया गया।

युद्ध के बाद कुछ समय तक एसओई को गुप्त रखा गया था। उसके संस्थागत ढाँचे और तौर-तरीक़ों के बारे में लगभग कुछ भी नहीं बताया गया था। उसके तौर-तरीक़ों को ऑफ़िशियल सीक्रेट एक्ट के अंतर्गत पूरी तरह गुप्त रखा गया था। एसओई को स्वयं ही युद्ध के बाद बंद कर दिया गया था और उसकी ज़्यादातर सामग्री बेकर स्ट्रीट कार्यालय में लगी आग में बर्बाद हो गई थी। मई, 1946 में वुपरटाल के युद्ध-अपराध-न्यायालयों की शुरुआत के बाद ही प्रचार की पहली लहर आई। नत्सवाइला के जेल अधिकारियों पर चलाए गए मुक़दमे ने उन गुप्तचरों के क़िस्सों को उजागर किया, जिन्हें ज़हरीले इंजेक्शन देकर मारा गया था, हालाँकि मारे गए लोगों के नाम नहीं लिए गए थे, लेकिन रिपोर्टें बताती थीं कि जिस समय युवतियों को शवदाह-गृह की भट्टियों में झोंका गया था, वे मरी नहीं थीं। इससे गुस्सा भड़क उठा। अख़बारों की सुर्खियाँ कह रही थीं कि ब्रिटिश औरतों को ज़िंदा जलाया गया।

यह पहली बार था, जब ब्रिटेन की जनता को पता चला कि महिला गुप्तचरों को युद्ध-क्षेत्र में ख़तरनाक मुहिमों पर भेजा गया था। कुछ लोगों ने इसके औचित्य पर सवाल उठाए। 1958 में पत्रकार एलिज़ाबेथ निकोलस ने अपनी दोस्त डायना रोडिन के मामले की पड़ताल की, जिनका नाम उन्होंने अख़बारों में उन तेरह महिलाओं में शामिल पाया था, जिनकी मृत्यु फ़्रांस में हुई थी। उनके नामों का उल्लेख उनके सम्मान में 1948 में नाइट्सब्रिज में सेंट पॉल चर्च में स्थापित शिलालेख पर किया गया था। निकोलस ने युद्ध में एसओई के सात गुप्तचरों के बारे में अपनी पुस्तक *डैथ बी नॉट प्राउड* प्रकाशित की। वही थीं, जिन्होंने नत्सवाइला में मौत की शिकार हुई चौथी महिला सोनिया ओल्स्चेनेज़्की की पहचान उजागर की थी। निकोलस की उस अभूतपूर्व कृति के बिना इस चौथी स्त्री की ओर शायद ध्यान ही न गया होता और उसके परिवार को कभी पता न चल पाता कि उसके साथ क्या हुआ था।

1952 तक जीन ओवरटन फुलर की पुस्तक *मेदलिन* प्रकाशित हो चुकी थी। फुलर यह पता लगाने कि उनकी दोस्त के साथ क्या हुआ था, पेरिस गईं और नूर की दोस्तों तथा उन जर्मनों से मिलीं, जिन्होंने उन्हें क़ैद में रखा था। नूर का क़िस्सा उनके शोध को फ़्रांस में एसओई की गतिविधियों से संबंधित दूसरी पुस्तकों तक ले गया। *डबल वेब्स* और *स्टार अफ़ेयर* नामक उनकी दोनों पुस्तकों ने तहलका मचा दिया। इन पुस्तकों में पहली बार फुलर ने ज़ब्त वायरलैस सैटों के जर्मनों द्वारा किए गए, उन छलपूर्ण उपयोगों के बारे में बात की थी, जिनके नतीजे में लंदन द्वारा भेजे गए गुप्तचर, हथियार और पैसा सीधे गिस्तापो के हाथों में जाकर गिरते थे। उन्होंने यह भी दावा किया था कि लंदन के अधिकारियों को इन छलपूर्ण उपयोगों की जानकारी थी और उन्होंने जर्मनों का ध्यान भटकाने के लिए उन्हें जानबूझकर जारी रहने दिया था। निकोलस और फुलर दोनों की पुस्तकों से यह धारणा बनती है कि एसओई ने मासूम लड़कियों को फ़्रांस में उनकी मौत के पास भेजा था। उन्होंने रेडियो के छलपूर्ण दुरुपयोग को जारी रहने दिया और इस तरह वे गुप्तचरों की बलि देते रहे। यह बात सही थी कि इंग्लैंड ने भी जर्मनों के ख़िलाफ़ रेडियो का छलपूर्ण उपयोग किया था, लेकिन इसकी शुरुआत 1944 के वसंत के बाद ही हुई थी, जब बेकर स्ट्रीट को यह बात समझ में आ गई थी कि जर्मन उनके साथ छल कर रहे थे।

इस बात को स्पष्ट कर पाना मुश्किल है कि जब लंदन को यह संदेह हो गया था कि उसका एक सर्किट ध्वस्त किया जा चुका था, तब वह गुप्तचरों को क्यों भेजता रहा। एक बार फिर, कारण यह था कि युद्ध की उलझन में उन्होंने कभी-कभी सिक्युरिटी चैक संबंधी नियमों का कड़ाई से पालन नहीं किया, और यह सोचते रहे कि शायद गुप्तचर ने ही लापरवाही या जल्दबाज़ी में चैक का इस्तेमाल नहीं किया होगा। बकमास्टर ने स्वयं ही कहा था कि इन नियमों को लागू करने के मामले में पूरी तरह अचूक होना संभव नहीं है, क्योंकि अगर गुप्तचर किसी अत्यंत मुश्किल

परिस्थिति के अधीन संदेश भेज रहे हों, तो वे अपने सिक्युरिटी चैक देना भूल सकते हैं। तब भी इस बात से इंकार नहीं किया जा सकता कि गंभीर ग़लतियाँ हुई थीं, जिनके लिए नूर और उनके साथियों को भारी क़ीमत चुकानी पड़ी।

जब गिल्बर्ट नॉर्मन पकड़े गए थे और जर्मनों ने उन्हें रेडियो संदेश भेजने के लिए विवश किया था, तो उन्होंने सिर्फ़ अपने दिखावटी सिक्युरिटी चैक का इस्तेमाल किया था, जिसका उद्देश्य लंदन को यह चेतावनी देना था कि उन्हें गिरफ़्तार कर लिया गया है। लंदन ने न सिर्फ़ इसकी ओर ध्यान नहीं दिया, बल्कि स्वयं मॉरिस बकमास्टर ने नॉर्मन को जवाब देते हुए कहा कि तुम अपना सिक्युरिटी चैक भूल गए थे और अब आगे से सावधानी बरतना।[9] यह सुरक्षा से संबंधित एक गंभीर चूक थी, जो कि विनाशकारी साबित होने वाली थी। बकमास्टर ने इस तरह का संदेश कैसे भेजा, जबकि दिखावटी सिक्युरिटी चैक का उद्देश्य ही यह संकेत देना था कि गुप्तचर पकड़ लिया गया है। यह चीज़ एफ़-सेक्शन के उच्चतम स्तर पर बुनियादी चूकों की ओर इशारा करती थी। बकमास्टर के उक्त संदेश ने जर्मनों के सामने इस बात को उजागर कर दिया कि गुप्तचरों के पास दो तरह के सिक्युरिटी चैक होते हैं और इसलिए जर्मनों ने पकड़े गए गुप्तचरों पर और भी ज़्यादा दबाव डालना शुरू कर दिया। चूँकि नॉर्मन की गिरफ़्तारी की रिपोर्ट नूर द्वारा, साथ ही कोएन और दाउलेन द्वारा भेजी जा चुकी थी, इसलिए बकमास्टर की ओर से उक्त संदेश का भेजा जाना आश्चर्यजनक है। इससे बेकर स्ट्रीट में समन्वय के चिंताजनक अभाव का भी संकेत मिलता है। बताते हैं कि उनके संदेश को जिस तरह प्राप्त किया गया था, उससे वे इतने ज़्यादा त्रस्त हो उठे थे कि उन्होंने जर्मनों के साथ सहयोग करना शुरू कर दिया था। जर्मनों ने नॉर्मन और मेकालिस्टर के रेडियो सैटों से इस क़दर सफलतापूर्वक संदेश भेजे कि एग्याज़ावियों, ज़िएल और दुतिएल सीधे गिस्तापो के हाथ में जा गिरे।

नूर को भी उसके प्रमुख अधिकारियों ने उस वक़्त सीधे जर्मनों के हाथों में सौंप दिया था, जब उन्होंने उनसे कैफ़े कोलीज़ी में दो गुप्तचरों से मिलने को कहा था। वे उस समय बाल-बाल बच तो गई थीं, लेकिन गिस्तापो से उनका आमना-सामना हो गया था, जो उसके बाद उन्हें देखकर पहचान सकते थे। जुलाई, 1943 से दस महीनों तक जर्मनों ने एफ़-सेक्शन के ज़ब्त ट्रांसमीटरों से चार बार छलपूर्ण संदेश भेजे थे। बाद में फ़रवरी, 1944 में उन्होंने नूर के रेडियो सैट का दुरुपयोग कर आँतेल्मे, मेदलिन देमरमेंत और लियोनेल ली को गिरफ़्तार कर लिया। बकमास्टर ने एक बार फिर लियो मार्क्स की इस चेतावनी को नज़रअंदाज़ किया कि नूर शायद जर्मनों के हाथ लग गई हैं। इस लापरवाही के घातक परिणाम हुए।

बकमास्टर को 1 अक्टूबर, 1943 को ज़ैक़ की ओर से बर्न से एक टेलिग्राम भी भेजा गया था, जिसमें कहा गया था :

> सोन्या ने 25 तारीख को लौटकर रिपोर्ट दी कि अर्नेस्ट मॉरिस और मेदलिन गंभीर दुर्घटना के शिकार हुए हैं और अस्पताल में हैं। मॉरिस बार्डे हैं। मेदलिन डब्ल्यू./टी. ऑपरेटर हैं। अगर तुम पिक-अप प्लान के मुताबिक़ काम करते रहो, तो मैं फ़ोटोग्राफ़ प्राप्त करने पर बता पाऊँगा कि वे वास्तविक हैं या गिस्तापो मॉरिस। सोन्या की मार्फ़त और ज़्यादा जानकारी हासिल करने का प्रयत्न कर रहा हूँ।

बकमास्टर ने जवाब दिया :

> मेदलिन की ओर से 25 तारीख़ के बाद ज़ाहिर तौर पर वास्तविक संदेश प्राप्त हुए हैं, इसलिए सोन्या की ख़बर को कुछ संदेह की निगाह से देखता हूँ। क्या तुम सोन्या की विश्वसनीयता पर राय दे सकते हो?

मूल संदेश जगलर सर्किट के जैक़ वेल ने भेजा था, जो प्रॉस्पर के ध्वस्त होने के बाद बर्न भाग गए थे। संदेश में जिसे 'सोन्या' कहा गया है, वह स्पष्ट तौर पर सोनिया ओल्स्चेनेज़्की हैं, उनकी कूरियर और प्रेमिका, जो पेरिस में छिपकर रह रही थीं और जो बाद में नत्सवाइला में मारी गई थीं। हालाँकि चेतावनी ग़लत थी, क्योंकि नूर कभी अस्पताल में भर्ती नहीं हुई थीं और मध्य अक्टूबर के पहले तक पकड़ी नहीं गई थीं, तब भी लंदन को इस चेतावनी की वजह से सचेत हो जाना चाहिए था और उनके संदेश को और अधिक सावधानीपूर्वक जाँचना चाहिए था। एक बार फिर, यह बकमास्टर ने नहीं किया, बावजूद इसके कि नूर ने पकड़े जाने के बाद अपना संकटपूर्ण विशेष सिक्युरिटी चैक भेजा था।

यह समझ पाने में एफ़ -सेक्शन को छह सप्ताह लग गए कि नॉर्मन गिरफ़्तार हो चुके हैं और उनके वायरलैस से आ रहे संदेश झूठे हैं। जब लंदन को जर्मनों द्वारा किए जा रहे छल का अहसास हुआ, तो उन्होंने भी उनके साथ उसी तरह का छल शुरू कर दिया। उन्होंने जर्मनों के लिए हथियार और पैसे गिराना जारी रखा, और उनके मन में यह जगाए रखा कि लंदन के लोगों को उनके छल का अहसास नहीं हुआ है। इससे एसओई को नए सर्किट खड़े करने का वक़्त मिल गया, जिनके बारे में जर्मनों को पता नहीं चला। इसने गिस्तापो के मन में सुरक्षा का झूठा अहसास भी जगाया। इसके अतिरिक्त लंदन को यह भी पता लग सका कि गिस्तापो ने अपनी स्थानीय रिसेप्शन कमेटियाँ कहाँ गठित की थीं।

गोएट्ज़ और उसके सहायक जोसेफ़ प्लेक बड़ी मात्रा में धन (लगभग 8,572,000 फ्रेंक या लगभग 43,000 पाउंड)[10] हासिल कर बहुत आनंदित थे, लेकिन एसओई को यह घाटा उठाने योग्य लग रहा था। मॉरिस बकमास्टर को उम्मीद थी कि जर्मनों का ध्यान बँटाकर, वे उस नॉर्मेंडी में नए सर्किट खड़े कर लेंगे, जिसके बारे

में जर्मनों को कुछ भी मालूम नहीं था। ये हैडमास्टर और साइंटिस्ट सर्किट ही थे, जिन्होंने उस इलाक़े में डी-डे के पहले अत्यंत महत्त्वपूर्ण भूमिका निभाई थी, लेकिन तब तक उनके कई आला दर्ज़े के गुप्तचर पकड़े जा चुके थे।

कहते हैं कि अप्रैल और मई में हिमलर, गोएरिंग और हिटलर ने रेडियो-जालसाज़ी को लेकर चर्चा की थी। वे यह सोच रहे थे कि उन्हें लंदन से यह बात कब कहनी चाहिए कि हमने तुम्हारे कुछ उत्कृष्ट कोटि के गुप्तचरों को पकड़ लिया है।

हिटलर का सोचना था कि उन्हें यह आघात ऐसे समय पहुँचाना चाहिए, जब वे पूरी तरह निहत्थे हो जाएँ, लेकिन तब तक बेकर स्ट्रीट भी उसी जालसाज़ी में लग चुकी थी। प्रतिरोध की जड़ें फ़्रांस की धरती पर मज़बूती-से रोप दी गई थीं। जिन वायरलैस ऑपरेटरों ने युद्ध-क्षेत्र में सबसे ज़्यादा जाने गँवाई थीं, उनके बलिदान को युद्ध के लिए मात्र उनके योगदान के रूप में याद रखा जाने वाला था।

रेडियो संबंधी जालसाज़ी के अलावा, यह विश्वास भी था कि एसओई ने देरिको जैसे डबल एजेंटों का उनके अपने उद्देश्यों के लिए बचाव किया था, जिसके तहत उन्होंने उनके अपने गुप्तचरों का गिस्तापो के समक्ष भंडाफोड़ किया था, हालाँकि जीन ओवर्टन फुलर देरिको को संदेह का लाभ देने को तैयार थीं - उनका कहना था कि उसने जर्मनों के जानबूझकर किए जा रहे छल को जारी रखा था और उनका विश्वास जीतने के लिए कुछ रहस्य बता दिए थे। बदले में उसने बहुत सारे गुप्तचरों को इंग्लैंड वापस भेजने का इंतज़ाम किया था। देरिको जीन ओवर्टन फुलर को बहकाने और इस बात का यक़ीन दिलाने में सफल रहा था कि वह महज़ एक डबल एजेंट नहीं था, बल्कि ट्रिपल एजेंट था, जो बकमास्टर के साथ-साथ किसी तीसरे को भी ख़बरें देता था। तीसरे से उसका अभिप्राय था एमआई 6।

जून, 1948 में देरिको ने गुप्तचरों के साथ विश्वासघात के आरोप में फ़्रांस में सैन्य अदालत का सामना किया था, लेकिन एफ़-सेक्शन के निकोलस बोडिंग्टन ने उसके पक्ष में गवाही देते हुए कहा था कि वे न सिर्फ़ यह जानते थे कि देरिको के जर्मनों के साथ दोस्ताना रिश्ते थे, बल्कि यह भी जानते थे कि वे रिश्ते 'किस तरह और क्यों' थे। बोडिंग्टन का कहना था कि वह एक ख़ास वजह से वैसा कर रहा था और वे देरिको पर पूरा भरोसा करते हैं। जब बोडिंग्टन 1943 में पेरिस गए थे, तब देरिको ने उनकी सुरक्षित यात्रा का इंतज़ाम किया था। शायद यही वजह थी कि वह उसपर अंतहीन भरोसा करता था। लेकिन जर्मनों (जर्मन सैन्य ख़ुफ़िया सेवा अपवेआ के हूगो ब्लाइशा) के मुताबिक़ देरिको ने बोडिंग्टन के सुरक्षित आवास और यात्रा का इंतज़ाम जर्मनों की मदद से किया था, और इसलिए किया था ताकि देरिको को एसओई का पूरा समर्थन और विश्वास प्राप्त हो सके। देरिको पर एसओई की विस्तृत फ़ाइलों से पता चलता है कि वे उस पर संदेह करते थे, उन्होंने उसकी निगरानी की

थी और उसके कपड़ों में माइक्रोफ़ोन तक छिपाने की कोशिश की थी, लेकिन अंत में उन्होंने उसे भाग जाने दिया। इन फ़ाइलों से खुलासा होता है कि एसओई को बोडिंग्टन पर भी संदेह था, लेकिन इस मामले में भी उसने कुछ ख़ास नहीं किया।

गोएट्ज़ ने कहा था कि देरिको ने पेरिस से रवाना होने से पहले की आख़िरी रात को उनके और कार्ल बोएमेल्बर्ग (पेरिस गिस्तापो का मुख्य अधिकारी, जिसका कार्यालय 82 एवेन्यू फ़श में था) के साथ डिनर किया था। उसने यह भी कहा था कि देरिको ने उन सारे ख़तों की प्रतियाँ तैयार की थीं, जो उसके साथ लाइसेंडर में गई थीं और ये प्रतियाँ उसने बोएमेल्बर्ग को दी थीं।[11] देरिको ने गोएट्ज़ को उस जगह की जानकारी दी थी, जहाँ से स्वयं उसका रेडियो ऑपरेटर प्रसारण किया करता था, जिसका उद्देश्य इस ऑपरेटर को जर्मनों के वायरलैस खोजी दस्ते की गिरफ़्तारी से बचाना था। उसने संकेत दिया था कि देरिको बोएमेल्बर्ग का गुप्तचर था और बोएमेल्बर्ग को उसमें 'पूरा भरोसा' था।

इसमें कोई संदेह नहीं कि देरिको द्वारा पत्रों की फ़ोटोकॉपियाँ तैयार कराए जाने की हरक़त ने नूर समेत अनेक ब्रिटिश गुप्तचरों का मनोबल गिराया था - इससे उनके मन पर यह प्रभाव पड़ा था कि लंदन में कोई विश्वासघाती सक्रिय है। कीफ़ा और गोएट्ज़, दोनों का कहना था कि उन्हें देरिको से सूचनाएँ मिलती थीं। युद्ध-क्षेत्र में सक्रिय डंकीमेन सर्किट के हेनरी फ्रेजर जैसे गुप्तचरों के मन में भी उसको लेकर संदेह रहे थे,[12] लेकिन अंत में यह एक नाज़ी के विपरीत एफ़-सेक्शन के एक मुख्य अधिकारी बोडिंग्टन की गवाही थी, जिसकी वजह से देरिको को बरी कर दिया गया था। एफ़-सेक्शन का एक सर्वाधिक विवादास्पद डबल एजेंट आज़ाद होकर चला गया। उसकी मृत्यु 1962 में एक विमान-दुर्घटना में हुई थी।

गंभीर आरोप थे कि देरिको की हर उड़ान पर जर्मनों की निगाह होती थी और आने वाले गुप्तचरों का पीछा किया जाता था। इन तमाम संदेहों के बावजूद एफ़-सेक्शन ने देरिको को अपने साथ बनाए रखा, जिसके नतीजे में एसओई की योजना को लेकर कई लोगों के मन में सवाल उठे। चूँकि यह देरिको ही था, जिसने 16 जून के लाइसेंडर से आई नूर और उनके साथियों की अगवानी की थी, ऐसे में क्या यह आश्चर्य की बात थी कि इन चारों गुप्तचरों की मौत इनकी मुहिम के दौरान हुई? ऐसे कई अनुत्तरित सवाल बने हुए हैं।

लेकिन जो बात संदेह से परे है, वह यह है कि एसओई ने भले ही कई ग़लतियाँ कीं, जो बहुत मँहगी पड़ीं, लेकिन युद्ध-क्षेत्र में उनके गुप्तचरों ने अनुकरणीय कार्य किया। मित्र राष्ट्रों की सेनाओं के सर्वोच्च कमांडर जनरल ड्वाइट डी. आइज़नहॉवर के मुताबिक़, एसओई के योगदान ने युद्ध को यूरोप में छह महीने कम कर दिया था।

एसओई के इतिहासकार एमआरडी फुट का कहना है कि रेडियो संबंधी गेम युद्ध की अनिवार्यता थी और जर्मनों को धोखा देने तथा नॉर्मेंडी में पैराशूट उतारने के एक बड़े लक्ष्य के नाते अनिवार्य थी। यह स्थिति दुर्भाग्यपूर्ण थी कि जब तक लंदन ने जवाबी तौर पर रेडियो-गेम की शुरुआत की, तब तक वे अपने कई आला दर्ज़े के गुप्तचरों को गँवा चुके थे। हिटलर जैसी ताक़त से लड़ने की ज़रूरत के चलते असामान्य तौर-तरीक़े अपनाने पड़े। युद्ध के जज़्बातों में बह जाने की वजह से ग़लतियाँ ज़रूर हुईं, लेकिन अंततः विजय प्राप्त कर ली गई।

फुट को यह बात आपत्तिजनक लगी थी कि नूर जैसी गुप्तचर को, उसका प्रशिक्षण पूरा होने से पहले ही युद्ध-क्षेत्र में भेज दिया गया, लेकिन रेडियो ऑपरेटर उस वक़्त की माँग थी और इसीलिए उन्हें जाना पड़ा। फुट ने लिखा था कि "इस सवाल का कि इतने महत्त्वपूर्ण काम के लिए इतने कम प्रशिक्षित लोगों को क्यों भेजा गया, एक ही जवाब है : काम का किया जाना अनिवार्य था और ऐसा कोई दूसरा व्यक्ति नहीं था, जिसे भेजा जाता।"[13]

युद्ध के कई दशकों बाद एसओई की भूमिका का मूल्यांकन करना आसान है। फुट के मुताबिक़, नॉर्मेंडी पर हमले के पहले वहाँ की विस्फोटक सुरंगों को साफ़ करने गए सेना के इंजीनियरों (जिनमें से तीन चौथाई या तो मारे गए थे या बुरी तरह घायल हो गए थे) ने जो बलिदान दिया था, वह उतना ही बड़ा था जितने की माँग स्युटिल, नूर या एसओई के अन्य गुप्तचरों से की गई थी। हमले की तैयारी के लिए दोनों ही काम ज़रूरी थे, और दोनों ही काम पूरी तरह बहुमूल्य थे।

युद्ध-क्षेत्र में नूर ने जिस साहस और दक्षता का परिचय दिया था, वह अनुकरणीय था और संदेशों को सावधानीपूर्वक फ़ाइल करने संबंधी निर्देशों (जो किसी भी तरह से स्पष्ट नहीं कहे जा सकते थे) को लेकर उन्हें जो ग़लतफ़हमी हुई थी, अगर उसे छोड़ दिया जाए, तो उनके काम में कहीं कोई चूक नहीं थी। अगर उनके साथ विश्वासघात न किया गया होता, तो नूर ने सचमुच ही गिस्तापो को उसी का खेल खेलते हुए पछाड़ दिया होता। उनके साहस और शक्ति ने उन्हें बिना समर्पण किए अंत तक टिकाए रखा, और आख़िरी क्षण तक उनका सीना गर्व से तना रहा। जब फोख़्त ने यह कहने की कोशिश की थी कि उनका उत्सर्ग व्यर्थ गया, तो उन्होंने कहा था : "मैंने अपने मुल्क की सेवा की है। यही मेरा पुरस्कार है।"[14]

मॉरिस बकमास्टर, वेरा एटकिंस और सेल्विन जेप्सन ने नूर में जो भरोसा जताया था, उसे उन्होंने अंततः सही साबित कर दिखाया। उन्होंने अपने प्रशिक्षण और हुनर का कारगर ढंग से इस्तेमाल करते हुए खुद को तीन महीने तक जर्मनों के हाथों गिरफ़्तार किए जाने से बचाए रखा, जिस दौरान उन्होंने कई बार अपने ठिकाने बदले, अपना भेष बदला और अपनी मदद के लिए वफ़ादार दोस्तों की मंडली

का इस्तेमाल किया। अगर उनके साथ विश्वासघात न किया गया होता, तो वे इंग्लैंड लौट गई होतीं। जिस तरह दूसरे रेडियो ऑपरेटर (जैसे कि ब्रायन स्टोनहाउस या गोबेख़ दाउलेन) संदेश भेजते समय जर्मनों के दिशासूचक वाहनों द्वारा इसलिए पकड़ लिए गए थे, क्योंकि वे एक ही जगह से लगातार प्रसारण करते थे, उस तरह नूर अपनी किसी ग़लती से गिरफ़्तार नहीं हुई थीं। यहाँ तक कि उन्हें बंदी बनाने वाले जर्मनों तक ने इस बात को स्वीकार किया था कि उन्हें पकड़ने के उनके सर्वश्रेष्ठ उद्यमों के बावजूद वे अपनी गिरफ़्तारी को महीनों टालती रहीं।

युद्ध के बाद गोएट्ज़ से जो पूछताछ की गई थी, उसमें उसने कहा था कि 'आर्ख़्शाम्बो की गिरफ़्तारी के समय मुझे पहली बार मेदलिन के वजूद का पता चला था।

> हमारे पास उसकी शख़्सियत का ब्योरा था और हम जानते थे कि वह प्रॉस्पर नेटवर्क की डब्ल्यू.टी. ऑपरेटर थी। स्वाभाविक ही उसकी गिरफ़्तारी में हमारी बहुत अधिक दिलचस्पी थी, क्योंकि हमें संदेह था कि वह डब्ल्यू. टी. के संदेश लंदन भेजती थी...। वायरलैस डिटेक्शन स्टेशन इस तरह के व्यक्ति पर नज़र रखता था, लेकिन वह नूर तक इसलिए नहीं पहुँच सका, क्योंकि उसके प्रसारण-स्थल लगातार बदल रहे थे। अक्टूबर में या उसके आस-पास लगा था कि हम उस तक पहुँच रहे थे, लेकिन एक बार फिर उसे गिरफ़्तार करना संभव नहीं हुआ।[15]

और यूज़स कीफ़ा ने इसकी पुष्टि की थी : "हम महीनों से नूर के पीछे लगे थे और चूँकि हमारे पास उसकी शख़्सियत का ब्योरा था, इसलिए हमने सारे ठिकानों पर निगरानी रखने का इंतज़ाम किया था। उसके कई पते थे और वह बहुत सावधानीपूर्वक काम करती थी।"[16]

गिरफ़्तारी के बाद नूर का व्यवहार भी आदर्श उदाहरण था। सख़्त-से-सख़्त गुप्तचर भी हिंसक पूछताछ और यातना के सामने टिक नहीं पाए थे (उदाहरण के लिए गिल्बर्ट नॉर्मन और दाउलेन)। लेकिन नूर दृढ़ बनी रहीं - भारी यातनाओं और विपत्तियों के बावजूद उन्होंने कुछ भी नहीं बताया। उनको बंदी बनाने वाले लोग तक उनसे बरबस प्रभावित थे। कीफ़ा उस वक़्त रो पड़ा था, जब पूछताछ के दौरान उसने बताया था कि नूर को फ़ोर्ट्सहाइम से दख़ाऊ भेजा गया था और वहाँ उन्हें मार दिया गया था।

5 अप्रैल, 1949 को नूर को मरणोपरांत ब्रिटेन के सबसे बड़े असैनिक सम्मान जॉर्ज क्रॉस से सम्मानित किया गया।

सम्मान की प्रशस्ति में कहा गया था :

किंग, वीमन्स ऑग्ज़िल्यरी एयर फ़ोर्स की असिस्टेंट सेक्शन ऑफ़िसर नोरा इनायत ख़ान (9901) को मरणोपरांत जॉर्ज क्रॉस से सम्मानित करते हुए अत्यंत विनम्र और प्रसन्न हैं।

असिस्टेंट सेक्शन ऑफ़िसर नोरा इनायत ख़ान प्रथम महिला ऑपरेटर थीं, जिन्हें दुश्मन के क़ब्ज़े वाले फ़्रांस में घुसपैठ करने भेजा गया था, जहाँ वे 16 जून, 1943 को लाइसेंडर विमान से उतारी गई थीं। उनके वहाँ पहुँचने के तुरंत बाद के सप्ताहों में गिस्तापो ने पेरिस के उन प्रतिरोध आंदोलनकारियों की सामूहिक गिरफ़्तारियाँ की थीं, जिनके साथ काम करने उन्हें भेजा गया था। बावजूद इसके कि उन्हें लंदन लौटने का मौक़ा दिया गया था, उन्होंने उस पोस्ट से हटने से इंकार कर दिया, जो फ़्रांस की प्रमुख और सबसे ज़्यादा ख़तरनाक पोस्ट बन गई थी, क्योंकि वे अपने फ़्रांसीसी साथियों को संचार-व्यवस्था से वंचित नहीं छोड़ना चाहती थीं, साथ ही वे अपने समूह को पुनर्गठित करना चाहती थीं। इसलिए वे अपनी पोस्ट पर बनी रहीं और बहुत अच्छी तरह से काम करती रहीं, जिसकी वजह से उन्हें मरणोपरांत 'मेंशन इन डिस्पेचेज़' प्रदान किया गया।

गिस्तापो के पास उनका पूरा ब्योरा था, लेकिन उसे सिर्फ़ उनके गुप्त नाम मेदलिन की जानकारी थी। उन्होंने उन्हें पकड़ने और इस तरह लंदन के साथ अंतिम बचे संपर्क-सूत्र को समाप्त करने के लिए अपनी ओर से भरसक प्रयत्न करते हुए अच्छा-ख़ासा पुलिस बल लगा दिया था। साढ़े तीन महीने बाद उनके साथ गिस्तापो के पक्ष में विश्वासघात किया गया और गिस्तापो के मुख्यालय एवेन्यू फ़श में ले जाया गया। गिस्तापो ने उनके गूढ़ संकेतों और संदेशों का पता लगा लिया था, लेकिन वे लंदन पर प्रभाव डालने की स्थिति में नहीं थे। उन्होंने नूर से सहयोग करने को कहा, लेकिन उन्होंने मना कर दिया और उन्हें किसी भी तरह की कोई जानकारी नहीं दी। उन्हें गिस्तापो मुख्यालय की पाँचवीं मंज़िल की एक कोठरी में क़ैद कर रखा गया था, जहाँ वे कई हफ़्ते रहीं, जिस दौरान उन्होंने भागने की दो कोशिशें कीं, जिनमें वे कामयाब नहीं रहीं। उनसे एक घोषणा-पत्र पर हस्ताक्षर करने को कहा गया कि वे दोबारा भागने की कोशिश नहीं करेंगी, लेकिन उन्होंने मना कर दिया, और गिस्तापो के प्रमुख अधिकारी ने उन्हें 'सुरक्षित हिरासत' में रखने के लिए बर्लिन से अनुमति प्राप्त कर ली। जर्मनी भेजी जाने वाली वे पहली गुप्तचर थीं।

असिस्टेंट सेक्शन ऑफ़िसर इनायत ख़ान को नवंबर, 1943 में कार्ल्सरुहे और फिर फ़ोर्ट्सहाइम भेज दिया गया, जहाँ उनकी कोठरी मुख्य जेल से अलग थी। उन्हें असामान्य रूप से ख़तरनाक और असहयोगी क़ैदी माना जाता था, जेल के निदेशक से पूछताछ की गई है और उसने इस बात

> की पुष्टि की है कि असिस्टेंट सेक्शन ऑफ़िसर इनायत ख़ान ने कार्ल्सरुहे के गिस्तापो द्वारा पूछताछ किए जाने पर अपने काम या अपने साथियों के बारे में किसी भी तरह की जानकारी देने से इंकार कर दिया था।
>
> 12 सितंबर, 1944 को उन्हें तीन अन्य क़ैदियों के साथ दख़ाऊ शिविर में ले जाया गया। वहाँ पहुँचने पर उन्हें शवदाह-गृह में ले जाया गया और गोली मार दी गई।
>
> असिस्टेंट सेक्शन ऑफ़िसर इनायत ख़ान ने बारह महीने से अधिक समय तक सर्वाधिक ध्यानाकर्षी साहस का परिचय दिया - नैतिक और शारीरिक, दोनों तरह के साहस का।

तीन वर्ष पहले 16 जनवरी, 1946 को फ़्रांस ने नूर को गोल्डन स्टार से युक्त ख़्वा दू गेयर नामक अपने सबसे बड़े असैनिक पुरस्कार से सम्मानित किया था। पुरस्कार की प्रशस्ति में कहा गया था :

> मिनिस्टर ऑफ़ द आर्मीज़ की सिफ़ारिश पर चीफ़ ऑफ़ आर्मीज़, मिनिस्टर ऑफ़ नेशनल डिफ़ेंस, प्रेसिडेंट ऑफ़ द प्रोविज़नल गवर्नमेंट ऑफ़ द रिपब्लिक आर्मी कॉर्प्स के आदेश को उद्धृत करते हैं।
>
> ए./एस./ओ. नोरा इनायत ख़ान, डब्ल्यू.ए.ए.एफ़.
>
> लंदन और पेरिस के इलाक़े के एक प्रतिरोध आंदोलनकारी संगठन के बीच संदेशों के आदान-प्रदान को सुनिश्चित करने की मुहिम के साथ, वायरलैस ऑपरेटर के रूप में 16 जून, 1943 को लाइसेंडर विमान से फ़्रांस भेजी गई थीं। उनके आने के कुछ ही समय बाद एक-के-बाद-एक कई गिरफ़्तारियों ने उक्त संगठन को भंग कर दिया था। उन्हें भागने की इजाज़त थी, लेकिन तब भी वे बेहद मुश्किल परिस्थितियों में अपनी मुहिम को पूरा करने में लगी रहीं। जुलाई, 1943 में घात लगाकर घेरे जाने पर वे और उनके साथी, उन्हें रोकने की कोशिश कर रहे जर्मनों को मारकर या ज़ख़्मी कर बच निकलने में कामयाब रहे। अंततः नोरा को अक्टूबर, 1943 में गिरफ़्तार कर जर्मनी भेज दिया गया।
>
> इस प्रशस्ति के साथ उन्हें गोल्ड स्टार से युक्त ख़्रो दु गुएख़ पुरस्कार से सम्मानित किया जाता है।
>
> जनरल चार्ल्स द गॉल द्वारा हस्ताक्षरित

पेरिस में नूर की स्मृति में आयोजित एक कार्यक्रम में जनरल की भतीजी और द नेशनल असोसिएशन ऑफ़ अलम्नाइ डिपोर्टीज़ ऐंड इंटरनीज़ ऑफ़ द रेजिस्टेंस की अध्यक्ष गॉल-अंतोनियो ने कहा था :

> उनकी राष्ट्रीयता और उनके परिवार की परंपरा में ऐसा कुछ भी नहीं था जो उन्हें युद्ध में वह भूमिका निभाने के लिए बाध्य करता। तब भी उन्होंने उसका चुनाव किया। यह हमारी लड़ाई थी, जिसे उन्होंने चुना था। उसे वे सराहनीय, अपराजेय साहस के साथ लड़ती रहीं।
>
> नहीं, हम नूर इनायत ख़ान को कभी नहीं भूलेंगे, जो अँग्रेज़ सेना की सहायक अधिकारी होने के साथ-साथ फ्रांसीसी मुक्तिवाहिनी की लड़ाकू भी थीं। वे अपने विवाह को ताक पर रख फ्रांस लौटीं, और हमारे जीवन की जगह, अपने जीवन को गिस्तापो के हाथों तबाह होने के लिए सौंप दिया था, और इसकी ख़ातिर अपने प्रशिक्षण तक को अधूरा छोड़ दिया था। उन्होंने कभी हथियार नहीं डाले, और अपनी गिरफ़्तारी के बाद से अंत तक निरंतर जूझती रहीं...। अद्भुत उदाहरण है हम सबके लिए, हमारे देश के बच्चों के लिए।

एसओई के उनके प्रमुख अधिकारियों ने इस दुबली-पतली हिंदुस्तानी लड़की को, जिसने ब्यूली में विवाद खड़ा कर दिया था, भरपूर स्नेह के साथ याद किया था। बकमास्टर के मन में नूर के प्रति हमेशा पितृ-सुलभ स्नेह का भाव रहा और वे उनके साहस की हमेशा बहुत सराहना किया करते थे। नूर ने युद्ध-क्षेत्र में और फिर जेल में जिस साहस का परिचय दिया था, उसके बारे में विस्तार से जानने के बाद बकमास्टर ने ही वेरा एटकिंस के साथ मिलकर नूर के जॉर्ज मैडल को जॉर्ज क्रॉस में बदलने की सिफ़ारिश की थी।

अपनी अंतिम टिप्पणी के तौर पर बकमास्टर ने कहा था : “अत्यंत साहसी और मर्मस्पर्शी ढंग से उत्साही लड़की। उसने जर्मनों को आघात पहुँचाने का दृढ़ निश्चय कर रखा था और, उस बदक़िस्मत लड़की ने वह कर दिखाया।”

दख़ाऊ के श्मशान में जिस जगह नूर और उनकी तीन साथी मारी गई थीं, उस जगह स्थित शिलालेख में उन्हें श्रद्धांजलि दी गई है। उनकी स्मृति में एक और प्रशस्ति-पट्टिका दख़ाऊ संग्रहालय के रिमेम्ब्रेंस हॉल में लगी है।

नाइट्सब्रिज लंदन के सेंट पॉल चर्च में एक प्रशस्ति-पट्टिका एसओई के उन तेरह गुप्तचरों के लिए समर्पित है, जो फ्रांस से कभी नहीं लौट सके थे। इन तेरह गुप्तचरों में एन. इनायत ख़ान - जीसी भी शामिल हैं।

उनका नाम रनीमीड, सरे के रैफ़ स्मारक में शामिल है, जो रैफ़ के उन कर्मचारियों के लिए समर्पित है, जिनकी क़ब्रें अज्ञात हैं, साथ ही उनका नाम लंदन में हाइड पार्क कॉर्नर के क़रीब कॉमनवेल्थ सोल्जर्स के मैमोरियल गेट्स पर भी अंकित है।

उनके सम्मान में एक प्रशस्ति-पट्टिका ग्रिन्यो के एग्रीकल्चरल स्कूल में लगी हुई है, जहाँ से उन्होंने संदेशों का प्रसारण आरंभ किया था।

सुरेन में उनके बचपन के मकान के बाहर लगी एक प्रशस्ति-पट्टिका में कहा गया है :

> यहाँ रहती थीं नूर इनायत ख़ान 1914-44
> जिन्हें प्रतिरोध आंदोलन में मेदलिन के नाम से जाना जाता था
> बकमास्टर नेटवर्क की रेडियो ऑपरेटर
> जिन्हें दख़ाऊ में गोली मार दी गई थी

उनके नाम पर सुरेन के एक हरे-भरे चौराहे का नामकरण 'कूग़ मैदालिन' किया गया है और हर वर्ष बेस्टील डे पर - 14 जुलाई को - इस हिंदुस्तानी स्त्री के बलिदान की स्मृति में जिसने फ़्रांस और आज़ादी के लिए अपना जीवन कुर्बान कर दिया था, ट्यूलेरी स्ट्रीट स्थित फ़ज़ल मंज़िल के बाहर सेना का बैंड बजाया जाता है।

अप्रैल, 1949 में नूर को जॉर्ज क्रॉस से अलंकृत किए जाने की घोषणा के दस दिन बाद अमीना बेग़म की मृत्यु हो गई। वे नूर की मृत्यु की ख़बर से कभी उबर नहीं सकी थीं। उस ख़बर ने उन्हें शारीरिक और मानसिक, दोनों स्तरों पर कमज़ोर कर दिया था। विलायत परिवार के बोझ को अपने युवा कंधों पर ढोते हुए, अमीना को वापस पेरिस ले आए थे। अमीना मानो अपनी बेटी के मरणोपरांत सम्मान की ख़बर सुनने और जिस घर को उन्होंने वर्षों पहले इनायत ख़ान के साथ मिलकर बसाया था, उसमें वापस लौटने के लिए ही ज़िंदगी से चिपकी हुई थीं।

लगभग सात वर्ष बाद फ़ज़ल मंज़िल लौटने पर उन्होंने उसे वैसे-का-वैसा पाया। युद्ध ने अपने बदसूरत निशान छोड़े थे, लेकिन तब भी वह घर था। उसे उनके दोस्तों, पड़ोसियों और उन चाचा ने सँभालकर रखा था, जो फ़्रांस में ही बने रहे थे। नूर का हार्प फ़ज़ल मंज़िल लौट आया था, जहाँ उसे इनायत ख़ान के स्मृतिचिह्नों के बीच जगह मिल गई।

जब हम नूर को भारतीय मूल की उस मुस्लिम औरत के रूप में देखते हैं, जो ब्रिटेन के लिए सबसे बड़ी कुर्बानी देने को तैयार थी, तब आज, युद्ध के कई दशक बीत जाने के बाद, उनकी उपलब्धियाँ और भी महत्त्वपूर्ण हो उठती हैं। वे हालाँकि भारत की स्वाधीनता के प्रति प्रतिबद्ध थीं, तब भी जर्मनी के ख़िलाफ़ मित्र राष्ट्रों के युद्ध को समर्थन देने को लेकर, उनके मन में कोई संशय नहीं था। एक ऐसे समय पर जब भारत छोड़ो आंदोलन के साथ हिंदुस्तान की आज़ादी की लड़ाई अपनी पराकाष्ठा पर थी, वे रैफ़ में अधिकारी के पद के लिए साक्षात्कार देते हुए

हिंदुस्तान के बारे में अपने नज़रिये को दो-टूक ढंग से सामने रख रही थीं, हिंदुस्तान की आज़ादी की लड़ाई के लिए अपने समर्थन का इज़हार कर रही थीं और युद्ध में इंग्लैंड के उत्कट समर्थन की अपनी वजहें बता रही थीं। उन्होंने स्पष्ट तौर पर कह दिया था कि वे युद्ध के दौरान इंग्लैंड का पक्ष लेंगी और युद्ध के बाद आज़ादी की लड़ाई का पक्ष लेंगी। उनके भाई हिदायत की दृढ़ मान्यता थी कि यदि वे जीवित रही होतीं तो हिंदुस्तान की आज़ादी, उनका अगला ध्येय होता।[17]

जेल में नूर अपने नोरा बेकर होने के क़िस्से पर अडिग रहीं। ऐसी रिपोर्टें हैं, जो बताती हैं कि जर्मनों ने उनके साथ दूसरे क़ैदियों की तुलना में अधिक क्रूर व्यवहार इसलिए किया था, क्योंकि उनकी चमड़ी काली थी, लेकिन उन्होंने उन सारी क्रूरताओं को पूरी गरिमा के साथ सहा, अपने साथियों के प्रति विश्वासघात नहीं किया, न ही अपने संगठन के बारे में किसी तरह की जानकारी दी।

अंत में, नूर के बंदरों ने पुल पार कर लिया। वे दुष्ट राजा के चंगुल से बच निकले और आज़ादी के रास्ते पर चले गए। सितंबर की एक किंचित सर्द सुबह, जर्मनी के एक मनहूस मृत्यु-शिविर में नूर ने अपने घुटनों के बल बैठकर सबसे बड़ा बलिदान कर दिया। आज उस स्थल पर, दख़ाऊ के श्मशान के क़रीब, जहाँ मौत के शिकार बनाए गए 30,000 से ज़्यादा लोगों की अस्थियाँ दफ़न हैं, फूलों का एक सादा-सा बग़ीचा स्वतंत्र दुनिया के लिए, उनके उपहार का प्रतीक बनकर महक रहा है।

नोट्स

1: Babuli

1 Elisabeth Keesing, Hazrat Inayat Khan: A Biography, p. 5; Musharraf Moulamia Khan, Pages in the Life of a Sufi, p. 22; and family sources.
2 Keesing, Hazrat Inayat Khan, p. 59.
3 Begum Inayat Khan, 'Woman's Seclusion in the East', The Sufi, September 1915.
4 Keesing, Hazrat Inayat Khan, p. 86.
5 Will Van Beek, Hazrat Inayat Khan: Master of Life, Modern Sufi Mystic, 1983.
6 Ibid.
7 Spasskaya Ye Yu, Memoirs of Spasskaya – chapter on 'Hindus of Moscow' (unpublished manuscript).
8 Sergey Moskalev, of the Emperor Society of Adherents of Natural Science, Anthropology and Ethnography, Moscow University, to author, May 2004.
9 Keesing, Hazrat Inayat Khan, p. 93.
10 Moulamia Khan, Pages in the Life, p. 123.
11 Vilayat to author, June 2003, SureSnes.
12 13 April 1919, when Gen. Dyer ordered his soldiers to open fire on a group of peaceful demonstrators in an enclosed area in Amritsar in Punjab, killing nearly 2,000 people including women and children. Many jumped into the well in the enclosed compound in complete panic. The troops did not stop till the last bullet had been fired.
13 Keesing, Hazrat Inayat Khan, p. 112

2: Fazal Manzil

1 Jean Overton Fuller, Noor-un-nisa Inayat Khan, p. 38.
2 Elisabeth Keesing, Hazrat Inayat Khan: A Biography, p. 157.
3 Vilayat to author, SureSnes, June 2003.
4 Ibid.
5 Ibid.
6 Ibid.
7 Noor's letter to a friend from Switzerland, quoted in Overton Fuller, Noor-un-nisa Inayat Khan, p. 67.
8 Hidayat to author, letter, June 2004.
9 Vilayat to author, SureSnes, June 2003.
10 David Harper (Claire's son) to author, letter, November 2003.
11 Mahmood Khan, Noor's cousin, to author, telephone conversation from SureSnes, June 2004.
12 Maula Baksh's sons-in-law lived with him after their marriages, which made the family very large. This is why Inayat

Khan's father stayed in the family house in Baroda after marrying Maula Baksh's daughter. The sole male heir of Maula Baksh was Ali Khan and it was to his son, Alladutt Khan, that Inayat wanted to marry Noor.

13 Vilayat to author, SureSnes, June 2003.

14 Ibid.

15 Keesing, Hazrat Inayat Khan, p. 176.

16 Vilayat to author, June 2003.

17 Mahmood to author, June 2004.

18 Ibid.

19 Noor's Personal File, HS9/836/5, National Archives, Kew. Handwritten notes by Noor about her background

20 Mahmood to author, June 2004.

21 Noor herself would be referred to as a 'modern Joan of Arc who had refused to be subjugated and preferred death to slavery' by the Mayor of SureSnes, Monsieur Pontillon, on 17 July 1967 at the unveiling of a plaque in her honour at Fazal Manzil.

22 Mahmood to author, June 2004.

23 David Harper to author, October 2003.

24 Ibid.

25 The family could not remember his first name.

26 Mahmood to author, June 2004.

27 Vilayat to author, June 2003

28 Overton Fuller, Noor-un-nisa Inayat Khan, p 52.

29 Mahmood to author, June 2004.

30 Vilayat to author, June 2003.

31 Noor's Personal File, HS9/836/5, National Archives, Kew.

32 Vilayat to author, June 2003.

33 Vilayat to author, June 2003.

34 Noor's veena is now kept in the Sufi headquarters in the Hague along with other memorabilia.

35 Mahmood to author, June 2004.

36 Hidayat to author, May 2004.

37 Article by Alexis Danan in Le Franctireur,

17 February 1957, read out at a function in SureSnes to unveil a plaque in Noor's honour.

38 Overton Fuller, Noor-un-nisa Inayat Khan, p. 84.

39 Vilayat to author, June 2003.

40 Ibid.

3: Flight and Fight

1 Ian Ousby, Occupation, pp. 43–4.

2 Vilayat to author, June 2003.

3 Jean Overton Fuller to author, June 2004, Wymington, Northamptonshire.

4 Vilayat to author, June 2003.

5 Noor's service record, Personnel Management Agency, Royal Air Force, Innsworth.

6 Beryl E. Escott, Mission Improbable, p. 61.

7 Ibid.

8 Jean Overton Fuller to author, June 2004.

9 Jean Overton Fuller, Noor-un-nisa Inayat Khan, p. 97.

10 Ibid., p. 114.

11 Ibid., p. 101.

12 Vilayat to author, June 2003.

13 Patrick French, Liberty or Death, p. 162.

14 Bhagat Ram Talwar (codename Silver). WO/208/773 National Archives, Kew, and Mihir Bose, Raj, Secrets, Revolution, pp. 230–1.

15 Noor's Personal File, HS9/836/5, National Archives, Kew.

4: Setting Europe Ablaze

1 'History of SOE 1938–1945', 'SOE in Europe', Paper for VCSS lecture May 1946, File HS7/1, National Archives, Kew.

2 SOE Charter – WP (40) 271. Full copy of the charter is available as Appendix A; William Mackenzie, The Secret History.

3 M.R.D. Foot, SOE in France, p. 14.

4 History of SOE 1938–1945, 'SOE organisation', VCCS lecture July 1946, HS7/1, National Archives, Kew.

5 M.R.D. Foot, SOE: The Special Operations Executive, p. 22.

6 Later, Bickham Sweet-Escott borrowed the phrase as the title of his book on his own work in the SOE.

7 Germany invaded the USSR/Soviet Union (as it was known then) on 22 June 1941.

8 History of SOE 1938–1945, 'SOE in Europe', VCSS Lecture May 1946, HS7/1, National Archives, Kew.

9 Maurice Buckmaster, Specially Employed, p. 27.

10 Beryl E. Escott, Mission Improbable, p.29.

11 M.R.D. Foot to author, October 2004, London.

12 Jean Overton Fuller, Noor-un-nisa Inayat Khan, p. 110.

13 Foot, SOE, p. 59.

14 Jepson's quotes in this section from Overton Fuller Noor-un-nisa Inayat Khan, pp. 110–11.

15 Noor's Air Ministry Records, Personnel Management Agency, RAF Innsworth.

16 Noor's Personal File, HS9/836/5, National Archives, Kew.

17 Patrick Howarth, Undercover, p. 20.

18 'SOE Organisation and Policy 30 Mar 1941–12 August 1941', WO 193/626, National Archives, Kew.

19 Jean Overton Fuller to author, June 2004, Wymington, Northamptonshire.

20 Ibid.

21 Ibid.

22 Ibid.

23 John Marais, Joan's son, to author, Cambridge, December 2005, and article by Joan Cubbin (Marais, née Canham), 'The Sixteenth of June', published in the Ipswich Evening Star.

24 Noor's Personal File, HS9/836/5 and Air Ministry records.

5: Codes and Cover Stories

1 Letter quoted in Jean Overton Fuller's Noor-un-nisa Inayat Khan, p. 121.

2 Noor's Personal File, HS9/836/5, National Archives, Kew.

3 Jean Overton Fuller to author, June 2004.

4 M.R.D. Foot to author, December 2004.

5 Security checks were often ignored by London, with disastrous results as we shall see in the following chapters.

6 Unfortunately, we do not know which one.

7 SOE agents in areas besides France were also affected. Almost the entire Dutch network was rounded up when a missed security check was not picked up in London.

8 M.R.D. Foot, SOE in France, p. 95.
9 Noor's Personal File, HS9/836/5, National Archives, Kew.
10 Maurice Buckmaster, They Fought Alone, p. 45.
11 Overton Fuller, Noor-un-nisa Inayat Khan, p. 127.
12 Buckmaster, They Fought Alone, p. 46.
13 Jean Overton Fuller to author, June 2004.
14 Flight schedule from Hugh Verity, We Landed by Moonlight, Appendix B, and Foot, SOE in France, p. 261.
15 M.R.D. Foot to author, October 2004.
16 Noor's Personal File, HS9/836/5, National Archives, Kew.
17 Noor's Personal File, HS9/836/5, National Archives, Kew.
18. Ibid.
19. Ibid.
20 M.R.D. Foot to author, October 2004, London.
21 Patrick Howarth, Undercover, p. 79.
22 Susan Ottaway, Violette Szabo, pp. 58–60.
23 Overton Fuller, Noor-un-nisa Inayat Khan, p. 132.

6: Leaving England

1 Noor's Personal File, HS9/836/5, National Archives, Kew.
2 Jean Overton Fuller, Noor-un-nisa Inayat Khan, p. 133.
3 Noor's Personal File, HS9/836/5, National Archives, Kew.
4 Leo Marks, Between Silk and Cyanide, pp. 307–21. Extracts and quotes in this section from two chapters in the book – 'Appointment with Royalty' and 'The Extended Briefing'.
5 Maurice Buckmaster, Specially Employed, p. 31.
6 Noor's Personal File, HS9/836/5, Instructions to Noor on her cover story. National Archives, Kew.
7 Letter to Hidayat from Patricia Stewart Bam.
8 Buckmaster, Specially Employed, p. 73.
9 Jean Overton Fuller to author, June 2004.
10 Ibid.
11 Hugh Verity, We Landed By Moonlight, p. 94.
12 Overton Fuller, Noor-un-nisa Inayat Khan, p. 139.
13 William Stevenson, A Man Called Intrepid, p. 224.

7: Joining the Circuit

1 William Mackenzie, The Secret History of SOE, p. 739.
2 Hugh Verity, We Landed by Moonlight, p. 94.
3 Ibid., p. 94.
4 Ibid., p. 94.
5 One or two daylight operations by Lysanders were undertaken in Italy in 1945 and a few in Burma in 1944 and 1945. M.R.D. Foot to author, February 2005.
6 M.R.D. Foot, SOE in France, Appendix D: Air Landing Notes, p. 434.
7 Verity, We Landed by Moonlight, Appendix B Summary of RAF pick-up operations in France, p. 191, and

Noor's Personal File, HS9/836/5, National Archives, Kew.

8 Noor's Personal File, HS 9/836/5. Instructions given to her on 9/6/45, National Archives, Kew.

9 Francis Suttill's Personal File, HS9/1430/6 National Archives, Kew.

10 France Antelme's Personal File, HS9/42 Vol. 1, National Archives, Kew.

11 Francis Suttill's Personal File, HS9/1430/6, National Archives, Kew. Citation for his DSO.

12 Circuit summary by Eddie Boxshall (First SOE adviser), December 1960.

13 Foot, SOE in France, p. 231.

14 Noor's Personal File, HS9/836/5, National Archives, Kew.

15 Leo Marks once told M.R.D. Foot that Playfair was never used for operational messages, though agents were taught it as an exercise. M.R.D. Foot to author, February 2005.

16 Noor's Personal File, HS9/836/5, 'Instructions to Nurse' before Noor left for France. National Archives, Kew.

17 Quotes in this section from Jean Overton Fuller, Noor-un-nisa Inayat Khan, pp. 142–4.

18 France Antelme's Personal File, HS9/142 Vol. 1, National Archives, Kew.

19 Ibid.

20 Foot, SOE in France, p. 96.

21 David Stafford, Secret Agent, p. 154.

22 Noor's Personal Files, HS9/836/5, National Archives, Kew.

23 Overton Fuller, Noor-un-nisa Inayat Khan, p. 197. As told to her by Raymonde Prénat.

24 Leo Marks, Between Silk and Cyanide, p. 20.

25 Foot, SOE in France, p. 91.

26 Overton Fuller, Noor-un-nisa Inayat Khan, p. 146.

27 Ian Ousby, Occupation, p. 188.

8: The Fall of Prosper

1 Antelme's Personal File, HS9/42 Vol. 1, National Archives, Kew.

2 Francis Suttill (son of Suttill) to author, November 2004. From his conversations with Josette Bossard.

3 Culioli trial of 9 June 1949, quoted in French newspaper in HS6/426, National Archives, Kew.

4 Francis Suttill to author, Ross on Wye, March 2005, based on his conversations with Josette Bossard, Pierre Raynaud and Mrs Laurent.

5 Suttill to author, March 2005.

6 Suttill's Personal File, HS9/1430/6, National Archives, Kew.

7 Antelme Personal File, HS9/42, National Archives, Kew.

8 Suttill's letter in Lejeune Personal File, HS9/911, National Archives, Kew.

9 Ibid.

10 Antelme's Personal File, HS9/42 Vol. 1, National Archives, Kew. Report on events between 22 June and 1 July and notes on Prosper's arrest.

11 Ibid.

12 Ibid.

13 Alain Antelme, nephew of France Antelme, to author (February 2005 by e-mail) – as told to him by Madame Aigrain.

14 Gieules' Personal File, HS9/581/4, National Archives, Kew.
15 Antelme Personal File, HS9/42 Vol. 1, National Archives, Kew.
16 Ibid.
17 Ibid.
18 Alain Antelme to author, e-mail, October 2004.
19 Gieules' Personal File, HS9/581/4, National Archives, Kew.
20 Alain Antelme to author, February 2005, by e-mail. As told to him by William Savy.
21 Noor's Personal File, HS9/836/5, National Archives, Kew.
22 Ibid.
23 Antelme's Personal File, HS9/42, National Archives, Kew.
24 M.R.D. Foot, SOE in France, p. 281.
25 Maurice Southgate (SOE agent and fellow prisoner) who had heard the report in prison. Southgate interrogation dated 13.6.45 in his Personal File HS9/1395/3 National Archives, Kew.
26 Norman Personal File HS9/1110/5, National Archives, Kew.
27 Sworn statements by Josef Goetz and Kieffer in Noor's Personal File, HS9/836/5, National Archives, Kew.
28 Sworn deposition by Josef Goetz in Noor's Personal File, HS9/836/5, National Archives, Kew.
29 Jean Overton Fuller, The German Penetration of SOE, pp. 74–8.
30 Norman's Personal File, HS9/1110/5, National Archives, Kew. Letters/memos between Mott, Hazeldine and Buckmaster.
31 Armel Guerne's Personal File, HS9/631/5, National Archives, Kew.
32 William Stevenson, A Man called Intrepid, p. 228.
33 Benoist's Personal File, HS9/127 Vol. 1, National Archives, Kew.
34 Antelme Personal File, HS9/42 Vol. 1, National Archives, Kew.
35 Noor's Personal File, HS9/836/5, National Archives, Kew.
36 Noor's Personal File, HS9/836/5, National Archives, Kew.

9: Poste Madeleine

1 Antelme's Personal File, HS9/42, National Archives, Kew.
2 M.R.D. Foot, SOE in France, p. 286.
3 Robert Gieules' Personal File, HS9/581/4, National Archives, Kew.
4 Colonel Passy, head of Free France's intelligence and subversion services, lived at this address after the war.
5 Déricourt's Personal File, HS9/425, Vol. 5, National Archives, Kew.
6 Robert Benoist's Personal File, HS9/127, National Archives, Kew.
7 Antelme's Personal File HS9/43, National Archives, Kew.
8 Noor's Personal File HS9/836/5, National Archives, Kew.
9 Jean Overton Fuller, Noor-un-nisa Inayat Khan, p. 155.
10 Josef Goetz's sworn statement in Noor's Personal File, HS9/836/5, National Archives, Kew.
11 Overton Fuller, Noor-un-nisa Inayat Khan, pp. 157–9.

12 Ibid., p. 156.

13 Ibid., pp. 158–9.

14 Ibid., p. 175.

15 Ibid., p. 175.

16 Ibid., p. 171.

17 Ibid., p. 166.

18 Ibid., p. 169.

19 Noor's Personal File, HS 9/836/S. Instructions from HQ Signals Office, 15 August 1943.

20 Leo Marks, Between Silk and Cyanide, p. 399.

21 Overton Fuller, Noor-un-nisa Inayat Khan, pp. 171–2 (as told to Raymonde and Madame Aigrain by Noor).

22 Noor's Personal File, HS9/836/5, National Archives, Kew. Kieffer's sworn statement to Vera Atkins.

23 Overton Fuller, Noor-un-nisa Inayat Khan, pp. 178–9.

24 Gieules' Personal File, HS9/581/4, National Archives, Kew.

25 Ibid.

26 Gieules' Personal File, HS9/581/4, National Archives, Kew.

27 Overton Fuller, Noor-un-nisa Inayat Khan, p. 185.

28 Ibid., p. 195.

29 Danan's article of 17 February 1957 in the journal Franc-tireur. Read out at a ceremony in SureSnes to unveil a plaque to Noor.

30 Overton Fuller, Noor-un-nisa Inayat Khan, p. 196.

31 Marks, Between Silk and Cyanide, p. 399.

32 Werner Ruehl's sworn statement (November 1946) before Vera Atkins in Noor's Personal File, HS9/836/5, National Archives, Kew.

33 Overton Fuller, Noor-un-nisa Inayat Khan, Ernest's account, p. 207.

34 Noor's Personal File HS9/836/5 – Ruehl's sworn statement, National Archives, Kew.

10: Prisoner of the Gestapo

1 Eyewitness report by American journalist William L. Shirer, quoted in Ian Ousby, Occupation, p. 65.

2 The wagon-lit was apparently destroyed in an RAF raid on Berlin.

3 M.R.D Foot, SOE in France, p. 108.

4 Jean Overton Fuller, Noor-un-nisa Inayat Khan, p. 208, quoting Vogt. (Vogt knew about Noor's mother because he had read her photocopied mail provided by Déricourt.)

5 Norman's Personal File, HS9/1110/5, National Archives, Kew.

6 Overton Fuller, Noor-un-nisa Inayat Khan, p. 211.

7 Noor's Personal File HS9/836/5, Sworn statement of Ernest Vogt, National Archives, Kew.

8 Sworn statement by Josef Goetz in Vera Atkins' Personal File, HS9/59/2, National Archives, Kew.

9 Noor's Personal File, HS9/836/5, National Archives, Kew.

10 Leo Marks, Between Silk and Cyanide, p. 399 and Foot, SOE in France, p. 301. Conversation between Marks and Foot.

11 Overton Fuller, Noor-un-nisa Inayat Khan, p. 216.

12 Noor's Personal File HS9/836/S.

Kieffer's sworn statement on Captain John Starr.

13 Overton Fuller, Noor-un-nisa Inayat Khan, p. 240.

14 Noor's Personal File, HS9/836/5. Kieffer's sworn statement on John Starr.

15 Noor's personal file HS9/836/S. Deposition on oath of Wilhelm Krauss, Governor of Pforzheim prison, sworn before a War Crimes Investigation Unit of 6.11.46.

16 Letter to Hidayat from Yolande Lagrave, fellow prisoner in Pforzheim, April 1982.

17 Krauss's sworn statement in Noor's Personal File, HS9/836/5, National Archives, Kew.

18 Overton Fuller, Noor-un-nisa Inayat Khan, p. 244.

19 Note in Noor's Personal File, HS9/836/5, National Archives, Kew.

20 Marks, Between Silk and Cyanide, p. 511.

21 Noor's Personal File, HS9/836/5. Yolande Lagrave's letter to War Office, National Archives, Kew.

22 Yolande Lagrave's statement to the War Crimes Investigation Team, Bordeaux, 26 January 1947.

23 Statement of Yolande Lagrave to War Crimes investigation team, Bordeaux, 26 January 1947.

24 Letter from Marcel Schubert, 11 July 1947. WO/309/282 National Archives, Kew.

25 Sworn statement by Goetz in Vera Atkins Personal File, HS9/59/2, National Archives, Kew.

26 Marks, Between Silk and Cyanide, p. 416.

27 Yolande Lagrave's sworn statement to the War Crimes Investigation Team at Bordeaux, 26 January 1947.

28 Ibid.

29 Guérisse earned a George Cross. He took charge of Dachau when the SD ran away and handed it over to the Americans.

30 Sworn statement by Josef Gmeiner in Vera Atkins' Personal File, HS9/59/2, National Archives, Kew.

31 Ott's deposition 27/5/46. WO/309/282, National Archives, Kew.

32 Sarah Helm, A Life in Secrets, pp. 328, 417.

33 Ott's deposition 16/2/48. WO/309/282, National Archives, Kew.

34 Foot, SOE in France, p. 373.

Aftermath

1 Noor's Personal File, HS9/836/5, National Archives, Kew.

2 Ibid.

3 Ibid.

4 Noor's Personal File, HS9/836/5, National Archives, Kew.

5 Jean Overton Fuller, Noor-un-nisa Inayat Khan, p. 253.

6 Noor's Personal File, HS9/836/5, National Archives, Kew.

7 Vilayat to author, June 2003, and Overton Fuller, Noor-un-nisa Inayat Khan, p. 216.

8 Vilayat to author, June 2003.

9 M.R.D. Foot to author, as told to him by Leo Marks.

10 Noor's Personal File, HS9/836/5, National Archives, Kew.

11 Sworn statement by Goetz in Déricourt's Personal File, HS9/422. Also sworn statement by Goetz in Noor's Personal File, HS9/836/5, National Archives, Kew.

12 Sworn statement by Goetz. Denunciation by Henri Frager (Louba) in Déricourt's Personal File, HS9/422, National Archives, Kew.

13 M.R.D. Foot, SOE in France, p. 307.

14 Overton Fuller, Noor-un-nisa Inayat Khan, p. 216.

15 Goetz interrogation in Noor's Personal File, HS9/836/5, National Archives, Kew.

16 Kieffer interrogation in Noor's Personal File, HS9/836/5, National Archives, Kew.

17 Hidayat to author.

संदर्भ-सूची

Binney, Marcus. *The Women Who Lived for Danger: The Women Agents* of SOE in the *Second World War,* London, Coronet, 2002.

Bose, Mihir. *Raj, Secrets, Revolution: A Life of Subhas Chandra Bose,* London, Grice Chapman, 2004.

Buckmaster, Maurice. They Fought Alone, London, Popular Book Club, 1958.

—— *Specially Employed,* London, Batchworth Press, 1952.

Cave Brown, Anthony. *Bodyguard of Lies,* Guilford, CT, Lyons Press, 2002.

Cookridge, E.H. *Inside SOE,* London, Heinemann, 1966.

—— *They Came From the Sky,* London, Heinemann, 1965.

—— 'Four Roads to Dachau', (Article) HS6/629 National Archives, Kew.

Cunningham, Cyril. *Beaulieu: The Finishing School for Secret Agents,* Barnsley, South Yorkshire, Pen & Sword, 2005.

—— *The Beaulieu River Goes to War,* 2nd edn, Beaulieu, Montagu Ventures, 1997.

Escott, Beryl E. *WAAF: A History of the Women's Auxiliary Air Force in the Second World War,* Buckinghamshire, Shire Books, 2003.

—— *Mission Improbable: A Salute to the RAF Women of SOE in Wartime France,* Somerset, Patrick Stephens, 1991.

Foot, M.R.D. SOE in France, revd edn, London, Frank Cass, 2004.

—— *SOE 1940–1946,* 2nd edn, London, BBC, 1985.

Frayn Turner, John. *VCs of the Second World War,* Barnsley, South Yorkshire, Pen & Sword, 2004.

French, Patrick. *Liberty or Death,* London, HarperCollins, 1997.

Helm, Sarah. *A Life in Secrets: The Story of Vera Atkins and the Lost Agents of SOE,* London, Little, Brown, 2005.

'History of SOE 1938–1945', 'SOE in Europe', Paper for VCSS lecture May 1946, 'SOE organisation', VCSS lecture July 1976, File HS7/1, National Archives, Kew.

Howard, Michael. *Strategic Deception in the Second World War,* 3rd edn, London, Pimlico, 1994.

Howarth, Patrick. *Undercover: The Men and Women of the Special Operations Executive,* London, Phoenix, 2000.

Imperial War Museum, London, *Now It Can Be Told,* film on SOE training.

Keesing, Elisabeth. *Hazrat Inayat Khan: A Biography,* Munshiram Manoharlal, 2nd edn, East West Publications, Delhi, 1981.

Kramer, Rita, *Flames in the Field,* London, Penguin Books, 1996.

Mackenzie, William. *The Secret History of Special Operations Executive* 1940–1945, 2nd edn, London, St Ermin's Press, 2002.

Marks, Leo. *Between Silk and Cyanide: A Codemaker's War 1941–45,* New York, Touchstone, 2000.

Minney, R.J. *Carve Her Name With Pride,* London, George Newnes, 1956.

Moulamia Khan, Musharraf. *Pages in the Life of a Sufi,* revd edn, London, Sufi Publishing,

1971.

Nicholas, Elizabeth. *Death Be Not Proud,* London, Cresset, 1958.

Ottaway, Susan. *Violette Szabo: 'The Life That I Have',* 2nd edn, Barnsley, South Yorkshire, Leo Cooper, 2003.

Overton Fuller, Jean. *The German Penetration of SOE,* revd edn, Maidstone, George Mann, 1996.

—— *Noor-un-nisa Inayat Khan,* revd edn, London, East West Publications, 1988. First published as *Madeleine,* London, Gollancz, 1952.

Ousby, Ian. *Occupation, The Ordeal of France* 1940–44, London, Pimlico, 1999.

Rigden, Denis (introduction). 'SOE Syllabus: Lessons in Ungentlemanly Warfare', London, Public Record Office, 2001.

Stafford, David. *Secret Agent: Britain's Wartime Secret Service,* London, BBC, 2002.

Stevenson, William. *A Man Called Intrepid,* Guilford, CT, Lyons Press, 2000.

Sweet-Escott, Bickham. *Baker Street Irregular,* London, Methuen, 1965.

Van Beek, Will. Hazrat Inayat Khan, *Master of Life, Modern Sufi Mystic,* New York, Vantage, 1983.

Verity, Hugh. *We Landed by Moonlight,* revd 2nd edn, Manchester, Crecy, 2000.

Wilkinson, Peter and Bright-Astley, Joan. *Gubbins and SOE,* London, Leo Cooper, 1993.

West, Nigel. *The Secret War: The Story of SOE, Britain's Wartime Sabotage Organisation,* London,